Schriften zum Wirtschafts- und Medienrecht, Steuerrecht und Zivilprozeßrecht

Herausgegeben von Jürgen Costede
und Gerald Spindler

Band 50

PETER LANG
Frankfurt am Main · Berlin · Bern · Bruxelles · New York · Oxford · Wien

Andreas Lönner

Die *actio pro socio* im Recht der Kapital- und Personengesellschaften

Eine rechtsformübergreifende Untersuchung unter besonderer Berücksichtigung des aktienrechtlichen Klagezulassungsverfahrens

PETER LANG
Internationaler Verlag der Wissenschaften

Bibliografische Information der Deutschen Nationalbibliothek
Die Deutsche Nationalbibliothek verzeichnet diese Publikation in der Deutschen Nationalbibliografie; detaillierte bibliografische Daten sind im Internet über http://dnb.d-nb.de abrufbar.

Zugl.: Göttingen, Univ., Diss., 2011

D 7
ISSN 1614-2071
ISBN 978-3-631-62010-6

www.peterlang.de

Vorwort

Die vorliegende Arbeit wurde von der Juristischen Fakultät der Georg-August-Universität Göttingen im Sommersemester 2010 als Dissertation angenommen. Literatur und Rechtsprechung konnten bis Juni 2011 berücksichtigt werden.

Ganz herzlich bedanke ich mich bei meinem Doktorvater Prof. Dr. Gerald Spindler für die Betreuung der Dissertation und die Gelegenheit, den Wissenschaftsbetrieb an seinem so wunderbar unkonventionellen Lehrstuhl kennenlernen zu dürfen. Prof. Dr. Martin Ahrens danke ich für die sehr zügige Erstellung des Zweitgutachtens sowie Herausgebern und Verlag für die Aufnahme in diese Schriftenreihe.

Durch stete Bereitschaft zur Diskussion, motivierenden Zuspruch oder schlicht eine Tasse Kaffee im „Theo" haben die Freunde und Kollegen an der Universität Göttingen ganz wesentlich zum Gelingen der Arbeit beigetragen. Dr. Matthias Kaulich hat darüber hinaus die undankbare Aufgabe des Korrekturlesens übernommen. Ihnen allen sei gedankt.

Mein größter Dank gilt schließlich meinen Eltern, die mir ein unbeschwertes Studium ermöglichten und nicht müde wurden, auch mein Promotionsvorhaben durch alle Höhen und Tiefen hindurch zu unterstützen. Ihnen ist die Arbeit gewidmet.

Hamburg, im Juli 2011 Andreas Lönner

Inhaltsübersicht

Inhaltsverzeichnis

Teil 1
Einleitung

A. Begriffsklärung und Eingrenzung der Thematik

Der Begriff „actio pro socio"[1] bezeichnet ursprünglich das Recht eines Gesellschafters, von Mitgesellschaftern im eigenen Namen die Erfüllung von Sozialansprüchen, also Ansprüchen, die ihre Grundlage im Gesellschaftsverhältnis haben, an die Gesellschaft zu verlangen.[2] Das zunächst im Personengesellschaftsrecht entwickelte Klagerecht ist heute im Grundsatz ebenso im Kapitalgesellschaftsrecht anerkannt. Mit der gesetzlichen Regelung eines Klagezulassungsverfahrens in § 148 AktG[3] durch das UMAG[4] hat sich der Gesetzgeber für die ausdrückliche Regelung einer actio pro socio in Bezug auf die Geltendmachung bestimmter Ersatzansprüche von Aktiengesellschaften entschieden.[5] Das Aktienrecht hatte bis dahin nur in den §§ 309 Abs. 4, 310 Abs. 4, 317 Abs. 4, 318 Abs. 4, 323 Abs. 1 Satz 2 AktG ein Aktionärsklagerecht zur Geltendmachung konzernrechtlicher Ersatzansprüche vorgesehen.

Obwohl die actio pro socio bislang nur im Aktienrecht ausdrücklich gesetzlich geregelt ist, hat sie dort bislang kaum Bedeutung erlangt.[6] Entgegen den

---

1 Der Begriff ist nicht im Sinne einer Klage zugunsten („pro") der Gesellschafter zu verstehen, sondern meint vielmehr „Klage als Gesellschafter", *Altmeppen*, FS Musielak 2004, 1; *Flume*, Allgemeiner Teil des Bürgerlichen Rechts I/2, § 8 V, S. 301; *Altmeppen*, in: Roth/Altmeppen, § 13 GmbHG Rn. 17. Im Zuge der Verselbständigung des Verbandes zum Zuordnungssubjekt von Rechten bevorzugen manche den Terminus „actio pro societate" (Klage zugunsten der Gesellschaft), so *Lutter*, AcP 180 (1980), 84 (135); *Wiedemann*, Gesellschaftsrecht I, § 8 IV 1 c aa, S. 458; *Mülbert*, in: Großkomm. AktG, Vor § 118-147 AktG Rn. 227. Dies geht verbreitet mit der Vorstellung einer Klage für die Gesellschaft in Prozessstandschaft einher, *Gehrlein*, ZIP 1993, 1525; *Mülbert*, in: Großkomm. AktG, Vor §§ 118-147 AktG Rn. 227. Das Begriffsverständnis ist jedoch uneinheitlich, siehe beispielsweise *Lutter*, in: Lutter/Hommelhoff, § 13 GmbHG Rn. 50, 53.

2 *Bork/Oepen*, ZGR 2001, 515 (517); *K. Schmidt*, Gesellschaftsrecht, § 21 IV 1 a, S. 629; *Flume*, Allgemeiner Teil des Bürgerlichen Rechts I/1, § 10 IV, 139 f.; *Habermeier*, in: Staudinger, § 705 BGB Rn. 46; *Ulmer*, in: MünchKomm. BGB, § 705 BGB Rn. 204; *Schäfer*, in: Großkomm. HGB, § 105 HGB Rn. 256.

3 § 148 AktG ist im Anhang abgedruckt.

4 Gesetz zur Unternehmensintegrität und Modernisierung des Anfechtungsrechts (UMAG) v. 22.9.2005, BGBl. I S. 2802.

5 So ausdrücklich Regierungsbegründung UMAG, BT-Drucks. 15/5092, S. 23.

6 Ausführlich dazu zuletzt *Lutter*, FS U. H. Schneider 2011, 763 ff.; *Peltzer*, FS U. H. Schneider 2011, 953 ff.. In neuerer Zeit waren die konzernrechtlichen Aktionärsklagebefugnisse zumindest am Rande Gegenstand gerichtlicher Entscheidungen BGH, Urteil

Annahmen des Gesetzgebers bei Erlass des UMAG erlangte im Verfahren um die Vorgänge bei HypoVereinsbank[7] und UniCredit überraschender Weise bereits kurze Zeit nach Inkrafttreten des § 148 AktG der schon nach altem Recht vorhandene besondere Vertreter im Sinne des § 147 Abs. 2 AktG unverhoffte Popularität.[8] Einzig der in mehreren großen deutschen Tageszeitungen gestartete Aufruf eines Vertrauten des ehemaligen Medienunternehmers *Leo Kirch*, sich einem Klagezulassungsverfahren gegen *Rolf Breuer*, den vormaligen Vorstandssprecher der Deutsche Bank AG zu beteiligen, rückte das Klagezulassungsverfahren kurzzeitig ins Interesse einer breiteren Öffentlichkeit.[9]

Im Gegensatz zur geringen Bedeutung der actio pro socio im Aktienrecht steht die praktische Relevanz dieses Klagerechts im Personengesellschafts- und GmbH-Recht.[10] Dort sind die Grundlagen der actio pro socio indes auch heute noch ebenso umstritten wie ihre prozessualen Einzelheiten. In Anbetracht der ausführlichen Regelung des Klagezulassungsverfahrens wirft dies die Frage auf, welche Rückschlüsse aus den dort vorgesehenen Regelungen für die Fortentwicklung der actio pro socio als einem allgemeinen Institut des Verbandsrechts gezogen werden können.[11]

Im Folgenden soll der Versuch unternommen werden, aufbauend auf dem gesetzlichen Modell des § 148 AktG und den bislang in Rechtsprechung und

---

v. 3.3.2008, II ZR 124/06, NJW 2008, 1583; OLG Schleswig, Beschluss v. 18.8.2005, 5 W 22/05, AG 2005, 819 (Volltext bei juris); LG Bonn, Urteil v. 27.4.2005, 16 O 13/04, NZG 2005, 856 – *UMTS* und nachgehend OLG Köln, Urteil v. 27.4.2006, 18 U 90/05, NZG 2006, 547 – *UMTS*; s. auch OLG Frankfurt am Main, Urteil v. 29.11.2001, 6 U 130/00, WM 2002, 1048.

7 Seit dem 15. Dezember 2009 firmierend als UniCredit Bank AG.

8 OLG München, Beschluss v. 7.10.2008, 7 W 1034/08, NZG 2009, 305; OLG München, Urteil v. 27.8.2009, 7 U 5678/07, WM 2008, 1971; LG München I, Beschluss v. 28.7.2008, 5 HK O 12504/08, WM 2008, 1977; LG München I, Urteil v. 27.8.2009, 5 HK O 21656/08, NZG 2009, 1311; *Mock*, DB 2008, 393 ff.; *Mock*, AG 2008, 839 ff.; *H. P. Westermann*, AG 2009, 237 ff.; *Wirth/Pospiech*, DB 2008, 2471 ff..

9 Einzelheiten dazu sind abrufbar unter http://www.relativ-komfortabel.de.

10 Vgl. zuletzt zur actio pro socio im Personengesellschaftsrecht z. B. BGH, Beschluss v. 26.4.2010, II ZR 69/09, DB 2010, 1400; OLG Karlsruhe, Urteil v. 27.1.2010, 7 U 38/08 (noch nicht veröffentlicht); OLG Stuttgart, Urteil v. 11.3.2009, 14 U 7/08, NZG 2009, 1303; OLG Hamm, 3.8.2009, 8 U 237/07; OLG Düsseldorf, Urteil v. 24.5.2007, I-6 U 78/06; OLG Düsseldorf, 4.5.2006, I-6 U 98/05, 6 U 98/05. Zum GmbH-Recht BGH, Urteil v. 29.11.2004, II ZR 14/03, NZG 2005, 216; OLG Koblenz, Urteil v. 8.4.2010, 6 U 207/09, NZG 2011, 1023.

11 Die Fragestellung wird angerissen bei *G. Bezzenberger/T. Bezzenberger*, in: Großkomm. AktG, § 148 AktG Rn. 22. Ausführlicher nunmehr *Verse*, FS U. H. Schneider 2011, 1325 ff..

Literatur behandelten Lösungsmodellen für die actio pro socio sowohl verbandsübergreifende Regelungsstrukturen als auch rechtsformspezifische Besonderheiten herauszuarbeiten und das Klagerecht als Rechtsinstitut des „Allgemeinen Teils des Verbandsrechts" dogmatisch zu verfestigen.

Dabei soll aufgezeigt werden, dass das Klagezulassungsverfahren – entgegen anders lautender Stellungnahmen im Schrifttum[12] – trotz seiner neuartigen verfahrensrechtlichen Gestalt verbandsübergreifende Strukturprinzipien der actio pro socio umsetzt und fortschreibt, wie sie zumindest im Ansatz in Rechtsprechung und Literatur auch für die actio pro socio in den Personengesellschaften und der GmbH entwickelt worden sind. Im Folgenden wird sich zudem zeigen, dass sich die actio pro socio mittlerweile weit über das ursprünglich im Personengesellschaftsrecht entwickelte Einzelklagerecht zur Durchsetzung mitgliedschaftlicher Pflichten hinaus fortentwickelt hat.

Ein Schwerpunkt der Arbeit liegt dabei auf der konkreten verfahrensmäßigen Umsetzung und den prozessrechtlichen Problemen der actio pro socio. Dem gesetzlichen Ausgangspunkt des Klagezulassungsverfahrens und der bisherigen praktischen Erfahrung mit der actio pro socio im Personengesellschafts- und GmbH-Recht folgend, soll dabei vor allem die Durchsetzung von Ersatzansprüchen wegen Schädigung der Gesellschaft als praktischer Anwendungsfall dienen.

Dem vorgenannten Prüfungsprogramm folgend will die vorliegende Arbeit nur einen Ausschnitt aus umfassenden Gebiet der Gesellschafterklagen behandeln.[13] Klagen gegen Gesellschafterbeschlüsse im Kapital- und Personengesellschaftsrecht und die Abwehrklage gegen rechtswidriges Verwaltungshandeln im Aktienrecht werden in der Literatur zum Teil zwar terminologisch der actio pro socio zugeordnet.[14] Sie sollen im Rahmen dieser Arbeit jedoch nur insoweit Berücksichtigung finden, als sie in systematischem Zusammenhang mit der actio pro socio im Sinne eines Gesellschafterklagerechts zur Durchsetzung von Forde-

---

12 So insbesondere *Winnen*, Die Innenhaftung des Vorstandes nach dem UMAG, 2009, S. 317 ff., der davon ausgeht, bei dem Klagezulassungsverfahren handele es sich um keine actio pro socio, da darunter nur ein Einzelklagerecht zu verstehen sei, das sich allein auf die Durchsetzung von Sozialansprüchen richten könne; ebenso *Weber*, Die konzernrechtliche abgeleitete Aktionärsklage, 2006, S. 193; auch *Gaul*, NZG 2009, 804 (808) geht davon aus, dass § 148 AktG „als Alternative" zur actio pro socio auf die Geltendmachung von Ansprüchen gegen Komplementäre analog anwendbar ist.

13 Umfassend zum Recht der Gesellschafterklagen zuletzt *Schwab*, Das Prozessrecht gesellschaftsinterner Streitigkeiten, 2005, passim.

14 So *Altmeppen*, FS Musielak 2004, 1 (19); *Altmeppen*, in: Roth/Altmeppen, § 13 GmbHG Rn. 20, § 43 GmbHG Rn. 66; *Flume*, Allgemeiner Teil des Bürgerlichen Rechts I/2, S. 309 f.; dagegen *K. Schmidt*, Gesellschaftsrecht, § 21 IV 1, S. 645.

rungen stehen. Gleichfalls außer Betracht bleibt die verbreitet als „actio pro socio“ bezeichnete Klage eines einzelnen Aufsichtsratsmitglieds in Wahrnehmung von Rechten des Gesamtaufsichtsrats.[15]

B. Gang der Darstellung

Die folgenden Ausführungen sollen grundlegende Strukturmerkmale und Parallelen zwischen den bislang entwickelten Grundsätzen und der aktienrechtlichen actio pro socio im Gewand des Klagezulassungsverfahrens aufzeigen und § 148 AktG in die Dogmatik der actio pro socio als einem einheitlichen, rechtsformübergreifenden Rechtsinstitut einfügen.

In dem folgenden Teil 2 werden zunächst die Grundlinien der bisherigen Lösungsmodelle in Rechtsprechung und Literatur sowie der in § 148 AktG gesetzlich geregelten actio pro socio herausgearbeitet. Im Hinblick auf die umstrittene rechtliche Grundlage der actio pro socio geht es zugleich darum, das systematische Fundament für die später zu behandelnden Fragen der Rechtsfolgen von Treuepflichtverletzungen und des Ersatzes von Reflexschäden zu legen (dazu Teil 6).

Teil 3 widmet sich den Einzelheiten der Subsidiarität und den damit verbundenen Problemen bei der prozessualen Umsetzung der Gesellschafterklage. Auf weitere prozessuale Einzelfragen im Zusammenhang mit der actio pro socio in den Personengesellschaften, der GmbH und dem Klagezulassungsverfahren wird ausführlich eingegangen in Teil 4.

Teil 5 befasst sich mit der Frage des sachlichen Anwendungsbereichs der actio pro socio und dabei insbesondere mit der bislang umstrittenen Frage der Geltendmachung von Ansprüchen der Gesellschaft gegen Fremdgeschäftsführer und gesellschaftsfremde Dritte.

Aus Gründen der Vergleichbarkeit beschränken sich die folgenden Untersuchungen dabei jeweils auf Gesellschaften, die selbst Zuordnungssubjekt von Rechten und Pflichten sein können und über eine selbständige Vertretungsorganisation verfügen.[16]

---

15 Vgl. dazu BGH, Urteil v. 28.11.1988, II ZR 57/88, NJW 1989, 979; OLG Stuttgart, Urteil v. 30.5.2007, 20 U 14/06, NZG 2007, 549; *Hopt/Roth*, in: Großkomm. AktG, § 111 AktG Rn. 351, 714.

16 Zur reinen Innengesellschaft siehe *K. Schmidt*, Gesellschaftsrecht, § 21 IV 2, S. 633 ff..

Teil 2
Rechtsgrundlage und Grundkonzept der actio pro socio

Die actio pro socio ist gegenwärtig weder im Personengesellschaftsrecht noch im GmbH-Recht gesetzlich geregelt. Die Entwicklung der actio pro socio blieb bislang vor allem der Rechtsprechung und Literatur überlassen, wo jedoch bis heute keine Einigkeit über ihre rechtliche Grundlage herrscht. Vor Inkrafttreten des § 148 AktG fand sich nur im Aktienkonzernrecht[17] die knappe Anordnung eines Aktionärsklagerechts auf Leistung an die Gesellschaft, welches terminologisch uneinheitlich bald als „actio pro socio"[18], bald als „actio pro societate"[19] umschrieben wurde.

A. Überblick über die Lösungsmodelle

Mit Unterschieden in der konkreten Ausformung werden als Grundlage der actio pro socio in Rechtsprechung und Literatur zum Teil eigene Ansprüche des Gesellschafters auf Leistung an die Gesellschaft angenommen. Nach anderer Ansicht handelt es sich bei der actio pro socio dagegen um eine Klage des Gesellschafters in Prozessstandschaft für die Gesellschaft. Für das Verständnis der systematischen Zusammenhänge ist dabei von Bedeutung, dass eigene Ansprüche gerichtet auf Leistung an die Gesellschaft insbesondere im GmbH- und Aktienrecht auch als *konkurrierendes* Konzept neben der actio pro socio angesehen

---

17 §§ 309 Abs. 4, 310 Abs. 4, 317 Abs. 4, 318 Abs. 4, 323 Abs. 1 Satz 2 AktG.

18 BGH, Beschluss v. 24.4.2006, II ZB 16/05, AG 2006, 550 (551); OLG Frankfurt am Main, Urteil v. 29.11.2001, 6 U 130/00, WM 2002, 1048 (1055); *Altmeppen*, FS Musielak 2004, 1 (17 f.); *Becker*, FS Mestmäcker 2006, 25 (31); *Habersack*, DStR 1998, 533; *Baums*, Gutachten F zum 63. Deutschen Juristentag 2000, F 258; *Altmeppen*, in: MünchKomm. AktG, § 309 AktG Rn. 124; *Flume*, Allgemeiner Teil des Bürgerlichen Rechts I/2, § 8 V 2, S. 305; *Wimmer-Leonhardt*, Konzernhaftungsrecht, 2004, S. 62; *Maul*, in: Müller/Rödder, Beck'sches Handbuch der AG, § 4 Rn. 102; *Ziemons*, in: Nirk/Ziemons/Binnewies, Handbuch der Aktiengesellschaft, Rn. I 7.269; *Veil*, in: Spindler/Stilz, § 309 AktG Rn. 34.

19 OLG Schleswig, Beschluss v. 18.8.2005, 5 W 22/05, AG 2005, 819 (820); *Bälz*, AG 1992, 277 (293); *Hölters*, FS Wiedemann 2002, 975; *Lutter*, AcP 180 (1980), 84 (136); *Wiedemann*, Organverantwortung und Gesellschafterklagen in der Aktiengesellschaft 1989, S. 48; *Emmerich*, in: Emmerich/Habersack, Aktien- und GmbH-Konzernrecht, § 309 AktG Rn. 49.

werden.[20] Durch das UMAG hat sich der Gesetzgeber in § 148 AktG erstmals ausdrücklich für eine detaillierte Regelung einer actio pro socio entschieden.

I. Die Diskussion bis zum UMAG

Im Folgenden soll für die Personengesellschaften, die GmbH und die Aktiengesellschaft ein kurzer Überblick über die bisherige Diskussion zur rechtlichen Grundlage der actio pro socio (dazu 1.) und die Voraussetzungen der Prozessführungsbefugnis der Gesellschafter (dazu 2.) gegeben werden.

1. Die rechtliche Grundlage des Klagerechts

a) Personengesellschaften

Ausgehend von der Vorstellung der Gesamthand als einem Vertragsverhältnis zwischen den Gesellschaftern ohne Rechtspersönlichkeit ging die früher h. M. im Personengesellschaftsrecht davon aus, der klagende Gesellschafter mache einen eigenen materiell-rechtlichen Anspruch geltend.[21] Dem zum Gesamthandsvermögen zählenden Sozialanspruch der Gesellschaft entspreche ein eigener inhaltsgleicher Individualanspruch der übrigen Gesellschafter, welcher auf Leistung an die Gesellschaft gerichtet sei. Als Grundlage dieses Anspruchs wird die im Gesellschaftsvertrag von jedem Gesellschafter den Mitgesellschaftern gegenüber eingegangene schuldrechtliche Zusage angenommen, seinen vertraglichen Verpflichtungen gegenüber der Gesellschaft nachzukommen.[22]

---

20 Vgl. *Brandes*, FS Fleck 1988, 13; *Hüffer*, ZGR 1980, 320 (350 f.); *Mülbert*, in: Großkomm. AktG, Vor §§ 118-147 AktG Rn. 223, 230; *Mertens/Cahn*, in: KölnKomm. AktG, § 93 AktG Rn. 213; *Baums*, ZGR 1987, 554 (561); *Baums*, Gutachten F zum 63. Deutschen Juristentag Leipzig 2000, F 229. Dazu ausführlich unten Teil 6.

21 BGH, Urteil v. 17.6.1953, II ZR 205/52, BGHZ 10, 91 (100 f.); BGH, Urteil v. 27.6.1957, II ZR 15/56, BGHZ 25, 47 (49); BGH, Urteil v. 11.2.1960, II ZR 198/59, NJW 1960, 964; BGH, Urteil v. 2. 7. 1973, II ZR 94/71, NJW 1973, 2198 (2199); *Altmeppen*, FS Musielak 2004, 1 (9, 14 ff.); *Höfler*, JuS 1992, 388 (391); *Kreutz*, FS Hadding 2004, 513 (526); *Flume*, Allgemeiner Teil des Bürgerlichen Rechts I/1, § 10 IV, S. 142 ff.; *Larenz*, Lehrbuch des Schuldrechts II, § 60 I b, S. 374; *Fischer*, in: Großkomm. HGB, 3. Aufl. 1973, § 124 HGB Rn. 11; *v. Gamm*, in: RGRK, § 705 BGB Rn. 23; *Ulmer*, in: MünchKomm. BGB, 1. Aufl. 1980, § 705 BGB Rn. 147.

22 BGH, Urteil v. 17.6.1953, II ZR 205/52, BGHZ 10, 91 (100 f.); BGH, Urteil v. 27.6.1957, II ZR 15/56, BGHZ 25, 47 (49); OLG Köln, Urteil v. 29.3.2000, 13 U 271/97, NZG 2000, 1171 (1172); *A. Hueck*, Das Recht der Offenen Handelsgesellschaft, 1971, § 18 II 3, S. 261; *Fischer*, in: Großkomm. HGB, 3. Aufl. 1973, § 124 HGB Rn. 11; *Flume*, Allgemeiner Teil des Bürgerlichen Rechts, § 10 IV, S. 142 ff.; *Wiedemann*, Gesellschaftsrecht I, § 8 IV 1 c aa, S. 459; *Ulmer*, in: MünchKomm. BGB,

Mittlerweile befindet sich in Rechtsprechung und Literatur indes auch im Personengesellschaftsrecht die Ansicht im Vordringen, derzufolge es sich bei der actio pro socio um eine Klage in Prozessstandschaft handelt.[23] Der klagende Gesellschafter macht mit der Klage damit keinen eigenen, ihm selbst rechtlich zugeordneten Anspruch geltend. Vielmehr klagt er im eigenen Namen den fremden Anspruch der Gesellschaft gegen den potentiellen Gesellschaftsschuldner ein.[24]

b) GmbH

In Anlehnung an das Vorbild des Personengesellschaftsrechts will eine starke Literaturmeinung auch im GmbH-Recht die actio pro socio auf eigene Ansprüche des Gesellschafters gründen.[25] Unter Berufung auf die Entscheidung *ITT*[26]

---

1. Aufl. 1980, § 705 BGB Rn. 147. Doch findet sich auch bereits im Personengesellschaftsrecht – wohl schon mit Blick auf eine angestrebte Erweiterung dieses Konzepts auf die juristische Person – der Ansatz, den der actio pro socio zugrunde liegenden eigenen Anspruch der Gesellschafter und damit das Klagerecht auf Leistung an die Gesellschaft aus der Mitgliedschaft abzuleiten, *Fischer*, ZGR 1979, 261; *Flume*, Allgemeiner Teil des Bürgerlichen Rechts I/2, § 8 V 1, S. 301, anders aber noch Allgemeiner Teil des Bürgerlichen Rechts I/1, § 10 IV, S. 142 ff..

23 BGH, Beschluss v. 26.4.2010, II ZR 69/09, DB 2010, 1400 („[...] im Wege der actio pro socio einen Anspruch der Gesellschaft geltend macht [...]"; im Ergebnis aber die rechtliche Grundlage der actio pro socio offen lassend); BGH, Urteil v. 15.1.2001, II ZR 48/99, NZG 2001, 318 („Die geltend gemachte Zinsforderung ist in diesem Fall als Sozialanspruch der S.[GmbH & Co. KG] zu qualifizieren"); BGH, Urteil v. 8.11.1999, II ZR 197/98, NJW 2000, 505 (506); BGH, Urteil v. 13.5.1985, II ZR 170/84, NJW 1985, 2830 (2831) („Es handelt sich somit um einen der Gesellschaft zustehenden Sozialanspruch, der nach gefestigter Rechtsprechung von jedem einzelnen Gesellschafter im eigenen Namen zugunsten der Gesellschaft geltend gemacht werden kann (actio pro socio)"); BGH, Urteil v. 23.3.1992, II ZR 128/91, NJW 1992, 1890 (1892); ausdrücklich für actio pro socio als Prozessstandschaft OLG Hamm, 3.8.2009, 8 U 237/07; OLG Düsseldorf, Urteil v. 24.5.2007, I-6 U 78/06; OLG Düsseldorf, 4.5.2006, I-6 U 98/05, 6 U 98/05; OLG Karlsruhe, Urteil v. 29.1.1999, 15 U 11/98, NZG 1999, 439; *Habermeier*, in: Staudinger, § 705 BGB Rn. 46; *Hopt*, in: Baumbach/Hopt, § 109 HGB Rn. 32; *Timm/Schöne*, in: Bamberger/Roth, § 705 BGB Rn. 117; *H. P. Westermann*, in: Erman, § 705 BGB Rn. 56; *Ulmer*, in: MünchKomm. BGB, § 705 BGB Rn. 208; *K. Schmidt*, in: MünchKomm. HGB, § 105 HGB Rn. 202; für Klage aus eigenem Anspruch *und* Prozessstandschaft *Wertenbruch*, in: Ebenroth/Boujong/Joost/Strohn, § 105 HGB Rn. 146.

24 Zum Begriff der Prozessstandschaft *Weth*, in: Musielak, § 51 ZPO Rn. 16.

25 *Altmeppen*, FS Musielak 2004, 1 (23 f.); *Gehrlein*, ZIP 1993, 1525 (1530 f.); *Lutter*, AcP 180 (1980), 84 (135 f.); *Binge*, Gesellschafterklagen gegen Maßnahmen der Geschäftsführer in der GmbH, 1994, S. 197; *Raiser/Veil*, Recht der Kapitalgesellschaften,

stützt man das Klagerecht der Gesellschafter dabei auf einen eigenen Anspruch des Gesellschafters aus der Verletzung der zwischen den Gesellschaftern bestehenden Treuepflicht.[27] Der BGH hatte – die komplizierte konzernrechtliche Einkleidung des Falles mag hier außen vor bleiben[28] – in *ITT* entschieden, dass Treuepflichten in der GmbH nicht nur zwischen der Gesellschaft und den Gesellschaftern, sondern auch unmittelbar zwischen den Gesellschaftern bestehen und Verletzungen derselben nicht nur einen Schadensersatzanspruch der Gesellschaft, sondern zugleich einen parallelen Anspruch der Gesellschafter zur Folge haben können. Soweit der Schaden des Gesellschafters in der Wertminderung seines Anteils infolge einer Schädigung der Gesellschaft liegt (sog. *Reflexschaden*), sei dieser auf Leistung an die Gesellschaft gerichtet.[29]

Neben dem Treuepflichtkonzept entwickelten sich eine Reihe weiterer Begründungsansätze für eine Gesellschafterklage basierend auf eigenen Ansprü-

---

§ 27 Rn. 27; *Altmeppen*, in: Roth/Altmeppen, § 13 GmbHG Rn. 17; *Raiser*, in: Ulmer/Habersack/M. Winter, § 14 GmbHG Rn. 52, 58; *Pentz*, in: Rowedder/Schmidt-Leithoff, § 13 GmbHG Rn. 117; ebenso *Lutter*, in: Lutter/Hommelhoff, § 13 GmbHG Rn. 52, jedoch mit der Einschränkung, dass eine Prozessstandschaft erwogen werden könne, wo Ansprüche allein der Gesellschaft zugeordnet sind.

26 BGH, Urteil v. 5.6.1975, II ZR 23/74, BGHZ 65, 15 ff. - *ITT*.

27 *Gehrlein*, ZIP 1993, 1525 (1530); *Zöllner*, ZGR 1988, 392 (408); *Kuhlmann/Ahnis*, Konzern- und Umwandlungsrecht, Rn. 273; *Lutter*, in: Lutter/Hommelhoff, § 13 GmbHG Rn. 52; *Pentz*, in: Rowedder/Schmidt-Leithoff, § 13 GmbHG Rn. 116 f.; von einem Eingriff in das Mitgliedschaftsrecht sprechen *Altmeppen*, FS Musielak 2004, 1 (19 f.); *Raiser*, ZHR 153 (1989), 1 (9 ff.); *Altmeppen*, in: Roth/Altmeppen, § 13 GmbHG Rn. 18, § 43 GmbHG Rn. 66; *Raiser*, in: Ulmer/Habersack/M. Winter, § 14 GmbHG Rn. 52 ff., 58, ohne dass sich sich im Ergebnis Unterschiede ergeben dürften. Vgl. auch *Schanbacher*, AG 1999, 21 (22).

28 Übersichtliche Darstellung bei *Rehbinder*, ZGR 1976, 386 (388); s. auch *Barnert*, Die Gesellschafterklage im dualistischen System des Gesellschaftsrechts, 2003, S. 114 ff..

29 BGH, Urteil v. 5.6.1975, II ZR 23/74, BGHZ 65, 15 (21) - *ITT*; ebenso BGH, Urteil v. 29.11.2004, II ZR 14/03, NZG 2005, 216; BGH, Urteil v. 14.5.1990, II ZR 125/89, NJW 1990, 2627 (2628). Als wichtiger Anwendungsfall wird dabei insbesondere die gegen den Gleichheitsgrundsatz verstoßende Zuwendung unberechtigter Vorteile (z. B. verdeckte Gewinnausschüttungen) diskutiert. Der Gesellschafter verletze insoweit nicht nur seine gegenüber der Gesellschaft bestehende Treuepflicht, sondern auch die gegenüber den Mitgesellschaftern, die insoweit Rückforderung an die Gesellschaft aus eigenem Recht verlangen können. Ausdrücklich als actio pro socio eingeordnet von *Zöllner*, ZGR 1988, 392 (405 f.); *Raiser*, ZHR 153 (1989), 1 (18 f. mit 6); *Raiser*, in: Ulmer/Habersack/M. Winter, § 14 GmbHG Rn. 55, 56 mit 47; im Ansatz ebenso *Lutter*, ZHR 153 (1989), 446 (464).

chen des Gesellschafters[30], beispielsweise auf der Grundlage einer Verletzung der Mitgliedschaft als sonstigem Recht im Sinne von § 823 Abs. 1 BGB bzw. der Verletzung der Treuepflicht als deliktischer Verkehrspflicht zum Schutz fremden Vermögens[31] oder der Einordnung des § 43 Abs. 1 GmbHG als Schutzgesetz i. S. v. § 823 Abs. 2 BGB zugunsten der Gesellschafter.[32] Bei diesen Ansätzen handelt es sich indes weniger um die Herausarbeitung eines eigenständigen gesellschaftsrechtlichen Instituts der Gesellschafterklage als um eine Konstruktion nach allgemeinen delikts- und schadensrechtlichen Grundsätzen jenseits des eigentlichen Bereichs der unter dem Begriff „actio pro socio“ diskutierten Rechtsbehelfe.[33]

Von den vorgenannten, auf eine Rechtsverletzung abstellenden Ansätzen zu unterscheiden ist der Lösungsvorschlag *Flumes*, der die actio pro socio als „Klage, die auf die Forderung der Gesellschaft bezogen und auf Leistung an die Gesellschaft gerichtet ist“ umschreibt. Gemeint ist damit nicht etwa eine Prozessstandschaft, sondern ein aus der Mitgliedschaft abgeleitetes „selbständiges eigenes Klagerecht“, was im Sinne eines eigenen materiell-rechtlichen Anspruchs der Gesellschafter zu verstehen sein dürfte. Wegen der vollständigen Parallelität von Individual- und Sozialanspruch kommt dieser Ansatz dem oben für die Personengesellschaften beschriebenen Verständnis der actio pro socio am nächsten.[34]

Der wohl überwiegende Teil des Schrifttums zum GmbH-Recht stützt die actio pro socio auf eine Prozessstandschaft, d. h. die Klage des Gesellschafters im eigenen Namen aus dem Anspruch der Gesellschaft.[35] Bemerkenswerter

---

30 Ausführliche Darstellung bei *Banerjea*, Die Gesellschafterklage im GmbH- und Aktienrecht, 2000, S. 7 ff.; *Schwab*, Das Prozessrecht gesellschaftsinterner Streitigkeiten, 2005, S. 46 ff..

31 *Mertens*, FS Fischer 1979, 461 (468 ff.); *Mertens*, AcP 178 (1978), 227 ff., 243 f.; *Mertens*, AG 1978, 309 ff.; ablehnend *Banerjea*, Die Gesellschafterklage im GmbH- und Aktienrecht, 2000, S. 177 f., 194; *Eickhoff*, Die Gesellschafterklage im GmbH-Recht, 1988, S. 51 ff.; *Piepenburg*, Mitgliedschaftliche Treupflichten der Aktionäre, 1996, S. 126 f., 186; *Fillmann*, Treuepflichten der Aktionäre, 1991, S. 85 ff., 229.

32 *Emmerich*, AG 1975, 285 (288); *Rehbinder*, ZGR 1977, 581 (639 ff.). S. auch unten Teil 6B.I.2 und Teil 6B.II.2.

33 Zutreffend *Eickhoff*, Die Gesellschafterklage im GmbH-Recht, 1988, S. 27.

34 *Flume*, Allgemeiner Teil des Bürgerlichen Rechts I/2, § 8 V 1, S. 300 f., 302 f., 304; zustimmend *Fillmann*, Treuepflichten der Aktionäre, 1991, S. 226 ff., der von einem „eigenen Klagerecht“ zur Verfolgung von Ersatzansprüchen *der Gesellschaft* spricht, aber eine Prozessstandschaft ablehnt (S. 236).

35 *Berger*, ZHR 149 (1985), 599 (604 ff.); *Eickhoff*, Die Gesellschafterklage im GmbH-Recht, 1988, S. 159 ff.; *Wiedemann*, Gesellschaftsrecht I, § 8 IV 1 c bb, S. 462; *Schiessl*, in: Münch. Hdb. GesR III, § 31 Rn. 22; *K. Schmidt*, in: Scholz, § 46 GmbHG

Weise hatte der BGH in *ITT* den Begriff „actio pro socio" vermieden, so dass letztlich unklar blieb, ob die Entscheidung die Anerkennung dieses Rechtsinstituts im GmbH-Recht bedeutete.[36] Gleiches gilt auch für spätere Entscheidungen, welche sich auf einen eigenen Anspruch des Gesellschafters aus Treuepflichtverletzung stützen.[37] Einzig in einer Entscheidung betreffend die Durchsetzung eines Bereicherungsanspruchs der Gesellschaft, also einer Klage in Prozessstandschaft, bekennt sich der BGH auch terminologisch zur actio pro socio.[38] Ein eindeutiges Konzept scheint der BGH indes nicht zu verfolgen, da zur Begründung des Klagerechts in der zuletzt genannten Entscheidung auch auf Entscheidungen zur Klage aus eigenem Anspruch verwiesen wird.[39]

Rn. 161; *Ebbing*, in: Michalski, § 14 GmbHG Rn. 96; *Paefgen*, in: Ulmer/Habersack/M. Winter, § 43 GmbHG Rn. 173; *Römermann*, in: Michalski, § 46 GmbHG Rn. 529, 533; *Hüffer*, in: Ulmer/Habersack/M. Winter, § 46 GmbHG Rn. 112; *Hueck/Fastrich*, in: Baumbach/Hueck, § 13 GmbHG Rn. 38, § 43 GmbHG Rn. 32.

36 Dafür etwa *Altmeppen*, FS Musielak 2000, 1 (20); *Lutter*, AcP 180 (1980), 84 (135) („actio pro societate"); *Ulmer*, NJW 1976, 192 (193); *Wiedemann*, JZ 1976, 392 (395); *Brondics*, Die Aktionärsklage, 1988, S. 76; *Wiedemann*, Gesellschaftsrecht I, § 8 IV 1 c bb, S. 461; *Raiser*, in: Ulmer/Habersack/M. Winter, § 14 GmbHG Rn. 48; ebenso *Rehbinder*, ZGR 1976, 386 (393), der davon ausgeht, die Entscheidung beruhe auf einem abgeleiteten Gesellschafterklagerecht; zu Recht gegen diese Interpretation der Entscheidungsgründe *Stimpel*, AG 1986, 117 (119); *Flume*, Allgemeiner Teil des Bürgerlichen Rechts I/2, § 8 V 2, S. 303 aufgrund seines abweichenden Konzeption der actio pro socio (oben bei Fn. 34), sowie generell die Vertreter der Prozessstandschaftslösung, z. B. *K. Schmidt*, in: Scholz, § 46 GmbHG Rn. 161.

37 BGH, Urteil v. 29.11.2004, II ZR 14/03, NZG 2005, 216; BGH, Urteil v. 14.5.1990, II ZR 125/89, NJW 1990, 2627; BGH, Urteil v. 28.6.1982, II ZR 199/81, ZIP 1982, 1203 (In der Entscheidung beruhte der Anspruch auf der Verletzung von Verpflichtungen aus einem gerichtlichen Vergleich, so dass es, wie der Senat hervorhebt, keines Rückgriffs auf die allgemeine gesellschaftsrechtliche Treuepflicht bedurfte. Die Entscheidung wird aber überwiegend so verstanden, dass der Anspruch gegebenenfalls auf die Treuepflicht hätte gestützt werden können, s. *Gehrlein*, ZIP 1993, 1525 (1527); *v. Gerkan*, ZGR 1988, 441 (445 f.)).

38 BGH, Urteil v. 16.3.1998, II ZR 303/96, NJW 1998, 1951; ebenso aus der instanzgerichtlichen Rechtsprechung OLG Köln, Urteil v. 5.11.1992, 18 U 50/92, NJW-RR 1994, 616; OLG Düsseldorf, Urteil v. 14.3.1996, 6 U 119/94, ZIP 1996, 1083 (1090) – *ARAG/Garmenbeck*; OLG Düsseldorf, Urteil v. 28.10.1993, 6 U 160/92, DB 1993, 2474; ohne ausdrückliche Verwendung des Terminus actio pro socio eine Prozessstandschaft bejahend BGH, Urteil v. 4.2.1991, II ZR 246/89 NJW 1991, 1884.

39 Vgl. BGH, Urteil v. 16.3.1998, II ZR 303/96, NJW 1998, 1951.

c) Aktiengesellschaft

Parallel zur Entwicklung im Personengesellschafts- und GmbH-Recht werden auch die konzernrechtlichen Klagebefugnisse der §§ 309 Abs. 4, 310 Abs. 4, 317 Abs. 4, 318 Abs. 4, 323 Abs. 1 Satz 2 AktG zum Teil als Zuerkennung eines eigenen klagbaren Anspruchs an den Aktionär interpretiert.[40] Die heute wohl herrschende Auffassung geht indes davon aus, dass es sich bei diesem Unterfall der actio pro socio um eine gesetzliche Prozessstandschaft für die Gesellschaft handelt.[41]

Davon abgesehen existieren – vergleichbar dem GmbH-Recht – Ansätze zur Herleitung einer aktienrechtlichen actio pro socio auf der Basis eines eigenen Anspruchs des Aktionärs bei Treuepflichtverletzungen durch Mitaktionäre[42] bzw. bei Gleichbehandlungsverstößen[43], ohne dass sich jedoch eine einheitliche und allgemein anerkannte Dogmatik herausgebildet hätte.

Überwiegend wurde bis zum Inkrafttreten des UMAG aus der abschließenden Regelung des § 147 AktG a. F. sowie der Spezialregelung der konzernrechtlichen Aktionärsklage nahezu einhellig die Unzulässigkeit einer allgemeinen actio pro socio hergeleitet.[44]

---

40 *Mertens*, FS Fleck 1988, 209 (218); *Fleischer*, in: Fleischer, Handbuch des Vorstandsrechts, § 11 Rn. 111; *Altmeppen*, in: MünchKomm. AktG, § 309 AktG Rn. 122 ff.; *Veil*, in: Spindler/Stilz, § 309 AktG Rn. 34 mit Fn. 61.

41 *Lutter*, FS Steindorff 1990, 125 (140); *Müller*, Der Konzern 2006, 725 (726); *Trescher*, DB 1995, 661 (663); *Kantzas*, Das Weisungsrecht im Vertragskonzern, 1988, S. 173; *Weber*, Die konzernrechtliche abgeleitete Aktionärsklage, 2006, S. 191; *Wiedemann*, Organverantwortung und Gesellschafterklagen in der Aktiengesellschaft, 1989, S. 48; *Habersack*, in: Emmerich/Habersack, Aktien- und GmbH-Konzernrecht, § 309 AktG Rn. 49, § 317 Rn. 27; *Hüffer*, § 309 AktG Rn. 21, § 317 Rn. 16; *Hirte*, in: Großkomm. AktG, § 309 AktG Rn. 43; *Müller*, in: Spindler/Stilz, § 317 AktG Rn. 19; *Langenbucher*, in: K. Schmidt/Lutter, § 309 AktG Rn. 35.

42 *Altmeppen*, FS Musielak 2004, 1 (21 ff.); *Raiser*, ZHR 153 (1989), 1 (25); *Lutter*, ZHR 153 (1989), 446 (464, 466); *Lutter*, ZHR 162 (1998), 164 (177 f., 180 ff.); *Fillmann*, Treuepflichten der Aktionäre, 1991, S. 226 ff.; *Banerjea*, Die Gesellschafterklage im GmbH- und Aktienrecht, 2000, S. 183 ff., 205 ff.; zu Recht kritisch *Verse*, in: Bayer/Habersack, Aktienrecht im Wandel II 2007, 13. Kapitel Rn. 48 f..

43 *Zöllner*, ZGR 1988, 392 (405 f.); dazu auch *Paefgen*, Unternehmerische Entscheidungen und Rechtsbindung der Organe in der AG, 2002, S. 289 ff..

44 *Altmeppen* in FS Musielak, 2004, S. 19 f.; *Habersack*, DStR 1998, 533; *Krieger* ZHR 163 (1999), 336 (344); *Lutter*, AcP 180 (1980), 84 (138); *Reichert/Weller*, ZRP 2002, 49 (52); *Sünner*, ZHR 163 (1999), 364 (371 f.); *Trescher*, DB 1995, 661 (664); *Zöllner*, ZGR 1988, 392 (407 f.); *Brondics*, Die Aktionärsklage, 1988, S. 108; *Rollin*, Die Aktionärsklage in England und Deutschland, 2001, S. 195 ff.; *Schulz-Gardyan*, Die sogenannte Aktionärsklage, 1991, S. 81 f., 83 ff.; *G. Bezzenberger*, in: Großkomm. AktG,

2. Die Voraussetzungen der Gesellschafterklage

Ebenso umstritten wie die rechtliche Grundlage der actio pro socio ist das Verhältnis dieser Form der Gesellschafterklage zur gesellschaftsinternen Kompetenzverteilung (dazu a)). Die hierzu vertretenen Ansichten gehen zum Teil fließend in einander über und verlaufen überdies quer durch die oben dargestellten Lösungen zur Rechtsgrundlage der actio pro socio. Nur als grober Ausgangspunkt lässt sich daher festhalten, dass die Vertreter eines eigenen Anspruchs des Gesellschafters eher einem gleichberechtigt neben der gesellschaftsinternen Zuständigkeitsordnung bestehenden Gesellschafterklagerecht zuneigen (dazu b)), während die Vertreter einer Prozessstandschaft die actio pro socio überwiegend als subsidiär gegenüber der gesellschaftsinternen Zuständigkeitsordnung begreifen (dazu c)). Bevor auf die konzeptionellen Fragen eingegangen wird, soll zunächst ein kurzer Blick auf die Zuständigkeit für die Entscheidung über die Geltendmachung von Ansprüchen der Gesellschaft geworfen werden.

a) *Vorüberlegung: Gesellschaftsinterne Zuständigkeit zur Durchsetzung von Gesellschaftsansprüchen*

In den Personenhandelsgesellschaften liegt die Zuständigkeit zur Geltendmachung von Ansprüchen der Gesellschaft[45] grundsätzlich bei den geschäftsführungsbefugten Gesellschaftern,[46] wobei bei einer Mehrzahl von allein geschäfts-

---

§ 147 AktG Rn. 37; *Flume*, Allgemeiner Teil des Bürgerlichen Rechts I/2, § 8 V 2, S. 306; *K. Schmidt,* Gesellschaftsrecht, § 21 IV 6, S. 643; *K. Schmidt*, in: Großkomm. AktG, § 241 AktG Rn. 7; *Schröer*, in: MünchKomm. AktG, § 147 AktG Rn. 24; anders aber *Wiedemann*, Organverantwortung und Gesellschafterklagen in der Aktiengesellschaft, 1989, S. 49 ff.: Analogie zu § 309 Abs. 4 AktG; ebenso *Wellkamp*, DZWIR 1994, 221 (223 f.); für ein Notgeschäftsführungsrecht des einzelnen Aktionärs (etwa im Fall drohender Verjährung der Ersatzansprüche) *Krieger* in Henze/Timm/Westermann, RWS-Forum 8, Gesellschaftsrecht 1995, 1996, 149 (173).

45 So z. B. die Geltendmachung von Beitragsforderungen *Timm/Schöne*, in: Bamberger/Roth, § 705 BGB Rn. 115, § 706 BGB Rn. 5; *Schäfer*, in: Großkomm. HGB, § 116 HGB Rn. 16.

46 *Bork/Oepen*, ZGR 2001, 515 (531); *Höfler*, JuS 1992, 388; *Grunewald*, Die Gesellschafterklage in der Personengesellschaft und der GmbH, 1990, S. 16 ff.; *Schütz*, Sachlegitimation und richtige Prozesspartei bei innergesellschaftlichen Streitigkeiten in der Personengesellschaft, 1994, S. 28 f.; *v. Ditfurth*, in: Münch. Hdb. GesR I, § 53 Rn. 66; *Ulmer*, in: MünchKomm. BGB, § 709 BGB Rn. 12; *Timm/Schöne*, in: Bamberger/Roth, § 705 BGB Rn. 115; *H. P. Westermann*, in: Erman, § 705 BGB Rn. 59; *Rawert*, in: MünchKomm. HGB, § 114 HGB Rn. 8.In unternehmenstragenden Gesellschaften bürgerlichen Rechts wird im Gesellschaftsvertrag regelmäßig eine von § 709 Abs. 1 BGB

führungsbefugten Gesellschaftern jedem ein Widerspruchsrecht gegen Geschäftsführungshandlungen der anderen zusteht (§§ 711 BGB, 115 Abs. 1 Hs. 2 HGB).[47] Bei der Kommanditgesellschaft sind die Kommanditisten dabei gemäß §§ 164, 170 HGB kraft Gesetzes von der organschaftlichen Vertretung der Gesellschaft ausgeschlossen.

Ein generelles Erfordernis zunächst einen Gesellschafterbeschluss über die Geltendmachung herbeizuführen, besteht nach überwiegender Auffassung nicht.[48] Bei der offenen Handelsgesellschaft und der Kommanditgesellschaft muss zur Geltendmachung von Ansprüchen aus der Verletzung eines Wettbewerbsverbotes gemäß §§ 113 Abs. 2, 161 Abs. 2 HGB zunächst ein einstimmiger Beschluss[49] der nicht betroffenen Gesellschafter eingeholt werden.[50] Entsprechendes gilt nach h. M. für die als „außergewöhnliche Geschäftsführung" i. S. d. §§ 116 Abs. 2, 164 Satz 1 Hs. 2, 161 Abs. 2 HGB eingestufte Geltendmachung von Ersatzansprüchen gegen Gesellschafter aus der Geschäftsführung.[51]

(Gemeinschaftliche Geschäftsführung) abweichende Regelung vereinbart werden, siehe dazu *Timm/Schöne*, in: Bamberger/Roth, § 705 BGB Rn. 146.

47 Von der Geschäftsführung ausgeschlossene Gter haben kein Widerspruchsrecht *Schäfer*, in: Großkomm. HGB, § 115 HGB Rn. 12.

48 Teilweise wird aber dem Beschlusserfordernis bei Geltendmachung von Ersatzansprüchen aus Verletzungen des Wettbewerbsverbots der Gesellschafter (§ 113 Abs. 2 HGB) ein allgemeiner Rechtsgedanke entnommen, *Schwab*, Das Prozessrecht gesellschaftsinterner Streitigkeiten, 2005, S. 106, 109; ebenso, jedoch aufgrund einer Einordnung als Grundlagenmaßnahme *Hadding*, JZ 1975, 159 (163); *Hadding*, in: Soergel/Siebert, § 705 BGB Rn. 48; dem folgend *Schulz-Gardyan*, Die sogenannte Aktionärsklage, 1991, S. 78; dagegen zu Recht *Schäfer*, in: Großkomm. HGB, § 105 HGB Rn. 261.

49 S. § 119 Abs. 1 HGB. Im Gesellschaftsvertrag kann das Mehrheitsprinzip vereinbart werden. §§ 113 Abs. 2, 116 Abs. 2 HGB sind dispositiv, *Schäfer*, in: Großkomm. HGB, § 113 HGB Rn. 27, § 116 HGB Rn. 39.

50 *Martens*, in: Schlegelberger, § 113 HGB Rn. 24; *Schäfer*, in: Großkomm. HGB, § 105 HGB Rn. 261.

51 BGH, Beschluss v. 12.6.1997, IX ZR 172/96, WM 1997, 1431 (obiter dictum); OLG Stuttgart, NZG 2009, 1303 (1305); RGZ 171, 51 (54); *Brandner*, FS Lutter 2000, 317 (325); *Müller*, Die Gesellschafterklage als rechtsformübergreifendes Institut, 2002, S. 78 f.; *Grunewald*, Die Gesellschafterklage in der Personengesellschaft und der GmbH, 1990, S. 52; *Martens*, in: Schlegelberger, § 114 Rn. 41, § 116 HGB Rn. 12; *Mayen*, in: Ebenroth/Boujong/Joost/Strohn, § 116 HGB Rn. 6; *Rawert*, in: MünchKomm. HGB, § 114 HGB Rn. 67; *Jickeli*, in: MünchKomm. HGB, § 116 HGB Rn. 29; *Schäfer*, in: Großkomm. HGB, § 114 HGB Rn. 65, § 116 HGB Rn. 16; gegen ein generelles Beschlusserfordernis *Becker*, Verwaltungskontrolle durch Gesellschafterrechte, 1997, S. 547 ff., 561 ff..

In beiden Fällen ist es das Recht und die Pflicht der geschäftsführungsbefugten Gesellschafter, den Beschluss auszuführen.[52]

Bei der Gesellschaft bürgerlichen Rechts ist ein Beschluss der übrigen Gesellschafter auch zur Geltendmachung von Schadensersatzansprüchen gegen geschäftsführende Gesellschafter (vorbehaltlich abweichender Vereinbarungen im Gesellschaftsvertrag) nicht erforderlich, da dort nicht zwischen gewöhnlichen und außergewöhnlichen Geschäften nicht unterschieden wird.[53]

Auch in der GmbH liegt die Durchsetzung von Ansprüchen der Gesellschaft wie z.B. des Rückzahlungsanspruchs aus § 31 Abs. 1 GmbHG grundsätzlich in der Zuständigkeit des Geschäftsführers.[54] Gemäß § 46 Nr. 8 GmbHG ist es jedoch der Gesellschafterversammlung vorbehalten, durch Mehrheitsbeschluss[55] über die Geltendmachung von Ersatzansprüchen gegen Gesellschafter[56] und Geschäftsführer[57] zu entscheiden.[58] Gleichfalls eines Gesellschafterbeschlusses bedarf – sofern kein fester Zahlungstermin vereinbart ist[59] – nach § 46 Nr. 2

52 *Langhein*, in: MünchKomm. HGB, § 113 HGB Rn. 19; *Jickeli*,in: MünchKomm. HGB, § 116 HGB Rn. 43.

53 *Karrer*, NZG 2008, 206; *Ulmer/Schäfer*, in: MünchKomm. BGB, § 709 BGB Rn. 24; *Sprau*, in: Palandt, Vor § 709 BGB Rn. 1.

54 *Pentz*, in: Rowedder/Schmidt-Leithoff, § 31 GmbHG Rn. 5; *H. P. Westermann*, in: Scholz, § 31 GmbHG Rn. 8; *Heidinger*, in: Michalski, § 31 GmbHG Rn. 10; *Habersack*, in: Ulmer/Habersack/M. Winter, § 31 GmbHG Rn. 11.

55 S. § 47 Abs. 1 GmbHG.

56 Seinem Wortlaut nach betrifft § 46 Nr. 8 GmbHG nur Ansprüche gegen Gesellschafter und Geschäftsführer *aus Gründung und Geschäftsführung*. Zur analogen Anwendung auf andere Ansprüche gegen Gesellschafter siehe *Schwab*, Das Prozessrecht gesellschaftsinterner Streitigkeiten, 2005, S. 76; *Eickhoff*, Die Gesellschafterklage im GmbH-Recht, 1988, S. 88 ff.; *Barnert*, Die Gesellschafterklage im dualistischen System des Gesellschaftsrechts, 2003, S. 221 f.; ablehnend *Becker*, Verwaltungskontrolle durch Gesellschafterrechte, 1997, S. 582 f..

57 Dies gilt auch, wenn in der GmbH ein fakultativer oder obligatorischer Aufsichtsrat gebildet wurde. Gemäß §§ 52 Abs. 1 GmbHG, 112 AktG vertritt der Aufsichtsrat zwar die Gesellschaft gegenüber den Geschäftsführern. Seine Zuständigkeit erstreckt sich jedoch nicht auf die vorgelagerte Entscheidung über die Geltendmachung als solche, *Krieger*, in: Gesellschaftsrechtliche Vereinigung, Gesellschaftsrecht in der Diskussion 1998, 1999, S. 111 (112 f.); *Zöllner*, in: Baumbach/Hueck, § 46 GmbHG Rn. 59; *Zöllner/Noack*, in: Baumbach/Hueck, § 52 GmbHG Rn. 107; *Raiser/Heermann*, in: Ulmer/Habersack/M. Winter, § 52 GmbHG Rn. 134; *U. H. Schneider*, in: Scholz, § 52 GmbHG Rn. 181.

58 Von der Geltendmachung betroffene Gesellschafter unterliegen nach § 47 Abs. 4 Satz 2 GmbHG einem Stimmverbot.

59 Dazu *U. H. Schneider/H. P. Westermann*, in: Scholz, § 19 GmbHG Rn. 9.

GmbHG die Einforderungen von Resteinlagen.[60] Der Gesellschafterbeschluss wird dabei jeweils durch den Geschäftsführer ausgeführt (bzw. bei Klage gegen den Geschäftsführer durch einen ebenfalls von der Gesellschafterversammlung bestellten Prozessvertreter, vgl. § 46 Nr. 8 Fall 2 GmbHG).

Die Durchsetzung von Ansprüchen einer Aktiengesellschaft fällt in den Aufgabenbereich des Vorstands (§§ 76, 78 AktG) und – soweit es sich um gegen Mitglieder des Vorstands gerichtete Ansprüche handelt – Aufsichtsrats (§ 112 AktG). Anders als bei den Beschlusserfordernissen im Personengesellschafts- und GmbH-Recht ist die Zuständigkeit der Hauptversammlung nach § 147 Abs. 1 AktG keine Voraussetzung für das Tätigwerden von Vorstand und Aufsichtsrat. Der Zweck des § 147 Abs. 1 AktG besteht vielmehr darin, durch einfachen Mehrheitsbeschluss der Hauptversammlung eine Klage in den Fällen zu erzwingen, in denen Vorstand oder Aufsichtsrat untätig bleiben.

b) Gleichberechtigte Gesellschafterklagebefugnis

Die Rechtsprechung zum *Personengesellschaftsrecht* hat auf Grundlage ihrer älteren, auf vertragliche Individualansprüche abstellenden Ansicht keine besonderen Voraussetzungen für die Klage im Wege der actio pro socio definiert. Sie verlangte von dem klagewilligen Gesellschafter insbesondere nicht, zunächst den Versuch zu unternehmen, den primären Entscheidungsträger innerhalb der gesellschaftsinternen Zuständigkeitsordnung zur Entscheidung über die Geltendmachung ihrer Ansprüche aufzufordern.[61] Die actio pro socio kann danach im Grundsatz ohne weitere Voraussetzungen erhoben werden. Begrenzt wird die Gesellschafterklage nach Ansicht des BGH nur durch den Einwand des Rechtsmissbrauchs wegen unzulässiger Rechtsausübung.[62]

---

60 Die Vorschrift hängt mit dem Umstand zusammen, dass die Eintragung der GmbH bzw. eine Erhöhung des Stammkapitals nicht die volle Erfüllung der Einlagepflicht erfordert, s. §§ 7 Abs. 2, 57 Abs. 2 GmbHG.

61 Zur älteren, einen eigenen Anspruch des Gesellschafters bejahenden Ansicht BGH, Urteil v. 27.6.1957, II ZR 15/56, BGHZ 25, 47 (50); BGH 11. 2. 1960, II ZR 198/59, NJW 1960, 964; BGH, Urteil v. 2. 7. 1973, II ZR 94/71, NJW 1973, 2198 (2199); *Flume*, Allgemeiner Teil des Bürgerlichen Rechts I/1, § 10 IV, S. 142; *Kübler/Assmann*, Gesellschaftsrecht, § 6 II 3 b, S. 50; *v. Gamm*, in: RGRK, § 705 BGB Rn. 23; *Fischer*, in: Großkomm. HGB, 3. Aufl. 1973, § 124 Anm. 11.

62 BGH, Urteil v. 27.6.1957, II ZR 15/56, BGHZ 25, 47 (50): „[...] kann der für das *RG* maßgebliche Gedanke der Verletzung der Treuepflicht nur von rechtlicher Bedeutung werden, wenn sich in einem besonderen Fall die Geltendmachung des Schadensersatzanspruches durch einen einzelnen Gesellschafter gerade unter Berücksichtigung der besonderen Verhältnisse in der Gesellschaft als eine *mißbräuchliche Rechtsausübung* darstellt [Hervorhebung d. Verf.]"; ebenso OLG Köln, Urteil v. 29.3.2000, 13 U 271/97,

Das Schrifttum zum Personengesellschaftsrecht folgt dem zum Teil, spricht aber davon, die actio pro socio werde ausnahmsweise durch die Treuepflicht eingeschränkt, wenn der Gesellschafter durch die Klage „überwiegende Interessen der Gesellschaft schuldhaft verletzt“[63], wobei indes offen bleibt, ob die Gesellschafterklage damit strengeren Schranken unterworfen wird. Auch nachdem das Schrifttum im Personengesellschaftsrecht als Grundlage des Klagerechts nunmehr vermehrt eine Prozessstandschaft annimmt, wird an diesen Grundsätzen festgehalten.[64]

Der BGH hat in neueren Entscheidungen zum Personengesellschaftsrecht bislang nicht dezidiert zu den Voraussetzungen des Klagerechts Stellung genommen, wenngleich jeweils die Treuebindung des Klagerechts hervorgehoben wurde. Aufgrund der Bezugnahme auf seine ältere Rechtsprechung dürfte er jedoch nach wie vor keine Subsidiarität des Klagerechts annehmen.[65]

Teile des Schrifttums zum *GmbH-Recht* begreifen die actio pro socio als Klage in Prozessstandschaft, jedoch soll das Klagerecht der Gesellschafter gleichberechtigt neben die eigene Klage der Gesellschaft treten. Ungeachtet der Gründe, die den primär zuständigen Entscheidungsträger bewogen haben, von der Klageerhebung abzusehen, ist es den Gesellschaftern dieser Ansicht zufolge gestattet, Gesellschaftsansprüche selbst durchzusetzen.[66] Die gesetzgeberische Bestätigung dieses Modells der actio pro socio wird dabei in den konzernrechtlichen Aktionärsklagebefugnissen der §§ 309 Abs. 4, 310 Abs. 4, 317 Abs. 4, 318

NZG 2000, 1171 (1172 f.); *Fischer*, in: Großkomm. HGB, 3. Aufl. 1973, § 124 HGB Rn. 11.

63 *Keßler*, in: Staudinger, 12. Aufl. 1991, § 705 BGB Rn. 68; ebenso *A. Hueck*, Das Recht der Offenen Handelsgesellschaft, § 18 II 3, S. 264, 266 f.; *v. Gamm*, in: RGRK, § 705 BGB Rn. 23.

64 *Wiedemann*, Gesellschaftsrecht II, § 3 III 6 a cc, S. 284; *Timm/Schöne*, in: Bamberger/Roth, § 705 BGB Rn. 120; *Hopt*, in: Baumbach/Hopt, § 109 HGB Rn. 32; *Wiedemann*, Gesellschaftsrecht I, § 5 III 2 b, S. 274, § 8 IV 1 c aa, S. 460; *Koller*, in: Koller/Roth/Morck, § 105 HGB Rn. 43; *Wirth*, in: Münch Hdb GesR II, § 7 Rn. 98.

65 S. zuletzt BGH, Beschluss v. 26.4.2010, II ZR 69/09, DB 2010, 1400; BGH, Beschluss v. 2.6.2008, II ZR 67/07, WM 2008, 1453 (1454). Vgl. im Übrigen die weiteren Nachweise in Fn. 23.

66 *Wiedemann*, Gesellschaftsrecht I, § 8 IV 1 c bb, S. 462: „Da es sich um eine Kontrollbefugnis handelt, kann die Klage über den Kopf der Geschäftsführer und Gesellschafter hinweg eingereicht werden“; *Assmann*, JZ 1986, 928 (929); *Berger*, ZHR 149 (1985), 599 (607 ff.); *Wellkamp*, DZWIR 1995, 221 (224)..

Abs. 4, 323 Abs. 1 Satz 2 AktG gesehen, die ihrem Wortlaut nach keine besonderen Voraussetzungen für die Klagebefugnis aufstellen.[67]

Soweit die actio pro socio im Schrifttum zum GmbH-Recht auf einen eigenen Anspruch aus Treuepflichtverletzung gestützt wird, nimmt die Literatur im Ansatz zwar überwiegend konkurrierende Klagerechte von Gesellschaft und der Gesellschafter an.[68] Der Treuebindung der Gesellschafter wird jedoch die Pflicht entnommen, vor Klageerhebung die Gesellschaft zu informieren.[69] Darüber hinaus ist der Gesellschafter bei der Geltendmachung eines eigenen Ersatzanspruchs nicht gehalten, zunächst eine Beschlussfassung der Gesellschafterversammlung nach § 46 Nr. 8 GmbHG abzuwarten oder gar einen ablehnenden Gesellschafterbeschluss im Wege der Anfechtungsklage zu beseitigen.[70] Vielmehr ist § 46 Nr. 2 und Nr. 8 GmbHG als Kompetenzabgrenzung zwischen Gesellschafterversammlung und Geschäftsführer nur für die Geltendmachung des Parallelanspruchs der Gesellschaft relevant.[71]

Wiederum kraft Treuebindung soll der klagewillige Gesellschafter jedoch gehalten sein, im Einzelfall von der Klage Abstand zu nehmen, wenn gewichtige Gesellschaftsinteressen dies erfordern.[72] Entgegenstehende Gründe des Gesellschaftswohls müsse er sich dabei als *Einwand des Beklagten* entgegenhalten lassen.[73] Die Klagebefugnis des Gesellschafters stellt dieser Konzeption folgend

---

67 So *Berger*, ZHR 149 (1985), 599 (608); *Wiedemann*, Gesellschaftsrecht I, § 8 IV 1 c aa, S. 460; *Wiedemann*, Organverantwortung und Gesellschafterklagen in der Aktiengesellschaft, 1989, S. 48.

68 *Raiser*, ZHR 153 (1989), 1 (22); *Raiser*, in: Ulmer/Habersack/M. Winter, § 14 GmbHG Rn. 52: „Sind sowohl Ansprüche der Gesellschaft wie der Gesellschafter gegeben [...], stehen sie unabhängig und im gleichen Rang nebeneinander"; *Lutter*, ZHR 162 (1998), 164 (182 f.).

69 *Raiser*, ZHR 153 (1989), 1 (23); *Lutter*, in: Lutter/Hommelhoff, § 13 GmbHG Rn. 54; *Raiser*, in: Ulmer/Habersack/M. Winter, § 14 GmbHG Rn. 52, 58.

70 *Raiser*, ZHR 153 (1989), 1 (23); *Lutter*, ZHR 162 (1998), 164 (182); *Raiser*, in: Ulmer/Habersack/M. Winter, § 14 GmbHG Rn. 52, 57; *Lutter*, in: Lutter/Hommelhoff, § 13 GmbHG Rn. 54: kein bloßes Notgeschäftsführungsrecht für den Fall des Versagens der regulären Organisation der GmbH.

71 *Gehrlein*, ZIP 1993, 1525 (1530); *Raiser*, ZHR 153 (1989), 1 (22); *Lutter*, in: Lutter/Hommelhoff, § 13 GmbHG Rn. 53; *Pentz*, in: Rowedder/Schmidt-Leithoff, § 13 GmbHG Rn. 116; *Raiser*, in: Ulmer/Habersack/M. Winter, § 13 GmbHG Rn. 57.

72 *Lutter*, ZHR 162 (1998), 164 (182 f.); *Raiser*, ZHR 153 (1989), 1 (23); *Raiser/Veil*, Recht der Kapitalgesellschaften, § 27 Rn. 26; *Raiser*, in: Ulmer/Habersack/M. Winter, § 14 GmbHG Rn. 52, 58.

73 *Lutter*, ZHR 162 (1998), 164 (182); *Raiser*, ZHR 153 (1989), 1 (23); Siehe auch BGH, Urteil v. 13.5.1985, II ZR 170/84, NJW 1985, 2830 (2831), wo das Gericht feststellte, dass dem *Vortrag des Beklagten* nichts dafür entnommen werden konnte, dass der Klä-

also den Regelfall, das Nichtvorliegen der Klagevoraussetzungen, den vom Beklagten zu beweisenden Ausnahmefall dar.[74]

c) Subsidiarität gegenüber der Gesellschaftsklage

Die wohl überwiegende Ansicht sieht in der actio pro socio ein gegenüber der innerverbandlichen Zuständigkeitsordnung subsidiäres Gesellschafterrecht. In Abgrenzung zu dem unter b) beschriebenen Modell einer generellen Kontrollbefugnis kehrt sich das Regel-Ausnahme-Verhältnis um und der klagende Gesellschafter ist nur dann zur Klage befugt, wenn keine Gründe des Gesellschaftswohls entgegen stehen.[75] Die konkrete Umsetzung der Subsidiarität ist dabei abhängig von der Zuständigkeitsordnung der jeweiligen Gesellschaftsform.

aa) Personengesellschaften

Nach dem Subsidiaritätsgedanken ist die Gesellschafterklage im Grundsatz erst dann zulässig, wenn die Geschäftsführer erfolglos zur Geltendmachung bzw. – soweit ein Zustimmungsbeschluss der Gesellschafter erforderlich ist – die Gesellschafter zur Zustimmung aufgefordert worden sind.[76]

Verweigern die Gesellschafter die Zustimmung, ist umstritten, ob der klagewillige Gesellschafter gegen die sich sperrenden Gesellschafter eine Klage auf Zustimmung erheben muss. Die Zustimmung des widersprechenden Gesellschafters wird in diesem Fall im Wege der Leistungsklage erzwungen und die

---

ger durch die Klageerhebung überwiegende Interessen der Gesellschaft verletzt und damit gegen die auch hier bestehende gesellschaftliche Treuepflicht verstoßen hat.

74 *Raiser*, ZHR 153 (1989), 1 (23); *Raiser*, in: Ulmer/Habersack/M. Winter, § 14 GmbHG Rn. 58. Ebenso für Personengesellschaften: BGH, Urteil v. 13.5.1985, II ZR 170/84, NJW 1985, 2830 (2831); BGH, Urteil v. 27.6.1957, II ZR 15/56, BGHZ 25, 47 (50); RGRK § 705 Rn. 23; *v. Ditfurth*, in: Prütting/Wegen/Weinreich, § 705 BGB Rn. 28; *Timm/Schöne*, in: Bamberger/Roth, § 705 BGB Rn. 121.

75 *Bork/Oepen*, ZGR 2001, 515 (534, Fn. 90); *Lutter*, AcP 180 (1980), 84 (134); *Nitschke*, ZHR 128 (1965), 48 (92); *Hadding*, actio pro socio, 1966, S. 61; *Frank*, Die actio pro socio in der eingetragenen Genossenschaft, 1996, S. 118; *Schwab*, Das Prozessrecht gesellschaftsinterner Streitigkeiten, 2005, S. 109; *Westermann*, in: Erman, § 705 BGB Rn. 59; *Eickhoff*, Die Gesellschafterklage im GmbH-Recht, 1988, S. 189; offen gelassen von OLG Düsseldorf, 4.5.2006, 6 U 98/05 (nicht veröffentlicht); siehe auch *Flume*, Allgemeiner Teil des Bürgerlichen Gesetzbuchs I/1, § 10 IV, S. 143.

76 S. *Grunewald*, Die Gesellschafterklage in der Personengesellschaft und der GmbH, 1990, S. 24; *Habermeier*, in: Staudinger, § 705 BGB Rn. 47; *Ulmer*, in: MünchKomm. BGB, § 705 BGB Rn. 211; *Schäfer*, in: Großkomm. HGB, § 116 HGB Rn. 262.

Zustimmungserklärung gemäß § 894 ZPO durch das rechtskräftige Urteil ersetzt.[77]

Für Beschlüsse nach §§ 116 Abs. 2, 164 Satz 1 Hs. 2, 161 Abs. 2 HGB wird das Erfordernis einer vorherigen Klage gegen die der Anspruchsdurchsetzung widersprechenden Gesellschafter überwiegend verneint[78], für § 113 Abs. 2, 161 Abs. 2 HGB dagegen bejaht, da es sich insoweit um eine materielle Anspruchsvoraussetzung handele.[79]

Soweit keine Zustimmungsklage erforderlich ist, insbesondere also in den Fällen, in denen der geschäftsführungsbefugte Gesellschafter ohne vorherigen Zustimmungsbeschluss handeln kann, sollen die Gründe für die Ablehnung der Klageerhebung *inzident* im Prozess gegen den Gesellschaftsschuldner geprüft werden können.[80] Die konkreten Anforderungen an die Inzidentprüfung werden dabei in der Literatur jedoch uneinheitlich beurteilt:

Nach einer verbreitet vertretenen Ansicht soll genügen, wenn der klagewillige Gesellschafter schlüssig darlegt, dass der Gesellschaft ein durchsetzbarer Anspruch zusteht und eine Aufforderung an die Geschäftsführer erfolglos geblieben ist oder nicht Erfolg versprechend war.[81] Auch nach dieser Ansicht soll

---

77 *Jickeli*, in: MünchKomm. HGB, § 116 HGB Rn. 47; *Martens*, in: Schlegelberger, § 116 HGB Rn. 16; *Schäfer*, in: Großkomm. HGB, § 105 HGB Rn. 244; *Schwab*, Das Prozessrecht gesellschaftsinterner Streitigkeiten, 2005, S. 465; *Korehnke*, Treuwidrige Stimmen im Personengesellschaftsrecht- und GmbH-Recht, 1997, S. 43 ff..

78 *Becker*, Verwaltungskontrolle durch Gesellschafterrechte, 1997, S. 563 f.; *Schäfer*, in: Großkomm. HGB, § 116 HGB Rn. 16; *Jickeli*, in: MünchKomm. HGB, § 116 HGB Rn. 30; *Martens*, in: Schlegelberger, § 116 HGB Rn. 12. Für eine Zustimmungsklage aber *Bork/Oepen*, ZGR 2001, 515 (535 ff.); *Grunewald*, Die Gesellschafterklage in der Personengesellschaft und der GmbH, 1990, S. 52 f..

79 *Schäfer*, in: Großkomm. HGB, § 105 HGB Rn. 261, § 113 HGB Rn. 8, 32; *Becker*, Verwaltungskontrolle durch Gesellschafterrechte, 1997, S. 561 f.; *Wiedemann*, Gesellschaftsrecht I, § 8 IV 1 3 c aa, S. 460; *Martens*, in: Schlegelberger, § 113 HGB Rn. 1, 24; *v. Gerkan*, in: Röhricht/V. Westphalen, § 113 HGB Rn. 10; wohl auch *Langhein*, in: MünchKomm. HGB, § 113 HGB Rn. 19; dagegen *Schwab*, Das Prozessrecht gesellschaftsinterner Streitigkeiten, 2005, S. 110.

80 So *Schwab*, Das Prozessrecht gesellschaftsinterner Streitigkeiten, 2005, S. 109; *Becker*, Verwaltungskontrolle durch Gesellschafterrechte, 1997, S. 564; *Lutter*, AcP 184 (1980), 84 (133); *Schäfer*, in: Großkomm. HGB, § 116 HGB Rn. 16; zum pflichtwidrigen Widerspruch auch *Grunewald*, Die Gesellschafterklage in der Personengesellschaft und der GmbH, 1990, S. 20, 22; *Ulmer*, in: MünchKomm. BGB, § 705 BGB Rn. 211.

81 OLG Düsseldorf, Urteil v. 24.5.2007, I-6 U 78/06 (nicht veröffentlicht); *Habermeier*, in: Staudinger, § 705 BGB Rn. 47; *Ulmer*, in: MünchKomm. BGB, § 705 BGB Rn. 210 f.; *Schäfer*, in: Großkomm. HGB, § 105 HGB Rn. 262; *Wertenbruch*, in: Ebenroth/Boujong/Joost/Strohn, § 105 HGB Rn. 150; *Schulz-Gardyan*, Die sogenannte Akti-

der Gesellschafter im übrigen jedoch – insbesondere bei der Geltendmachung von Schadensersatzansprüchen – die Interessen der Gesellschaft berücksichtigen und gegebenenfalls von der Klageerhebung absehen müssen.[82]

Eine strengere Ansicht verlangt dagegen strikt, der klagende Gesellschafter müsse die Gründe, die seine Klage unter Beachtung des Gesellschaftsinteresses erforderlich machen, insbesondere also das Versagen der Verbandsorganisation, darlegen und beweisen.[83]

bb) GmbH

Die Mehrzahl der Befürworter einer Klage in Prozessstandschaft – teilweise sogar die Vertreter einer Klage auf Basis eines eigenen Anspruchs[84] – verlangen, der Gesellschafter müsse wegen der Subsidiarität der actio pro socio vor Klageerhebung den Geschäftsführer zur Klageerhebung auffordern[85] bzw. dort wo ein gemäß § 46 Nr. 2 und 8 GmbHG ein Beschluss der Gesellschafterversammlung erforderlich ist, den Versuch unternehmen, einen Gesellschafterbeschluss herbeizuführen.[86]

---

onärsklage, 1991, S. 79; wohl auch *Brandner*, FS Lutter 2000, 317 (326). Offen gelassen von OLG Düsseldorf, 4.5.2006, 6 U 98/05.

82 Siehe etwa *Habermeier*, in: Staudinger, § 705 BGB Rn. 47; *Ulmer*, in: MünchKomm. BGB, § 705 BGB Rn. 211; *Schäfer*, in: Großkomm. HGB, § 105 HGB Rn. 262, § 116 HGB Rn. 16.

83 *Bork/Oepen*, ZGR 2001, 515 (534, Fn. 90); *Grunewald*, Gesellschafterklage in der Personengesellschaft und der GmbH, 1990, S. 14 f., 21; *Nitschke*, ZHR 128 (1965), 48 (89 ff.); *Hadding*, actio pro socio, 1966, S. 61; *Schwab*, Das Prozessrecht gesellschaftsinterner Streitigkeiten, 2005, S. 109; *H. P. Westermann*, in: Erman, § 705 BGB Rn. 59; ebenso, wenngleich unter Zugrundelegung eigener Ansprüche des Gesellschafters *Lutter*, AcP 180 (1980), 84 (134); *Reinhardt/Schultz*, Gesellschaftsrecht, 1981, Rn. 162.

84 So *Zöllner*, ZGR 1988, 392 (409); *Altmeppen*, in: Roth/Altmeppen, § 13 GmbHG Rn. 22; *Pentz*, in: Rowedder/Schmidt-Leithoff, § 13 GmbHG Rn. 118; siehe auch *Goette*, DStR 1993, 1111 (1112).

85 *Schwab*, Das Prozessrecht gesellschaftsinterner Streitigkeiten, 2005, S. 81; *Grunewald*, Die Gesellschafterklage in der Personengesellschaft und der GmbH, 1990, S. 76; *Schiessl*, in: Münch. Hdb. GesR III, § 31 Rn. 23.

86 OLG Koblenz, Urteil v. 8.4.2010, 6 U 207/09, NZG 2011, 1023 (1024); OLG Hamm, Urteil v. 12.1.1998, 8 U 103/97, NZG 1998, 432 (433); OLG Köln, Urteil v. 5.11.1992, 18 U 50/92, NJW-RR 1994, 616, der BGH lehnte die Annahme der Revision ab, BGH, Beschluss v. 14.06.1993, II ZR 228/92, siehe dazu *Goette*, DStR 1993, 1111 (1112); OLG Düsseldorf, Urteil v. 28.10.1993, 6 U 160/92, DB 1993, 2474; *Zöllner*, ZGR 1988, 392 (409); *Eickhoff*, Die Gesellschafterklage im GmbH-Recht, 1988 S. 60; *Grunewald*, Die Gesellschafterklage in der Personengesellschaft und der GmbH, 1990, S. 73; *Immenga*, Die personalistische Kapitalgesellschaft, 1970, S. 291; *Winter*, Mitgliedschaftli-

Gegen einen die Geltendmachung ablehnenden (negativen) Gesellschafterbeschluss[87] muss nach überwiegender Ansicht sodann zunächst mit einer gegen die Gesellschaft zu richtenden Anfechtungs- und positiven Beschlussfeststellungsklage vorgegangen werden,[88] die nach verbreiteter Ansicht jedoch mit der Schadensersatzklage verbunden werden kann.[89] Einer anderen Ansicht zufolge genügt, wenn die Rechtmäßigkeit des ablehnenden Gesellschafterbeschlusses als

---

che Treuebindungen im GmbH-Recht, 1988, S. 314; *Schiessl*, in: Münch. Hdb. GesR III, § 31 Rn. 23; *Ebbing*, in: Michalski, § 14 GmbHG Rn. 99, 102; *Hueck/ Fastrich*, in: Baumbach/Hueck, § 46 GmbHG Rn. 59; *Hüffer*, in: Ulmer/Habersack/ M. Winter, § 46 GmbHG Rn. 114, 115; *Koppensteiner*, in: Rowedder/Schmidt-Leithoff, § 43 GmbHG Rn. 48; *Paefgen*, in: Ulmer/Habersack/M. Winter, § 43 GmbHG Rn. 173. Ausführlich zum Streitstand *Gehrlein*, ZIP 1993, 1525 (1527 ff.); *Hüffer*, in: Ulmer/Habersack/M. Winter, § 46 GmbHG Rn. 113 ff.. Zu § 46 Nr. 2 GmbHG *Römermann*, in: Michalski, § 46 GmbHG Rn. 141, 143.

87 Ein negativer Beschluss ist ein echter Beschluss und kein „Nichtbeschluss". Zur früher umstrittenen Problematik der Anfechtung negativer, den Antrag ablehnender Beschlüsse ausführlich *K. Schmidt*, in: Scholz, § 45 GmbHG Rn. 31, 178 ff.; *Raiser*, in: Ulmer/Habersack/M. Winter, Anh. § 47 GmbHG Rn. 16. m. w. N..

88 OLG Köln, Urteil v. 5.11.1992, 18 U 50/92, NJW-RR 1994, 616 (617), siehe auch den Nichtannahmebeschluss des BGH, Beschluss v. 14.6.1993, II ZR 228/92, dazu *Goette*, DStR 1993, 1111 (1112); *v. Gerkan*, ZGR 1988, 441 (450); *Zöllner*, ZGR 1988, 392 (409 f.); *Becker*, Verwaltungskontrolle durch Gesellschafterrechte, 1997, S. 587; *Eickhoff*, Die Gesellschafterklage im GmbH-Recht, 1988, S. 122 ff.; *Grunewald*, Die Gesellschafterklage in der Personengesellschaft und der GmbH, 1990, S. 73; *Ziemons*, Die Haftung der Gesellschafter für Einflussnahmen auf die Geschäftsführung der GmbH, 1996, S. 175; *Schiessl*, in: Münch. Hdb. GesR III, § 31 Rn. 23; *Liebscher*, GmbH-Konzernrecht, 2006, Rn. 401; *Altmeppen*, in: Roth/Altmeppen, § 13 GmbHG Rn. 21, § 43 GmbHG Rn. 66; *Römermann*, in: Michalski, § 46 GmbHG Rn. 533; *Hueck/ Fastrich*, in: Baumbach/Hueck, § 13 GmbHG Rn. 40; *Kleindiek*, in: Lutter/Hommelhoff, § 43 GmbHG Rn. 41; *K. Schmidt*, in: Scholz, § 46 GmbHG Rn. 161; *Paefgen*, in: Ulmer/Habersack/M. Winter, § 43 GmbHG Rn. 173; *Pentz*, in: Rowedder/Schmidt-Leithoff, § 13 GmbHG Rn. 119; *Koppensteiner*, in: Rowedder/Schmidt-Leithoff, § 43 GmbHG Rn. 48.

89 Zur Möglichkeit der Verbindung von Anfechtungs- und positiver Beschlussfeststellungsklage und Schadensersatzklage *v. Gerkan*, ZGR 1988, 441 (450); *Zöllner*, ZGR 1988, 392 (410); *Eickhoff*, Die Gesellschafterklage im GmbH-Recht, 1988, S. 144 f., 167 ff., 176; *Grunewald*, Die Gesellschafterklage in der Personengesellschaft und der GmbH, 1990, S. 75; *Müller*, Die Gesellschafterklage als rechtsformübergreifendes Institut, 2002, S. 134 ff.; *Ziemons*, Die Haftung der Gesellschafter für Einflussnahmen auf die Geschäftsführung der GmbH, 1996, S. 175; *Schiessl*, in: Münch. Hdb. GesR III, § 31 Rn. 23; *Koppensteiner*, in: Rowedder/Schmidt-Leithoff, § 43 GmbHG Rn. 48, § 47 GmbHG Rn. 153.

Vorfrage (*inzident*) im Rahmen des Schadensersatzprozesses geprüft wird.[90] Entsprechendes muss für die Überprüfung einer ablehnenden Entscheidung des Geschäftsführers gelten, sofern die Entscheidung über die Geltendmachung in seinen Händen liegt.

Die Rechtsprechung zum GmbH-Recht hat zwar auf den grundsätzlichen Vorrang der Zuständigkeitsordnung der Gesellschaft gegenüber der Gesellschafterklage hingewiesen und dabei keinen Unterschied zwischen Klagen aufgrund eigenen Anspruchs oder solchen in Prozessstandschaft gemacht. Sie betonte jedoch stets, dass der Vorrang jedenfalls dann entfalle, wenn eine Klage der Gesellschaft undurchführbar, durch den Schädiger selbst vereitelt oder infolge der Machtverhältnisse in der Gesellschaft so erschwert ist, dass es ein unzumutbarer Umweg wäre, müsste die Gesellschaft erst zu einer Haftungsklage gezwungen werden. Dies gelte insbesondere in Zwei-Personen-Gesellschaften.[91]

II. Das aktienrechtliche Klagezulassungsverfahren

Gemäß § 148 AktG sind die Aktionäre unter anderem berechtigt, Ersatzansprüche der Gesellschaft gegen Mitglieder des Vorstands und des Aufsichtsrats im Klagewege geltend zu machen.[92] Die Regierungsbegründung zu § 148 AktG

---

90 *Immenga*, Die personalistische Kapitalgesellschaft, 1970, S. 292; *Schwab*, Das Prozessrecht gesellschaftsinterner Streitigkeiten, 2005, S. 86; *Zöllner*, Die Schranken mitgliedschaftlicher Stimmrechtsmacht bei den privatrechtlichen Personenverbänden, 1963, S. 429; *Ebbing*, in: Michalski, § 14 GmbHG Rn. 104; *Hüffer*, in: Ulmer/Habersack/ M. Winter, § 46 GmbHG Rn. 114, 115; *Schindler*, in: BeckOK GmbHG, § 46 GmbHG Rn. 121; *K. Schmidt*, in: Scholz, § 46 GmbHG Rn. 161 (in Fällen „offenkundig rechtswidriger Beschlussablehnung"). Vgl. zum Aktienrecht auch *Grossfeld*, Aktiengesellschaft, Unternehmenskonzentration und Kleinaktionär, 1968, S. 301.

91 Für Gesellschafterklagen aufgrund eigenen Anspruchs: BGH, Urteil v. 29.11.2004, II ZR 14/03, NZG 2005, 216; BGH, Urteil v. 28.6.1982, II ZR 199/81, ZIP 1982, 1203 (1204); BGH, Urteil v. 5.6.1975, II ZR 23/74, BGHZ 65, 15 (21) – *ITT*. Für Gesellschafterklagen in Prozessstandschaft: BGH, Urteil v. 16.3.1998, II ZR 303/96, NJW 1998, 1951; BGH, Urteil v. 4.2.1991, II ZR 246/89 NJW 1991, 1884; OLG Düsseldorf, Urteil v. 28.10.1993, 6 U 160/92, DB 1993, 2474; OLG Koblenz, Urteil v. 8.4.2010, 6 U 207/09, NZG 2011, 1023 (1024). Siehe auch *Goette*, DStR 1993, 1111 (1112).

92 Ausführliche Darstellungen bei *Spindler*, in: K. Schmidt/Lutter, § 148 AktG Rn. 1 ff.; *Mock*, in: Spindler/Stilz, § 148 AktG Rn. 1 ff.; *G. Bezzenberger/T. Bezzenberger* in Großkomm. AktG, 148 AktG Rn. 1 ff.. Über die Verweisung des § 283 Abs. 8 AktG findet das Klagezulassungsverfahren auch in der Kommanditgesellschaft auf Aktien (KGaA) sowie gemäß § 36 Satz 1 VAG für den Versicherungsverein auf Gegenseitigkeit (VVaG) Anwendung. Zum Klagezulassungsverfahren in der Societas Europea (SE) s. *Teichmann* in Lutter/Hommelhoff, Art. 51 SE-VO Rn. 22; *Ihrig*, in: Bachmann/ Cas-

geht dabei – ganz ungeachtet der oben beschriebenen Unsicherheiten hinsichtlich der Rechtsgrundlage der actio pro socio im Übrigen – von einer Aktionärsklage in Prozessstandschaft für die Gesellschaft aus.[93]

Anders als bislang im Personengesellschafts- und GmbH-Recht sind nur diejenigen Aktionäre berechtigt ein Klagezulassungsverfahren einzuleiten, deren Anteile einzeln oder zusammen den einhundertsten Teil des Grundkapitals oder einen anteiligen Betrag von 100.000 Euro am Grundkapital erreichen (§ 148 Abs. 1 AktG).[94] Die antragstellenden Aktionäre müssen die zur Erfüllung des Quorums erforderlich Aktien zudem vor dem Zeitpunkt erworben haben, in dem sie von den behaupteten Pflichtverstößen oder dem behaupteten Schaden aufgrund einer Veröffentlichung Kenntnis erlangen mussten.[95]

Konzeptionell folgt der Gesetzgeber mit dem Klagezulassungsverfahren der oben dargestellten Ansicht, wonach die actio pro socio subsidiär zur eigenen Klage der Gesellschaft ist. Die Primärzuständigkeit zur Durchsetzung von Ansprüchen der Aktiengesellschaft bleibt damit in den Händen von Vorstand bzw. Aufsichtsrat (vgl. §§ 78, 112 AktG).[96] Eine vorherige Anrufung der Hauptversammlung nach §§ 122, 147 Abs. 1 AktG ist nicht erforderlich.[97]

Die Subsidiarität der actio pro socio verlangt zunächst, das primär zur Anspruchsdurchsetzung zuständige Gesellschaftsorgan – abhängig vom potentiel-

---

per/Schäfer/Veil, Steuerungsfunktionen des Haftungsrechts im Gesellschafts- und Kapitalmarktrecht, 2007, S. 17 (27).

93 RegBegr. UMAG, BT-Drucks. 15/5092, S. 23; *Weiss/Buchner*, WM 2005, 162, 167; *Diekmann/Leuering*, NZG 2004, 249, 250; *Göz/Holzborn*, WM 2005, 157, 159; *Langenbucher*, GesRZ-SH 2005, 3, 11; *Linnerz*, NZG 2004, 307, 310; *Spindler,* NZG 2005, 865, 868; *Seibt*, WM 2004, 2137, 2142; *Schröer*, ZIP 2005, 2081, 2087; *Hüffer*, § 148 AktG Rn. 15.

94 Maßgeblicher Zeitpunkt für das Vorliegen des Schwellenwerts ist die Antragstellung im Zulassungsverfahren, *Schröer*, ZIP 2005, 2081 (2083, 2087); *Seibt*, WM 2004, 2137 (2142); *Spindler*, in: K. Schmidt/Lutter, § 148 AktG Rn. 11; *Mock*, in; Spindler/Stilz, § 148 AktG Rn. 50, 62; ebenso wohl *Hüffer*, § 148 AktG Rn. 16; *Lochner*, in: Heidel, Aktienrecht, § 148 AktG Rn. 8; für eine Fortdauer bis zum Ende des Zulassungsverfahrens *DAV-Handelsrechtsausschuss*, NZG 2004, 555 (560). Für ein Einzelklagerecht noch *Bayer*, NJW 2000, 2609, 2618; *Lutter*, JZ 2000, 837 (841); *Banerjea*, Die Gesellschafterklage im GmbH- und Aktienrecht, 2000, S. 215. Zu den Möglichkeiten eine Aktionärsminderheit im Wege einer Innen- oder Außengesellschaft zu bilden vgl. *G. Bezzenberger/T. Bezzenberger*, FS K. Schmidt 2009, 105 ff..

95 § 148 Abs. 1 Satz 2 Nr. 1 AktG.

96 Vgl. bereits Teil 2A.I.2.a).

97 Zutreffend *Diekmann/Leuering*, NZG 2004, 249, 250; *Duve/Basak*, BB 2006, 1345, 1348; *G. Bezzenberger/T. Bezzenberger*, in: Großkomm. AktG, § 148 AktG Rn. 121; a.A. zu § 147 Abs. 3 AktG a. F. *Sünner*, ZHR 163 (1999), 364 (371); *Hefermehl*, in: GHEK, § 147 AktG Rn. 7.

len Klagegegner also Vorstand oder Aufsichtsrat – unter Setzung einer angemessenen Frist zur Geltendmachung der Gesellschaftsansprüche aufzufordern (§ 148 Abs. 1 Satz 2 Nr. 2 AktG). Kommt das Organ dem Verlangen nicht nach, kann der Aktionär bzw. die Aktionärsminderheit beim Landgericht am Sitz der Gesellschaft einen Antrag auf Klagezulassung stellen.

Dieses der eigentlichen Klage gegen den Gesellschaftsschuldner vorgeschaltete und damit prozessual verselbständigte Vorverfahren (in der Terminologie des § 148 AktG: das „Zulassungsverfahren“, vgl. Abs. 6 Satz 1) dient im Sinne einer *ersten Verfahrensstufe* der Prüfung, ob der Aktionär für die Geltendmachung der Ersatzansprüche der Gesellschaft prozessführungsbefugt sein soll. Das Gericht wird die Klage zulassen, wenn die genannten Anforderungen an den Anteilsbesitz erfüllt sind, die Gesellschaft erfolglos zur Anspruchsgeltendmachung aufgefordert worden ist, der Verdacht einer groben Gesetzes- oder Satzungsverletzung nachgewiesen ist und der Klage keine überwiegenden Gründe des Gesellschaftswohls entgegen stehen (vgl. § 148 Abs. 1 Satz 2 Nr. 1-4 AktG).[98] Gegen den Beschluss im Zulassungsverfahren ist die sofortige Beschwerde, nicht aber die Rechtsbeschwerde statthaft (§ 148 Abs. 2 Satz 5 und 6 AktG).

Ab Rechtskraft des die Klage zulassenden Beschlusses kann der antragstellende Aktionär bzw. die antragstellende Aktionärsminderheit innerhalb einer Frist von drei Monaten als Prozessstandschafter der Gesellschaft Klage gegen den Gesellschaftsschuldner erheben.[99] Voraussetzung ist dabei jedoch, dass die Aktionäre die Gesellschaft zuvor nochmals unter Setzung einer angemessenen Frist vergeblich aufgefordert haben, selbst Klage zu erheben. Bei dieser *zweiten Verfahrensstufe* handelt es sich um die eigentliche actio pro socio, d. h. die Gesellschafterklage zur Geltendmachung des Gesellschaftsanspruchs.

III. Zusammenfassung

Die actio pro socio ist zwar im Grundsatz anerkannt, in ihren Voraussetzungen aber weitgehend ungelöst. Rechtsprechung und Literatur fehlt es bislang an einem einheitlichen Verständnis hinsichtlich Rechtsgrundlage und konkreter Voraussetzungen der actio pro socio. Soweit es die Geltendmachung von Schäden im Gesellschaftsvermögen betrifft, beruht die Unschärfe der Diskussion um die actio pro socio nicht zuletzt auf der unzureichenden Abgrenzung dieses Rechtsinstituts von der Treuepflichtdogmatik und den Grundsätzen zum Ersatz von Reflexschäden. Rechtsformübergreifend beginnt sich in neuerer Zeit gleichwohl

98 Näher zum Zulassungsverfahren unten Teil 3C.II.3.

99 § 148 Abs. 4 Satz 1 AktG.

das Konzept der actio pro socio als gesetzlicher Prozessstandschaft durchzusetzen.

Was das Verhältnis der actio pro socio zur gesellschaftsinternen Zuständigkeitsordnung anbelangt, wird in Rechtsprechung und Literatur zum Teil vertreten, die actio pro socio stehe gleichberechtigt *neben* der Klage durch die Gesellschaft selbst und verweist insofern auf die gesetzliche actio pro socio im Konzernrecht (vgl. § 309 Abs. 4 AktG). Die wohl überwiegende Meinung im Schrifttum geht indes von einem gegenüber der Gesellschaftsklage subsidiären Klagerecht aus, was eine gesetzliche Bestätigung in den Bestimmungen über das Klagezulassungsverfahren findet.

Im Folgenden soll zunächst unter systematischen Gesichtspunkten das Verhältnis der actio pro socio zur gesellschaftsinternen Zuständigkeitsordnung geklärt werden (dazu B), um im nächsten Schritt sodann die Rechtsgrundlage der actio pro socio zu untersuchen (dazu C). Fraglich ist dabei insbesondere, ob die in § 148 AktG gesetzlich niedergelegten Strukturmerkmale rechtsformübergreifend Geltung für die actio pro socio beanspruchen können.

B. Das Verhältnis der actio pro socio zur gesellschaftsinternen Zuständigkeitsordnung

Die rechtliche Einordnung und Ausgestaltung der actio pro socio muss bei der rechtspolitischen Legitimation dieses Rechtsinstituts ansetzen. Vorschläge in der Literatur reichen, wie gezeigt, von einem generellen, neben die Organkompetenz tretenden Gesellschafterrecht bis hin zu einer nur subsidiären Ersatzgeschäftsführungsbefugnis. Mit der Zuordnung zu einer der beiden Kategorien wird entweder der durch die Gesellschafterklage gewährte Individualschutz oder aber die Einbindung der actio pro socio in die innerverbandliche Zuständigkeitsordnung betont. Trotz dieses konzeptionell unterschiedlichen Ausgangspunkts trifft man sich jedoch in der Erkenntnis, dass die actio pro socio einen praktisch relevanten Konflikt zu lösen bestimmt ist, der darin besteht, dass die Durchsetzung von Ersatzansprüchen häufig am Einfluss von Mehrheitsgesellschaftern oder der Untätigkeit der Geschäftsführungsorgane scheitert.[100] Dies gilt auch und gerade

100 Für die Personengesellschaften: *Höfler*, JuS 1992, 388; *Hadding*, actio pro socio, 1966, S. 59 ff., 61; *Timm/Schöne*, in: Bamberger/Roth, § 705 BGB Rn. 116. Für die GmbH: *Berger*, ZHR 149 (1985), 599 (604); *Winter*, Mitgliedschaftliche Treuebindungen im GmbH-Recht, 1988, S. 307 f.; *Eickhoff*, Die Gesellschafterklage im GmbH-Recht, 1988, S. 2 ff., 147 ff.; *Flume*, Allgemeiner Teil des Bürgerlichen Rechts I/2, § 8 V 2, S. 304; *Emmerich*, in: Scholz, § 13 GmbHG Rn. 53; *Koppensteiner*, in: Rowedder/Schmidt-Leithoff § 43 Rn. 47; *Lutter*, in: Lutter/Hommelhoff, § 13 GmbHG Rn. 49; *Raiser*, in:

für die Anhänger einer actio pro socio im Sinne eines generellen Kontrollrechts neben den Befugnissen des Organs.[101]

Unabhängig von der rechtlichen Herleitung der actio pro socio als Zuerkennung eigener klagbarer Ansprüche oder als Prozessstandschaft besteht im Ergebnis Einigkeit, dass die actio pro socio ein Instrument des Minderheitenschutzes sein soll.[102] Kein anderer Normzweck liegt auch den konzernrechtlichen Aktionärsklagebefugnissen zugrunde[103], obgleich diese teilweise als Beleg für eine actio pro socio in freier Konkurrenz zur innerverbandlichen Zuständigkeitsordnung herangezogen werden.[104] Entscheidend für die Bestimmung des Anwendungsbereichs der actio pro socio ist damit aber allein die Frage, in welchen Fäl-

---

Ulmer/Habersack/M. Winter, § 14 GmbHG Rn. 49 („Schutz der Gesellschafter, um diese davor zu bewahren, dass Gesellschaftermehrheit und Geschäftsführer ihre Macht missbrauchen"); *Hueck/Fastrich*, in: Baumbach/Hueck, § 13 GmbHG Rn. 39; in engen Grenzen auch für den eingetragenen Verein: *Segna*, Vorstandskontrolle in Großvereinen, 2002, S. 256 ff..

101 Siehe *Timm/Schöne*, in: Bamberger/Roth, § 705 BGB Rn. 116; *Lutter*, in: Lutter/Hommelhoff, § 13 GmbHG Rn. 49. Auch *Raiser*, dem zufolge die actio pro socio dem Individualschutz dient und der sie folglich in eine Reihe mit Klagen gegen in Mitgliedschaftsrechte eingreifendes Verwaltungshandeln nach dem zum Aktienrecht ergangenen *Holzmüller*-Urteil (BGH, Urteil v. 25.2.1982, II ZR 174/80, BGHZ 83, 122 ff.) stellt, rechtfertigt diese Rechtsfigur letztlich mit der Notwendigkeit, die Gesellschafter „davor zu bewahren, dass Gesellschaftermehrheit und Gesellschafter ihre Macht missbrauchen", vgl. *Raiser*, in: Ulmer/Habersack/M. Winter, § 14 GmbHG Rn. 49 f.; ebenso bereits *Raiser*, ZHR 153 (1989), 1 (6).

102 Zur Minderheitenschutzfunktion der actio pro socio für das Personengesellschaftsrecht: *Bork/Oepen*, ZGR 2001, 515 (517); *Kort*, DStR 2001, 2162 (2163); *Höfler*, JuS 1992, 388; *Flume*, Allgemeiner Teil des Bürgerlichen Gesetzbuchs I/1, § 10 IV, S. 144; *Ulmer*, in: MünchKomm. BGB, § 705 BGB Rn. 207; *Schäfer*, in: Großkomm. HGB, § 105 HGB Rn. 259; *Habermeier*, in: Staudinger, § 705 BGB Rn. 46; Timm/*Schöne*, in: Bamberger/Roth, § 705 BGB Rn. 117; für das GmbH-Recht: *Berger*, ZHR 149 (1985), 599 (606); *Gehrlein*, ZIP 1993, 1525; *Hueck/Fastrich*, in: Baumbach/Hueck, § 13 GmbHG Rn. 38; *Pentz*, in: Rowedder/Schmidt-Leithoff, § 13 GmbHG Rn. 114. Die Minderheitenschutzfunktion ist zu unterscheiden von der Ausgestaltung der actio pro socio als Minderheitenrecht im Falle des § 148 AktG, vgl. *K. Schmidt*, Gesellschaftsrecht, § 21 IV 1 c, S. 631.

103 *Becker*, FS Mestmäcker 2006, 25 (31); *Lutter*, FS Steindorff 1990, 125 (141); *Schwab*, Das Prozessrecht gesellschaftsinterner Streitigkeiten, 2005, S. 81; *Kropff*, in: MünchKomm. AktG, § 317 AktG Rn. 46; *Altmeppen*, in: MünchKomm. AktG, § 309 AktG Rn. 120; *Koppensteiner*, in: KölnKomm. AktG, § 309 AktG Rn. 44; *Habersack*, in: Emmerich/Habersack, Aktien- und GmbH-Konzernrecht, § 317 AktG Rn. 27.

104 S. die Nachweise in Fn. 67.

len die Minderheitsgesellschafter im Hinblick auf die Durchsetzung von Vermögenspositionen der Gesellschaft schutzbedürftig und schutzwürdig ist.

Ausgehend von der umstrittenen dogmatischen Herleitung der actio pro socio wird dabei im Folgenden unterschieden zwischen der Durchsetzung von Gesellschaftsansprüchen im Wege der Prozessstandschaft (dazu I.) und der Durchsetzung eigener, auf Leistung an die Gesellschaft gerichteter Ansprüche des Gesellschafters (dazu II.).

I. Die Durchsetzung von Gesellschaftsansprüchen als Ersatzgeschäftsführung

Bei der Einziehung von Gesellschaftsforderungen im Namen der Gesellschaft durch das geschäftsführungs- und vertretungsbefugte Gesellschaftsorgan handelt es sich um eine Maßnahme der Geschäftsführung.[105] Dies gilt nicht nur für den eigentlichen Akt der gerichtlichen oder außergerichtlichen Geltendmachung, sondern auch für die im Einzelfall zuvor erforderliche Beschlussfassung der Gesellschafter über die Geltendmachung.[106] Eigentlich nahe liegen sollte deshalb,

---

105 BGH, Beschluss v. 12.6.1997, IX ZR 172/96, WM 1997, 1431; BGH, Urteil v. 2.7.1973, II ZR 94/71, NJW 1973, 2198 (2199); OLG Stuttgart, Urteil v. 11.3.2009, 14 U 7/08, NZG 2009, 1303 (1304); *Karrer*, NZG 2008, 206; *Bork/Oepen*, ZGR 2001, 515 (531); *Nitschke*, ZHR 128 (1965), 48 (85); *Lutter*, AcP 180 (1980), 84 (134); *Müller*, Die Gesellschafterklage als rechtsformübergreifendes Institut, 2002, S. 126; *v. Ditfurth*, in: Münch. Hdb. GesR I, § 53 Rn. 66; *Wirth*, in: Münch. Hdb GesR II, § 7 Rn. 98; *H. P. Westermann*, in: Erman, § 705 BGB Rn. 59; *Timm/Schöne*, in: Bamberger/Roth, § 705 BGB Rn. 115; *Ulmer*, in: MünchKomm. BGB, § 705 BGB Rn. 201, § 709 BGB Rn. 12; *Schäfer*, in: Großkomm. HGB, § 116 HGB Rn. 16; *Rawert*, in: MünchKomm. HGB, § 114 HGB Rn. 8.

106 Siehe für den Beschluss nach § 46 Nr. 8 GmbHG *Krieger*, in: Gesellschaftsrechtliche Vereinigung, Gesellschaftsrecht in der Diskussion 1998, 1999, S. 111 (119); *Eickhoff*, Die Gesellschafterklage im GmbH-Recht, 1988, S. 109; *Hommelhoff*, Die Konzernleitungspflicht, 1982, S. 206 f.; *Schwab*, Das Prozessrecht gesellschaftsinterner Streitigkeiten, 2005, S. 88; s. auch LG Düsseldorf, Urteil v. 7.4.1994, 32 O 225/92, AG 1994, 330 (331) – *ARAG/Garmenbeck* für den in der Gesellschafterversammlung einer an der ARAG-AG beteiligten GmbH gestellten Antrag, die Geschäftsführung anzuweisen, in der Hauptversammlung gemäß § 147 Abs. 1 AktG die Durchsetzung von Ersatzansprüchen gegen Vorstandsmitglieder der ARAG durchzusetzen. Zu § 46 Nr. 2 GmbHG, *Becker*, Verwaltungskontrolle durch Gesellschafterrechte, S. 575; wohl auch *Raiser*, in: Ulmer/Habersack/M. Winter, § 14 GmbHG Rn. 41: Akt der Unternehmensleitung, nicht der Realisierung von Mitgliedschaftsrechten. Zu § 116 Abs. 2 HGB *Jickeli*, in: MünchKomm. HGB, § 116 HGB Rn. 37; *Schäfer*, in: Großkomm. HGB, § 116 HGB Rn. 20; *Martens*, in: Schlegelberger, § 114 HGB Rn. 14; *Emmerich*, in: Heymann, § 116 HGB

dass der Minderheitsgesellschafter die rechtmäßige Entscheidung des im Einzelfall zuständigen primären Entscheidungsträgers, einen Anspruch *nicht* durchzusetzen, ebenso anzuerkennen hat, wie jede andere Geschäftsführungsentscheidung betreffend das zweckgebundene Gesellschaftsvermögen. Denn diesen Entscheidungsvorrang hat der Gesellschafter durch seinen Beitritt zur Gesellschaft akzeptiert.[107]

Die actio pro socio steht zwar außerhalb der Geschäftsführungs*befugnis*, da sie gerade auch den von der Geschäftsführung ausgeschlossenen Gesellschaftern offen stehen soll. Dies ändert nichts daran, dass die Geltendmachung eines Gesellschaftsanspruchs als bewusstes und gewolltes Tätigwerden im Rechtskreis und im Interesse der Gesellschaft einen tatsächlichen Akt der Geschäftsführung darstellt.[108] Es erfolgt lediglich eine Verschiebung der Klagebefugnis vom Geschäftsführungsorgan hin auf die Gesellschafter.

Da die Gesellschaft ihren Anspruch jederzeit selbst geltend machen kann[109], bedarf es einer Klärung des Verhältnisses zwischen Gesellschafts- und Gesellschafterklagerecht. Im Hinblick auf die Zweckbindung des Gesellschaftsvermögens und den durch den Beitritt zum Verband anerkannten Vorrang der gesellschaftsinternen Zuständigkeitsordnung führt dies notwendig zur Subsidiarität der Gesellschafterklage.[110]

In der Rechtsprechung zur Klage von Gesellschaftern einer BGB-Gesellschaft gegen gesellschaftsfremde Dritte (sog. externe Gesamthänderklage) ist dieser Zusammenhang klar herausgearbeitet worden: Die Einziehung einer

---

Rn. 8. Zu § 113 Abs. 2 HGB, wo die Beschlussfassung überwiegend als Grundlagengeschäft angesehen wird, näher unten Teil 3D.II.3.a)bb).

107 Vgl. *Nitschke*, ZHR 128 (1965), 48 (85 f.); *Martens*, ZGR 1972, 254 (280); *Kowalski*, Der Ersatz von Gesellschafts- und Gesellschafterschaden, 1990, S. 65.

108 So im Ergebnis zutreffend *Bork/Oepen*, ZGR 2001, 515 (531, 536); *Lutter*, AcP 180 (1980), 84 (134) *Grunewald*, Die Gesellschafterklage in der Personengesellschaft und der GmbH, 1990, S. 52; *Habermeier*, in: Staudinger, § 709 BGB Rn. 1; *Ulmer*, in: MünchKomm. BGB, § 709 BGB Rn. 12; *Rawert*, in: MünchKomm. HGB, § 114 HGB Rn. 8; im Ergebnis auch *Eickhoff*, Die Gesellschafterklage im GmbH-Recht, 1988, S. 109; *Schwab*, Das Prozessrecht gesellschaftsinterner Streitigkeiten, 2005, S. 79. Vgl. zum Begriff der Geschäftsführung *Rawert*, in: MünchKomm. HGB, § 114 HGB Rn. 6; *Zöllner/Noack*, in: Baumbach/Hueck, § 35 GmbHG Rn. 29; *Hüffer*, § 77 AktG Rn. 3.

109 Dies gilt jedenfalls bis zur Rechtshängigkeit der Gesellschafterklage. Zur umstrittenen Frage der Rechtskrafterstreckung auf die Gesellschaft und den daran anküpfenden Einwand entgegenstehender Rechtshängigkeit unten Teil 4A.I.

110 Die bloße Geltendmachung eines fremden Anspruchs in Prozessstandschaft bedingt noch nicht die Subsidiarität der actio pro socio. Zutreffend *Wiedemann*, Gesellschaftsrecht II, § 3 III 6 a cc, S. 284; *K. Schmidt*, in: MünchKomm. HGB, § 105 HGB Rn. 201; anders wohl *Winter*, ZHR 148 (1984), 579 (595).

Gesellschaftsforderung gegen Dritte[111] ist eindeutig ein Akt der Geschäftsführung und eine Gesellschafterklage mithin eine Durchbrechung der verbandsinternen Zuständigkeitsordnung,[112] die nur dort gerechtfertigt ist, wo die anderen Gesellschafter die Einziehung der Forderung aus *gesellschaftswidrigen* Gründen verweigern.[113]

Wenn Teile der Literatur darüber hinaus gehend annehmen, der Gesellschafter könne gleichberechtigt neben der Geschäftsführung den Anspruch der Gesellschaft in Prozessstandschaft geltend machen, erscheint dies bereits vom Schutzweck der actio pro socio her betrachtet als zu weitgehend. Denn die Gesellschafterklage wäre selbst dann möglich, wenn der Geschäftsführer bzw. die Gesellschaftermehrheit zuvor mit plausibler Begründung von einer Klage abgesehen haben.[114]

Warum sich ein Minderheitsgesellschafter ausgerechnet in die Geltendmachung von Ansprüchen der Gesellschaft weitergehend einmischen dürfen soll, als in andere Geschäftsführungsangelegenheiten, wurde bislang nicht überzeugend begründet.[115] Der Verweis auf das unabweisbare Bedürfnis nach einer effektiven Ausgestaltung der Gesellschafterklage[116] unter Ausblendung jeglicher Bedenken hinsichtlich des Einbruchs in die innergesellschaftliche Zuständigkeitsordnung und der Klage möglicherweise entgegenstehende Gesellschaftsinteressen greift zu kurz. Sie rückt einseitig die Effektivität der Gesellschafterkla-

---

111 Da außenstehende Dritte dem einzelnen Gesellschafter gegenüber nicht schuldrechtlich verpflichtet sind, ihre Pflichten gegenüber der Gesellschaft nachzukommen, kann der Prozess vom Gesellschafter dort von vornherein nur im Wege der Geltendmachung des Anspruchs der Gesellschaft geführt werden, *Bork/Oepen*, ZGR 2001, 515 (516, 543, 549); *H. P. Westermann*, in: Erman, § 705 BGB Rn. 62.

112 Vgl. BGH, Urteil v. 10.1.1963, II ZR 95/61, BGHZ 39, 14 (15 f.); BGH, Urteil v. 2.7.1973, II ZR 94/71, NJW 1973, 2198 (2199); OLG Dresden, Urteil v. 15.7.1999, 19 U 1480/98, NZG 2000, 248 (249).

113 Vgl. grundlegend BGH, Urteil v. 10.1.1963, II ZR 95/61, BGHZ 39, 14 (16 ff.); zuletzt BGH, Urteil v. 19.6.2008, III ZR 46/06, NZG 2009, 588 (590 f.). Ausführlich unten Teil 5B.II.1.

114 Dafür insbesondere *Wiedemann*, Gesellschaftsrecht II, § 3 III 6 a cc, S. 284.

115 Vgl. *Timm/Schöne*, in: Bamberger/Roth, § 705 BGB Rn. 120; *Hopt*, in: Baumbach/Hopt, § 109 HGB Rn. 32; *Wiedemann*, Gesellschaftsrecht I, § 5 III 2 b, S. 274, § 8 IV 1 c aa, S. 460; *Wiedemann*, Gesellschaftsrecht II, § 3 III 6 a cc, S. 284.

116 So vor allem *Wiedemann*, Gesellschaftsrecht II, § 3 III 6 a cc, S. 284: „Auf die Gründe der ablehnenden Haltung der Geschäftsführer kann es nicht ankommen, will man die Kontrollbefugnisse des einzelnen Teilhabers nicht von vornherein ersticken"; *Timm/Schöne*, in: Bamberger/Roth, § 705 BGB Rn. 120: „kein bloßes Hilfsrecht, sondern auf Grund der Minderheitenschutzfunktion als generelle Kontrollbefugnis des einzelnen Gesellschafters nicht an weitere Voraussetzungen geknüpft".

gerechts in den Vordergrund ohne Möglichkeiten einer praktikablen prozessualen Umsetzung des Vorrangs der Zuständigkeitsordnung auszuloten (dazu ausführlich Teil 3C).

II. Gleichrangiges Gesellschafterklagerecht bei Durchsetzung eigener Gesellschafteransprüche?

Die Annahme eines im Verhältnis zur innergesellschaftlichen Zuständigkeitsordnung gleichrangigen Gesellschafterklagerechts geht wohl überwiegend mit der Vorstellung einher, die actio pro socio basiere auf eigenen Ansprüchen des Gesellschafters auf Leistung an die Gesellschaft.[117] Zu denken wäre an die Parallelität von Individual- und Sozialanspruch gemäß der älteren Lehre im Personengesellschaftsrecht, sowie an Ansprüche gerichtet auf Ersatz des Reflexschadens, etwa im Falle der Treuepflichtverletzung, wie dies im GmbH-Recht vertreten wird.

Zunächst scheint alles dafür zu sprechen, dass der Gesellschafter kraft seiner Rechtsinhaberschaft über seinen Anspruch und dessen Geltendmachung frei befinden kann. Was die ältere Ansicht im Personengesellschaftsrecht anbelangt, wurden eigene Ansprüche des Gesellschafters auf Leistung an die Gesellschaft in der Tat als Beleg dafür angeführt, die actio pro socio müsse nicht in die Zuständigkeitsordnung der Gesellschaft eingebunden werden, da insoweit kein Handeln im Geschäftskreis der Gesellschaft vorliege.[118] Diese Prämisse ist indes zweifelhaft, denn im praktischen Ergebnis greift die so verstandene actio pro socio nicht weniger in die interne Zuständigkeitsverteilung ein, als die Geltendmachung des gleichlaufenden Anspruchs der Gesellschaft.

In dogmatischer Hinsicht ist die Annahme eines generellen Klagerechts nicht zwingend: Begreift man Geschäftsführung als „jedes bewusste und gewollte Tätigwerden im Rechtskreis oder Interesse der Gesellschaft"[119] bzw. als „jede rechtsgeschäftliche oder tatsächliche Handlung, die auf die Verwirklichung des Gesellschaftszwecks gerichtet ist"[120], so lässt sich auch die Geltendmachung eigener Ansprüche, gerichtet auf Leistung an die Gesellschaft darunter fassen.

---

117 S. *Barnert*, Die Gesellschafterklage im dualistischen System des Gesellschaftsrechts, 2003, S. 139.

118 *A. Hueck*, Das Recht der Offenen Handelsgesellschaft, 1971, § 18 II 3, S. 265; *Keßler*, in: Staudinger, 12. Aufl. 1991, § 705 BGB Rn. 64.

119 *Schäfer*, in: Großkomm. HGB, § 114 HGB Rn. 11.

120 *Mayen*, in Ebenroth/Boujong/Joost/Strohn, § 114 HGB Rn. 4; *Hopt*, in: Baumbach/Hopt § 114 HGB Rn. 2; *Rawert*, in: MünchKomm. HGB, § 114 HGB Rn. 6; *Martens*, in: Schlegelberger, § 114 HGB Rn. 4.

Denn der Anspruch ist auf die Durchsetzung einer materiell der Gesellschaft zugeordneten Vermögensposition gerichtet.[121] Bei funktionaler Betrachtung handelt es sich ebenso um eine Maßnahme der (Ersatz-) Geschäftsführung wie eine Klage in Prozessstandschaft. Und in gleichem Maße stellt sich damit die Frage nach der Einbettung der actio pro socio in die gesellschaftsinterne Zuständigkeitsordnung, was nach oben Gesagtem nur zur Subsidiarität des Klagerechts führen kann.[122]

Leitet man im GmbH-Recht eigene Ansprüche des Gesellschafters aus einer diesem gegenüber begangenen *Rechtsverletzung* her, führt dies zu keiner anderen Beurteilung.[123] Ebenso wenig wie eine zugleich gegenüber Gesellschaft und Mitgesellschaftern begangene Rechtsverletzung die Zweckbindung des Gesellschaftsvermögens entfallen lässt – also kein Ersatz von Reflexschäden in das Privatvermögen verlangt werden kann[124] – entbindet dieser Umstand vom Vorrang der verbandsinternen Zuständigkeitsordnung.

Gesetzlicher Anhaltspunkt hierfür sind die §§ 117 Abs. 1 Satz 2, 317 Abs. 1 Satz 2 AktG, wonach die Benutzung des Einflusses auf die Gesellschaft den Aktionären gegenüber nur zum Ersatz des unmittelbaren Schadens verpflichtet, den diese über den bloßen Reflexschaden hinaus erlitten haben. Die Regelung will verhindern, „dass der Aktionär der Gesellschaft zuvorkommt und ihr unter Umständen die Durchsetzung ihres Ersatzanspruchs erschwert".[125] Auch im Fall der gleichzeitigen Verletzung von Gesellschafterrechten ist nach der Wertung des Gesetzgebers also die Koordinierung von Gesellschafts- und Gesellschafterklagerecht und im Ergebnis damit der Vorrang der verbandsinternen Zuständigkeitsordnung das primär verfolgte Regelungsziel. Überwiegend werden die ge-

---

121 S. auch *Kowalski*, Der Ersatz von Gesellschafts- und Gesellschafteraden, 1990, S. 55.

122 Zutreffend für die Subsidiarität der auf Gesellchafteransprüche gestützten actio pro socio *Reinhardt/Schultz*, Gesellschaftsrecht, 1981, Rn. 162; *Lutter*, AcP 180 (1980), 84 (134); *Bork/Oepen*, ZGR 2001, 515 (530); *Zöllner*, ZGR 1988, 392 (409); *Altmeppen*, in: Roth/Altmeppen, § 13 GmbHG Rn. 22; *Pentz*, in: Rowedder/Schmidt-Leithoff, § 13 GmbHG Rn. 118.

123 Tendenziell auch *Hüffer*, in: Ulmer/Habersack/M. Winter, § 46 GmbHG Rn. 115: „Weil der Geschäftsführer Ansprüche der GmbH geltend macht, ist der an die gesellschaftsrechtliche Zuständigkeitsordnung gebunden. Eine andere Lösung ist nur auf der Basis der hier abgelehnten [...] Lehre von der Klage aus eigenem Recht denkbar, erscheint aber selbst auf dieser Grundlage nicht als zwingend". Anders aber beispielsweise *Lakner*, Der mehrstufige Konzern, 2005, S. 157, der eine gleichberechtigte Klagebefugnis mit dem Umstände einer gegenüber dem Gesellschafter begangenen Rechtsverletzung begründet.

124 S. dazu unten Teil 6A.II.

125 Begründung RegE zu § 117, *Kropff*, Aktiengesetz, S. 163; siehe auch Begründung RegE zu § 317, *Kropff*, Aktiengesetz, S. 419.

nannten Vorschriften zwar als Ausdruck der Zweckbindung des Gesellschaftsvermögens interpretiert.[126] Die eigentliche Bedeutung liegt jedoch in ihrer kompetenzordnenden Funktion, indem die Rechtsverfolgung der Gesellschaft und gegebenenfalls Vergleichsverhandlungen nicht durch parallele Gesellschafteransprüche und -klagen gestört werden.

Die §§ 117 Abs. 1 Satz 1, 317 Abs. 1 Satz 2 AktG besagen zwar, dass der Gesellschafter in den dort geregelten Fällen (mangels Schaden) überhaupt keine Gesellschafterklage auf Leistung an die Gesellschaft aus eigenem Recht erheben kann. Derselbe Gedanke des Vorrangs der innerverbandlichen Zuständigkeitsordnung muss jedoch auch und gerade dann greifen, wenn man im Übrigen mit der bislang wohl überwiegenden Ansicht davon ausgeht, der Gesellschafter könne (z. B. bei treupflichtwidriger Schädigung des Gesellschaftsvermögens), gestützt auf einen eigenen Anspruch den Schaden der Gesellschaft an diese ersetzt verlangen. Diese Klagemöglichkeit wird von der h. M. rechtsformunabhängig ganz maßgeblich aus den Wertungen dieser Vorschriften hergeleitet.[127] Die Rechtsprechung hat im GmbH-Recht den grundsätzlichen Vorrang der Zuständigkeitsordnung auch gegenüber der Geltendmachung eigener Ansprüche der Gesellschafter aus ihnen gegenüber begangener Treuepflichtverletzung bestätigt.[128]

Den Zusammenhang zwischen der Geltendmachung von Gesellschaftsschäden und der gesellschaftsinternen Zuständigkeitsordnung anerkennen schließlich auch die Teile der Literatur, die von einem Instrument des Individualrechtsschutzes sprechen und sich gegen eine Einstufung der actio pro socio als bloßes

---

126 *Spindler*, in: MünchKomm. AktG, § 117 AktG Rn. 52; *Kort*, in: Großkomm. AktG, § 117 Rn. 177; *Habersack*, in: Emmerich/Habersack, § 317 AktG Rn. 13. Dagegen aber *Müller*, ZIP 1995, 1415 (1418); *Baums*, ZGR 1987, 554 (558); *Stephan*, Gesellschafterschaden und Gesellschaftsschaden, 1999, S. 106, da der Gesellschaftsanspruch von einer Zahlung des Schädigers an einen einzelnen Gesellschafter unberührt bleibe und kein Vermögen der Gesellschaft abfließe.

127 Vgl. *Pentz*, in: Rowedder/Schmidt-Leithoff, § 13 GmbHG Rn. 41, 84, 120; *Altmeppen*, in: Roth/Altmeppen, § 13 GmbHG Rn. 127.

128 BGH, Urteil v. 29.11.2004, II ZR 14/03, NZG 2005, 216: „Gegenüber einer Gesellschafterklage besteht allerdings ein grundsätzlicher Vorrang der inneren Zuständigkeitsordnung der Gesellschaft [...].“; ebenso BGH, Urteil v. 28.6.1982, II ZR 199/81, WM 1982, 928 (929); BGH, Urteil v. 5.6.1975, II ZR 23/74, BGHZ 65, 15 (21) – *ITT*. Für Subsidiarität trotz Geltendmachung eines eigenen Anspruchs auch *Zöllner*, ZGR 1988, 392 (409); *Altmeppen*, FS Musielak 2004, 1 (24); *Beckerhoff*, Treupflichten bei der Stimmrechtsausübung und Eigenhaftung des Stimmrechtsvertreters, 1996, S. 106; *Altmeppen*, in: Roth/Altmeppen, § 13 GmbHG Rn. 22; *Pentz*, in: Rowedder/Schmidt-Leithoff, § 13 GmbHG Rn. 118; ebenso zur Reflexschadensproblematik im Aktienrecht *Hefermehl*, in: Geßler/Hefermehl/Eckardt/Kropff, AktG, § 93 AktG Rn. 97.

Ersatz- oder Notgeschäftsführungsrechts wenden,[129] andererseits den Gesellschafter – wiederum kraft Treuepflicht – aber dazu verpflichten wollen, die Gesellschaft vorab zu informieren, ihr Gelegenheit zur Entscheidung über eine Klage der Gesellschaft zu geben und von der Klage abzulassen, wenn Gesellschaftsinteressen entgegenstehen.[130]

Eine Gesellschafterklage, die mehr sein will als eine Ersatzzuständigkeit für den Fall des Versagens der primären innergesellschaftlichen Zuständigkeitsordnung würde voraussetzen, dass es einen Restbereich gibt, innerhalb dessen trotz legitimer Ablehnung der Klage durch Gesellschaftermehrheit bzw. Geschäftsführung, eine Gesellschafterklage erhoben werden kann. Soweit wollen jedoch offenbar selbst die Vertreter der vorgenannten Ansicht nicht gehen. Der Gegensatz zwischen Not- bzw. Ersatzgeschäftsführung und dem auf diese Weise begrenzten „generellen Kontrollrecht" erweist sich danach mehr begrifflicher, denn inhaltlicher Natur. Unterschiede ergeben sich praktisch allein bei der Frage der Darlegungs- und Beweislast für die Klagebefugnis: Der Bestand der Klagebefugnis ist die Regel, die Treuwidrigkeit der actio pro socio der vom Beklagten zu beweisende Ausnahmefall.[131]

III. Der Vorrang der gesellschaftsinternen Zuständigkeitsordnung

Ungeachtet der noch zu klärenden Frage nach der Rechtsgrundlage der actio pro socio ist das Gesellschafterklagerecht subsidiär gegenüber der Klage der Gesellschaft. Der Gesellschafter setzt mit der actio pro socio eine materiell der Gesellschaft zugeordnete Vermögensposition durch und übernimmt damit jedenfalls faktisch einen Akt der Geschäftsführung. Er tritt damit in Konkurrenz zum eigentlich zuständigen Geschäftsführungsorgan. In diesem Sinne zutreffend wird die actio pro socio und speziell die Aktionärsklage nach § 148 AktG[132] als „Ersatzgeschäftsführungsrecht" bezeichnet.[133]

---

129 Siehe etwa *Lutter*, in: Lutter/Hommelhoff, § 13 GmbHG Rn. 53; *Raiser*, in: Ulmer/Habersack/M. Winter, § 14 GmbHG Rn. 49.

130 *Lutter*, ZHR 162 (1998), 164 (182); *Raiser*, ZHR 153 (1989), 1 (23); *Raiser/Veil*, Recht der Kapitalgesellschaften, § 27 Rn. 26; *Raiser*, in: Ulmer/Habersack/M. Winter, § 14 GmbHG Rn. 52, 58; *Lutter*, in: Lutter/Hommelhoff, § 13 GmbHG Rn. 54.

131 S. oben bei Fn. 74.

132 So *Grotheer*, WM 2005, 2070 (2074 f.)

133 Für das Personengesellschaftsrecht: *Nitschke*, ZHR 128 (1966), 48 (80, 96 f.); *Teichmann*, AcP 179 (1979), 475 (485); *Hadding*, actio pro socio, 1966, S. 57 ff.; *H. P. Westermann*, in: Erman, § 705 BGB Rn. 59. Für das GmbH-Recht: *Lutter*, AcP 180 (1980), 84 (134, 136); *Kowalski*, Der Ersatz von Gesellschafts- und Gesellschafterschaden,

Indem der Gesellschafter der Gesellschaft beitritt, erkennt er den grundsätzlichen Vorrang der gesellschaftsinternen Zuständigkeitsordnung als für sich verbindlich an. Ein Gesellschafter kann aus diesem Grund nur dann für die Gesellschaft – sei es im Wege der Prozessstandschaft, sei es im Wege der Klage aus eigenem Recht auf Leistung an die Gesellschaft – Klage erheben, wenn der primär zuständige Entscheidungsträger trotz Aufforderung zuvor aus gesellschaftswidrigen Gründen von der Anspruchsdurchsetzung abgesehen hat. Seine gesetzliche Bestätigung findet dies in der subsidiären Klagebefugnis der Aktionäre nach den Regelungen des aktienrechtlichen Klagezulassungsverfahrens. Wie noch zu zeigen sein wird, gilt aber auch bei der actio pro socio im gesetzlich geregelten Aktienkonzernrecht nichts Anderes (dazu unten Teil 3B.IV).

C. Die Rechtsgrundlage der actio pro socio

Die actio pro socio ist nach den bisherigen Überlegungen ungeachtet ihrer dogmatischen Begründung subsidiär gegenüber der gesellschaftsinternen Zuständigkeitsordnung. Einer Festlegung der dogmatischen Konstruktion des Klagerechts bedarf es jedoch insoweit, als der sachliche Anwendungsbereich und die prozessualen Konsequenzen des Gesellschafterklagerechts sich danach richten, ob der Gesellschafter einen Anspruch der Gesellschaft oder aber einen eigenen Anspruch geltend macht.

I. Die Defizite einer auf Gesellschafteransprüche gestützten Lösung

Ausgangspunkt der Diskussion um die actio pro socio war die Gewährung eigener Ansprüche des Gesellschafters, gerichtet auf Leistung an die Gesellschaft. Es zeigt sich jedoch, dass eine Klage zur Durchsetzung eigener Ansprüche der Gesellschafter weder dogmatisch, noch im praktischen Ergebnis als Rechtsgrundlage der actio pro socio überzeugen kann.

1990, S. 58; *Eickhoff*, Die Gesellschafterklage im GmbH-Recht, 1988, S. 27 ff., 54 ff.; *Trescher*, DB 1995, 661 (665) Fn. 37. Für die konzernrechtliche Einzelklage nach § 309 Abs. 4, 317 Abs. 4 AktG auch *Lutter*, FS Steindorff 1990, 125 (141): „Die Aktionäre treten also gewissermaßen an die Stelle des in dieser Situation typischerweise funktionsunfähigen Vorstands“ und (142) „Das Klagerecht der Aktionäre dient dazu, den als funktionslos gedachten Vorstand der AG zu substituieren“.

1. Das gewandelte Verständnis von der Gesamthand

Nach überkommener Deutung handelte es sich bei der Gesellschaft bürgerlichen Rechts um ein auf vertraglicher Grundlage beruhendes Schuldverhältnis der Gesellschafter, denen das Gesellschaftsvermögen als *Objekt* zu gesamten Hand zustehe.[134] Von dieser Warte aus betrachtet war es durchaus konsequent, die Gesellschafter selbst als Anspruchsträger zu sehen. Obwohl in §§ 124 Abs. 1, 161 Abs. 2 HGB für die Personen*handels*gesellschaften die Fähigkeit zur Rechtsträgerschaft ausdrücklich normiert ist, wurde das Konzept der Anspruchsverdoppelung auch dort aufgegriffen[135], was im Hinblick auf deren Grundlage in der Gesamthandslehre und den Verweis auf das Recht der BGB-Gesellschaft in §§ 105 Abs. 3, 161 Abs. 2 HGB nachvollziehbar ist. Anerkannt war die alleinige Zuordnung von Ansprüchen zur Gesellschaft dagegen seit jeher bei der Gesellschafterklage gegen Dritte.[136]

Unter dem Eindruck des Wandels des Verständnisses der Personengesellschaft weg von einem auf Austausch gerichteten Vertragsverhältnis, das die Grundlage der Annahme zum Anspruch der Gesellschaft inhaltsgleicher Individualansprüche gebildet hatte, hin zu einem auf die Begründung einer Zweckgemeinschaft zielenden Rechtsverhältnis, wenden sich Rechtsprechung und Schrifttum zunehmend von der Konstruktion eigener Ansprüche der Gesellschafter ab. Nachdem auch die Gesellschaft bürgerlichen Rechts durch die neuere Rechtsprechung des BGH als teilrechtsfähiges Zuordnungssubjekt von Rechten und Pflichten anerkannt ist[137], tritt an die Stelle der Verdoppelung durch Individual- und Sozialanspruch die Gesellschaft als alleiniger Träger des Anspruchs.

Für das Kapitalgesellschaftsrecht war die Erklärung des Klagerechts mit schuldrechtlichen Ansprüchen der Gesellschafter von vornherein nicht tragfähig. Dort geht es um die Schaffung eines eigenen Rechtsträgers, der ausschließliches Zuordnungssubjekt für Rechte und Pflichten sein soll. Für parallel dazu bestehende vertragliche Verpflichtungen ist daneben kein Raum.[138] Versuche die ac-

---

134 Vgl. *G. Hueck*, FS Zöllner 1998, 275 (277, Fn. 8) mit umfassenden Nachweisen.

135 Vgl. *A. Hueck*, Das Recht der Offenen Handelsgesellschaft, 1971, § 18 II 3, S. 261; *Fischer*, in: Großkomm. HGB, 3. Aufl. 1973, § 124 HGB Rn. 11.

136 BGH, Urteil v. 2.7.1973, II ZR 94/71, NJW 1973, 2198 (2199). Ausführlich unten Teil 5B.II.1.

137 Zur Außengesellschaft bürgerlichen Rechts BGH, Urteil v. 29.1.2001, II ZR 331/00, NJW 2001, 1056 ff.. Siehe weiter §§ 124, 161 Abs. 2 HGB, 7 Abs. 2 PartGG.

138 *Zöllner*, ZGR 1988, 392 (402 f.); *Eickhoff*, Die Gesellschafterklage im GmbH-Recht, 1988, S. 43 f.; *Grunewald*, Die Gesellschafterklage in der Personengesellschaft und der GmbH, 1990, S. 66 f.; *Immenga*, Die personalistische Kapitalgesellschaft, 1970, S. 291;

tio pro socio etwa im GmbH-Recht an die Dogmatik des Personengesellschaftsrechts anzugleichen, müssen aus diesem Grund auf die Verletzung der gesellschafterlichen Treuepflicht ausweichen.

2. Defizite der auf Verletzung der Mitgliedschaft gestützten Konzepte

Für die Kapitalgesellschaften haben Rechtsprechung und Literatur zwar unmittelbare Treuepflichten zwischen den Gesellschaftern anerkannt. In Teilen scheint die Herleitung der actio pro socio aus eigenen Ansprüchen gerichtet auf Leistung an die Gesellschaft jedoch auch von dem Bestreben getragen zu sein, etwaige Zweifel hinsichtlich der Rechtsgrundlage einer Prozessstandschaft sowie – im bisherigen Aktienrecht – der Sperrwirkung des § 147 AktG a. F. und der konzernrechtlichen Aktionärsklagerechte nach § 309 Abs. 4 AktG gegenüber einer weitergehenden Zulassung der actio pro socio zu beseitigen.[139] Schon im Hinblick auf die funktionale Äquivalenz einer Klage aus eigenem Anspruch auf Leistung an die Gesellschaft und einer Klage in Prozessstandschaft, ist diese Argumentation indes eher vordergründig.[140]

Aus dem unzweifelhaften Bestehen unmittelbarer Rechtsbeziehungen zwischen Kapitalgesellschaftern ist nicht notwendig der Schluss zu ziehen, es führe kein Weg daran vorbei, im Fall treuwidriger Schädigung der Gesellschaft statt einer Prozessstandschaft, einen eigenen, den Reflexschaden umfassenden Anspruch des Gesellschafters anzunehmen.[141] Von der zu bejahenden Frage des grundsätzlichen Bestandes von Rechtsbeziehungen zwischen den Gesellschaf-

---

Winter, Mitgliedschaftliche Treuepflichten im GmbH-Recht, 1988, S. 311; *Schwab*, Das Prozessrecht gesellschaftsinterner Streitigkeiten, 2005, S. 47.

139 Vgl. *Lutter*, ZHR 162 (1998), 164 (181): Ansprüche aus § 62 AktG sollen nicht in den Anwendungsbereich des § 147 AktG a. F. fallen, jedoch dem Aktionär ein eigener Parallelanspruch aus Treuepflichtverletzung zustehen; *Lutter*, ZHR 153 (1989), 464 (463 f.): eine „actio pro societate“ ist im Hinblick auf den Anspruch der Gesellschaft nach § 62 AktG im Umkehrschluss zu § 309 Abs. 4 AktG ausgeschlossen, aber ein eigener Anspruch des Aktionärs aus Treuepflichtverletzung gegeben; ebenso *Banerjea*, Die Gesellschafterklage im GmbH- und Aktienrecht, 2000, S. 186: dem § 309 Abs. 4 AktG sei nur zu entnehmen, dass im übrigen eine *prozessstandschaftliche* Gesellschafterklage ausscheidet; mit entsprechendem Ansatz *Raiser*, ZHR 153 (1989), 1 (25); *Altmeppen*, FS Musielak 2000, 1 (19 f.); *Fillmann*, Treuepflichten der Aktionäre, 1991, S. 231; für eine auf die Verletzung des Gleichbehandlungsgrundsatzes beschränkte actio pro socio auch *Zöllner*, ZGR 1988, 392 (406).

140 Zu Recht kritisch daher *Verse*, in: Bayer/Habersack, Aktienrecht im Wandel II 2007, 13. Kapitel Rn. 49.

141 So aber *Lutter*, ZHR 162 (1998), 164 (178).

tern ist zu trennen, ob – auf Tatbestandsebene – jede treuwidrige Schädigung der Gesellschaft zugleich eine anspruchsbegründende Pflichtverletzung gegenüber dem Gesellschafter bedeutet (zum Verhältnis der Treuepflichten gegenüber Gesellschaft und Mitgesellschaft ausführlich unten Teil 6B.I.1.b)).

Und selbst wenn im Einzelfall Anspruchsparallelität zu bejahen sein sollte, ist eine selbständig zu beantwortende und – soviel sei vorweggenommen – im Ergebnis zu verneinende Frage, ob der Anspruch des Gesellschafters – auf Schadensebene – auch den Ersatz seines durch die Schädigung der Gesellschaft vermittelten Anteilsschadens umfasst. Auf diese Fragestellung ist im Zusammenhang mit der Behandlung von Reflexschäden zurückzukommen (unten Teil 6).

Davon abgesehen bietet sich ein auf einer Rechtsverletzung gegenüber dem einzelnen Gesellschafter beruhender Anspruch schon deshalb nicht als Grundlage des Rechtsinstituts der actio pro socio an, weil der Anwendungsbereich dieses Minderheitenschutzrechts unangemessen beschränkt wäre. Gerade die Feststellung einer anspruchsbegründenden Verletzung von Gesellschafterrechten[142] ist in weiten Teilen unsicher.[143] Dies belegen insbesondere die Diskussion um die Reichweite der Treuepflichten der Gesellschafter[144], die Anforderungen an einen anspruchsbegründenden Eingriff in die Mitgliedschaft als „sonstiges Recht“ i. S. v. § 823 Abs. 1 BGB[145] sowie die Voraussetzungen einer Unterlassungs- und Feststellungsklage gegen rechtswidriges Verwaltungshandeln[146].

Da organschaftliche Treuepflichten des Fremdgeschäftsführers gegenüber den Gesellschaftern ganz überwiegend abgelehnt werden,[147] könnten Ersatzansprüche zwar gegen geschäftsführende Gesellschafter, nicht aber gegen reine

---

142 Vgl. dazu *Altmeppen*, FS Musielak 2004, 1 (24); *Altmeppen*, in: Roth/Altmeppen, § 13 GmbHG Rn. 18; ebenso wohl *Raiser*, in: Ulmer/Habersack/M. Winter, § 14 GmbHG Rn. 53 ff..

143 Das konzediert auch *Altmeppen*, FS Musielak 2004, 1 (24).

144 Näher dazu unten Teil 6B.I.1.

145 Siehe nur *Spindler*, in: Bamberger/Roth, § 823 BGB Rn. 101 f. m. w. N..

146 Ausführlich *Adolff*, ZHR 169 (2005), 310 (317 ff.); *Bayer*, NJW 2000, 2609 (2611); *Habersack*, DStR 1998, 533 (534 ff.); *Hoffmann-Becking*, ZHR 167 (2003), 357; *Wiesner*, in: Münch. Hdb. GesR IV, 3. Auflage 2007, § 18 Rn. 9. Zuletzt neu entfacht wurde die Diskussion durch die Entscheidung *Mangusta/Commerzbank II* (BGH, Urteil v. 10.10.2005, II ZR 90/03, NZG 2006, 20), siehe *Drinkuth*, AG 2006, 142; *Krämer/Kiefner*, ZIP 2006, 301; *Waclawik*, ZIP 2006, 397.

147 Ganz h. M. *Fleischer* in Spindler/Stilz, § 93 AktG Rn. 118; *Mülbert*, in: Großkomm. AktG, Vor §§ 118-147 Rn. 194, 225; *U. H. Schneider*, in: Scholz, § 43 GmbHG Rn. 300; *Paefgen*, in: Ulmer/Habersack/M. Winter, § 43 GmbHG Rn. 176. Dazu noch unten Teil 6B.II.1.

Fremdorgane geltend gemacht werden.[148] Mag die Anwendbarkeit der actio pro socio auf Ansprüche gegen Fremdorgane im GmbH-Recht auch umstritten sein – ein Bedürfnis für ein solches Klagerecht wird gleichwohl auch dort gesehen[149] –, war die Geltendmachung von Ansprüchen gegen Fremdorgane die wesentliches Motiv der Einführung des Klagezulassungsverfahrens durch das UMAG.[150] Eine actio pro socio auf Grundlage eigener Ansprüche hätte diesem Anliegen kaum gerecht werden können. Nicht ohne Grund versuchen Befürworter einer Klage aus eigenem Recht Sonderbeziehungen zwischen Gesellschaftern und Organmitgliedern nachzuweisen, um Organhaftungsansprüche in den Anwendungsbereich der actio pro socio einzubeziehen.[151]

Dass beispielsweise im Rahmen von Treuepflichtverletzungen gegenüber den Gesellschaftern ein im Gesellschaftsvermögen entstandener Schaden relevant werden kann, sofern man mit der wohl h. M. davon ausgeht, der Gesellschafter könne, soweit sein Schaden den Gesellschaftsschaden reflektiert (Reflexschaden), aus dem eigenem Anspruch auf Leistung an die Gesellschaft klagen,[152] steht der soeben gemachten Aussage in Bezug auf die Dogmatik der actio pro socio *als Rechtsinstitut* nicht entgegen. In seiner Wirkung kann dieser zwar durchaus einer actio pro socio in Form der vom Anspruch der Gesellschaft abgeleiteten Gesellschafterklage entsprechen, letztendlich darf ein solcher Anspruch

148 Zutreffend *Kowalski*, ZIP 1995, 1315 (1316).

149 Zum Bedürfnis einer actio pro socio zur Geltendmachung von Ersatzansprüchen gegen Fremdgeschäftsführer im GmbH-Recht siehe *Berger*, ZHR 149 (1985), 599 (604); *Flume*, Allgemeiner Teil des Bürgerlichen Rechts I/2, § 8 V 2, S. 304; *Emmerich*, in: Scholz, § 13 GmbHG Rn. 53; *Koppensteiner*, in: Rowedder/Schmidt-Leithoff § 43 Rn. 47; siehe auch *Hueck/Fastrich*, in: Baumbach/Hueck, § 13 GmbHG Rn. 39, aber dennoch ablehnend gegenüber einer actio pro socio in Bezug auf Ansprüche gegen Fremd-Geschäftsführer mit Hinweis auf die geschichtliche Entwicklung und Ableitung der actio pro socio aus dem Personengesellschaftsrecht. Dies verkennt aber, dass sich wegen des Grundsatzes der Selbstorganschaft die Problematik von Ersatzansprüchen gegen Fremdgeschäftsführer im Personengesellschaftsrecht nicht stellt.

150 Auch die §§ 310 Abs. 4, 318 Abs. 4 AktG belegen, dass es sich bei Ersatzansprüchen gegen Organe der abhängigen Gesellschaft um einen legitimen Anwendungsbereich der actio pro socio handelt.

151 *Raiser*, ZHR 153 (1989), 1 (12 f.): Die Begründung stellt hierbei auf das Ineinandergreifen von Bestellungsakt und Anstellungsvertrag sowie der Satzung ab. Der Anspruch folge aus den Grundsätzen zum Vertrag zugunsten Dritter; *Raiser/Veil*, Recht der Kapitalgesellschaften, § 27 Rn. 28; *Raiser*, in: Ulmer/Habersack/M. Winter, § 14 GmbHG Rn. 60.

152 Dazu ausführlich unten Teil 6B.I.1.

aber nicht mit diesem Rechtsinstitut *gleichgesetzt* werden.[153] Klärungsbedürftig bleibt damit aber in welchem Verhältnis die Grundsätze zur Klage auf Ersatz des Reflexschadens zum Rechtsinstitut der actio pro socio stehen.[154]

3. Das Problem der Koordinierung inhaltsgleicher Ansprüche

Die prozessuale Koordinierung konkurrierender und inhaltsgleicher Ansprüche von Gesellschaft und Gesellschafter ist nicht ohne dogmatische Verwerfungen möglich, da die Ansprüche nach überwiegender Auffassung wegen der unterschiedlichen Streitgegenstände unverbunden nebeneinander bestehen.[155] Soweit die actio pro socio auf einen zum Anspruch der Gesellschaft parallelen Anspruch des Gesellschafters gestützt wird, soll die Rechtskraft auf den jeweiligen Anspruchsinhaber beschränkt, die Gesellschaft also weder durch das Urteil im Gesellschafterprozess, noch durch die Rechtshängigkeit der Gesellschafterklage an einer eigenen Klage gehindert sein.[156] Vor allem aber würden Vergleichsverhandlungen der Gesellschaft empfindlich gestört,[157] denn die Vergleichswirkungen könnten ohne deren Beteiligung nicht auf die gleichgerichteten Ansprüche der Gesellschafter erstreckt werden.[158] Umgekehrt ist die Gesellschaft nicht an einen Vergleich der Gesellschafter über deren Anspruch gebunden.[159] Soweit in der Literatur eine Bindung der Gesellschafter an einen wirksamen Verzicht oder Vergleich der Gesellschaft bejaht wird, bleibt im Dunkeln, wie die Verfügung

153 Ausdrücklich zu dieser Unterscheidung LG Düsseldorf, Urteil v. 7.4.1994, 32 O 225/92, AG 1994, 330 (332) – *ARAG/Garmenbeck*.

154 Dazu unten Teil 6.

155 Dies verkennt *Pentz*, in: Rowedder/Schmidt-Leithoff, § 13 GmbHG Rn. 120, der davon ausgeht, das auf die Klage der Gesellschaft hin ergehende Urteil wirke wegen der Primärzuständigkeit der Gesellschaft auch gegenüber den Gesellschaftern. Zutreffend daher der Einwand von *Bork/Oepen*, ZGR 2001, 515 (522 f.).

156 *Höfler*, JuS 1992, 388 (392); *Altmeppen*, FS Musielak 2004, 1 (11 ff., 17 f.); *Lutter*, ZHR 162 (1998), 164 (181); *Raiser*, ZHR 153 (1989), 1 (24); *Raiser/Veil*, Recht der Kapitalgesellschaften, § 27 Rn. 27; *Altmeppen*, in: Roth/Altmeppen, § 13 GmbHG Rn. 19; *Pentz*, in: Rowedder/Schmidt-Leithoff, § 13 GmbHG Rn. 120.

157 *Banerjea*, Die Gesellschafterklage im Aktien- und GmbH-Recht, 2000, S. 53; *Grunewald*, Die Gesellschafterklage in der Personengesellschaft und der GmbH, 1990, S. 78, 97; s. auch *Stephan*, Gesellschafterschaden und Gesellschaftsschaden, 1999, S. 102.

158 *Gehrlein*, ZIP 1993, 1525 (1530); *Lutter*, ZHR 162 (1998), 164 (181); *Raiser*, ZHR 153 (1989), 1 (23); *Pentz*, in: Rowedder/Schmitt-Leithoff, § 13 GmbHG Rn. 120.

159 *Raiser*, ZHR 153 (1989), 1 (23); *Gehrlein*, ZIP 1993, 1525 (1530); *Lutter*, ZHR 162 (1998), 164 (181): „In der Sache bedeutet dies, dass derartige Ansprüche nicht vergleichbar sind.“; *Raiser*, in: Ulmer/Habersack/M. Winter, § 14 GmbHG Rn. 59.

über den Gesellschaftsanspruch den Gesellschafteranspruch beeinflussen können soll.[160]

II. Die Prozessstandschaft als gesetzliches Leitbild der actio pro socio

Im Falle (teil-)rechtsfähiger Gesellschaften ist Träger des geltend zu machenden Anspruchs die Gesellschaft selbst. Nur dort, wo die Gesellschaft anspruchsberechtigt ist, ist überhaupt Raum zur Verwirklichung des hinter der actio pro socio stehenden Zwecks, sollten die zuständigen Organe deren pflichtgemäße Durchsetzung versäumen.[161] Insbesondere ist ein eingetretener Schaden primär ein solcher der Gesellschaft und nur mittelbar über eine Wertminderung der Anteile des Gesellschafters auch dessen eigener Schaden. Da die Gesellschafter mit der actio pro socio im eigenen Namen fordern, was materiell aufgrund der Zweckbindung des Gesellschaftsvermögens der Gesellschaft zugeordnet ist, liegt es nahe, dieses Rechtsinstitut prozessual im Wege der Geltendmachung des Anspruchs der Gesellschaft, also als Prozessstandschaft umzusetzen. Dagegen wird bislang jedoch verbreitet eingewandt, es fehle insoweit an einer rechtlichen Grundlage.[162]

1. Die gesetzlich geregelte actio pro socio im Aktienrecht

Die rechtliche Einordnung der gesetzlich geregelten actio pro socio im Aktienkonzernrecht mag bis heute umstritten sein[163], doch zeigt neben dem Wortlaut des § 309 Abs. 4 AktG („Ersatzanspruch der Gesellschaft") die Regelung des § 317 AktG, dass es sich um eine gesetzliche Prozessstandschaft handelt. Den Aktionären wird dort einerseits ein eigener Anspruch unter Ausschluss des den Schaden der Gesellschaft widerspiegelnden Reflexschadens gewährt (§ 317 Abs. 1 Satz 2 AktG), andererseits aber auf das Klagerecht des § 309 Abs. 4

160 Vgl. *A. Hueck*, Das Recht der Offenen Handelsgesellschaft, 1971, § 18 II 3, S. 263; *Altmeppen*, in: MünchKomm. AktG, § 309 AktG Rn. 125; *Pentz*, in: Rowedder/Schmidt-Leithoff, § 13 GmbHG Rn. 120: Bindung des Gesellschafters an von der Gesellschaft vorgenommene Verfügungen wegen deren Primärzuständigkeit; *Altmeppen*, in: MünchKomm. AktG, § 309 AktG Rn. 125.

161 Zum Sonderfall der Schädigung der Gesellschaft bei alleiniger Anspruchsberechtigung der Gesellschafter siehe unten Teil 6C.III.

162 *Altmeppen*, FS Musielak 2004, 1 (10 ff.); *Bork/Oepen*, ZGR 2001, 515 (525 f.); *Höfler*, JuS 1992, 388 (390); *Gehrlein*, ZIP 1993, 1525 (1530); kritisch auch *Zöllner*, ZGR 1988, 392 (402 ff., 409).

163 S. oben Teil 2A.I.1.c).

AktG verwiesen (§ 317 Abs. 4 AktG). Regelungstechnisch macht dies nur unter der Prämisse Sinn, dass es sich bei dem Klagerecht nach §§ 309 Abs. 4, 317 Abs. 4 AktG um die Geltendmachung des Anspruchs der Gesellschaft handelt.[164]

Gleichfalls belegt nunmehr das Klagezulassungsverfahren schon seinem Wortlaut nach (s. § 148 Abs. 1 AktG: „Ersatzansprüche der Gesellschaft") den Charakter der actio pro socio als gesetzliche Prozessstandschaft.[165] Alternativ vertretene Konzepte einer actio pro socio aufgrund eines eigenen Anspruchs des Aktionärs wurden im Gesetzgebungsverfahren zum UMAG zu Recht erst gar nicht in Erwägung gezogen. Das erklärte Ziel der Reform, die Durchsetzung von Ersatzansprüchen gegen Mitglieder von Vorstand und Aufsichtsrat zu forcieren, denen gegenüber der Aktionär regelmäßig jedoch nicht selbst anspruchsberechtigt ist, hätte so nicht erreicht werden können.[166]

2. Die Rechtsgrundlage der actio pro socio in den Personengesellschaften und der GmbH

Obwohl die praktische Bedeutung der actio pro socio bislang vor allem im Personengesellschafts- und GmbH-Recht lag, fehlt dort eine gesetzliche Regelung

---

164 Dass es sich bei der Prozessstandschaft in der Tat um das gesetzliche Leitbild der actio pro socio handelt, war zudem im Regierungsentwurf zur geplanten großen GmbH-Reform 1969/71 angeklungen. Denn dieser hatte noch eine auf bestimmte Ersatzansprüche beschränkte actio pro socio in Form einer gesetzlichen Prozessstandschaft vorgesehen, vgl. § 90 Abs. 2 i. d. F. des Entwurf eines Gesetzes über Gesellschaften mit beschränkter Haftung, BT-Drucks. 7/253, S. 26. Die Regierungsbegründung, welche ausdrücklich den Terminus „actio pro socio" verwendet, erachtete bemerkenswerter Weise (wie auch die bereits 1965 eingeführten konzernrechtlichen Einzelklagebefugnisse des Aktienrechts) das Kostenrisiko der Gesellschafter als hinreichenden Missbrauchsschutz, BT-Drucks. 7/253, S. 144. Siehe dazu *Immenga*, Die personalistische Kapitalgesellschaft, 1970, S. 293 ff..

165 Regierungsbegründung UMAG, BT-Drucks. 15/5092, S. 23. Ebenso *Weiss/Buchner*, WM 2005, 162 (167); *Diekmann/Leuering*, NZG 2004, 249 (250); *Jahn*, BB 2005, 5 (10); *Holzborn/Bunnemann*, BKR 2005, 51 (55); *Langenbucher*, GesRZ-SH 2005, 3 (11); *Linnerz*, NZG 2004, 307 (310); *Spindler*, NZG 2005, 865 (868); *Seibt*, WM 2004, 2137 (2142); *Schröer*, ZIP 2005, 2081 (2087); *Thümmel*, Persönliche Haftung von Managern und Aufsichtsräten, Rn. 321; *Ziemons*, in: Nirk/Ziemons/Binnewies, Handbuch der Aktiengesellschaft, Rn. I 76.304; *Hüffer*, § 148 AktG Rn. 15; *Lochner*, in: Heidel, Aktienrecht, § 148 AktG Rn. 29; *Mock*, in: Spindler/Stilz, § 148 AktG Rn. 3; ebenso bereits *Ulmer*, ZHR 163 (1999), 290, 334.

166 Alternativ wäre nur die Anerkennung einer organschaftliche Sonderverbindung zwischen den Organmitgliedern und den Aktionären in Betracht gekommen, was Rechtsprechung und Literatur bislang stets vermieden haben. Siehe dazu auch Teil 6B.II.1.

der Gesellschafterklage. Man versucht dieses Problem zum Teil mit der Bejahung einer gewillkürten Prozessstandschaft zu umschiffen.[167] Die Grundlage der Prozessstandschaft soll danach in ergänzender Vertragsauslegung dem Gesellschaftsvertrag zu entnehmen sein.[168] Da es sich bei der actio pro socio nach ganz h. M. aber um zwingendes Recht handelt,[169] mag dieser Ansatz indes kaum überzeugen, da das Minderheitenrecht auf vertraglicher Grundlage abdingbar wäre.[170] Zwingende Mindestanforderungen an den Inhalt des Gesellschaftsvertrags würden notwendig eine dem vorgelagerte Norm voraussetzen, die diese Einschränkung der Vertragsfreiheit anordnet.

Vor dem Hintergrund, dass Bestimmungen über die actio pro socio in nahezu jedem Gesellschaftsvertrag fehlen, dürfte die Annahme einer konkludenten Ermächtigung der Minderheitsgesellschafter zur Prozessführung letztlich die Grenzen der ergänzenden Vertragsauslegung überschreiten.[171] Versuche die Grundlage der actio pro socio in einer gewillkürten Prozessstandschaft zu suchen, müssen daher wohl vor allem ergebnisorientiert vor dem Hintergrund der prozessualen Folgewirkungen – insbesondere der so problemlos ermöglichten Erstreckung der Rechtskraft des Urteils im Gesellschafterprozess auf die Gesellschaft – bewertet werden.[172]

---

167 So *Bork/Oepen* ZGR 2001, 515 (526 f.); *Bork*, in: Stein/Jonas, vor § 50 ZPO Rn. 45; *Grunewald*, Die Gesellschafterklage in der Personengesellschaft und der GmbH, 1990, S. 12, 69, 91 ff.; *Schütz*, Sachlegitimation und richtige Prozesspartei bei innergesellschaftlichen Streitigkeiten in der Personengesellschaft, 1994, S. 36, 42; *Hadding*, in: Soergel/Siebert, § 705 BGB Rn. 50; *H. P. Westermann*, in: Erman, § 705 BGB Rn. 57.

168 *Bork/Oepen*, ZGR 2001, 515 (526 ff.); *Hadding*, JZ 1975, 159 (164); *Hassold*, JuS 1980, 32 (34); *Schütz*, Sachlegitimation und richtige Prozesspartei bei innergesellschaftlichen Streitigkeiten in der Personengesellschaft, 1994, S. 42; *Grunewald*, Die Gesellschafterklage in der Personengesellschaft und der GmbH, 1990, S. 14, 69.

169 *Schäfer*, in: Großkomm. HGB, § 105 HGB Rn. 259.

170 So zutreffend *Winter*, Mitgliedschaftliche Treuebindungen im GmbH-Recht, 1988, S. 311 f.; *Schwab*, Das Prozessrecht gesellschaftsinterner Streitigkeiten, 2005, S. 118.

171 Das konzediert auch *Grunewald*, Die Gesellschafterklage in der Personengesellschaft und der GmbH, 1990, S. 89. Vgl. auch *Banerjea*, Die Gesellschafterklage im Aktien- und GmbH-Recht, 2000, S. 190 mit Hinweis auf das Formerfordernis des § 2 GmbHG.

172 Vgl. dazu *Bork/Oepen*, ZGR 2001, 515 (524, 541, Fn. 119); *Schütz*, Sachlegitimation und richtige Prozesspartei bei innergesellschaftlichen Streitigkeiten in der Personengesellschaft, 1994, S. 42. Für die gewillkürte Prozesstandschaft steht die Erstreckung der Rechtskraft und damit die Einwandes der entgegenstehenden Rechtshängigkeit gegenüber einer nachträglichen Klage des Rechtsträgers wegen dessen Zustimmung zur Prozessführung durch einen Dritten außer Streit, BGH, Urteil v. 15.6.1993, XI ZR 111/92, NJW 1993, 3072 (3073); *Vollkommer*, in: Zöller, Vor § 50 ZPO Rn. 54. Vgl. auch unten Teil 4A.I.

Zu Recht wird auch Gewohnheitsrecht als Grundlage der actio pro socio bislang verneint, da das Rechtsinstitut hinsichtlich Grundlage, Voraussetzungen und Rechtsfolgen zu umstritten ist, als dass eine allgemeine Rechtsüberzeugung feststellbar wäre.[173] In Entscheidungen zum Personengesellschafts- und GmbH-Recht hat die Rechtsprechung eine Prozessstandschaft bejaht, ohne sich mit den rechtlichen Grundlagen zu befassen,[174] und auch das Schrifttum geht zumeist ohne Weiteres von einer gesetzlichen Prozessstandschaft aus.[175]

Einer richterlichen Rechtsfortbildung dürfte in der Tat angesichts des anerkannten Bedürfnisses nach einem Minderheitenschutzrecht nichts entgegenstehen.[176] Ebenso wie Rechtsprechung und Lehre in Ausgestaltung und Konkretisierung der mitgliedschaftlichen Rechte und Pflichten eine mit eigenen Schadensersatzpflichten gegenüber Mitaktionären und Gesellschaft sanktionierte Treuepflicht entwickelt haben,[177] kann zur effektiven Durchsetzung von Gesellschaftsansprüchen eine Prozessstandschaft im Wege der Rechtsfortbildung geschaffen werden,[178] die ihre Grundlage unmittelbar in der Mitgliedschaft findet.[179]

Die gesetzliche Regelung der konzernrechtlichen Aktionärsklage und nunmehr § 148 AktG belegen, dass Gesellschafter ein per se schutzwürdiges Eigeninteresse an der Durchsetzung von Gesellschaftsansprüchen haben können, zu

---

173 *Altmeppen*, FS Musielak 2004, 1 (10 f.); *Bork/Oepen*, ZGR 2001, 515 (526); anders *Mock*, RabelsZ 2008, 264 (271).

174 Siehe die Nachweise in Fn. 22 und 37.

175 So z. B. *Weth*, in: Musielak, § 51 ZPO Rn. 22; *Vollkommer*, in: Zöller, Vor § 50 ZPO Rn. 23; *Ulmer*, in: MünchKomm. BGB, § 705 BGB Rn. 209; *Winter*, Treuebindungen im GmbH-Recht, 1988, S. 311; *Eickhoff*, Die Gesellschafterklage im GmbH-Recht, 1988, S. 152 ff.; *Ebbing*, in: Michalski, § 14 GmbHG Rn. 96; *K. Schmidt*, in: Scholz, § 46 GmbHG Rn. 161; *Hueck/Fastrich*, in: Baumbach/Hueck, § 13 GmbHG Rn. 38..

176 Ebenso *Verse*, FS U. H. Schneider 2011, 1325 (1333).

177 Zum Charakter der Treuepflicht als richterrechtliche Generalkausel *Raiser*, in: Ulmer/Habersack/M. Winter, § 14 GmbHG Rn. 67; *Bungeroth*, in: MünchKomm. AktG, Vor § 53a AktG Rn. 20; *Fleischer*, in: K. Schmidt/Lutter, § 53a AktG Rn. 46.

178 *Winter*, Mitgliedschaftliche Treuebindungen im GmbH-Recht, 1988, S. 311; *Segna*, Vorstandskontrolle im Großverein, 2002, S. 261; *Schäfer*, in: Großkomm. HGB, § 105 HGB Rn. 256; *Wiedemann*, Gesellschaftsrecht I, § 1 III 1 b, S. 46. Für eine Herleitung aus § 705 BGB als der Grundnorm des Verbandsrechts *Schwab*, Das Prozessrecht gesellschaftsinterner Streitigkeiten, 2005, S. 119.

179 Zur Mitgliedschaft als Grundlage der actio pro socio BGH, Beschluss v. 26.4.2010, II ZR 69/09, DB 2010, 1400; BGH, Urteil v. 23.3.1992, II ZR 128/91, NJW 1992, 1890 (1892); *Timm/Schöne*, in: Bamberger/Roth, § 705 BGB Rn. 117; *Ulmer*, in: MünchKomm. BGB, § 705 BGB Rn. 207; *K. Schmidt*, in: MünchKomm. HGB, § 105 HGB Rn. 198; *Schäfer*, in: Großkomm. HGB, § 105 HGB Rn. 259.

dessen Begründung es nicht der Herleitung eigener Gesellschafteransprüche bedarf.[180] Bislang wurde eine analoge Anwendung der §§ 309 Abs. 4, 317 Abs. 4 AktG zwar überwiegend nur für die Gesellschafterklage im konzernrechtlichen Zusammenhang bejaht.[181] Nachdem mit § 148 AktG die actio pro socio nun aber auch in unabhängigen Gesellschaften gesetzliche Anerkennung gefunden hat, sollte die Rechtsgrundlage der actio pro socio mit einer Gesamtanalogie zu §§ 148, 309 Abs. 4 AktG begründet werden.[182] Es ist kein Grund ersichtlich, warum trotz vergleichbarer Interessenlage der Minderheitenschutz in Personengesellschaften und GmbH anders zu begründen oder gar hinter dem Aktienrecht zurück bleiben sollte. Die Einzelheiten hinsichtlich der konkreten Ausgestaltung der actio pro socio sind damit noch nicht präjudiziert, sondern bleiben gesondert zu untersuchen.

III. Zwischenergebnis

Die gesetzliche Regelung des § 148 AktG bestätigt in Übereinstimmung mit der h. L. und den bisherigen Überlegungen, dass das Grundkonzept der actio pro socio ein subsidiäres, im Wege der Prozessstandschaft wahrzunehmendes Klagerecht ist. Die Rechtsgrundlage der actio pro socio kann im Wege einer Gesamtanalogie den Regelungen der § 148 AktG und § 309 Abs. 4 AktG entnommen werden.

Was die Einzelheiten der prozessualen Umsetzung der actio pro socio anbelangt, so muss diese unter Berücksichtigung gesellschaftsspezifischer Besonderheiten erfolgen (dazu ausführlich unten Teil 3 und Teil 4).

---

180 *Habersack*, Die Mitgliedschaftt – subjektives und „sonstiges" Recht, 1996, S. 14; *Ulmer*, in: MünchKomm. BGB, § 705 BGB Rn. 208.

181 So *Orth*, DStR 1994, 250 (256); *K. Schmidt*, GmbHR 1979, 121, (126, 127); *Wimmer-Leonhardt*, Konzernhaftungsrecht, 2004, S. 338; *Ulmer*, in: Hachenburg, Anh § 77 GmbHG Rn. 90; *Lutter*, in: Lutter/Hommelhoff, Anh zu § 13 GmbHG Rn. 26; unentschieden zwischen actio pro socio (als ungeschriebenem Rechtsinstitut) und analoger Anwendung der §§ 309 Abs. 4, 317 Abs. 4 AktG aber *Assmann*, FS 100 Jahre GmbHG 1992, 657 (681 f.); *Koppensteiner*, in: Rowedder/Schmidt-Leithoff, § 43 GmbHG Rn. 47, Anh. nach § 52 GmbHG Rn. 79; *Eschenbruch*, Konzernhaftung, 1996, Rn. 3396; *Liebscher*, GmbH-Konzernrecht, 2006, Rn. 399.

182 Mit Blick auf § 148 AktG nunmehr ebenfalls rechtsformübergreifend für eine (quasi-) gesetzliche Prozessstandschaft plädierend, *Verse*, FS U. H. Schneider 2011, 1325 (1333).

D. Die actio pro socio als Gesellschafterrecht

Die actio pro socio findet ihre Grundlage nach zutreffender Ansicht in der Mitgliedschaft[183] und knüpft als Mitgliedschaftsrecht an die Gesellschafterstellung des Klägers an.

I. Gesellschaftereigenschaft des Klägers

Die Gesellschafterstellung des Klägers ist die grundlegende Voraussetzung zur Inanspruchnahme der actio pro socio.[184] Fehlt diese oder fällt sie später weg, ist die Klage als unzulässig abzuweisen (zu den prozessualen Folgen eines Verlusts der Gesellschaftereigenschaft näher unten Teil 4A.III).[185] Auch ein Kommanditist kann klagebefugt sein, denn das Minderheitenrecht soll gerade auch von der Geschäftsführung und Vertretung ausgeschlossenen Gesellschaftern[186] zur Verfügung stehen.[187] Da es sich bei der Gesellschaftereigenschaft um eine Voraussetzung für die Prozessführungsbefugnis handelt, trifft im Prozess den klagenden Gesellschafter die Darlegungs- und Beweislast.

---

183 S. die Nachweise in Fn. 179.

184 BGH, Urteil v. 22.3.2004, II ZR 50/02, NZG 2004, 516 (GmbH); OLG Hamm, 3.8.2009, 8 U 237/07 (Personengesellschaft); OLG Karlsruhe, Urteil v. 9.12.1993, 11 U 50/91, NJW 1995, 1296 (Personengesellschaft); *Bork/Oepen*, ZGR 2001, 515 (529); *Mock*, RabelsZ 2008, 264 (271); *Höfler*, JuS 1992, 388 (389, 392); *Flume*, Allgemeiner Teil des Bürgerlichen Rechts I/1, § 10 IV, S. 144; *Wiedemann*, Organverantwortung und Gesellschafterklage, 1989, S. 49; *Wiedemann*, Gesellschaftsrecht II, § 3 III 6 cc, S. 283; *Schwab*, Das Prozessrecht gesellschaftsinterner Streitigkeit, 2005, S. 152; *Timm/Schöne*, in: Bamberger/Roth, § 705 BGB Rn. 118; *Ulmer*, in: MünchKomm. BGB, § 705 BGB Rn. 210; *H. P. Westermann*, in: Erman, § 705 BGB Rn. 59; *Habermeier*, in: Staudinger, § 705 BGB Rn. 47; *Peres*, in: Heidel, Aktienrecht, § 309 AktG Rn. 31; im Ergebnis ebenso *Weber*, Die konzernrechtliche abgeleitete Aktionärsklage, 2006, S. 211 ff., der die konzernrechtliche Aktionärsklage indes außerhalb des Rechtsinstituts der actio pro socio verortet (S. 191 ff.).

185 Vgl. OLG Hamm, Urteil v. 3.8.2009, 8 U 237/07; OLG Karlsruhe, Urteil v. 9.12.1993, 11 U 50/91, NJW 1995, 1296; *Bork/Oepen*, ZGR 2001, 515 (529); *Höfler*, JuS 1992, 388 (389); *Timm/Schöne*, in: Bamberger/Roth BGB, § 705 BGB Rn. 118; *Ulmer*, in: MünchKomm. BGB, § 705 BGB Rn. 210; *Weth*, in: Musielak, § 51 ZPO Rn. 22.

186 S. für den Kommanditisten §§ 164, 170 HGB.

187 *Flume*, Allgemeiner Teil des Bürgerlichen Rechts I/1, § 10 IV, S. 144 f.; *Martens*, in: Schlegelberger, § 161 HGB Rn. 68; *Grunewald*, in: MünchKomm. HGB, § 161 HGB Rn. 35, § 164 HGB Rn. 5; siehe zur actio pro socio eines Kommanditisten OLG Karlsruhe, Urteil v. 27.1.2010, 7 U 38/08 (noch nicht veröffentlicht); OLG Karlsruhe, Urteil v. 29.1.1999, 15 U 11/98, NZG 1999, 439; OLG Düsseldorf, Urteil v. 3.12.1999, 17 U 173/97, NZG 2000, 475.

Lockerungstendenzen im Hinblick auf die Gesellschafterstellung als Klagevoraussetzung werden im mehrstufigen Konzern sichtbar.[188] Klagerechte werden dort zum Teil nicht nur den Gesellschaftern der anspruchsberechtigten Gesellschaft, sondern darüber hinaus auch den Gesellschaftern von Gesellschaften gewährt, die wiederum an der anspruchsberechtigten Gesellschaft beteiligt sind. Konkret betrifft dies z. B. den Fall, dass Minderheitsgesellschafter der Tochtergesellschaft im Wege der actio pro socio Ansprüche der Enkel-Gesellschaft gegen die Mutter oder umgekehrt Minderheitsgesellschafter der Enkel-Gesellschaft Ansprüche der Tochter gegen die Mutter durchsetzen wollen.[189]

II. Anforderungen an den Anteilsbesitz

Besondere Anforderungen an den Anteilsbesitz werden für die actio pro socio in der bisherigen Diskussion nicht gestellt. Die actio pro socio soll vielmehr jedem Gesellschafter als Einzelklagebefugnis zur Verfügung stehen.[190] Eine Ausnahme macht hier freilich das aktienrechtliche Klagezulassungsverfahren, indem es zum Schutz vor rechtsmissbräuchlichen Klagen die Erreichung eines Mindestanteilsbesitzes (§ 148 Abs. 1 Satz 1 AktG) und den Vorbesitz der Quorumsaktien (§ 148 Abs. 1 Satz 2 Nr. 1 AktG) verlangt.[191] Wie die Aktionärseigenschaft sind beide Voraussetzungen von den Aktionären im Zulassungsverfahren als Voraussetzung der Prozessführungsbefugnis darzulegen und zu beweisen.[192]

---

188 Vgl. insoweit auch *U.H. Schneiter/S.H. Schneider*, AG 2005, 57 (62, 65) zu der Frage, ob die Aktionäre der Muttergesellschaft ein Klagezulassungsverfahren i. S. v. § 148 AktG auf Ebene einer Tochtergesellschaft betreiben können.

189 Vgl. *Koppensteiner*, in: KölnKomm. AktG, § 309 AktG Rn. 55 f.; *Pentz*, Die Rechtsstellung der Enkel-AG in einer mehrstufigen Unternehmensverbindung , 1994, S. 235 ff., 242 ff.; *Lakner*, Der mehrstufige Konzern, 2004, S. 59 ff.; *Becker*, Verwaltungskontrolle durch Gesellschafterrechte, 1997, S. 667; *Grunewald*, in: MünchKomm. HGB, § 161 HGB Rn. 66 (zur GmbH & Co. KG); kritisch gegenüber einer verbandsübergreifenden actio pro socio *Brandi*, ZIP 1995, 1391 (1396); ablehnend *Altmeppen*, in: MünchKomm. AktG, § 309 AktG Rn. 130.

190 *Becker*, Verwaltungskontrolle durch Gesellschafterrechte, 1997, S. 659, 576; S. *Eberl/ W. Eberl*, in: KpK-GesR, Kap. 16 Rn. 94, 272; *Wiedemann*, Gesellschaftsrecht I, § 8 IV 1 c aa, S. 459 (Personengesellschaften), § 8 IV 1 c bb, S. 462 (GmbH); *Grunewald*, in: MünchKomm. HGB, § 161 HGB Rn. 133 (zur Publikums-KG).

191 Regierungsbegründung UMAG, BT-Drucks. 15/5092, S. 20: „Mit diesem Schwellenwert sollen Klagen verhindert werden, bei denen der Grund und die Motivation der Klage nicht ernsthaft aus der wirtschaftlichen Beteiligung an der Gesellschaft hergeleitet werden kann."

192 Zu § 148 Abs. 1 Satz 2 Nr. 1 AktG *Spindler*, in: K. Schmidt/Lutter, § 148 AktG Rn. 19; *Mock*, in: Spindler/Stilz, § 148 AktG Rn. 64.

Aufgrund vergleichbarer Missbrauchsrisiken sprechen gute Gründe dafür, die Erfordernisse eines Mindestanteilsbesitzes und einer Mindestbesitzzeit als spezifisch aktienrechtliche Ausformung der Gesellschaftereigenschaft auf die konzernrechtlichen Klagebefugnisse zumindest analog anzuwenden. Es ist nicht einzusehen, warum im konzernrechtlichen Kontext bereits eine einzige Aktie die Klagebefugnis gewähren soll, während das UMAG eine Aktionärsminderheit von „unternehmerischem Gewicht“ verlangt.[193] Auch stellt sich die Gefahr, dass Aktien von professionellen Aktionären gezielt zur Durchführung der Gesellschafterklage aufgekauft werden, im Konzern in gleicher Weise wie in unabhängigen Aktiengesellschaften.[194]

Nachdem bereits aufgrund der gegenwärtig ganz h. M. die konzernrechtlichen Ersatzansprüche *auch* in den Anwendungsbereich des § 148 AktG fallen,[195] wäre es *de lege ferenda* letztlich nur konsequent, das Klagezulassungsverfahren auch im Konzernrecht als alleinige Aktionärsklagemöglichkeit vorzusehen und auf ein daneben bestehendes Einzelklagerecht gänzlich zu verzichten.[196] Dies gilt umso mehr als auch die actio pro socio im Konzern nach den oben herausgearbeiteten allgemeinen Strukturprinzipien dieses Rechtsinstituts nur als subsidiäres Klagerecht verstanden werden kann (ausführlich unten Teil 3B.IV und Teil 3D.I).

---

193 Vgl. BT-Drucks. 15/5092, S. 21.

194 Insoweit zutreffend *Weber*, Die konzernrechtliche abgeleitete Aktionärsklage, 2006, S. 208 ff.. Gegen ein Vorbesitzerfordernis bislang *Horn*, ZIP 1987, 1225 (1231 f.); *Lutter*, FS Steindorff 1990, 125 (140 ff., 149); *Becker*, Verwaltungskontrolle durch Gesellschafterrechte, 1997, S. 648; *Bollmann*, Der Schadensersatzanspruch gemäß § 317 AktG bei Schädigung der abhängigen Eine-Person-AG, 1995, S. 132; *Wiedemann*, Organverantwortung und Gesellschafterklagen in der Aktiengesellschaft, 1989, S. 48 f.; *Fett*, in: Bürgers/Körber, § 317 AktG Rn. 16; *Koppensteiner*, in: KölnKomm. AktG, § 317 AktG Rn. 37; *Altmeppen*, in: MünchKomm. AktG, § 317 AktG Rn. 54; *Walchner*, in: Heidel, Aktienrecht, § 317 AktG Rn. 12.

195 Vgl. OLG München, Urteil v. 28.11.2007, 7 U 4498/07, ZIP 2008, 723 (75); *Müller*, Der Konzern 2006, 725 ff.; *Emmerich*, in: Emmerich/Habersack, Aktien- und GmbH-Konzernrecht, § 309 AktG Rn. 48; *Hirte*, in: Großkomm. AktG, § 309 AktG Rn. 42; *Langenbucher*, in: K. Schmidt/Lutter, § 309 AktG Rn. 33; *J. Vetter*, in: K. Schmidt/Lutter, § 317 AktG Rn. 26; *Mock*, in: Spindler/Stilz, § 147 AktG Rn. 11; *Spindler*, in: K. Schmidt/Lutter, § 148 AktG Rn. 5; *Veil*, in: Spindler/Stilz, § 309 AktG Rn. 34; *Altmeppen*, in: MünchKomm. AktG, § 317 AktG Rn. 63 ff.. A. A. *Krieger*, in: Münch. Hdb. GesR IV, 3. Auflage 2007, § 70 Rn. 163; *Hüffer*, § 309 AktG Rn. 21.

196 Vgl. in diesem Zusammenhang auch *Weber*, Die konzernrechtliche abgeleitete Aktionärsklage, 2006, S. 151 ff., 157 f., der analog §§ 138 S. 3, 309 Abs. 3 Satz 1 AktG, der für die konzernrechtlichen Aktionärsklagebefugnisse ein Quorum von zehn Prozent des stimmberechtigten außenstehenden Kapitals vorschlägt.

Außerhalb des Aktienrechts ließe sich über eine Ausweitung des Mindestanteilsbesitzes auf mitgliederstarke Publikumsgesellschaften in der Rechtsform der Kommanditgesellschaft nachdenken, wo die Kommanditisten – vergleichbar einem Kleinaktionär – regelmäßig vorrangig anlageorientiert sind.[197] Für eine generelle Übertragung der aktienrechtlichen Anforderungen an den Anteilsbesitz – insbesondere des Vorbesitzerfordernisses – auf die actio pro socio im Personengesellschaftsrecht oder im GmbH-Recht besteht demgegenüber keine Veranlassung.[198] Gesellschafter von Personengesellschaften und GmbH verfügen regelmäßig über deutlich höhere Beteiligungsquoten. Zudem sind für die Übertragung von Anteilen an diesen Gesellschaften in den meisten Fällen gesetzliche oder gesellschaftsvertragliche Zustimmungsvorbehalte[199] oder Formerfordernisse[200] zu beachten, was die Anteile im Vergleich zu Aktien weit weniger verkehrsfähig macht.[201]

E. Weiterer Gang der Darstellung

Die bisherige Untersuchung hat gezeigt, dass die dogmatische Grundstruktur der actio pro socio in allen Gesellschaftsformen identisch ist: Die actio pro socio ist ein Gesellschafterklagerecht in der Form einer Prozessstandschaft, dessen Voraussetzungen nur dann erfüllt sind, wenn das zuständige Organ bzw. die Gesellschaftermehrheit trotz Aufforderung pflichtwidrig von der Durchsetzung von Ansprüchen absieht.

Zu prüfen ist vor dem Hintergrund der detaillierten prozessualen Regelung des § 148 AktG im folgenden Teil 3, wie die Subsidiarität der actio pro socio unter Berücksichtigung der Besonderheiten der einzelnen Gesellschaftsformen prozessual im Einzelnen umzusetzen ist.

---

197 Für eine analoge Anwendung des § 148 AktG auf die Publikumskommanditgesellschaft *Gaul*, DStR 2009, 804 (808 f.); ebenso für die GmbH bereits zu § 147 AktG a. F. *Krieger*, in: Gesellschaftsrechtliche Vereinigung, Gesellschaftsrecht in der Diskussion 1998, 1999, S. 111 (122 f.) *Roitzsch*, Der Minderheitenschutz im Verbandsrecht, 1981, S. 168, 169; zweifelnd für die GmbH *Zöllner/Noack*, in: Baumbach/Hueck, § 43 GmbHG Rn. 32 („jedenfalls nicht bei personalistischer GmbH"); *K. Schmidt*, in: Scholz, § 46 GmbHG Rn. 162.

198 Ebenso *Verse*, FS U. H. Schneider 2011, 1325 (1336).

199 Vgl. zur GmbH § 15 Abs. 5 GmbHG. Die Übertragung von Anteilen an Personengesellschaften bedarf bereits Kraft Gesetzes der Zustimmung der übrigen Gesellschafter, soweit der Gesellschaftsvertrag nichts Abweichendes regelt.

200 Vgl. zur GmbH § 15 Abs. 3 GmbHG.

201 Zur gesellschaftsvertraglichen Vereinbarung eines Quorums vgl. *Grunewald*, in: MünchKomm. HGB, § 161 HGB Rn. 133.

Teil 3
Die Subsidiarität der actio pro socio

Beim Grundsatz der Subsidiarität der Gesellschafterklage geht es formell zunächst darum, die Gesellschaft (konkret: das zuständige Organ bzw. die Gesellschaftergesamtheit) zur Entscheidung über die Rechtsverfolgung aufzufordern. Insoweit kann von einem „gesellschaftsinternen Vorverfahren" gesprochen werden.[202] Wie bereits angedeutet, greift der Zweck der actio pro socio, das Versagen der Verwaltungsorgane zu kompensieren, aber nur dort, wo die prinzipiell maßgebliche Entscheidungsfindung des primären Entscheidungsträgers nicht funktioniert, die Ablehnung der Geltendmachung des Anspruchs also rechtswidrig ist. Entscheidend ist in diesem Zusammenhang, in welchen Grenzen dem primär zuständigen Entscheidungsträger ein eigener Ermessensspielraum bei der Entscheidung über die Geltendmachung von Gesellschaftsansprüchen verbleibt (dazu sowie zu den Ausnahmen vom Subsidiaritätsgrundsatz unten A und B).

Für die actio pro socio als Gesellschafterklage stellt sich dabei das Problem, wie die Beachtung der Subsidiarität im Prozess mit dem Gesellschaftsschuldner gewährleistet werden kann. Hierzu wurden im Personengesellschaftsrecht und im GmbH-Recht bereits verschiedene prozessuale Konzepte entwickelt. Mit dem aktienrechtlichen Klagezulassungsverfahren hat der Gesetzgeber ein besonderes Vorverfahren zur Prüfung der Prozessführungsbefugnis der Aktionäre und die notwendige Beiladung der Gesellschaft zum Zivilprozess als neues prozessuales Instrumentarium für die actio pro socio geschaffen (dazu C und D).

A. Formelle und materielle Subsidiarität

Beim Grundsatz der Subsidiarität lässt sich unterscheiden nach dem formellen Erfordernis das zuständige Organ bzw. die Gesellschafter im Rahmen eines gesellschaftsinternen Vorverfahrens zur Durchsetzung des Gesellschaftsanspruchs aufzufordern (*formelle Subsidiarität*) und der Sperrwirkung einer rechtmäßigen Entscheidung, den Anspruch nicht geltend zu machen, gegenüber einer Gesellschafterklage (*materielle Subsidiarität*).

---

202 *Becker*, Verwaltungskontrolle durch Gesellschafterrechte, 1997, S. 652 ff.; *Rollin*, Die Aktionärsklage in Deutschland und England, 2001, S. 238 ff..

I. Das Gesellschaftsinterne Vorverfahren (Formelle Subsidiarität)

Das gesellschaftsinterne Vorverfahren verfolgt mehrere Ziele: Zunächst geht es darum, die Gesellschaft über die beabsichtigte Klage zu informieren. Sodann soll dem primär zuständigen Entscheidungsträger Gelegenheit gegeben werden, über die Erhebung einer eigenen Klage im Namen der Gesellschaft zu entscheiden. Damit werden einerseits die interne Kompetenzordnung gewahrt, andererseits die Klagerechte von Gesellschaft und Gesellschaftern koordiniert.[203] Die Durchführung des gesellschaftsinternen Vorverfahrens ist als Voraussetzung der Prozessführungsbefugnis von dem klagenden Gesellschafter zu beweisen.[204]

Für das Klagezulassungsverfahren wurde das Erfordernis eines gesellschaftsinternen Vorverfahrens in § 148 Abs. 1 Satz 2 Nr. 2 AktG ausdrücklich geregelt. Es handelt sich dabei aber letztlich nur um die gesetzliche Bestätigung eines rechtsformübergreifend für die actio pro socio geltenden Prinzips.[205] Aus der verfahrensmäßigen Verselbständigung der Prüfung der Prozessführungsbefugnis im Zulassungsverfahren ergeben sich keine Besonderheiten.[206] Adressat der Aufforderung ist jeweils der für die Geltendmachung des Anspruchs zuständige Entscheidungsträger. In der Aktiengesellschaft ist dies der Vorstand oder der Aufsichtsrat[207], in der GmbH die Gesellschafterversammlung oder der Geschäftsführer. Entsprechendes gilt für die Personengesellschaften, wo entweder die Gesellschafter durch Beschluss oder der geschäftsführende Gesellschafter über die Geltendmachung entscheiden.

---

203 *Becker*, Verwaltungskontrolle durch Gesellschafterrechte, 1997, S. 653.

204 Insoweit verallgemeinerungsfähig *Happ*, FS H. P. Westermann 2008, 971 (983, 994); *Paschke*, in: KpK-GesR, § 148 AktG Rn. 4; zur Darlegungs- und Beweislast der Aktionäre bei § 148 Abs. 2 Nr. 2 AktG *Hüffer*, § 148 AktG Rn. 7; *Spindler*, in: K. Schmidt/Lutter, § 148 AktG Rn. 23; *Mock*, in: Spindler/Stilz, § 148 AktG Rn. 73; *G. Bezzenberger/T. Bezzenberger*, in: Großkomm. AktG, § 148 AktG Rn. 126.

205 Ebenso *Verse*, FS U. H. Schneider 2011, 1325 (1337).

206 Der zweistufige Verfahrensaufbau des Klagezulassungsverfahrens hat jedoch eine zweite Ebene der formellen Subsidiarität zur Folge. § 148 Abs. 4 Satz 1 AktG verlangt nach Zulassung der Schadensersatzklage eine erneute Aufforderung an die Gesellschaft zur Klageerhebung. S. dazu noch unten Teil 3C.II.3 und Teil 3C.III.2.

207 *Paschos/Neumann*, DB 2005, 1779 (1780); *Ziemons*, in: Nirk/Ziemons/Binnewies, Handbuch der Aktiengesellschaft, Rn. I 7.289; *Holzborn*, in: Bürgers/Körber, § 148 AktG Rn. 6; *Spindler*, in: K. Schmidt/Lutter, § 148 AktG Rn. 21; *Hüffer*, § 148 AktG Rn. 6; anders *Thümmel*, Persönliche Haftung von Managern und Aufsichtsräten, Rn. 315; *Schröer*, ZIP 2005, 2081 (2084): Aufforderung an die Gesellschaft, da u. U. Vorstands- und Aufsichtsratsmitglieder von den Vorwürfen betroffen sind.

Soweit bei der GmbH oder Personengesellschaften ein Gesellschafterbeschluss über die Anspruchsdurchsetzung erwirkt werden muss, zeigen sich bereits auf Ebene der formellen Subsidiarität praktische Umsetzungs- und Wertungsprobleme. So kann im GmbH-Recht ein Antrag auf Einberufung der Gesellschafterversammlung erst ab einem Anteilsbesitz von 10 % des Stammkapitals gestellt werden.[208] Bei strenger Anwendung dieser Regelung würde für actio pro socio eines GmbH-Gesellschafters mithin ein höheres Quorum verlangt, als nach § 148 Abs. 1 AktG für das Klagezulassungsverfahren. Entscheidet der Geschäftsführer unmittelbar selbst über die Anspruchsdurchsetzung, spielt die Beteiligungshöhe dagegen von vornherein keine Rolle. Vergleichbare Unstimmigkeiten ergeben sich in Personengesellschaften, wo in der Praxis der Gesellschaftsvertrag üblicherweise eine Gesellschafterversammlung vorsieht.[209]

Da die actio pro socio nach h. M. grundsätzlich unabhängig von der Beteiligungshöhe des Klägers durchgeführt werden kann,[210] wäre es jedoch widersprüchlich, würden die organisationsbedingte Zuweisung der primären Entscheidungszuständigkeit darüber entscheiden, ob ein Mindestanteilsbesitz für die actio pro socio erforderlich ist oder nicht.[211] Soweit es darum geht, einen Gesellschafterbeschluss über die Geltendmachung von Ansprüchen zu erwirken, muss vielmehr jeder Gesellschafter die Einberufung der Gesellschafterversammlung durch den Geschäftsführer verlangen und bei unberechtigter Verweigerung der Einberufung selbst bewirken können.[212]

Die Entscheidung darüber, ob die Gesellschaft Klage erheben wird, muss innerhalb angemessener Frist nach Aufforderung gefällt werden, doch wird man dem primären Entscheidungsträger eine angemessene Bearbeitungszeit zugestehen müssen.[213] Für das Klagezulassungsverfahren wurde insoweit eine Frist von zwei Monaten für angemessen erachtet, da der anspruchsbegründende Sachver-

---

208 § 50 Abs. 1 GmbHG.

209 Grds. kann in den Personengesellschaften jeder Gesellschafter die Gesellschafterversammlung einberufen, s. *Schäfer*, in: Großkomm. HGB, § 119 HGB Rn. 18; *Hopt*, in: Baumbach/Hopt, § 119 HGB Rn. 29 jedoch mit Ausnahme eindeutig kapitalistisch strukturierter Gesellschaften.

210 S. oben Teil 2D.II.

211 Zutreffend für die actio pro socio im GmbH-Recht *Becker*, Verwaltungskontrolle durch Gesellschafterrechte, 1997, S. 575 ff..

212 Im Ergebnis ebenso *Eickhoff*, Die Gesellschafterklage im GmbH-Recht, 1988, S. 187 f.; nach *Becker*, Verwaltungskontrolle durch Gesellschafterrechte, 1997, S. 576, 590 f. soll jeder Gesellschafter ungeachtet des § 50 Abs. 1 GmbHG die Gesellschafterversammlung zur Beschlussfassung gemäß § 46 Nr. 8 GmbHG einberufen können; für unmittelbare Erhebung der Schadensersatzklage in diesen Fällen *Altmeppen*, in: Roth/Altmeppen, § 13 GmbHG Rn. 25.

213 *Becker*, Verwaltungskontrolle durch Gesellschafterrechte, 1997, S. 656.

halt seit Längerem bekannt sein wird.[214] Letztlich wird sich die Angemessenheit der Entscheidungsfrist nur nach den Umständen des konkreten Einzelfalls bestimmen lassen. Bei drohender Verjährung wird die Frist entsprechend kürzer ausfallen oder aber das Vorverfahren gänzlich entfallen müssen.[215]

Wird innerhalb angemessener Frist nicht über die Klageerhebung entschieden, so ist der Weg frei für die actio pro socio. Kein Hinderungsgrund sind insoweit bloße Absichtserklärungen oder Versicherungen, die Gesellschaft werde in absehbarer Zeit gerichtliche Schritte unternehmen, denn andernfalls wären Verzögerungstaktiken vorprogrammiert und schlimmstenfalls drohte die Verjährung der Gesellschaftsforderung.[216] Umgekehrt ist die actio pro socio als Folge ihrer Subsidiarität gesperrt, wenn die Gesellschaft innerhalb der Frist Klage erhebt.[217] Die Gesellschaft hat insoweit eine Pflicht die Minderheitsgesellschafter von der eigenen Klageerhebung zu informieren, da andernfalls etwaige Schäden durch nutzlos aufgewendete Prozesskosten von ihr zu ersetzen sind.[218]

II. Die Sperrwirkung der *pflichtgemäßen* Primärentscheidung (Materielle Subsidiarität)

Der Subsidiaritätsgrundsatz erschöpft sich nicht in der formellen Aufforderung an die Gesellschaft, den Anspruch geltend zu machen, sondern dient der Wahrung der Enscheidungskompetenz und etwaiger Entscheidungsspielräume des zuständigen Organs bzw. der Gesellschafter. Gegenüber einer actio pro socio entfaltet die pflichtgemäße Entscheidung des zuständigen Entscheidungsträgers („Primärentscheidung“) in dem Sinne eine Sperrwirkung, als klagewilligen Gesellschaftern die Prozessführungsbefugnis fehlt und eine gleichwohl erhobene Klage als unzulässig abzuweisen ist.[219] Da es auf die Gründe für die Ablehnung

---

214 UMAG, BT-Drucks. 15/5092, S. 22.

215 Zu Ausnahmen vom Subsidiaritätsgrundsatz unten Teil 3B.

216 So für das Klagezulassungsverfahren Regierungsbegründung UMAG, BT-Drucks. 15/5092, S. 22.

217 *Schröer*, ZIP 2005, 2081 (2084); *Wiedemann*, JZ 1976, 392 (396); *Hueck/Fastrich*, in: Baumbach/Hueck, § 13 GmbHG Rn. 39; *Ebbing*, in: Michalski, § 14 GmbHG Rn. 104.

218 Vgl. zu § 148 AktG Regierungsbegründung UMAG, BT-Drucks. 15/5092, S. 22; *Spindler*, in: K. Schmidt/Lutter, § 148 AktG Rn. 23.

219 *Höfler*, JuS 1992, 388 (390); *Ulmer*, in: MünchKomm. BGB, § 705 BGB Rn. 210 f.; *Schwab*, Das Prozessrecht gesellschaftsinterner Streitigkeiten, 2005, S. 102; *Becker*, Verwaltungskontrolle durch Gesellschafterrechte, 1997, S. 656; s. auch OLG Düsseldorf, Urteil v. 4.5.2006, 6 U 98/05 (Abweisung der actio pro socio als unzulässig wegen Treuwidrigkeit *gegenüber dem Gesellschaftsschuldner*).

der Anspruchsdurchsetzung ankommt, kann man insoweit von „materieller Subsidiarität" sprechen.

1. Wahrung von Entscheidungskompetenz und Entscheidungsspielraum

Klagewillige Gesellschafter sollen mit der actio pro socio weder *rechtmäßige* Entscheidungen übergehen, die eine Anspruchsgeltendmachung ablehnen, noch ihre eigenen Vorstellungen vom Gesellschaftswohl an die Stelle der Entscheidung des nach der Verbandsordnung primär zuständigen Entscheidungsträgers setzen können.[220] Zu kurz greift daher Ansicht, schon das bloße Vorliegen eines die Geltendmachung ablehnenden Beschlusses der GmbH-Gesellschafterversammlung, also die bloße Wahrung der formellen Subsidiarität, ebne den Weg zur actio pro socio, ungeachtet der Frage der Rechts- bzw. Pflichtwidrigkeit der Ablehnung. Dies gilt umso mehr, als diese Lösung mit den Schwierigkeiten einer Inzidentprüfung des Beschlusses im Zweiparteienprozess zwischen klagendem Gesellschafter und Gesellschaftsschuldner begründet wird.[221]

Den Gedanken der Ersatzgeschäftsführung und Subsidiarität der actio pro socio konsequent zu Ende gedacht, müssen die Ablehnungsgründe des zuständigen Organs Vorrang und mithin Bindungswirkung beanspruchen, wenn im Einzelfall gute Gründe für wie gegen die Erhebung einer Klage sprechen. Die Kon-

220 Zum Personengesellschaftsrecht: *Bork/Oepen*, ZGR 2001, 515 (534): „Sind im Einzelfall Erhebung wie Unterlassung einer Klage gleichermaßen vertretbar, ist eine ermessensfehlerfreie Entscheidung der regulären Geschäftsführung gegen die Klageerhebung nach dem Subsidiaritätsmodell abschließend"; *Mock*, RabelsZ 2008, 264 (271); *Lutter*, AcP 180 (1980), 84 (134); *Grunewald*, Die Gesellschafterklage in der Personengesellschaft und der GmbH, 1990, S. 20 ff.; *Schwab*, Das Prozessrecht gesellschaftsinterner Streitigkeiten, 2005, S. 109; *H. P. Westermann*, in: Erman, § 705 BGB Rn. 59; zum GmbH-Recht: OLG Köln, Urteil v. 5.11.1992, 18 U 50/92, NJW-RR 1994, 616 (617); *Krieger*, in: Gesellschaftsrechtliche Vereinigung, Gesellschaftsrecht in der Diskussion 1998, 1999, S. 111 (121 f.); *K. Schmidt*, KTS 2005, 261 (263); *Eickhoff*, Die Gesellschafterklage im GmbH-Recht. 1988, S. 62, 106, 122 f.; *Grunewald*, Die Gesellschafterklage in der Personengesellschaft und der GmbH, 1990, S. 74; *Kowalski*, Der Ersatz von Gesellschafts- und Gesellschafterschaden, 1990, S. 79; *Schwab*, Das Prozessrecht gesellschaftsinterner Streitigkeiten, 2005, S. 80 f.; *K. Schmidt*, Gesellschaftsrecht, § 21 IV 6 b, S. 642; *Becker*, Verwaltungskontrolle durch Gesellschafterrechte, 1997, S. 655. Insoweit auch *Altmeppen*, in: Roth/Altmeppen, § 13 GmbHG Rn. 21, der die actio pro socio zwar auf eigene Ansprüche des Gesellschafters aus Verletzung der Mitgliedschaft stützt, aber dennoch Subsidiarität bejaht.

221 So *Winter*, Mitgliedschaftliche Treuebindungen im GmbH-Recht, 1988, S. 316 f.. Dazu näher unten Teil 3C.II.2.

kretisierung des Gesellschaftsinteresses obliegt in den Grenzen der Treuepflicht primär dem zuständigen Organ bzw. der Gesellschaftermehrheit und nicht den Minderheitsgesellschaftern.[222] Entgegen verbreiteter Ansicht[223] schließt umgekehrt daher auch der pflicht*gemäße* Widerspruch eines geschäftsführungsbefugten Gesellschafters im Personengesellschaftsrecht (§§ 711 BGB, 115 Abs. 1 Hs. 2 HGB) nicht nur die Klage eines anderen Geschäftsführers, sondern auch eine actio pro socio aus.[224]

Das Prinzip des Vorrangs der pflichtgemäßen Verwaltungsentscheidung wurde auch vom UMAG aufgegriffen, indem die Klagezulassung und damit die Prozessführungsbefugnis der Aktionäre unter den Vorbehalt des Fehlens entgegenstehender Gründe des Gesellschaftswohls (§ 148 Abs. 1 Satz 2 Nr. 4 AktG) gestellt wird. Durch diese ausdrückliche Bindung an das Gesellschaftswohl unterscheidet sich das Klagezulassungsverfahren in einem wesentlichen Punkt von dem Minderheitenrecht nach § 147 Abs. 3 AktG a. F.. Nach dessen Wortlaut konnte eine Aktionärsminderheit die Anspruchsdurchsetzung nur dann erzwingen, wenn der Ersatzanspruch „nicht nach [§ 147] Absatz 1 geltend gemacht wird".[225] Darüber hinausgehend sollte § 147 Abs. 3 a. F. zurücktreten, wenn der Aufsichtsrat aus eigenem Antrieb nach § 112 AktG vorgeht.[226] Das alte Recht ließ jedoch eine Angleichung des Aktionärsrechts an den durch die Entscheidung *ARAG/Garmenbeck* konkretisierten Entscheidungsmaßstab des Aufsichts-

---

222 *Bork/Oepen*, ZGR 2001, 515 (534); *Grunewald*, Die Gesellschafterklage in der Personengesellschaft und der GmbH, 1990, S. 21; *Schwab*, Das Prozessrecht gesellschaftsinterner Streitigkeiten, 2005, S. 109; *Becker*, Verwaltungskontrolle durch Gesellschafterrechte, 1997, S. 655.

223 Gegen eine Sperrwirkung *Rawert*, in: MünchKomm. HGB, § 115 HGB Rn. 14: Die actio pro socio verlöre ihre Funktion, den Mitgesellschaftern bei Untätigkeit der Gesellschaft eigene Handlungsmöglichkeiten zu gewähren; *Martens*, in: Schlegelberger, § 115 HGB Rn. 6; *Mayen*, in: Ebenroth/Boujong/Joost/Strohn, § 115 HGB Rn. 8; *Schäfer*, in: Großkomm. HGB, § 115 HGB Rn. 14. Konsequent insoweit aber *Timm/Schöne*, in: Bamberger/Roth, § 711 BGB Rn. 3; *Hopt*, in: Baumbach/Hopt, § 115 HGB Rn. 3, die eine Subsidiarität der actio pro socio generell ablehnen (s. Fn. 64).

224 Richtigerweise hat das Gericht also zu prüfen haben, ob der Widerspruch des Geschäftsführers, weil pflichtgemäß, der Klageerhebung entgegen steht. Wie hier *Grunewald*, Die Gesellschafterklage in der Personengesellschaft und der GmbH, 1990, S. 20, 22; *Ulmer*, in: MünchKomm. BGB, § 705 BGB Rn. 211.

225 *Sünner*, ZHR 163 (1999), 364 (371); *Schröer*, in: MünchKomm. AktG, § 147 AktG Rn. 60; *Bezzenberger*, in: Großkomm. AktG, § 147 AktG Rn. 67. Das Minderheitenrecht nach § 147 Abs. 3 AktG war indes nicht im Sinne strenger Subsidiarität von einer vorherigen Befassung der Hauptversammlung abhängig, Regierungsbegründung KonTraG, BT-Drucks. 13/9712, S. 21.

226 *Schröer*, in: MünchKomm. AktG, § 147 AktG Rn. 60.

rats vermissen. Eine Aktionärsminderheit konnte die Geltendmachung von Ersatzansprüchen durch einen besonderen Vertreter daher auch dann erzwingen, wenn der Aufsichtsrat in Übereinstimmung mit *ARAG/Garmenbeck* aus Gründen des Gesellschaftswohls hiervon abgesehen hatte, die Minderheit bzw. der besondere Vertreter aber eine andere Auffassung vom Gesellschaftsinteresse vertrat.[227]

Die Neuregelung durch das UMAG beabsichtigt ausdrücklich auch dieses Defizit der alten Rechtslage zu beseitigen[228] und die Beachtung der pflichtgemäßen Entscheidung des zuständigen Organs sicher zu stellen.[229] Zugleich bestätigt das UMAG damit das herausgearbeitete allgemeine Strukturprinzip der actio pro socio, indem sich die Aktionäre nicht über die Entscheidung des Organs hinwegsetzen dürfen, wenn dieses nachvollziehbar und überprüfbar bejaht hat, dass gewichtige Gründe des Gesellschaftswohls gegen die Geltendmachung des Ersatzanspruchs sprechen. Subsidiarität bedeutet auch hier, dass ein pflichtgemäßes Absehen von einer Schadensersatzklage keinen Raum mehr für eine Aktionärsklage lässt.[230] (Zur Bedeutung des § 148 Abs. 1 Satz 2 Nr. 4 AktG auf den Entscheidungsmaßstab von Aufsichtsrat bzw. Vorstand unten 3.c)bb).)

In wie weit sich dieser Zusammenhang im Rahmen des Klagezulassungsverfahrens praktisch auswirkt, hängt maßgeblich von der Frage eines verbleibenden Entscheidungsspielraums von Vorstand und Aufsichtsrat bei der Entscheidung

---

227 Kritisch insoweit *Krieger*, ZHR 163 (1999), 342 (352); *Baums*, Gutachten F zum 63. Deutschen Juristentag 2000, F 244; *Schröer*, in: MünchKomm. AktG, § 147 AktG Rn. 67; s. auch *Hölters*, FS Wiedemann 2002, 975 (995 f.); *Doralt*, in: Semler/v. Schenk, Arbeitshandbuch für Aufsichtsratsmitglieder, § 13 Rn. 77; *Bezzenberger*, in: Großkomm. AktG, § 147 AktG Rn. 82.

228 Vgl. hierzu die entsprechenden Ausführungen der Regierungsbegründung UMAG, BT-Drucks. 15/5092, S. 20.

229 Ebenso *Becker*, FS Mestmäcker 2006, 25 (32): „Das Gesetz bezweckt [...] das Entscheidungsermessen der verfassungsmäßig berufenen Gesellschaftsorgane zu schützen (Nr. 2-4)“.

230 So auch *Baums*, Gutachten F zum 63. Deutschen Juristentag 2000, F 252 f.. Diesen Zusammenhang verkennen *Hopt/M. Roth*, in: Großkomm. AktG, § 111 AktG Rn. 360, die einen breiteren Entscheidungsspielraum des Aufsichtsrats mit der Herabsetzung der Schwelle zur Durchsetzung von Schadensersatzansprüchen durch die Aktionäre untermauern wollen. Ohne Auseinandersetzung mit diesen Zusammenhängen a. A. auch *Thümmel*, in: Gottwald, Europäisches Insolvenzrecht – Kollektiver Rechtsschutz, 2008, S. 235 (243 f.): „Während im US-Recht die berechtigte Ablehnung der Klageerhebung durch die Gesellschaft dem Aktionär die Möglichkeit nimmt, selbst zu klagen, bleibt im deutschen Recht die Klagebefugnis bei Ablehnung der Klage durch die Gesellschaft immer bestehen, unabhängig davon, aus welchem Grunde abgelehnt wurde. Die Ablehnung kann daher keine Sperrwirkung entfalten“.

über die Geltendmachung von Gesellschaftsansprüchen ab. Es geht dabei nicht um einen pauschalen Vorrang der Ablehnungsgründe des zuständigen primären Entscheidungsträgers,[231] sondern nur um den Vorrang einer Entscheidung, die als pflichtgemäße Konkretisierung des Gesellschaftswohls anzusehen ist.[232]

2. Entscheidungsspielräume bei der Geltendmachung von Gesellschaftsansprüchen

Ausschlaggebend für die Reichweite des durch die subsidiäre actio pro socio gewährten Minderheitsschutzes ist nach den vorstehenden Ausführungen somit, in welchem Umfang dem primären Entscheidungsträger gerichtlich nur eingeschränkt überprüfbare Entscheidungsspielräume verbleiben.[233] Bei der Bestimmung der gerichtlichen Kontrolldichte gegenüber einer ablehnenden Entscheidung ist die rechtliche Ausgangslage in den verschiedenen Gesellschaftsformen zu berücksichtigen (zu den Entscheidungszuständigkeiten in den einzelnen Gesellschaftsformen bereits oben Teil 2A.I.2.a)).

a) Aktiengesellschaft

In der Aktiengesellschaft sind es Aufsichtsrat bzw. Vorstand als treuhänderisch gebundene Organe, die über die Geltendmachung von Gesellschaftsansprüchen entscheiden. Die Grundsätze für die Entscheidung über die Geltendmachung von

---

231 So wohl die Bedenken von *Spindler*, NZG 2005, 865 (867): „Welche Gründe im Gesellschaftsinteresse überwiegen können, hat allein das Prozessgericht als Rechtsfrage zu beurteilen. Es ist nicht an eine Einschätzung der Organe der Gesellschaft gebunden, auch wenn § 148 VI 2 AktG der Gesellschaft im Rahmen der Kostentragungsregelung implizit eine Pflicht zur Mitteilung von entgegenstehenden Gründen des Gesellschaftswohls auferlegt. Andernfalls stünde es gerade im Belieben der Organe, über die Zulässigkeit entsprechender Klagen zu befinden.“; zustimmend *Mock*, in: Spindler/Stilz, § 148 AktG Rn. 86; s. auch *Koch*, ZGR 2006, 769 (774, s. aber auch 776); *Thümmel*, in: Gottwald, Europäisches Insolvenzrecht – Kollektiver Rechtsschutz, 2008, S. 235 (243 f.); *G. Bezzenberger/T. Bezzenberger*, in: Großkomm. AktG, § 148 AktG Rn. 152 (volle gerichtliche Überprüfbarkeit der Interessenabwägung im Rahmen des § 148 Abs. 1 Satz 2 Nr. 4 AktG).

232 Inkonsequent insoweit *Paefgen*, AG 2008, 761 (765), der zwar ein unternehmerisches Ermessen (§ 93 Abs. 1 Satz 2 AktG) des Aufsichtsrats bei der Entscheidung über die Geltendmachung von Ersatzansprüchen bejaht, die Frage, ob der Aktionärsklage überwiegende Gründe des Gesellschaftswohls entgegenstehen, aber uneingeschränkter gerichtlicher Überprüfung unterwirft, weil nur so der Zweck des § 148 AktG erreicht werden könne.

233 Siehe *Krieger*, in: Gesellschaftsrechtliche Vereinigung, Gesellschaftsrecht in der Diskussion 1998, 1999, S. 111 (122).

Gesellschaftsansprüchen wurden vom BGH in der Entscheidung *ARAG/Garmenbeck* für den Fall der Geltendmachung von Ersatzansprüchen gegen Mitglieder des Vorstands durch den Aufsichtsrat konkretisiert. In der Literatur werden sie überwiegend auch auf die umgekehrte Entscheidung des Vorstands über die Geltendmachung von Gesellschaftsansprüchen gegen Aufsichtsratsmitglieder übertragen.[234]

Auf einer ersten Prüfungsstufe ist danach zunächst der zum Schadensersatz verpflichtenden Tatbestand in rechtlicher wie in tatsächlicher Hinsicht festzustellen. Darauf aufbauend ist das Prozessrisiko und die Beitreibbarkeit der Forderung zu prüfen. Stehen der Gesellschaft *voraussichtlich* Ansprüche zu, ist der Aufsichtsrat grundsätzlich zur Geltendmachung verpflichtet.[235] Er darf von der Durchsetzung der Ansprüche auf einer zweiten Prüfungsstufe aber *ausnahmsweise* absehen[236], wenn gewichtige Interessen und Belange der Gesellschaft dafür sprechen, den der Gesellschaft entstandenen Schaden ersatzlos hinzunehmen. Hierbei können Gesichtspunkte wie negative Auswirkungen auf Geschäftstätigkeit und Ansehen der Gesellschaft in der Öffentlichkeit, Behinderung der Vorstandsarbeit und Beeinträchtigung des Betriebsklimas Bedeutung erlangen.[237]

Die Entscheidung *ARAG/Garmenbeck* wird überwiegend dahingehend interpretiert, dass dem Aufsichtsrat bei der Entscheidung über die Geltendmachung von Ersatzansprüchen der Gesellschaft kein unternehmerisches Ermessen im Sinne des § 93 Abs. 1 Satz 2 AktG zukommt.[238] In der Tat hat der BGH ausgeführt, die Geltendmachung von Ersatzansprüchen sei Teil der nachgelagerten Überwachungstätigkeit des Aufsichtsrats und aus diesem Grunde keine „unter-

---

234 Für eine entsprechende Anwendung der *ARAG-Garmenbeck*-Grundsätze *Kling*, DZWIR 2005, 45 (53); *Zieglmeier*, ZGR 2007, 144 (147); *Krieger*, in: Krieger/U. H. Schneider, Handbuch Managerhaftung, 2007, § 3 Rn. 40; *Wiesner*, in: Münch. Hdb. GesR IV, § 25 Rn. 8; *M. Roth*, Unternehmerisches Ermessen und Haftung des Vorstands, 2001, S. 119, 123; *Drygala*, in: K. Schmidt/Lutter, § 116 AktG Rn. 45; *Fleischer*, in: Fleischer, Handbuch des Vorstandsrechts, § 7 Rn. 70; *Landwehrmann*, in: Heidel, Aktienrecht, § 93 AktG Rn. 66; *Spindler*, in: Spindler/Stilz, § 116 AktG Rn. 119.

235 BGH v. 21.4.1997, II ZR 175/95, BGHZ 135, 244 (254, 256) – *ARAG/Garmenbeck*. Kritisch zu diesem Regel- Ausnahme-Verhältnis *M. Roth*, Unternehmerisches Ermessen und Haftung des Vorstands, 2001, S. 121.

236 Der BGH verweist insoweit auf die Nähe der Ablehnung der Geltendmachung zu einem Verzicht, der seinerseits nur unter den Voraussetzungen des § 93 Abs. 4 Satz 3 AktG in Betracht komme, s. BGH v. 21.4.1997, II ZR 175/95, BGHZ 135, 244 (256) – *ARAG/Garmenbeck* unter Hinweis auf die Wertung des § 93 Abs. 4 Satz 3 AktG.

237 BGH v. 21.4.1997, II ZR 175/95, BGHZ 135, 244 (255 f.) – *ARAG/Garmenbeck*.

238 Vgl. Spindler, in: Spindler/Stilz, § 111 AktG Rn. 27, 116 Rn. 48 m.w.N..

nehmerische Aufgabe".[239] Gleichwohl will aber auch der BGH bei der Prüfung der Erfolgsaussichten der Geltendmachung einen „begrenzten Beurteilungsspielraum" und bei der Prüfung von der Klage entgegenstehenden Gründen des Gesellschaftswohls ein begrenztes „Entscheidungsermessen" anerkennen.[240]

Ein Teil des Schrifttums geht darüber hinaus und nimmt an, auch die Entscheidung über die Geltendmachung von Ersatzansprüchen sei eine unternehmerische Entscheidung. Der Aufsichtsrat ist bei Vorliegen entsprechender Anhaltspunkte zwar ohne Ermessensspielraum verpflichtet, das Bestehen und die Durchsetzbarkeit von Ersatzansprüchen zu prüfen. Bereits dort, wo es bei der Prüfung der Erfolgsaussichten, insbesondere also die Bewertung der Stichhaltigkeit von Beweismitteln oder aber die Frage geht, welche Haltung die Rechtsprechung in einer höchstrichterlich bislang nicht geklärten Rechtsfrage einnehmen wird, ist jedoch unverkennbar, dass diese Entscheidung nicht ohne Wertungen und Prognosen getroffen werden kann.[241] Ebenso kann die Frage, ob Gründe des Gesellschaftswohls der Anspruchsdurchsetzung entgegen stehen letztlich nicht anders als aufgrund „unternehmerischer" Erwägungen getroffen werden.[242] Mit guten Gründen lässt sich daher vertreten bei der Entscheidung über die Geltendmachung von Ersatzansprüchen handele es sich insoweit um eine unternehmerische Entscheidung i. S. d. § 93 Abs. 1 Satz 2 AktG.[243]

---

239 BGH v. 21.4.1997, II ZR 175/95, BGHZ 135, 244 (254 f.) – *ARAG/Garmenbeck*. Dazu auch *Hopt/M. Roth*, in: Großkomm. AktG, § 93 Abs 1 Satz 2 nF Rn. 19, 58, § 116 AktG Rn. 110.

240 BGH, Urteil v. 21.4.1997, II ZR 175/95, BGHZ 135, 244 (254, 256) – *ARAG/Garmenbeck*.

241 Zutreffend *Heermann*, AG 1998, 201 (206); vgl. auch *Kocher*, CCZ 2009, 215 (219); *Paefgen*, AG 2008, 761 (763). Für volle gerichtliche Überprüfbarkeit aber *Habersack*, in: MünchKomm. AktG, § 111 AktG Rn. 35 m. w. N. in Fn. 67.

242 Zutreffend *Paefgen*, AG 2008, 761 (763); *Paefgen*, Unternehmerische Entscheidungen und Rechtsbindung der Organe in der AG, 2002, S. 148 f.; *Mertens*, FS K. Schmidt 2009, 1183 (1193); *Kocher*, CCZ 2009, 215 (219). Für eine nur eingeschränkte gerichtliche Überprüfbarkeit im Ergebnis auch *Pammler*, Die gesellschaftsfinanzierte D&O-Versicherung im Spannungsfeld des Aktienrechts, 2006, S. 188; *Katsas*, Die Inhaltskontrolle unternehmerischer Entscheidungen von Verbandsorganen im Spannungsfeld zwischen Ermessensfreiheit und Gesetzesbindung, 2006, S. 241 f.; *M. Roth*, Unternehmerisches Ermessen und Haftung des Vorstands, 2001, S. 122; *Habersack*, in MünchKomm. AktG, § 116 AktG Rn. 38; *Hüffer*, § 111 AktG Rn. 4b.

243 *Paefgen*, AG 2008, 761 (763); *Paefgen*, Unternehmerische Entscheidungen und Rechtsbindung der Organe in der AG, 2002, S. 148 f.; *Mertens*, FS K. Schmidt 2009, 1183 (1193); *Kocher*, CCZ 2009, 215 (219). Für die Entscheidung des Vorstands über die Geltendmachung von Ansprüchen gegen Aufsichtsratsmitglieder schon bislang für ein unternehmerisches Ermessen, da der Vorstand anders als der Aufsichtsrat ein Geschäftsleitungs- und kein Aufsichtsorgan sei *Hopt*, in: Großkomm. AktG, § 93 AktG Rn. 95;

Keine anderen Grundsätze als für die Geltendmachung von Ansprüchen gegen Mitglieder des Vorstands oder Aufsichtsrats können letztlich auch für die Entscheidung über die Geltendmachung von Ansprüchen gegen Aktionäre[244] oder Dritte gelten, deren Durchsetzung grundsätzlich in den Zuständigkeitsbereich des Vorstands und nur bei dessen Beteiligung in den des Aufsichtsrats fällt (zum Anwendungsbereich der actio pro socio ausführlich unten Teil 5).[245]

b) GmbH

Die im Aktienrecht entwickelten Grundsätze lassen sich nicht unbesehen auf die GmbH übertragen. Im Anwendungsbereich des *§ 46 Nr. 8 GmbHG* entscheiden die Gesellschafter in der Gesellschafterversammlung über die Anspruchsverfolgung. Die Stimmrechtsausübung in Geschäftsführungsangelegenheiten wie der Entscheidung über die Geltendmachung von Gesellschaftsansprüchen[246] unterliegt dabei einer strengen Treuebindung an das Gesellschaftsinteresse.[247] Die gerichtliche Kontrolldichte ist gleichwohl stark eingeschränkt, da nach ganz h. M. ein weites unternehmerisches Ermessen der Gesellschafter angenommen wird.[248]

---

dem folgend *Bedkowski*, Die Geschäftsleiterpflichten, 2006, S. 474; *Krieger*, in: Gesellschaftsrechtliche Vereinigung, Gesellschaftsrecht in der Diskussion 1998, 1999, S. 111 (118 f.).

244 Z. B. §§ 46 ff., 117 AktG.

245 S. *Bayer*, in: K. Schmidt/Lutter, § 46 AktG Rn. 4; *Spindler*, in: MünchKomm. AktG, § 117 AktG Rn. 45.

246 Zur Einordnung der Entscheidung über die Geltendmachung von Gesellschaftsansprüchen nach § 46 Nr. 8 GmbHG als Akt der Geschäftsführung oben Teil 2B.I.

247 OLG Düsseldorf, Urteil v. 14.3.1996, 6 U 119/94, ZIP 1996, 1083 (1087) – *ARAG/Garmenbeck*; OLG Hamm, Urteil v. 29.6.1992, 8 U 279/91, ZIP 1993, 119 (121); *Korehnke*, Treuwidrige Stimmen im Personengesellschafts- und GmbH-Recht, 1997, S. 39; *Schiessl*, in: Münch. Hdb. GesR III, § 32 Rn. 22; *H. Winter/Seibt*, in: Scholz, § 14 GmbHG Rn. 56; *Zöllner*, in: Baumbach/Hueck, Anh. § 47 GmbHG Rn. 99; *Koppensteiner*, in: Rowedder/Schmitt-Leithoff, § 47 GmbHG Rn. 130; *K. Schmidt*, in: Scholz, § 47 GmbHG Rn. 30; ausführlich dazu *Zöllner*, Die Schranken mitgliedschaftlicher Stimmrechtsmacht bei den privatrechtlichen Personenverbänden, 1963, S. 344 ff.. Zum Beschluss nach § 46 Nr. 8 GmbHG *K. Schmidt*, KTS 2005, 261 (263); *Krieger*, in: Gesellschaftsrechtliche Vereinigung, Gesellschaftsrecht in der Diskussion 1998, 1999, S. 111 (119); *Kallmeyer*, in: GmbH-Handbuch, Rn. I 1473; *Pentz*, in: Rowedder/Schmidt-Leithoff, § 13 GmbHG Rn. 119 (Fn. 249).

248 Zum Beschluss nach § 46 Nr. 8 GmbHG besonders eindringlich *Krieger*, in: Gesellschaftsrechtliche Vereinigung, Gesellschaftsrecht in der Diskussion 1998, 1999, S. 111 (122): „Vorrangig ist die Erkenntnis, daß die actio pro socio allenfalls zum Zuge kommt, wenn eine Verpflichtung zur Anspruchsverfolgung besteht und ein ablehnender

Das OLG Düsseldorf nahm an, der Beschluss sei nur auf eine ausnahmsweise – beispielsweise wegen Existenzgefährdung – bestehende Ermessensreduzierung auf Null hin zu überprüfen, während es im Übrigen beim gerichtlich nicht nachprüfbaren Ermessen der Gesellschafterversammlung sein Bewenden habe.[249] Nach verbreiteter Ansicht üben die Gesellschafter ihr Stimmrecht aber jedenfalls dann treuwidrig aus, wenn sie die Geltendmachung *evident* gegebener Schadensersatzansprüche ohne besondere Gründe des Gesellschaftswohls ablehnen.[250] Deutlich restriktiver nimmt ein anderer Teil der Literatur dagegen an, die Realisierung des Anspruchs liege regelmäßig im Interesse der Gesellschaft[251] und ein Absehen von der Geltendmachung sei nur dort fehlerfrei, wo sich die

---

Beschluss mithin rechtswidrig ist. Das ist in den seltensten Fällen anzunehmen. [...] während im Regelfall die Ablehnung der Schadensverfolgung im Rahmen des gerichtlich nicht überprüfbaren Ermessensspielraums der Gesellschafterversammlung liegen wird.“; ebenso OLG Düsseldorf, Urteil v. 14.3.1996, 6 U 119/94, ZIP 1996, 1083 (1087 ff.) – *ARAG/Garmenbeck* und nachgehend BGH, Nichtannahmebeschluss v. 20.1.1997, II ZR 90/96, ZIP 1997, 887; *Grunewald*, NZG 2000, 1137; *Jäger*, WiB 1997, 10 (14, 15); *Kowalski*, ZIP 1995, 1315 (1316); *Krieger*, in: Gesellschaftsrechtliche Vereinigung, Gesellschaftsrecht in der Diskussion 1998, 1999, S. 111 (118 f.); *K. Schmidt*, KTS 2005, 261 (263); *Bedkowski*, Die Geschäftsleiterpflichten, 2006, S. 482; *Kallmeyer*, in: GmbH-Handbuch, Rn. I 1473, Rn. I 2460: gesteigerte Treuepflicht, aber unternehmerisches Ermessen; *Bayer*, in: Lutter/Hommelhoff, § 46 GmbHG Rn. 39.

249 OLG Düsseldorf, Urteil v. 14.3.1996, 6 U 119/94, ZIP 1996, 1083 (1088 f.) – *ARAG/Garmenbeck* zum Beschluss der Gesellschafterversammlung einer an der ARAG-AG beteiligten GmbH, welcher eine Weisung an den Geschäftsführer, die Einberufung der Hauptversammlung der AG nach § 122 AktG zu veranlassen, sowie die Geltendmachung von Ersatzansprüche gegen den Vorstand nach § 147 Abs. 1 AktG zu beantragen, abgelehnt hatte. Der BGH lehnte die Annahme der Revision hinsichtlich der Anfechtung des Beschlusses der Gesellschafterversammlung ab, da die Sache keine grundsätzliche Bedeutung und im Ergebnis keine Aussichten auf Erfolg habe, siehe den Nichtannahmebeschluss v. 20.1.1997, II ZR 90/96, ZIP 1997, 887. Ebenso *Grootherhorst*, ZIP 1999, 1117 (1122); *Hirte*, NJW 1998, 3459 (3466); *Jäger*, WiB 1997, 10 (14); *K. Schmidt*, KTS 2005, 261 (263).

250 LG Düsseldorf, Urteil v. 7.4.1994, 32 O 225/92, AG 1994, 330 (331) – *ARAG/Garmenbeck*; *Zöllner*, in: Baumbach/Hueck, Anh. § 47 GmbHG Rn. 99; *Zöllner/Noack*, in: Baumbach/Hueck, § 43 GmbHG Rn. 32; *Römermann*, in: Michalski, § 46 GmbHG Rn. 438, Anh. § 47 GmbHG Rn. 336; *K. Schmidt*, in: Scholz, § 47 GmbHG Rn. 31.

251 *Eickhoff*, Die Gesellschafterklage im GmbH-Recht, 1988, S. 112; *Immenga*, Die personalistische Kapitalgesellschaft, 1970, S. 292; *Schwab*, Das Prozessrecht gesellschaftsinterner Streitigkeiten, 2005, S. 87 f.. Ausdrücklich gegen ein derartiges Regel-Ausnahmeverhältnis *Jäger*, WiB 1997, 10 (14).

Mehrheit auf vertretbare Gründe des Gesellschaftsinteresses berufen kann,[252] was letztlich den Anforderungen nach *ARAG/Garmenbeck* nahe kommt.[253]

Für unter *§ 46 Nr. 2 GmbHG* fallende Einlageforderungen geht die ganz überwiegende Ansicht davon aus, aus der Treuepflicht könne sich im Einzelfall eine positive Stimmpflicht der Gesellschafter und mithin eine Durchsetzungspflicht ergeben, wenn die Gesellschaft dringend auf die Zuführung von Liquidität angewiesen ist.[254] Im Übrigen anerkennt das Gesetz aber, ein weites unternehmerisches Ermessen der Gesellschafter bei der Entscheidung über das Ob und Wann der Einforderung der Resteinlagen.[255]

Wo der *Geschäftsführer* ohne vorangehenden Gesellschafterbeschluss selbst entscheidet, ob ein Anspruch geltend gemacht werden soll, ist eine grundsätzliche Pflicht zur Durchsetzung anzunehmen. Dies gebietet eine ordnungsgemäße Geschäftsführung und die treuhänderische Stellung des GmbH-Geschäftsführers. Er kann jedoch im Einzelfall gehalten sein aus Gründen des Gesellschaftswohls von der Geltendmachung abzusehen.[256] Positive Beschlüsse nach § 46 Nr. 2 und 8 GmbHG verpflichten den Geschäftsführer stets ohne eigenes Ermessen zur Anspruchsdurchsetzung.[257] Soweit Ansprüche zur Sicherung der Kapitalgrundlage der Gesellschaft in Frage stehen, insbesondere der Rückzahlungsanspruch aus § 31 Abs. 1 GmbHG[258], folgt die strikte Pflicht des

---

252 Ausführlich *Eickhoff*, Die Gesellschafterklage im GmbH-Recht, 1988, S. 111, 112 f.; siehe auch *Abeltshauser*, Leitungshaftung im Kapitalgesellschaftsrecht, 1998, S. 426.

253 Ausdrücklich für eine Übertragung von *ARAG/Garmenbeck* auf die Beschlussfassung der Gesellschafterversammlung *Schwab*, Das Prozessrecht gesellschaftsinterner Streitigkeiten, 2005, S. 88.

254 *Römermann*, in: Michalski, § 46 GmbHG Rn. 122, 140; *K. Schmidt*, in: Scholz, § 46 GmbHG Rn. 55, 57; *Roth*, in: Roth/Altmeppen, § 46 GmbHG Rn. 11; *Zöllner*, in: Baumbach/Hueck, § 46 GmbHG Rn. 25; *Hüffer*, in: Ulmer/Habersack/M. Winter, § 46 GmbHG Rn. 31.

255 *Becker*, Verwaltungskontrolle durch Gesellschafterrechte, 1997, S. 579; *Hueck/Fastrich*, in: Baumbach/Hueck, § 19 GmbHG Rn. 6; *U. H. Schneider/H. P. Westermann*, in: Scholz, § 19 GmbHG Rn. 11; enger *Schwab*, Das Prozessrecht gesellschaftsinterner Streitigkeiten, 2005, S. 89.

256 Vgl. BGH, Urteil v. 9.12.1991. II ZR 43/91, NJW 1992, 1166 (Unterlassen der Geltendmachung von Ansprüchen aus §§ 31 Abs. 1, 32b S. 1 GmbHG); KG, Urteil v. 5.5.1959, 2 U 150/59, GmbHR 1959, 257 (Verjährenlassen einer Forderung der GmbH); *U. H. Schneider*, in: Scholz, § 43 GmbHG Rn. 109.

257 *Hüffer*, in: Ulmer/Habersack/M. Winter, § 46 GmbHG Rn. 32; *K. Schmidt*, in: Scholz, § 46 GmbHG Rn. 156; *Römermann*, in: Michalski, § 46 GmbHG Rn. 133, 446; *Becker*, Verwaltungskontrolle durch Gesellschafterrechte, 1997, S. 579.

258 S. im Übrigen die Übersicht bei *Römermann*, in: Michalski, § 46 GmbHG Rn. 426.

Geschäftsführers zur Geltendmachung aus übergeordneten Kapitalerhaltungs- und Gläubigerschutzgesichtspunkten.[259]

c) *Personengesellschaften*

Soweit die Einziehung einer Gesellschaftsforderung bei Personengesellschaften eine Maßnahme der einfachen Geschäftsführung darstellt und daher der *geschäftsführende Gesellschafter* über die Geltendmachung entscheidet, wird man davon ausgehen müssen, dass die Einziehung einer fälligen Forderung zur sachgerechten Verwaltung grundsätzlich erforderlich ist.[260] Ebenso ist der *Widerspruch* eines geschäftsführungsbefugten Gesellschafters gegen die Geltendmachung realisierbarer Gesellschaftsanforderungen (s. §§ 711 BGB, 115 HGB), deren geschäftspolitische Opportunität nicht in Zweifel steht, regelmäßig treupflichtwidrig.[261] Den auch das Widerspruchsrecht ist als Geschäftsführungsakt und uneigennütziges Mitgliedschaftsrecht ausschließlich im Gesellschaftsinteresse auszuüben, mag dem Gesellschafter in diesem Rahmen auch ein Ermessen eingeräumt werden.[262]

Entsprechende Grundsätze gelten für *Gesellschafterbeschlüsse* nach §§ 113 Abs. 2, 116 Abs. 2, 164 Abs. 1 Hs. 2 HGB[263], wo sich aus der Treuepflicht im Einzelfall eine positive Stimmpflicht ergeben kann, wenn die Verhinderung der

---

259 *K. Schmidt*, in: Scholz, § 46 GmbHG Rn. 148; *Hüffer*, in: Ulmer/Habersack/M. Winter, § 46 GmbHG Rn. 95. Eine Weisung der Gesellschafter solche Ansprüche nicht geltend ist wegen Verstoßes gegen Kapitalerhaltungsvorschriften nichtig und steht der actio pro socio schon aus diesem Grund nicht entgegen, s. *Raiser*, in: Ulmer/Habersack/M. Winter, Anh. § 47 GmbHG Rn. 52.

260 S. *Bork/Oepen*, ZGR 2001, 515 (532, Fn. 81); s. auch *Becker*, Verwaltungskontrolle durch Gesellschafterrechte, 1997, S. 551: Ermessen des geschäftsführenden Gesellschafters, aber volle gerichtliche Nachprüfbarkeit.

261 So *Rawert*, in: MünchKomm. HGB, § 115 HGB Rn. 40; *Martens*, in: Schlegelberger, § 115 HGB Rn. 14.

262 *Timm/Schöne*, in: Bamberger/Roth, § 711 BGB Rn. 10; *Hopt*, in: Baumbach/Hopt, § 115 HGB Rn. 3; *Rawert*, in: MünchKomm. HGB, § 115 HGB Rn. 37; *Schäfer*, in: Großkomm. HGB, § 115 HGB Rn. 5 f..

263 *Jickeli*, in: MünchKomm. HGB, § 116 HGB Rn. 37; „Die Beschlussfassung gehört zur Geschäftsführung. Jeder Gesellschafter muss daher seine Stimme uneigennützig und zur Förderung des Gesellschaftszwecks abgeben. [...] Bei der Frage, was dem Wohl der Gesellschaft dient, steht den Gesellschaftern allerdings ein weiter und gerichtlich nicht nachprüfbarer Beurteilungsspielraum zu.“, s. zum Ermessensspielraum der Gesellschafter Rn. 41 f.; *Langhein*, in: MünchKomm. HGB, § 113 HGB Rn. 18; *Goette*, in: Ebenroth/Boujong/Joost/Strohn, § 113 Rn. 31; *Martens*, in: Schlegelberger, § 113 HGB Rn. 22, § 116 HGB Rn. 14; *Schäfer*, in: Großkomm. HGB, § 116 HGB Rn. 20: weiter, nur in engen Grenzen nachprüfbarer Beurteilungsspielraum.

Anspruchsdurchsetzung aus eigennützigen oder gesellschaftsfremden Gründen erfolgt.[264] Eine solche wird insbesondere bei der Geltendmachung von Ersatzansprüchen gegen geschäftsführende Gesellschafter bei offensichtlicher Begründetheit der Ansprüche und erheblichem Schaden der Gesellschaft bejaht.[265]

3. Unterscheidung nach Ablehnungsgründen

Die Ablehnung der Geltendmachung von Gesellschaftsforderungen durch den primären Entscheidungsträger kann unterschiedliche Gründe haben. Angelehnt an die Struktur der Entscheidung *ARAG/Garmenbeck*[266] ist einerseits denkbar, dass unter rechtlichen oder tatsächlichen Gesichtspunkten keine hinreichenden Erfolgsaussichten für eine Klage oder Beitreibung der Forderung gesehen werden. Andererseits kann die Ablehnung auf Gründe des Gesellschaftswohls gestützt werden. Der oben herausgearbeitete grundsätzliche Vorrang der pflichtgemäßen Entscheidung des primären Entscheidungsträgers bedarf folglich weiterer Präzisierung im Hinblick auf die mögliche Sperrwirkung der denkbaren Ablehnungsgründe.

a) Mangelnde Erfolgsaussichten der Prozessführung

Ergibt eine rechtliche Prüfung, dass materiell-rechtlich kein Anspruch der Gesellschaft gegen den potentiellen Beklagten besteht oder sich die Anspruchsvoraussetzungen nicht beweisen lassen, Liegt die Ablehnung der Klageerhebung durch den primären Entscheidungsträger im Interesse der Gesellschaft, da andernfalls überflüssige Prozesskosten anfallen. Für die Frage, ob die so begründete Ablehnung der Anspruchsdurchsetzung die actio pro socio sperrt, ist indes zu unterscheiden:

---

264 *Schäfer*, in: Großkomm. HGB, § 113 HGB Rn. 27; *Goette*, in: Ebenroth/Boujong/Joost/Strohn, § 113 HGB Rn. 31; *Jickeli*, in: MünchKomm. HGB, § 116 HGB Rn. 36, 41, 47; *Langhein*, in: MünchKomm. HGB, § 113 HGB Rn. 18; *Martens*, in: Schlegelberger, § 113 HGB Rn. 22; allg. zu positiven Stimmpflichten im Personengesellschaftsrecht *Korehnke*, Treuwidrige Stimmen im Personengesellschafts- und GmbH-Recht, 1997, S. 36 ff., 43 ff..

265 *Martens*, in: Schlegelberger, § 114 HGB Rn. 41; *Rawert*, in: Münchkomm. HGB, § 114 HGB Rn. 67.

266 Zu einer vergleichbaren Differenzierung der Ablehnungsgründe bei der GmbH siehe *Abeltshauser*, Leitungshaftung im Kapitalgesellschaftsrecht, 1998, S. 426; *Eickhoff*, Die Gesellschafterklage im GmbH-Recht, 1988, S. 112; *Roth*, in: Roth/Altmeppen, § 46 GmbHG Rn. 65.

Fallen die Prozesskosten der actio pro socio – wie gegenwärtig von der ganz h. M. angenommen[267] – den klagenden Gesellschaftern zur Last, kann trotz Verneinung hinreichender Erfolgsaussichten durch den primären Entscheidungsträger eine Gesellschafterklage erhoben werden, wenn die Gesellschafter gewillt sind, das erhöhte Risiko in Kauf zu nehmen.[268] Ob ein Anspruch besteht, ist sodann eine Frage der Begründetheit der actio pro socio, rechtfertigt aber grundsätzlich nicht die Abweisung der Klage als unzulässig. Anders wäre nur dann zu entscheiden, wenn die mangelnden Erfolgsaussichten im Zusammenspiel mit den sonstigen Umständen des konkreten Falles dazu führen, dass Gründe des Gesellschaftswohls entgegen stehen (s. unten c)).

Im Klagezulassungsverfahren erfolgt eine Prüfung der hinreichenden Erfolgsaussichten der Schadensersatzklage,[269] die in § 148 Abs. 1 Satz 2 Nr. 3 AktG mit dem Erfordernis des Vorliegens von Tatsachen „die den Verdacht rechtfertigen, dass der Gesellschaft durch Unredlichkeit oder grobe Verletzung des Gesetzes oder der Satzung ein Schaden entstanden ist" umschrieben wird,[270] und bildet eine wesentliche Legitimationsgrundlage des Kostenerstattungsan-

---

267 Siehe *K. Schmidt*, in: MünchKomm. HGB, § 105 HGB Rn. 202; *Schäfer*, in: Großkomm. HGB, § 105 HGB Rn. 263; Pentz, in: Rowedder/Schmidt-Leithoff, § 13 GmbHG Rn. 120; *Wertenbruch*, in: Ebenroth/Boujong/Joost/Strohn, § 105 HGB Rn. 154; *Hueck/Fastrich*, in: Baumbach/Hueck, in: GmbHG, § 13 Rn. 40; *Altmeppen*, in: MünchKomm. AktG, § 317 AktG Rn. 57.

268 Siehe zu diesem Zusammenhang *Bork/Oepen*, ZGR 2001, 515 (533 f.); *Nitschke*, ZHR 128 (1965), 48 (91); *Grunewald*, Die Gesellschafterklage in der Personengesellschaft und der GmbH, 1990, S. 15, 21, 23 (Personengesellschaften), S. 74 f. (GmbH); *Schwab*, Das Prozessrecht gesellschaftsinterner Streitigkeiten, 2005, S. 102 f..

269 Siehe Regierungsbegründung UMAG, BT-Drucks. 15/5092, S. 22; *Zieglmeier*, ZGR 2007, 144 (151); *Spindler*, in: K. Schmidt/Lutter, § 148 AktG Rn. 24; *Mock*, in: Spindler/Stilz, § 148 AktG Rn. 79; zu § 147 Abs. 3 AktG a. F. *Schröer*, in: MünchKomm. AktG, § 147 AktG Rn. 66 f.; zur gleichlautenden Voraussetzung für die gerichtliche Bestellung eines Sonderprüfers (§ 142 Abs. 2 AktG) *G. Bezzenberger*, in: Großkomm. AktG, § 142 AktG Rn. 61; *Hüffer*, § 142 AktG Rn. 20; *Kronstein/Zöllner*, in: KölnKomm. AktG, § 142 AktG Rn. 32; *Mock*, in: Spindler/Stilz, § 142 AktG Rn. 128.

270 Prozessual ist diese Vorprüfung kein Novum, gehört sie doch im Rahmen der Prozesskostenhilfe (§§ 114 ff. ZPO) zum gerichtlichen Tagesgeschäft. Die Vorschrift des § 114 Abs. 1 Satz 1 ZPO lautet auszugsweise: „[...] erhält auf Antrag Prozesskostenhilfe, wenn die beabsichtigte Rechtsverfolgung oder Rechtsverteidigung *hinreichende Aussicht auf Erfolg* bietet und nicht mutwillig erscheint [Hervorheb. d. Verf.]"; s. auch *Zieglmeier*, ZGR 2007, 144 (151); *Weber*, Die konzernrechtliche abgeleitete Aktionärsklage, 2006, S. 233. Hinreichende Erfolgsaussichten werden bejaht, wenn der vom Antragsteller eingenommene Rechtsstandpunkt zumindest vertretbar erscheint und eine Beweisführung möglich ist. BGH, Beschluss v. 14.12.1993, VI ZR 235/92, NJW 1994, 1160 (1161); *Fischer*, in: Musielak, § 114 ZPO Rn. 19.

spruchs der Aktionäre gegen die Gesellschaft.[271] Dem Erfordernis hinreichender Erfolgsaussichten entspricht die Formulierung des BGH in *ARAG/Garmenbeck*, der Aufsichtsrat müsse „voraussichtlich" bestehende Schadensersatzansprüche geltend machen,[272] hat die Gesellschaft im Rahmen des Klagezulassungsverfahrens mithin kein höheres Erfolgsrisiko zu tragen, als bei einer Klage durch den Aufsichtsrat.

Die Beurteilung der Erfolgsaussichten wird zwar naturgemäß nicht ohne Prognosen des zuständigen Entscheidungsträgers auskommen.[273] Ein Konflikt mit dem Grundgedanken der Subsidiarität ist in der Vorprüfung der Erfolgsaussichten nach § 148 Abs. 1 Satz 2 Nr. 3 AktG und einer anschließenden Klagezulassung gleichwohl nicht zu erkennen. Das in der Bejahung hinreichender Erfolgsaussichten liegende „staatliche Rechtsgutachten"[274] des späteren Gerichts der Hauptsache gibt dem zuständigen Organ vielmehr Anlass, seine ursprüngliche Haltung zu überdenken, was erklärt, warum das zuständige Organ nach § 148 Abs. 4 Satz 1 AktG vor Erhebung der Aktionärsklage zur Klageerhebung aufzufordern ist. Ein stärkeres Indiz für Erfolgswahrscheinlichkeit der Klage, als das Votum des Prozessgerichts, ist kaum denkbar.[275]

b) Mangelnde Vollstreckungsaussichten

Angesichts drohender Gesellschaftsschäden durch am Ende uneinbringliche Prozesskosten kann es im Einzelfall die einzig pflichtgemäße Entscheidung sein, von der Klage abzusehen. Jedoch ist sorgfältig zu prüfen, ob nicht zumindest eine Teilklage in Höhe eines realisierbaren Betrags in Betracht kommt. Maßgeb-

---

271 Regierungsbegründung UMAG, BT-Drucks. 15/5092, S. 24 verweist hierzu zwar auf § 148 Abs. 1 Satz 2 Nr. 2 AktG. Entscheidend liegt die Rechtfertigung für die Zuweisung des Kostenrisikos jedoch abgesehen von der Prüfung entgegenstehender Gründe des Gesellschaftswohls (§ 148 Abs. 1 Satz 2 Nr. 4 AktG) ganz maßgeblich in der Vorabprüfung der hinreichenden Erfolgsaussichten. Vgl. zu § 147 Abs. 3 AktG a. F. *Bork*, in: Hommelhoff/Röhricht, RWS-Forum 10, Gesellschaftsrecht 1997, 1998, 53 (65).

272 BGH, Urteil v. 21.4.1997, II ZR 175/95, BGHZ 135, 244 (254) – *ARAG/Garmenbeck; Habersack*, in: MünchKomm. AktG, § 111 AktG Rn. 35: „mit hinreichender Gewissheit bestehenden Anspruchs".

273 Zutreffend *Heermann*, AG 1998, 201 (206).

274 Vgl. *K. Schmidt*, NZG 2003, 601 (605) zur Bedeutung des Urteils über die Anfechtung eines Entlastungsbeschlusses der Hauptversammlung wegen schwerwiegender Gesetzes- oder Satzungsverstöße nach BGH, Urteil v. 25.11.2002, II ZR 133/01, NZG 2003, 280 (281) – *Macrotron.*

275 Zutreffend weist *Koch*, FS Hüffer 2010, 447 (451 ff.) jedoch darauf hin, dass der Aufsichtsrat nicht rechtlich an die Entscheidung des Gerichts bebunden ist.

lich kommt es zudem darauf an, ob und unter welchen Voraussetzungen Versicherungsschutz – etwa durch eine D&O-Versicherung – besteht.[276]

Eine andere Frage ist wiederum, ob eine Ablehnung der Klageerhebung unter Berufung auf mangelnde Vollstreckungsaussichten der actio pro socio entgegen steht.[277] Zumindest soweit der klagende Gesellschafter die Prozesskosten trägt, wird man das – nicht anders als bei mangelnden Aussichten der Prozessführung – verneinen müssen, da der Gesellschafter das Risiko zugunsten der Gesellschaft übernehmen kann. Die Klage ist aus Sicht der Gesellschaft auch keineswegs nutzlos, denn sie beugt einer mit Zeitablauf drohenden Beweisnot vor und hemmt die Verjährung des Anspruchs.[278] Ein Grund, den Gesellschaftsschuldner vor begründeten Gesellschafterklagen zu schützen, besteht umgekehrt nicht.

Davon zu unterscheiden ist die Ausgangslage beim Klagezulassungsverfahren, wo ausweislich der Regierungsbegründung die Klagezulassung im Hinblick auf die Durchsetzung eines Anspruchs, dessen Beitreibung angesichts der Vermögensverhältnisse des Schuldners völlig ausgeschlossen ist, jedenfalls ab einer bestimmten Höhe nach § 148 Abs. 1 Satz 2 Nr. 4 AktG verwehrt werden kann.[279] Wegen des Kostenerstattungsanspruchs der Aktionäre gegen die Gesellschaft ist dies im Ansatz folgerichtig[280], bedeutet aber zugleich, dass ein Gericht über die Zulassung „angemessener Klagen“ entscheidet.[281]

276 *Habersack*, in: MünchKomm. AktG, § 111 AktG Rn. 37; *Paefgen*, AG 2008, 761 (769), der aber eine Faustregel ablehnt, wonach bei Bestand einer D&O-Versicherung stets die Inanspruchnahme geboten sei.

277 So *Bork/Oepen*, ZGR 2001, 515 (533).

278 Vgl. § 204 Abs. 1 Nr. 1 BGB. Aus dem erstrittenen Titel kann bei Verbesserung der Vermögenslage des Schuldners innerhalb von 30 Jahren vollstreckt werden, vgl. §§ 197 Abs. 1 Nr. 3, 4, 201 BGB.

279 Regierungsbegründung UMAG, BT-Drucks. 15/5092, S. 22: „In der anschließenden Schadensersatzklage sind ausschließlich die Antragsteller des erfolgreichen Zulassungsverfahrens im Umfang der Klagezulassung klagebefugt. Dadurch ist die Klage auch in der Höhe auf den zugelassenen Betrag beschränkt. Denn die Prüfung nach Nummer 4 bezieht sich auch auf die Höhe des geltend gemachten Anspruchs. Die Klagezulassung zu einem Anspruch, dessen Beitreibung angesichts der Vermögensverhältnisse des Schuldners völlig ausgeschlossen ist, kann jedenfalls ab einer bestimmten Höhe nach Nummer 4 verwehrt werden“; *Happ*, FS H. P. Westermann 2008, 971 (992); *Hüffer*, § 148 AktG Rn. 9; *Spindler*, in: K. Schmidt/Lutter, § 148 AktG Rn. 31; *Mock*, in: Spindler/Stilz, § 148 AktG Rn. 56.

280 *Happ*, FS H. P. Westermann 2008, 971 (992); *Mock*, in: Spindler/Stilz, § 148 AktG Rn. 82. Hat die Aktionärsklage Erfolg, bleiben die Aktionäre jedoch auf ihren Prozesskosten wegen Vermögenslosigkeit des Beklagten sitzen, wird man ihnen analog § 148

c) *Sonstige Gründe des Gesellschaftswohls*

aa) Relevante Ablehnungsgründe

Denkbar ist schließlich eine Ablehnung der Klageerhebung aus Gründen des Gesellschaftswohls. Im Innenverhältnis der Gesellschaft kommen dabei insbesondere die Vermeidung einer Behinderung der Geschäftsleitung oder einer Beeinträchtigung des Betriebsklimas in Betracht. So wäre beispielsweise zu bedenken, dass eine Klage dazu führen kann, dass der Beklagte im Unternehmen nicht mehr tragbar ist, und damit die Gefahr droht, dass mit ihm verbundene Mitarbeiter oder wichtige Geschäftskontakte, die maßgeblich an seiner Persönlichkeit hängen, verloren gehen.[282] Ebenso besteht bei der Inanspruchnahme eines Gesellschafters die Gefahr, dass dieser zum Nachteil der Gesellschaft sein Engagement beendet.[283] Im Einzelfall mag auch die Schonung eines verdienten Organmitglieds oder das Ausmaß der mit der Beitreibung für das Mitglied und seine Familie verbundenen sozialen Konsequenzen eine Unterlassung der Klageerhebung rechtfertigen.[284]

Das Bekanntwerden eines internen Haftungsfalles, kann überdies im Außenverhältnis negative Auswirkungen auf die Geschäftstätigkeit der Gesellschaft haben. So können Dritte auf den Plan gerufen werden, Ansprüche gegen die Gesellschaft zu erheben. Ebenso müssen die mögliche Verhängung von Bußgeldern und andere öffentlich-rechtliche Sanktionen gegen die Gesellschaft berücksichtigt werden.[285] Die Publizität eines Haftungsfalles mag einen Vertrauensverlust bei Kreditgebern oder Lieferanten zur Folge haben oder aber die vergaberechtliche Zuverlässigkeit der Gesellschaft in Frage stellen. Darüber hinaus können wichtige Vertragsverhandlungen im Rahmen von Umstrukturierungen oder Sanierungsversuchen, an denen der Beklagte als Geschäftsleiter maßgeblich beteiligt ist, entscheidend von seiner auch künftigen Mitwirkung abhängen.[286]

Im Einzelnen sind eine Vielzahl von Umständen denkbar, die gegen eine Klageerhebung sprechen können, ohne dass eine abschließende Aufzählung

---

Abs. 6 Satz 5 AktG einen Kostenerstattungsanspruch gegen die Gesellschaft zuerkennen müssen.

281 Kritisch *Hess*, in: Krieger/U. H. Schneider, Handbuch Managerhaftung, § 15 Rn. 20.

282 *Redeke*, ZIP 2008, 1549 (1556).

283 So *Bork/Oepen*, ZGR 2001, 515 (533, Fn. 84).

284 Vgl. BGH v. 21.4.1997, II ZR 175/95, BGHZ 135, 244 (255 f.) – *ARAG/Garmenbeck* (AG); *Redeke*, ZIP 2008, 1549 (1553); *Abeltshauser*, Leitungshaftung im Kapitalgesellschaftsrecht, 1998, S. 426; *Eickhoff*, Die Gesellschafterklage im GmbH-Recht, 1988, S. 112; *Roth*, in: Roth/Altmeppen, § 46 GmbHG Rn. 65.

285 *Paefgen*, AG 2008, 761 (768).

286 *Redeke*, ZIP 2008, 1549 (1555).

möglich wäre.[287] Nicht ausreichend sind dabei aber in jedem Fall die mit der Klage einhergehenden, normalen Belastungen im Sinne von Arbeits- und Zeitaufwand.

bb) Gewichtung der einzelnen Belange

Für die konkrete Entscheidung, ob die Geltendmachung unterbleiben soll, kommt es zunächst einmal auf den potentiellen Anspruchsgegner (also Gesellschafter, Organmitglied oder Dritter) und die Art des durchzusetzenden Anspruchs (z. B. Einlage- oder Schadensersatzanspruch) an. Bei Schadensersatzansprüchen hängt der Begründungsaufwand für ein rechtmäßiges Absehen von der Geltendmachung regelmäßig von der Schwere und der Art der Pflichtverletzung ab.

Besonders strenge Anforderungen an die Rechtfertigung des Unterlassens der Anspruchsgeltendmachung sind insoweit bei Treuepflichtverletzungen und strafrechtlich relevantem Verhalten zu stellen.[288] Das Klagezulassungsverfahren verdeutlicht diesen Zusammenhang in § 148 Abs. 1 Satz 2 Nr. 3 und 4 AktG, wonach die Anspruchsdurchsetzung bei Unredlichkeiten und groben Gesetzes- und Satzungsverletzungen nur bei *überwiegenden* Gründen des Gesellschaftswohls unterbleiben darf.

Eine vergleichbare Linie klingt auch in der Rechtsprechung und Literatur zu § 46 Nr. 8 GmbHG sowie zum Personengesellschaftsrecht an, denn die dort geforderte „evidente Begründetheit" wird sich regelmäßig nur bei besonders schweren Pflichtverletzungen feststellen lassen.[289] Wertungsmäßig ergibt sich zudem eine Parallele zur Rechtsprechung betreffend die Anfechtbarkeit von Entlastungsbeschlüssen,[290] wenn Gegenstand der Entlastung ein Organverhalten ist, das „eindeutig einen schwerwiegenden Gesetzes- oder Satzungsverstoß" darstellt.[291]

---

287 S. ausführlich zu § 148 Abs. 1 Satz 2 Nr. 4 AktG *G. Bezzenberger/T. Bezzenberger*, in: Großkomm. AktG, § 148 AktG Rn. 153 ff..

288 Vgl. Regierungsbegründung UMAG, BT-Drucks. 15/5092, S. 22; ausführlich *G. Bezzenberger/T. Bezzenberger*, in: Großkomm. AktG, § 148 AktG Rn. 127 ff.; s. auch *Becker*, Verwaltungskontrolle durch Gesellschafterrechte, 1997, S. 588.

289 Siehe dazu oben Teil 3A.II.2.b) und Teil 3A.II.2.c).

290 S. auch *Redeke*, ZIP 2008, 1549 (1553).

291 Zum Aktienrecht BGH, Urteil v. 25.11.2002, II ZR 133/01, NZG 2003, 280 (281) – *Macrotron*; BGH, Urteil v. 18.10.2004, II ZR 250/02, NZG 2005, 77 (78) – *ThyssenKrupp*; OLG Frankfurt am Main, Urteil v. 16.5.2006, 5 U 109/04, AG 2007, 329 (330). Zum GmbH-Recht BGH, Urteil v. 7.4.2003, II ZR 193/02, NZG 2003, 528 (529) mit Verweis auf die *Macrotron*-Entscheidung; OLG Düsseldorf, Urteil v. 8.3.2001, 6 U 64/00, NZG 2001, 991 (994): massive Verstöße gegen das den Geschäftsführern aufer-

Nach *ARAG/Garmenbeck* konnte in der Aktiengesellschaft bislang auch aus zumindest annähernd gleichwertigen Gründen des Gesellschaftswohls von einer Klage abgesehen werden,[292] jedoch wird man die Wertung des § 148 Abs. 1 Satz 2 Nr. 4 AktG („überwiegende") jedenfalls für qualifizierte Pflichtverletzungen im Sinne der Nr. 3 auch auf die Entscheidung des Aufsichtsrats bzw. Vorstands übertragen müssen.[293] Für minderschwere Pflichtverletzungen[294] kann dagegen weiterhin auch aus gleichwertigen Gründen von einer Klageerhebung abgesehen werden, was den Zusammenhang zwischen der Schwere des Fehlverhaltens und den Anforderungen an die Rechtfertigung einer Ablehnung widerspiegelt.[295]

Entscheidend ist auch das Ausmaß des eingetretenen Schadens sowie die Bedeutung der Forderungseinziehung für die Gesellschaft. Hierbei kommt es auf die konkrete Situation an, in der sich die Gesellschaft befindet. Ist die Forderungseinziehung für die Gesellschaft in der Krise lebensnotwendig, wird man gegen eine Einziehung kaum relevante Nachteile anführen können.[296] Schließlich kann abhängig von der Realstruktur der Gesellschaft beispielsweise das Interesse an vertrauensvoller weiterer Zusammenarbeit ein Absehen von der Geltendmachung in personalistischen Gesellschaften (insbesondere Familiengesellschaften) eher rechtfertigen, als in anonymen Publikumsgesellschaften.[297]

Bei der Abwägung der im Einzelfall konfligierenden Interessen werden sodann etwaige Entscheidungs- und Prognosespielräume des zuständigen Organs

---

legte Wettbewerbsverbot; *K. Schmidt*, NZG 2003, 601 (604); *Raiser/Veil*, Recht der Kapitalgesellschaften, § 33 Rn. 9; *Bayer*, in: Lutter/Hommelhoff, § 46 GmbHG Rn. 27; *Römermann*, in: Michalski, § 46 GmbHG Rn. 296; *K. Schmidt*, in: Scholz, § 46 GmbHG Rn. 99; *Raiser*, in: Ulmer/Habersack/M. Winter, § 14 GmbHG Rn. 85; *Zöllner*, in: Baumbach/Hueck, § 46 GmbHG Rn. 44. Zur Übertragung auf das Personengesellschaftsrecht OLG Stuttgart, Urteil v. 14.5.2003, 20 U 31/02, NZG 2003, 778 (780) (Entlastung des persönlich haftenden Gesellschafters einer Kommanditgesellschaft auf Aktien); *Gaul*, DStR 2009, 804 (805).

292 BGH v. 21.4.1997, II ZR 175/95, BGHZ 135, 244 (255 f.) – *ARAG/Garmenbeck*.

293 Zutreffend *Koch*, ZGR 2006, 769 (776); *Schäfer*, ZIP 2005, 1253 (1257); *Redeke*, ZIP 2008, 1549 (1551 ff.); *Happ*, FS H. P. Westermann 2008, 971 (990 f.); *Ihrig*, in: Steuerungsfunktionen des Haftungsrechts im Gesellschafts- und Kapitalmarktrecht 2007, 17 (26); *Habersack*, in: MünchKomm. AktG, § 111 AktG Rn. 36.

294 Also solchen, für die kein Aktionärsklagerecht nach § 148 AktG besteht, im Konzern aber ggf. ein Einzelklagerecht nach §§ 309 Abs. 4, 310 Abs. 4, 317 Abs. 4, 318 Abs. 4, 323 Abs. 1 Satz 2 AktG.

295 Siehe dazu bereits *Heermann*, AG 1998, 201 (208).

296 *Redeke*, ZIP 2008, 1549 (1554).

297 Dazu bereits *Eickhoff*, Die Gesellschafterklage im GmbH-Recht, 1988, S. 112 f..

bzw. der Gesellschafter bei der Stimmrechtsausübung relevant (s. dazu bereits oben 2.).

4. Zusammenfassung

Gerade das Beschlusserfordernis im GmbH-Recht verdeutlicht den Zweck der Subsidiarität, Die Zuerkennung eines weiten unternehmerischen Ermessensspielraum für die Gesellschafter wäre konterkariert, könnte jeder Gesellschafter ungeachtet der Ablehnung der Geltendmachung durch die Gesellschaftermehrheit selbst Klage erheben. Entsprechende Erwägungen gelten aber auch für die Entscheidung des Aufsichtsrats über die Durchsetzung von Ansprüchen gegen den Vorstand (und umgekehrt), wenngleich der Ermessensspielraum dort wegen der treuhänderischen Bindung der Verwaltungsorgane gegebenenfalls hinter dem den Gesellschafter (als Eigentümern) zuerkannten Spielraum zurückbleibt.

Zu unterscheiden ist weiterhin nach Ablehnungsgründen: Wird die Klageerhebung aus Gründen der „Unternehmenspolitik“, d. h. unter Berufung auf entgegenstehende Gesellschaftsinteressen abgelehnt, kommt es entscheidend darauf an, ob diese Gründe unter Beachtung etwaiger Entscheidungsspielräume als pflichtgemäße Konkretisierung des Gesellschaftsinteresses angesehen werden können. Die Ablehnung der Klageerhebung unter Berufung auf mangelnde Erfolgsaussichten oder Beitreibbarkeit steht der actio pro socio dagegen nicht zwangsläufig entgegen. Fallen die Kosten eines möglicherweise erfolglosen Prozesses – wie bislang von der ganz h. M. angenommen – dem klagenden Gesellschafter zur Last, spricht nichts dagegen, dass er freiwillig das erhöhte Risiko übernimmt. Anders entscheidet sich konsequenter Weise das Klagezulassungsverfahren, wo den Aktionären ein Kostenerstattungsanspruch gegen die Gesellschaft zusteht.

Als verbandsübergreifendes Strukturprinzip wird man schließlich festhalten können, dass Schadensersatzansprüche aus qualifizierten Pflichtverletzungen im Sinne von Unredlichkeiten und groben Gesetzes- oder Satzungsverletzungen im Regelfall durchzusetzen sind. Gründe des Gesellschaftswohls können hier nur ganz ausnahmsweise ein Absehen von der Anspruchsdurchsetzung rechtfertigen. Für das Klagezulassungsverfahren ergibt sich dies aus der ausdrücklichen gesetzlichen Regelung des § 148 Abs. 1 Satz 2 Nr. 3 AktG. Entsprechende Grundsätze haben sich jedoch auch in Rechtsprechung und Literatur zum Personengesellschaftsrecht entwickelt.

Für die actio pro socio in Form des Klagezulassungsverfahrens gemäß § 148 AktG folgt aus der Gesetzessystematik, dass für Pflichtverletzungen unterhalb der Schwelle des § 148 Abs. 1 Satz 2 Nr. 3 AktG (zumindest außerhalb des konzernrechtlicher Sachverhalte) kein Aktionärsklagerecht besteht. Ein gegenüber dem aktienrechtlichen Klagezulassungsverfahren erweiterter Anwendungsbereich der actio pro socio ergibt sich bei der Geltendmachung von Ersatzansprüchen der Gesellschaft im Personengesellschafts- und GmbH-Recht nur dann, wenn auch unterhalb der Schwelle zur qualifizierten Pflichtverletzung die Ablehnung der Anspruchsdurchsetzung treuwidrig sein kann. Dies wird sich indes nur anhand der konkreten Umstände des Einzelfalls beurteilen lassen und ist bislang noch nicht abschließend geklärt.

III. Subsidiarität und mitgliedschaftliche Treuebindung

In der Literatur wird darauf hingewiesen, der Gesellschafter sei aufgrund der Treuepflicht verpflichtet, bei der Durchführung der actio pro socio das Gesellschaftsinteresse zu achten.[298] Dies gilt insbesondere für die Vertreter einer gleichberechtigt neben dem Klagerecht der Gesellschafter stehenden Gesellschafterklagebefugnis.[299] Für Minderheitsgesellschafter wirkt sich die Treuepflicht vor allem als Schranke bei der Ausübung von Gesellschafterrechten aus. Inhalt und Intensität der Treuebindung sind dabei insbesondere abhängig vom Gesellschaftszweck, dem Maß der Einflussmöglichkeiten, der Realstruktur der Gesellschaft und der Art des auszuübenden Rechts zu bestimmen.[300]

Bedeutung erlangt in diesem Zusammenhang insbesondere die Unterscheidung zwischen *eigennützigen*, nur der Schranke des Rechtsmissbrauchs unterliegenden Mitgliedschaftsrechten, und *uneigennützigen*, strikt am Gesellschaftsinteresse auszurichtenden Mitgliedschaftsrechten,[301] die – mag sie auch nicht

298 Siehe z. B. *Schäfer*, in: Großkomm. HGB, § 105 HGB Rn. 262, § 116 HGB Rn. 15.

299 Z. B. *Lutter*, in: Lutter/Hommelhoff, § 13 GmbHG Rn. 54.

300 *Schäfer*, in: Großkomm. HGB, § 105 HGB Rn. 230 ff.; *Pentz*, in: Rowedder/Schmidt-Leithoff, § 13 GmbHG Rn. 40;

301 Zur gegenüber *eigennützigen* Mitgliedschaftsrechten strengeren Treuepflichtbindung bei der Wahrnehmung *uneigennütziger* (fremdnütziger) Mitgliedschaftsrechte siehe für das Personengesellschaftsrecht: *Habermeier*, in: Staudinger, § 705 BGB Rn. 51; *K. Schmidt*, in: MünchKomm. HGB, § 105 HGB Rn. 191; für das GmbH-Recht: BGH, Urteil v. 05.06.1975, II ZR 23/74, BGHZ 65, 15 (19); OLG Düsseldorf, Urteil v. 14.3.1996, 6 U 119/94, ZIP 1996, 1083 (1087) – *ARAG/Garmenbeck*; OLG Hamm, Urteil v. 29.6.1992, 8 U 279/91, ZIP 1993, 119 (121); *Pentz*, in: Rowedder/Schmidt-Leithoff, § 13 GmbHG Rn. 40; *Raiser*, in: Ulmer/Habersack/M. Winter, § 14 GmbHG Rn. 78; für das Aktienrecht: *Henze*, BB 1996, 489 (492); *Wiesner*, in: Münch. Hdb. GesR IV, 3. Aufl. 2007, § 17 Rn. 19; *Fleischer*, in: K. Schmidt/Lutter, § 53a AktG Rn. 55; *Henze/Notz*, in: Großkomm. AktG, Anh § 53a AktG Rn. 53 ff..

unumstritten sein[302] –einen tauglichen Ansatzpunkt bei der Bestimmung der Intensität der Treuepflicht liefert.[303]

Als uneigennützige Mitgliedschaftsrechte werden insbesondere Geschäftsführungsbefugnisse eingestuft,[304] worunter in einem funktionalen Sinne auch die actio pro socio als Ersatzgeschäftsführungsrecht fällt.[305] Die Treuebindung der Gesellschafter dient der Vermeidung von im Widerspruch zum Gesellschaftsinteresse stehenden Gesellschafterklagen. Sie ist damit gleichsam die Kehrseite der Fragestellung auf Ebene des primären Entscheidungsträgers, wo es darum geht, im Interesse der Gesellschaft ein sachwidriges Absehen von der Klage zu unterbinden.[306]

Die strenge Treuepflichtbindung bedeutet konkret, dass die Klageerhebung im Wege der actio pro socio in voller Strenge von einer Verhältnismäßigkeitsprüfung, also einer Abwägung der Vor- und Nachteile der Rechtsverfolgung für die Gesellschaft, abhängig gemacht wird.[307] Die negative Voraussetzung fehlender Gründe des Gesellschaftswohls nach § 148 Abs. 1 Satz 2 Nr. 4 AktG erweist sich bei näherer Betrachtung damit als gesetzliche Ausprägung und Konkretisierung der Treuepflicht der Minderheitsaktionäre, indem für den Bereich der Ausübung des Klagerechtes der strikte Vorrang des Gesellschaftswohls angeordnet wird.[308]

---

302 Kritisch zur Tauglichkeit dieser Unterscheidung *Bungeroth*, in: MünchKomm. AktG, Vor § 53a AktG Rn. 25; *Fleischer*, in: K. Schmidt/Lutter, § 53a AktG Rn. 55.

303 Zutreffend *Cahn/v. Spannenberg*, in: Spindler/Stilz, § 53a AktG Rn. 52; letztlich auch *Fleischer*, in: K. Schmidt/Lutter, § 53a AktG Rn. 55.

304 Für das Personengesellschaftsrecht: *Timm/Schöne*, in: Bamberger/Roth, § 705 BGB Rn. 103; *Schäfer*, in: Großkomm. HGB, § 105 HGB Rn. 232; für das GmbH-Recht: OLG Düsseldorf, Urteil v. 14.3.1996, 6 U 119/94, ZIP 1996, 1083 (1087 f.) – *ARAG/Garmenbeck*; *Pentz*, in: Rowedder/Schmidt-Leithoff, § 13 GmbHG Rn. 40; *Raiser*, in: Ulmer/Habersack/M. Winter, § 13 GmbHG Rn. 78; *Hueck/Fastrich*, in: Baumbach/Hueck, § 13 GmbHG Rn. 32; *Emmerich*, in: Scholz, § 13 GmbHG Rn. 41; *Michalski/Funke*, in: Michalski, § 13 GmbHG Rn. 154; *H. Winter/Seibt*, in: Scholz, § 14 GmbHG Rn. 56.

305 S. oben Teil 2B.I.

306 Der Aufsichtsrat der Aktiengesellschaft würde dem Gesellschaftsinteresse zuwider handeln, wenn er unter Nichtbeachtung entgegenstehender Gründe eine Klage im Namen der Gesellschaft erhebt, s. *Heermann*, AG 1998, 201 (211); *Pammler* Die gesellschaftsfinanzierte D&O-Versicherung im Spannungsfeld des Aktienrechts, 2006, S. 188.

307 Siehe dazu *Hueck/Fastrich*, in: Baumbach/Hueck, § 13 GmbHG Rn. 32; *Emmerich*, in: Scholz, § 13 GmbHG Rn. 39e.

308 Insoweit handelt es sich beim Klagezulassungsverfahren mithin klar um ein uneigennütziges Mitgliedschaftsrecht, s. *Ziemons*, in: Nirk/Binnewies/Ziemons, Handbuch der Aktiengesellschaft, Rn. I 7.155.

Mit dem strengen Verhältnismäßigkeitsprinzip und dem Vorrang des Gesellschaftsinteresses verwirklicht die actio pro socio ein Prinzip, das für die Anfechtungsklage im Kapitalgesellschaftsrecht zwar diskutiert wird, sich bislang als Voraussetzung der Klagebefugnis jedoch nicht durchsetzen konnte.[309] Die Anfechtungsklage unterliegt nach h. M. keiner Beschränkung durch das Verhältnismäßigkeitsprinzip. Aktionäre brauchen bei der Ausübung des Anfechtungsrechts ihre eigenen Interessen folglich nicht hinter das Gesellschaftsinteresse anzustellen,[310] vielmehr rechtfertigt schon alleine das Interesse des Aktionärs an rechtmäßigen Verhältnissen in der Gesellschaft die Anfechtungsklage, ungeachtet damit verbundener, auch schwerer Nachteile für die Gesellschaft.[311]

Der Strukturunterschied gegenüber der actio pro socio hängt damit zusammen, dass der Anfechtungsklage primär die Funktion eines Instruments zum Schutz der Individualinteressen des Kapitalgesellschafters beigemessen wird. Nur sekundär ist sie (auch) eine Funktionärsklage, die sicherstellen will, dass Beschlüsse der Haupt- oder Gesellschafterversammlung Gesetz und Satzung beachten.[312] Als eigennütziges, im Eigeninteresse des Gesellschafters gewährtes

---

309 Zuletzt *Waclawik,* DStR 2006, 2177 (2183): Erhebung der Anfechtungsklage nach dem Vorbild des § 148 AktG nur, wenn keine überwiegenden Gründe des Gesellschaftswohls oder der Einwand des Rechtsmissbrauchs entgegenstehen; wohl auch *Szalai*, DStR 2008, 358 (360 ff.); früher bereits *Bayer*, ZGR 1995, 613 (617); *Bungert*, DB 1995, 1749 (1753 f.); *Zöllner*, AG 1994, 336 (339); *Baums*, Gutachten F zum 63. Deutschen Juristentag 2000, F 108 ff.; im Ergebnis ablehnend *Wallenhorst*, Schranken der Anfechtungsbefugnis des Aktionärs, 1996, S. 110 ff.; *Slabschi*, Die sogenannte rechtsmißbräuchliche Anfechtungsklage, 1997, S. 129 ff..

310 *Schindler/Witzel*, NZG 2001, 577 (579); *Hirte*, BB 1988, 1469 (1471); *Guntz*, Treubindungen von Minderheitsaktionären, 1997, S. 320 f.; *Dörr*, in: Spindler/Stilz, § 245 AktG Rn. 8, 57; *Hüffer*, in: MünchKomm. AktG, § 245 AktG Rn. 8, 52; *K. Schmidt*, in: Großkomm. AktG, § 245 AktG Rn. 52; *Heidel*, in: Heidel, Aktienrecht, § 245 AktG Rn. 1; zur GmbH *Römermann*, in: Michalski, Anh. § 47 GmbHG Rn. 450, 452; *K. Schmidt*, in: Scholz, § 45 GmbHG Rn. 137; ebenso BGH, Urteil v. 9.6.1954, II ZR 70/53, BGHZ 14, 25 (38).

311 *Zöllner*, in: KölnKomm. AktG, § 245 AktG Rn. 81: „Nicht genügt es ferner zur Begründung eines Rechtsmißbrauchs bei Anfechtung, daß die Beschlußanfechtung der Gesellschaft Schaden bringt, und zwar auch dann nicht, wenn der Schaden gegenüber der geltend gemachten Rechtswidrigkeit unverhältnismäßig groß erscheint"; *Raiser/Veil*, Recht der Kapitalgesellschaften, § 16 Rn. 180: keine Abweisung der Anfechtungsklage als rechtsmissbräuchlich, nur weil die Gesellschaft infolge der Anfechtung einen hohen Schaden erleidet; *K. Schmidt*, in: Scholz, § 45 GmbHG Rn. 137; *Guntz*, Treubindungen von Minderheitsaktionären, 1997, S. 313, 318.

312 Für eine Doppelnatur des Anfechtungsrechts, wobei der Funktion des Individualrechtsschutzes jedoch Vorrang vor dem Verständnis der Anfechtungsklage als „Funktionärsklage" einzuräumen sei *Baums*, Gutachten F zum 63. Deutschen Juristentag 2000, F

Mitgliedschaftsrecht[313] unterliegt die Anfechtungsbefugnis mithin einer nur eingeschränkten Treuebindung im Sinne der Rechtsmissbrauchsschranke.[314]

Bei der Inanspruchnahme der actio pro socio sind die Gesellschafter zwar der strengen Treuebindung an das Gesellschaftsinteresse unterworfen. Das Problem besteht indes gerade darin, dieses Gesellschaftsinteresse und damit die Frage, ob die Gesellschafterklage zulässig erhoben werden kann, im Prozess zu konkretisieren. Der Begriff des Gesellschaftsinteresses ist nicht objektiv vorgegeben, sondern kann in den Augen der klagewilligen Gesellschafter, der Gesellschaft oder auch des Gerichts durchaus unterschiedlichen Inhalt haben und muss deshalb im Einzelfall ausgefüllt werden.

Dies verdeutlicht, warum die Treuebindung bei der actio pro socio nicht losgelöst vom Prinzip der Subsidiarität verstanden werden kann, sondern vielmehr in einem Wechselbeziehung zu diesem steht, die ihren Ausdruck in der prozessualen Umsetzung der actio pro socio findet. Ob eine actio pro socio dem Gesellschaftsinteresse widerspricht und mithin treupflichtwidrig ist, ist eine Frage der „richtigen" Konkretisierung des Gesellschaftsinteresses, die wegen der insoweit bestehenden Entscheidungsspielräume (dazu oben II.2) maßgeblich in Auseinandersetzung mit den Ablehnungsgründen des primären Entscheidungsträgers beantwortet werden muss (ausführlich unten C).

101; *Habersack*, Die Mitgliedschaft – subjektives und „sonstiges" Recht, 1996, S. 293; *K. Schmidt*, Gesellschaftsrecht, § 21 V 2, S. 646; *K. Schmidt*, in: Großkomm. AktG, § 245 Rn. 4, 10; *Hüffer*, in: MünchKomm. AktG, § 245 Rn. 7, 8; *Hüffer*, § 245 AktG Rn. 3. Aus denselben Erwägungen werden auch Bedenken gegenüber der in neuerer Zeit vermehrt geforderten Einführung eines Quorums für die Erhebung der Anfechtungsklage hergeleitet, *Baums/Drinhausen*, Weitere Reform des Rechts der Anfechtung von Hauptversammlungsbeschlüssen, ILF-Working Paper No. 70, 10/2007, S. 6 f..

313 So ausdrücklich *Wallenhorst*, Schranken der Anfechtungsbefugnis von Aktionären, 1996, S. 63 f., 75; *Mimberg*, in: Marsch-Barner/Schäfer, Handbuch börsennotierte AG, § 36 Rn. 36, § 37 Rn. 74; *Ziemons*, in: Nirk/Binnewies/Ziemons, Handbuch der Aktiengesellschaft, Rn. I 7.157; *Cahn/V. Spannenberg*, in: Spindler/Stilz, § 53a AktG Rn. 52; *Dörr*, in: Spindler/Stilz, § 245 AktG Rn. 8; *Heidel*, in: Heidel, Aktienrecht, § 245 AktG Rn. 1; *Hüffer*, in: MünchKomm. AktG, § 245 AktG Rn. 7; *K. Schmidt*, in: Großkomm. AktG, § 245 AktG Rn. 11; *Raiser*, in: Ulmer/Habersack/M. Winter, § 14 GmbHG Rn. 78; *Hüffer*, § 245 AktG Rn. 3, 23.

314 Dazu BGH, Urteil v. 22.5.1989, II ZR 206/88, BGHZ 107, 296 (308 ff.) – *Kochs Adler*; BGH, Urteil v. 2.7.1990, II ZB 1/90, NJW 1990, 2747 (2750); BGH, Urteil v. 14.10.1991, II ZR 249/90, NJW 1992, 569 (570); OLG Stuttgart, Urteil v. 23.1.2002, 20 U 54/01, AG 2003, 165 (166); OLG Stuttgart, Urteil v. 10.1.2001, 20 U 91/99, AG 2001, 315 (316); LG Frankfurt am Main, Urteil v. 2.10.2007, 3-5 O 177/07, ZIP 2007, 2034 (2035).

B. Ausnahmen vom Subsidiaritätsgrundsatz

Auch wenn es sich bei der actio pro socio dem Grundsatz nach um ein subsidiäres Klagerecht handelt, sind Ausnahmen vom Subsidiaritätsgrundsatz zuzulassen, wenn besondere Umstände dies erfordern. Im Einzelnen kommen folgende Fallgruppen in Betracht:

I. Fehlen unbeteiligter Dritter

Eine Ausnahme von der Subsidiarität der actio pro socio kommt zunächst dort in Betracht, wo neben dem beklagten Gesellschafter oder Organ und dem klagenden Gesellschafter in der Gesellschaft keine weiteren Personen vorhanden sind, die unvoreingenommen über die Durchsetzung des Anspruchs entscheiden können. Beispielhaft sei auf den Fall der Durchführung eines Klagezulassungsverfahrens gegen Mitglieder des Vorstands und des Aufsichtsrats verwiesen.[315] Ebenso gehört hierher der Fall einer zweigliedrigen GmbH, wo der beklagte Gesellschafter nach § 47 Abs. 4 GmbHG bei einer Beschlussfassung über die Anspruchsgeltendmachung vom Stimmrecht ausgeschlossen ist.[316] Entsprechendes gilt für die Entbehrlichkeit eines Beschlusses nach §§ 113 Abs. 2, 116 Abs. 2 HGB in der Zweipersonengesellschaft.[317] Ist kein von Vorwürfen unbelasteter Dritter mehr vorhanden, der über die Geltendmachung entscheiden könnte, wäre es formalistisch, müsste als Voraussetzung der actio pro socio zunächst ein gesellschaftsinternes Vorverfahren durchgeführt werden.[318]

Im Fall des Fehlens anderer, von Vorwürfen unbelasteter Gesellschafter wird der klagende Gesellschafter in der Zweipersonengesellschaft praktisch allein und primär zuständig zur Konkretisierung des Gesellschaftsinteresses in

---

315 Zur Entbehrlichkeit der Aufforderung nach § 148 Abs. 1 Satz 2 Nr. 2 AktG in diesem Fall *Mock*, in: Spindler/Stilz, § 148 AktG Rn. 68; *Spindler*, in: K. Schmidt/Lutter, § 148 AktG Rn. 22.

316 BGH, Urteil v. 16.3.1998, II ZR 303/96, NJW 1998, 1951; BGH, Urteil v. 4.2.1991, II ZR 246/89 NJW 1991, 1884; OLG Düsseldorf, Urteil v. 28.10.1993, 6 U 160/92, DB 1993, 2474; *Zöllner*, ZGR 1988, 392 (410); *K. Schmidt*, in: Scholz, § 46 GmbHG Rn. 153, 161; *Ebbing*, in: Michalski, § 14 GmbHG Rn. 102; *Pentz*, in: Rowedder/Schmidt-Leithoff, § 13 GmbHG Rn. 116; *Schiessl*, in: Münch. Hdb. GesR III, § 31 Rn. 23.

317 *Schäfer*, in: Großkomm. HGB, § 113 HGB Rn. 27; *Langhein*, in: MünchKomm. HGB, § 113 HGB Rn. 18.

318 Gegen eine grundsätzliche Ausnahme von der Subsidiarität in diesem Fall nunmehr OLG Koblenz, Urteil v. 8.4.2010, 6 U 207/09, NZG 2011, 1023 (1024) mit der Begründung, der verbleibende stimmberechtigte Gesellschafter könne einen Beschluss nach § 46 Nr. 8 GmbHG herbeiführen und sich selbst zum Prozessvertreter bestellen.

Bezug auf die Durchsetzung der Gesellschaftsansprüche. Etwas anders gestaltet sich die Situation im Aktienrecht, wenn Vorstand und Aufsichtsrat gleichzeitig ausfallen. § 147 Abs. 1 AktG begründet für diesen Fall zwar keine Primärkompetenz der Hauptversammlung, doch bleibt es ihr unbenommen, nach § 147 Abs. 2 AktG einen besonderen Vertreter für die Gesellschaft zu bestellen, der die im Klagezulassungsverfahren beigeladene Gesellschaft vertreten und Gründe des Gesellschaftswohls gegen die actio pro socio einwenden kann.

II. Drohende Verjährung der Gesellschaftsforderung

Eine Ausnahme vom Subsidiaritätserfordernis ist auch denkbar, wenn die Verjährung der Forderung droht und nur eine baldige Klageerhebung die Verjährung hemmen kann (§ 204 Abs. 1 Nr. 1 BGB).[319] Im zweistufigen Klagezulassungsverfahren tritt die Wirkung der Verjährungshemmung kraft ausdrücklicher Anordnung in § 148 Abs. 2 Satz 3 AktG bereits mit Stellung des Zulassungsantrags ein. Keine verjährungshemmende Wirkung hat dagegen die bloße Einleitung eines gesellschafts*internen* Vorverfahrens, so dass die Gefahr besteht, dass die Durchsetzung des Anspruchs aufgrund von Verschleppungstaktiken verhindert wird.[320]

III. Ernsthafte und endgültige Verweigerung der Klageerhebung

Auch für den Fall, das das zuständige Organ oder die Mehrheit der Gesellschafter bereits unmissverständlich und endgültig ihre die Anspruchsdurchsetzung abgelehnt haben, ist eine nochmalige förmliche Aufforderung entbehrlich.[321] In der Praxis ergibt sich hier für die klagenden Gesellschafter das Problem, dass sie die Voraussetzungen der Entbehrlichkeit der vorherigen Aufforderung darzulegen und zu beweisen haben. Schon aus diesem Grund wird es daher ratsam sein, die Gesellschaft in jedem Fall vorab schriftlich zur Klage aufzufordern. Abgese-

---

319 *Becker*, Verwaltungskontrolle durch Gesellschafterrechte, 1997, S. 654.

320 *Spindler*, in: K. Schmidt/Lutter, § 148 AktG Rn. 22; *Mock*, in: Spindler/Stilz, § 148 AktG Rn. 71.

321 *Schwab*, Das Prozessrecht gesellschaftsinterner Streitigkeiten, 2005, S. 80; *Hueck/Fastrich*, in: Baumbach/Hueck, § 13 GmbHG Rn. 40; *Hüffer*, in: Ulmer/Habersack/M. Winter, § 46 Rn. 113; *Altmeppen*, in: Roth/Altmeppen, § 13 GmbHG Rn. 23. Ebenso für das Klagezulassungsverfahren Regierungsbegründung UMAG, BT-Drucks. 15/5092, S. 22; *Mock*, in: Spindler/Stilz, § 148 AktG Rn. 70; *Spindler*, in: K. Schmidt/Lutter, § 148 AktG Rn. 22.

hen vom Fall drohender Verjährung wird eine vorherige Aufforderung unter Fristsetzung in der Regel ohne größere Nachteile für die Kläger möglich sein. Kaum ein Gesellschafter wird zudem das Prozesskostenrisiko einer Gesellschafterklage auf sich nehmen, solange eine Klageerhebung durch die Gesellschaft nicht völlig unwahrscheinlich ist.[322]

Eine Untergruppe bilden hier die in der Regierungsbegründung zum UMAG hervorgehobenen sog. Mehrfachklagen, also Gesellschafterklagen, die erhoben werden, nachdem bereits eine Gesellschafterklage rechtshängig ist.[323] Hält man diese für zulässig,[324] dürfte aufgrund der vorangegangenen Ablehnung in der Tat kaum ein Meinungsumschwung beim primären Entscheidungsträger zu erwarten und eine vorherige Aufforderung mithin entbehrlich sein.

IV. actio pro socio im Konzern?

Eine bedeutsame Ausnahme vom Grundsatz der Subsidiarität der actio pro socio wird verbreitet auch für das Konzernrecht angenommen. Für diese Ansicht scheint schon ein Blick ins gesetzlich geregelte Aktienkonzernrecht zu sprechen, wo dem Wortlaut des § 309 Abs. 4 AktG zufolge – anders als nach § 148 AktG – weder ein gesellschaftsinternes Vorverfahren noch überhaupt eine Prüfung der Klage entgegenstehender Gründe des Gesellschaftswohls vorgesehen ist.[325] Die Prozessführungsbefugnis hängt hier im Grunde allein von der Aktionärseigenschaft des Klägers ab.[326] Ebenso wird zum Teil im GmbH-Konzernrecht die actio pro socio mit Blick auf § 309 Abs. 4 AktG und unter Verzicht auf das Beschlusserfordernis des § 46 Nr. 8 GmbHG als Klagerecht ohne weitere Voraussetzungen gewährt.[327]

---

322 Zutreffend *K. Schmidt*, GmbHR 1979, 121 (126).

323 Darunter fallen insbesondere mehrfache, nicht Neues beitragende Klagen („*Me-too*-Klagen") Regierungsbegründung UMAG, BT-Drucks. 15/5092, S. 22.

324 Ausführlich dazu Teil 4A.II.3.

325 Bislang wurden die konzernrechtlichen Klagebefugnisse zum Teil gar generell als Beleg für den Rechtscharakter der actio pro socio als neben der Organzuständigkeit stehendem Kontrollrecht herangezogen, *Berger*, ZHR 149 (1985), 599 (608); *Wiedemann*, Gesellschaftsrecht I, § 8 IV 1 c aa, S. 460; *Wiedemann*, Organverantwortung und Gesellschafterklagen in der Aktiengesellschaft, 1989, S. 48.

326 So *Peres*, in: Heidel, Aktienrecht, § 309 AktG Rn. 31.

327 *Zöllner*, ZGR 1988, 392 (411) unter Berufung auf den Rechtsgedanken des § 317 AktG; *Rehbinder*, ZGR 1976, 386 (394): *Rehbinder*, ZGR 1977, 581 (642); *Lakner*, Der mehrstufige Konzern, 2005, S. 157; *Assmann*, FS 100 Jahre GmbHG 1992, 657 (682); *Wimmer-Leonhardt*, Konzernhaftungsrecht, 2004, S. 339; *Becker*, Verwaltungskontrolle durch Gesellschafterrechte, 1997, S. 668; *Görling*, Die Konzernhaftung im mehrstufi-

Der Verneinung der Subsidiarität der konzernrechtlichen actio pro socio liegt jeweils die Annahme zugrunde, unter dem Eindruck der Mehrheitsherrschaft werde das zuständige Organ regelmäßig von einer Geltendmachung von Ansprüchen gegen das herrschende Unternehmen absehen, was das Erfordernis eines gesellschaftsinternen Vorverfahrens zur bloßen Förmelei herabstufe. Die Untätigkeit der Gesellschaftsorgane einer abhängigen Gesellschaft sei daher zu vermuten.[328] Hält man mit der zutreffenden h. M. §§ 147, 148 AktG auch auf die Durchsetzung konzernrechtlicher Ersatzansprüche aus §§ 309, 310, 317, 318, 323 AktG für anwendbar[329], wäre bei der Geltendmachung dieser Ansprüche im Wege des Klagezulassungsverfahrens folglich von einer generellen Ausnahme von § 148 Abs. 1 Satz 2 Nr. 2 AktG auszugehen.

Bei näherer Betrachtung zeigt sich indes, dass eine Ausnahme vom Subsidiaritätsprinzip für die konzernrechtliche actio pro socio keineswegs zwingend vorgegeben und auch den aktienrechtlichen Regelungen nicht zu entnehmen ist.

1. Formelle Subsidiarität

Die Regierungsbegründung zum AktG 1965 grenzt die Regelung des § 309 Abs. 4 AktG zum Minderheitenrecht des § 147 Abs. 1 Satz 1 Fall 2 AktG a. F. hin ab, dessen Quorum in abhängigen Gesellschaften im Regelfall nicht erreicht werden könne.[330] In der Tat war die Inanspruchnahme der aktienrechtlichen Minderheitenrechte (§ 147 Abs. 1 Satz 1 Fall 2, Abs. 3 AktG a. F.) in abhängi-

---

gen Unternehmensverbindungen, 1998, S. 182; *Limmer*, Die Haftungsverfassung des faktischen GmbH-Konzerns, 1991, S. 144.

328 So *Weber*, Die konzernrechtliche abgeleitete Aktionärsklage, 2006, S. 221; *Schwab*, Das Prozessrecht gesellschaftsinterner Streitigkeiten, 2005, S. 81, 113; *Guntz*, Treubindungen von Minderheitsaktionären, 1997, S. 153, Fn. 303.

329 So die ganz h. M. OLG München, Urteil v. 28.11.2007, 7 U 4498/07, ZIP 2008, 72 (75); *Müller*, Der Konzern 2006, 725 ff.; *Mock*, DB 2008, 393 (394); *Emmerich*, in: Emmerich/Habersack, Aktien- und GmbH-Konzernrecht, § 309 AktG Rn. 48; *Hirte*, in: Großkomm. AktG, § 309 AktG Rn. 42; *Langenbucher*, in: K. Schmidt/Lutter, § 309 AktG Rn. 33; *J. Vetter*, in: K. Schmidt/Lutter, § 317 AktG Rn. 26; *Mock*, in: Spindler/Stilz, § 147 AktG Rn. 11; *Spindler*, in: K. Schmidt/Lutter, § 148 AktG Rn. 7; *Veil*, in: Spindler/Stilz, § 309 AktG Rn. 34. Anderer Ansicht aber *Krieger*, in: Münch. Hdb. GesR IV, 3. Auflage 2007, § 70 Rn. 163; *Hüffer*, § 309 AktG Rn. 21; *Fett*, in: Bürgers/Körber, § 309 AktG Rn. 22; *G. Bezzenberger/T. Bezzenberger*, in: Großkomm. AktG, § 148 AktG Rn. 96 f..

330 Begründung RegE zu § 309, *Kropff*, Aktiengesetz, S. 405; *Wiedemann*, Organverantwortung und Gesellschafterklagen in der Aktiengesellschaft, 1989, S. 48; *Koppensteiner*, in: KölnKomm. AktG, § 317 AktG Rn. 45.

gen Gesellschaften aufgrund der Schwellenwerte zumindest erheblich erschwert, was das Fehlen einer entsprechenden Voraussetzung in §§ 309 ff. AktG erklärt.

Der weitergehende Schluss, auch das zuständige Verwaltungsorgan[331] werde wegen des Einflusses des herrschenden Unternehmens regelmäßig von einer Geltendmachung absehen, erscheint zwar plausibel. Der konzernrechtliche Kontext legt eine solche Regelmäßigkeit indes nicht nachweislich mit höherer Wahrscheinlichkeit nahe, als beispielsweise die kollegiale Verbundenheit zwischen den Verwaltungsmitgliedern oder Gesellschaftern in unabhängigen Gesellschaften. So wird das Defizit bei der Durchsetzung von Organhaftungsansprüchen bezeichnender Weise auch und gerade in unabhängigen Aktiengesellschaften beklagt.

Dass die Subsidiarität der actio pro socio dem Konzernrecht nicht fremd ist, zeigt auch ein Blick ins GmbH-Recht. Dort wird die actio pro socio von der überwiegenden Ansicht als subsidiäres Klagerecht aufgefasst, also gerade keine Unterscheidung nach der actio pro socio in unabhängigen Gesellschaften und im konzernrechtlichen Kontext getroffen.[332] Das herrschende Unternehmen unterliegt bei der Beschlussfassung über die Anspruchsdurchsetzung gegebenenfalls einem Stimmverbot gemäß § 47 Abs. 4 GmbHG.

Eine unzumutbare Erschwerung oder Verzögerung der Durchführung der actio pro socio im Konzern ist durch ein gesellschaftsinternes Vorverfahren ebenso wenig wie bei unabhängigen Gesellschaften zu erwarten. Umgekehrt erfüllt die vorherige Aufforderung an den primären Entscheidungsträger eine wichtige Informations- und Koordinierungsfunktion im Hinblick auf die konkurrierenden Klagerechte von Gesellschaftern und Gesellschaft.

Konsequent wird daher von einem Teil der Literatur auch für das Aktienkonzernrecht die vorherige Aufforderung an den Vorstand, die Ersatzansprüche der abhängigen Gesellschaft geltend zu machen, zur Voraussetzung der Klagebefugnis der Aktionäre nach §§ 309 Abs. 4, 310 Abs. 4, 317 Abs. 4, 318 Abs. 4,

---

331 Regelmäßig fällt die Geltendmachung konzernrechtlicher Ersatzansprüche in die Zuständigkeit des Vorstands, *Hirte*, in: Großkomm. AktG, § 309 AktG Rn. 41; *Altmeppen*, in: MünchKomm. AktG, § 309 AktG Rn. 120, *Kropff*, in: MünchKomm. AktG, § 317 AktG Rn. 46; *Emmerich*, in: Emmerich/Habersack, Aktien- und GmbH-Konzernrecht, § 309 AktG Rn. 48; *Habersack*, in: Emmerich/Habersack, Aktien- und GmbH-Konzernrecht, § 317 AktG Rn. 26.

332 *K. Schmidt*, GmbHR 1979, 121 (126, 127); *Eickhoff*, Die Gesellschafterklage im GmbH-Recht, 1988, S. 254 ff.; *Ulmer*, in: Hachenburg, Anh § 77 GmbHG Rn. 90; *Emmerich*, in: Scholz, Anh 190; *Koppensteiner*, in: Rowedder/Schmidt-Leithoff, Anh. nach § 52 GmbHG Rn. 79; *Lutter*, in: Lutter/Hommelhoff, Anh zu § 13 GmbHG Rn. 26; *Liebscher*, GmbH-Konzernrecht, 2006, Rn. 401; wohl auch *Habersack*, in: Emmerich/Habersack, Aktien- und GmbH-Konzernrecht, Anh. § 318 AktG Rn. 31.

323 Abs. 1 Satz 2 AktG erhoben.[333] Ein Grund für das Konzernrecht eine generelle Ausnahme vom Grundsatz der formellen Subsidiarität zu machen, besteht nicht.

2. Materielle Subsidiarität

Auch im Konzernrecht gilt, dass sich die Subsidiarität der actio pro socio nicht in der formellen Aufforderung erschöpft, sondern eine Gesellschafterklage unzulässig ist, wenn das zuständige Organ in einer gerichtlicher Nachprüfung Stand haltenden Weise aus Gründen des Gesellschaftswohls von der Klageerhebung abgesehen hat (materielle Subsidiarität). In der gesetzlichen Regelung des Aktienkonzernrechts kommt auch diese Voraussetzung der Prozessführungsbefugnis nicht zum Ausdruck, sie ergibt sich jedoch aus dem Subsidiaritätsgrundsatz der actio pro socio und der strengen Treuebindung der actio pro socio als uneigennützigem Mitgliedschaftsrecht.

Der durch die Treuepflicht des Aktionärs vermittelte strikte Vorrang des Gesellschaftsinteresses gilt selbst dann, wenn man das grundsätzliche Erfordernis eines gesellschaftsinternen Vorverfahrens (formelle Subsidiarität) entgegen hier vertretener Ansicht verneint.[334] Minderheitenschutz im Widerspruch zum Gesellschaftsinteresse verlangt auch die Geltendmachung konzernrechtlicher Ersatzansprüche nicht und es ist kaum anzunehmen, der Gesetzgeber habe mit der Einführung des § 148 Abs. 1 Satz 2 Nr. 4 AktG zwar die Antragsteller im Klagezulassungsverfahren an die pflichtgemäße Ablehnung der Geltendmachung binden, im Konzernrecht aber die zu § 147 Abs. 3 AktG a. F. bemängelte fehlende Abstimmung mit den – in gleicher Weise für die Durchsetzung konzernrechtlicher Ersatzansprüche geltenden – Grundsätzen von *ARAG/Garmenbeck* aufrecht erhalten wollen.[335] Entsprechend gilt es im GmbH-Konzernrecht das

333 Für ein Erfordernis zunächst das zuständige Organ zur Klageerhebung aufzufordern *Becker*, Verwaltungskontrolle durch Gesellschafterrechte, 1997, S. 665; *Kantzas*, Das Weisungsrecht im Vertragskonzern, 1988, S. 174; im Ergebnis auch *Weber*, Die konzernrechtliche abgeleitete Aktionärsklage, 2006, S. 221.

334 So wohl auch *Lutter*, FS Steindorff 1990, 125 (142): „Das Klagerecht der Aktionäre dient dazu, den als funktionslos gedachten Vorstand der AG zu substituieren. Daher kann ein treuwidriges Verhalten der Aktionäre nur dann angenommen werden, wenn sich auch der (aktuelle) Vorstand entgegenhalten lassen müßte, daß die Ansprüche aus § 317 AktG in dieser Situation nicht geltend gemacht werden können oder dürfen".

335 Zur Geltung der *ARAG/Garmenbeck*-Rechtsprechung auf für die Geltendmachung konzernrechtlicher Ersatzansprüche durch den Vorstand *Hirte*, in: Großkomm. AktG, § 309 AktG Rn. 41; *Emmerich*, in: Emmerich/Habersack, Aktien- und GmbH-Konzernrecht, § 309 AktG Rn. 74; *Habersack*, in: Emmerich/Habersack, Aktien- und GmbH-Konzernrecht, § 317 AktG Rn. 12, 26; *Kropff*, in: MünchKomm. AktG, § 317 AktG

Ermessen der Gesellschafter bei der Entscheidung über die Geltendmachung von Ansprüchen der Gesellschaft zu beachten.

Auch wenn die Regierungsbegründung zum AktG 1965 noch davon ausgeht, der erforderliche „Missbrauchsschutz" werde bei der konzernrechtlichen actio pro socio durch das den Aktionären drohende Kostenrisiko gewährleistet,[336] kann daraus nicht der Schluss gezogen werden, die Wahrnehmung konzernrechtlicher Klagebefugnisse unterliege nicht der gesellschafterlichen Treuebindung. Für Minderheitsaktionäre wurde die Treuebindung ohnehin erst Jahrzehnte später in der Entscheidung *Girmes* anerkannt.[337] Auf die Ausgestaltung der konzernrechtlichen actio pro socio konnte sie also zwangsläufig keinen Einfluss nehmen. Bei der actio pro socio handelt es sich, wie ausgeführt, um ein im Interesse der Gesellschaft gewährtes Gesellschafterrecht, dessen Ausübung vorrangig an den Belangen der Gesellschaft orientiert zu erfolgen hat und mithin einer strengen Treuebindung unterliegt.[338]

Zumindest im Aktienrecht strahlt § 148 Abs. 1 Satz 2 Nr. 4 AktG in der Weise auf die konzernrechtliche actio pro socio nach § 309 Abs. 4 AktG aus, als infolge seiner Wechselwirkung mit § 148 Abs. 1 Satz 2 Nr. 3 AktG von der Durchsetzung von Ersatzansprüchen gegen das herrschende Unternehmen aus § 317 Abs. 1, 2 AktG nur aus überwiegenden Gründen des Gesellschaftswohls abgesehen werden darf. Denn insoweit handelt es sich nach h. M. um einen Sonderfall einer Treuepflichtverletzung und mithin eine Unredlichkeit im Sinne der Nr. 3.[339]

Rn. 46. S. auch *Emmerich*, in: Emmerich/Habersack, Aktien- und GmbH-Konzernrecht, § 302 AktG Rn. 44: „Wird der Anspruch von den Organen der abhängigen Gesellschaft *pflichtwidrig* nicht geltend gemacht, so können die §§ 317 Abs. 4 und 309 Abs. 4 entsprechend angewandt werden [Hervorheb. d. Verf.]".

336 Begründung RegE zu § 309, *Kropff*, Aktiengesetz, S. 405.

337 BGH, Urteil 20.3.1995, II ZR 205/94, NJW 1995, 1739 (1741) - *Girmes*. Ausführlich zur Treuepflicht des Minderheitsaktionärs *Guntz*, Treubindungen von Minderheitsaktionären, 1997, passim.

338 Siehe Teil 3A.III.

339 Die Regelung zum faktischen Aktienkonzern in § 311 ff. AktG als eine Ausprägung der allgemeinen Treuepflicht einordnend *Lutter* ZHR 153 (1989), 446 (453 Fn. 43, 456); *Wimmer-Leonhardt*, Konzernhaftungsrecht, 2004, S. 70, 138 ff.; *Hüffer*, § 53a AktG Rn. 20; *J. Vetter*, in: K. Schmidt/Lutter, § 317 AktG Rn. 3, 46; *Henze/Notz*, in: Großkomm. AktG, Anh § 53a AktG Rn. 154 f.; kritisch *Beckerhoff*, Treupflichten bei der Stimmrechtsausübung und Eigenhaftung des Stimmrechtsvertreters, 1996, S. 44 ff.; für deliktische Einordnung *Habersack*, in: Emmerich/Habersack, Aktien- und GmbH-Konzernrecht, § 317 AktG Rn. 11; für Organhaftung *Koppensteiner*, in: KölnKomm. AktG, § 317 AktG Rn. 5.

Anerkennt man die Subsidiarität und strenge Treuebindung der konzernrechtlichen Aktionärsklage, muss ein praktikabler Weg gefunden werden, den Streit um die im Einzelfall „richtige“ Konkretisierung des Gesellschaftsinteresses in Bezug auf die Anspruchsdurchsetzung zu führen (dazu unten Teil 3D.I)

V. Zusammenfassung

Ausnahmen von der Subsidiarität der actio pro socio betreffen zunächst einmal nur die formelle Subsidiarität, also die Frage der Erforderlichkeit eines gesellschaftsinternen Vorverfahrens. Relevante Fallgruppen sind hierbei die drohende Verjährung der Gesellschaftsforderung und die ernsthafte und endgültige Verweigerung der Geltendmachung durch die Gesellschaftsorgane bzw. die Mitgesellschafter. Für das Konzernrecht ist eine generelle Ausnahme vom Subsidiaritätsgrundsatz dagegen anzulehnen. Da die vorherige Aufforderung für den klagewilligen Gesellschafter keine größeren Nachteile mit sich bringt, sie umgekehrt aber eine wichtige Funktion bei der Zuständigkeitskoordinierung übernimmt, sollten Ausnahmen nur unter engen Voraussetzungen zugelassen werden.

Sofern ein gesellschaftsinternes Vorverfahren im Einzelfall entbehrlich sein sollte, entbindet dies nicht von der uneingeschränkten Beachtung des Gesellschaftsinteresses. Nach den oben herausgearbeiteten Strukturen der actio pro socio ergibt sich dies bereits aus der strengen Treuebindung der actio pro socio. Auch das Klagezulassungsverfahren ordnet die Prüfung entgegenstehender Gründe des Gesellschaftswohls in § 148 Abs. 1 Satz 2 Nr. 4 AktG ohne Rücksicht auf die Entbehrlichkeit des internen Vorverfahrens an. War die Klage bzw. der Zulassungsantrag also beispielsweise wegen drohender Verjährung ohne vorausgehendes gesellschaftsinternes Vorverfahren zulässig, können gleichwohl Gesellschaftsinteressen gegen die Gesellschafterklage eingewandt werden. Wie dies prozessual umzusetzen ist, wird Gegenstand der folgenden Abschnitte C und D sein.

C. Der gerichtliche Streit um die Prozessführungsbefugnis

Jede Regelung der actio pro socio muss ein Gleichgewicht zwischen der Entscheidungskompetenz des primären Entscheidungsträgers und dem Schutzbedürfnis der Gesellschafterminderheit finden. Dieser Interessenwiderstreit zeigt sich nicht nur in der Diskussion um die grundsätzliche Funktion der actio pro socio innerhalb der verbandsinternen Zuständigkeitsordnung, sondern auch in der Frage der konkreten verfahrensmäßigen Ausgestaltung der actio pro socio.

Hat der primäre Entscheidungsträger die Klageerhebung abgelehnt, so muss – dem Subsidiaritätsgrundsatz folgend – vor Gericht geklärt werden, ob diese Ablehnung rechtswidrig war und der Gesellschafter deshalb prozessführungsbefugt zur Durchsetzung des Anspruchs der Gesellschaft ist oder aber zu Recht von der Geltendmachung abgesehen worden ist. Dieser „Streit um die Prozessführungsbefugnis" leitet über zu den prozessualen Grundkonzepten der actio pro socio, wie sie sich bislang vor allem im GmbH- und Personengesellschaftsrecht entwickelt und nunmehr in der Regelung über das Klagezulassungsverfahrens eine spezielle Ausprägung erfahren haben.

Die konkrete verfahrensmäßige Umsetzung der actio pro socio steht dabei vor dem Problem, wie berechtigten Interessen der Gesellschaft, die im Einzelfall gegen eine Klage sprechen, in einem Prozess zwischen Minderheitsgesellschafter und Gesellschaftsschuldner Geltung verschafft werden kann, ohne das Verfahren der actio pro socio über Gebühr zu verkomplizieren.

I. Die Unzulänglichkeit des Zweiparteienprozesses

Prozessualer Ausgangspunkt der actio pro socio ist das Zweiparteienprinzip der ZPO, dem zufolge der Zivilprozess dadurch gekennzeichnet ist, dass sich zwei Parteien (Kläger und Beklagter) gegenüber stehen.[340] Im Hinblick auf die Prüfung, ob der Gesellschafterklage Gründe des Gesellschaftswohls entgegenstehen, erweist sich ein Prozess nur zwischen klagendem Gesellschafter und Gesellschaftsschuldner indes als problematisch:

Der Minderheitsgesellschafter wird bei der actio pro socio nicht in seinem originären Kompetenzbereich tätig. Er bewegt sich im Rahmen einer „Ersatzgeschäftsführung" im Aufgabenbereich des primären Entscheidungsträgers. Die actio pro socio unterscheidet sich damit beispielsweise von der Ausübung des Stimmrechts. Dieses ist zwar – abhängig vom Beschlussgegenstand – wie die actio pro socio ein uneigennütziges Mitgliedschaftsrecht mit strengem Vorrang des Gesellschaftsinteresses.[341] Soweit die Stimmrechtsausübung am rechtlichen Maßstab der Treuepflicht überprüft wird, kommt es jedoch allein darauf an, ob

340 Zum Zweiparteienprinzip *Rosenberg/Schwab/Gottwald*, Zivilprozessrecht, § 40 Rn. 26 ff..

341 *Schäfer*, in: Großkomm. HGB, § 105 HGB Rn. 232, 234; *Pentz*, in: Rowedder/Schmidt-Leithoff, § 13 GmbHG Rn. 57; *Raiser*, in: Ulmer/Habersack/M. Winter, § 14 GmbHG Rn. 79; *Cahn/v. Spannenberg*, in: Spindler/Stilz, § 53a AktG Rn. 52; *Hüffer*, § 53a AktG Rn. 16.

der Gesellschafter selbst die rechtlichen Grenzen eingehalten, insbesondere also das ihm eingeräumte unternehmerische Ermessen nicht überschritten hat.[342]

Im Unterschied dazu kann die Frage, ob eine Anspruchsdurchsetzung den Gesellschaftsinteressen widerspricht, bei der actio pro socio nicht allein zwischen Gesellschafter und Beklagtem entschieden werden. Zumal dort, wo dem zuständigen Organ bzw. der Gesellschaftermehrheit ein weiter autonomer Entscheidungsspielraum in der Frage der Geltendmachung verbleibt, muss sie vielmehr anhand einer Auseinandersetzung mit den Ablehnungsgründen des primären Entscheidungsträgers beantwortet werden. Sie kann sich m. a. W. nicht mit einer *objektiven* Prüfung begnügen, ob die Klage „dem Gesellschaftsinteresse" widerspricht, da andernfalls Eingriffe in die Entscheidungskompetenz des primär zur Konkretisierung des Gesellschaftsinteresses zuständigen Entscheidungsträgers drohen. Hinzu kommt, dass es beim Streit um die Prozessführungsbefugnis um Umstände wie Personalpolitik, Einfluss auf das Betriebsklima, Behinderung der Geschäftsleitung usw. geht, die einer Bewertung und Überprüfung durch außenstehende Dritte und das Gericht mangels Tatsachenkenntnis nur schwer zugänglich sind.[343]

Angesichts dieser Ausgangsproblematik nicht überzeugend sind daher die bereits oben verworfenen Ansätze einer gleichberechtigt neben das Klagerecht der Gesellschaft tretenden actio pro socio, denen zufolge die Verwirklichung des Gesellschaftsinteresses von der Erhebung des Einwandes der Treuwidrigkeit durch den potentiellen Gesellschaftsschuldner abhängig wäre.[344] Fraglich ist bereits, ob sich der Beklagte überhaupt auf Treuwidrigkeit der Gesellschafterklage berufen könnte, da insoweit allein die Interessen der Gesellschaft und allenfalls der nicht klagenden Mitgesellschafter, nicht aber die des Gesellschaftsschuld-

---

342 Zum unternehmerischen Ermessen bei der Stimmrechtsausübung auch in uneigennützigen Angelegenheiten *Michalski/Funke*, in: Michalski, § 13 GmbHG Rn. 154; *Pentz*, in: Rowedder/Schmidt-Leithoff, § 13 GmbHG Rn. 57; *Wiesner*, in: Münch. Hdb. GesR IV, § 17 Rn. 13; *Bungeroth*, in: MünchKomm. AktG, Vor § 53a AktG Rn. 38; *Cahn/v. Spannenberg*, in: Spindler/Stilz, § 53a AktG Rn. 53.

343 Siehe insoweit zur *ARAG/Garmenbeck*-Rechtsprechung *Kling*, DZWIR 2005, 45 (53); *Paefgen*, Unternehmerisches Ermessen und Rechtsbindung der Organe in der AG, 2002, S. 149; *M. Roth*, Unternehmerisches Ermessen und Haftung des Vorstands, 2001, S. 122; *Habersack*, in: MünchKomm. AktG, § 111 AktG Rn. 38; ebenso *Lochner*, in: Heidel, Aktienrecht, § 148 AktG Rn. 21.

344 So *Lutter*, ZHR 162 (1998), 164 (182 f.); *Raiser*, ZHR 153 (1989), 1 (23); *Raiser*, in: Ulmer/Habersack/M. Winter, § 14 GmbHG Rn. 58; *v. Ditfurth*, in: Prütting/Wegen/Weinreich, § 705 BGB Rn. 28; *Timm/Schöne*, in: Bamberger/Roth, § 705 BGB Rn. 121; ebenso wohl BGH, Urteil v. 13.5.1985, II ZR 170/84, NJW 1985, 2830 (2831).

ners betroffen sind.[345] Unklar ist schließlich, wie der Beklagte (insbesondere, wenn ihm gesellschaftswidriges Verhalten vorgeworfen wird) plausibel entgegenstehende Gründe des Gesellschaftswohls einwenden könnte. Die Gefahr ist groß, dass derartige Einlassungen vom Gericht als bloße Schutzbehauptungen beiseite gewischt würden. Zudem hinge die Berücksichtigung des Gesellschaftsinteresses letztlich von prozesstaktischen Entscheidungen des Beklagten ab.

Als nicht ausreichend erweist sich schließlich auch das bloße Erfordernis schlüssiger Darlegung, dass der Gesellschaft ein Anspruch gegen den Beklagten zusteht und die Aufforderung an den Geschäftsführer, den Anspruch geltend zu machen, erfolglos oder nicht Erfolg versprechend war. Dies trägt zwar dem Bestreben Rechnung, das Minderheitenrecht von nicht allzu hohen Hürden abhängig zu machen und in der Konsequenz faktisch leer laufen zu lassen.[346] Gerade bei der erfolglosen Aufforderung bzw. den Umständen, die eine solche entbehrlich machten, handelt es sich jedoch um Tatsachen, die zu beweisen dem klagenden Gesellschafter durchaus zugemutet werden kann.[347]

Umgekehrt kann die bloß schlüssige Behauptung einer pflichtwidrigen Ablehnung der Geltendmachung (negativ gewendet also des Fehlens entgegenstehender Gründe des Gesellschaftswohls) durch den klagebereiten Gesellschafter[348] dem Gesellschaftsinteresse nicht hinreichend Rechnung tragen, da diesbezügliche Bedenken womöglich leichtfertig ausgeblendet werden oder sich der Gesellschafter ihrer mangels Einblicks in Gesellschaftsinterna gar nicht bewusst ist. Durch die Beschränkung auf bloß schlüssige Darlegungen wird damit zwar dem Interesse an einer praktischen Effektuierung der actio pro socio entspro-

---

345 Zutreffend *Schwab*, Das Prozessrecht gesellschaftsinterner Streitigkeiten, 2005, S. 131: exceptio ex iure tertii; *Höfler*, JuS 1992, 388 (390).

346 Siehe *Ulmer*, in: MünchKomm. BGB, § 705 BGB Rn. 211: „An die Darlegung der Zulässigkeitsvoraussetzungen sind keine zu hohen Anforderungen zu stellen, wenn das Minderheitsrecht nicht leer laufen soll"; *Schäfer*, in: Großkomm. HGB, § 105 HGB Rn. 262; *Brandner*, FS Lutter 2000, 317 (326); *Wertenbruch*, in: Ebenroth/Boujong/Joost/Strohn, § 105 HGB Rn. 150; tendenziell wohl auch OLG Düsseldorf, Urteil v. 24.5.2007, I-6 U 78/06.

347 So lässt auch der Gesetzgeber des UMAG für die Voraussetzung des § 148 Abs. 1 Satz 2 Nr. 2 AktG nicht die bloße Glaubhaftmachung genügen, sondern verlangt den Vollbeweis der Aufforderung an die Gesellschaft bzw. der die Entbehrlichkeit begründenden Umstände, *DAV-Handelsrechtsausschuss*, NZG 2005, 388, 391; *Paschos/Neumann*, DB 2005, 1779, 1780; *Hüffer*, § 148 AktG Rn. 7; *Mock*, in: Spindler/Stilz, § 148 AktG Rn. 73. Anders noch Regierungsentwurf UMAG, BT-Drucks. 15/5092, S. 7.

348 So ausdrücklich *Schulz-Gardyan*, Die sogenannte Aktionärsklage, 1991, S. 79 (betreffend die actio pro socio im Personengesellschaftsrecht): „Voraussetzung ist lediglich, daß die Treuepflichtverletzung behauptet wird. Das umfaßt die Behauptung, daß die Gesellschaft die Geltendmachung ohne trifftigen Grund verweigert hat".

chen, doch besteht die Gefahr dass das Gesellschaftsinteresse im Einzelfall nicht beachtet wird. Wenn einschränkend darauf verwiesen wird, der klagebereite Gesellschafter habe die Interessen der Gesellschaft zu berücksichtigen und dürfe sich nicht ausschließlich von eigenen Interessen leiten lassen[349], so trifft dies den uneigennützigen Charakter des Klagerechts. Unbeantwortet bleibt indes auch hier die Frage, wie dieses Gesellschaftsinteresse im Zweiparteienprozess zwischen klagendem Gesellschafter und Gesellschaftsschuldner konkretisiert werden soll.

Bürdet man dem klagenden Gesellschafter die volle Darlegungs- und Beweislast für die Klagevoraussetzungen und damit insbesondere die Pflichtwidrigkeit der ablehnenden Organ- bzw. Mehrheitsentscheidung auf,[350] so zeigt sich auch dort das Problem eines Zweiparteienprozesses innerhalb eines multipolaren Interessengeflechts. Müsste der Kläger beispielsweise im Rahmen einer Inzidentprüfung darlegen und beweisen, dass die Ablehnung der Geltendmachung dem Gesellschaftsinteresse widerspricht, so wird der Streit um die Prozessführungsbefugnis und damit letztlich um den Bestand der Prozessführungsbefugnis des Gesellschafters zwischen diesem und der Person ausgetragen, deren Verhalten zuvor mutmaßlich die Gesellschaft geschädigt hat.[351] Der Beklagte könnte

---

349 *Schäfer*, in: Großkomm. HGB, § 105 HGB Rn. 262; *Ulmer*, in: MünchKomm. BGB, § 705 BGB Rn. 211; ‚*Habermeier*, in: Staudinger, § 705 BGB Rn. 47..

350 So *Bork/Oepen*, ZGR 2001, 515 (534, Fn. 90); *Grunewald*, Die Gesellschafterklage in der Personengesellschaft und der GmbH, 1990, S. 14 f., 21; *Nitschke*, ZHR 128 (1965), 48 (92); *Hadding*, actio pro socio, 1966, S. 61; *H. P. Westermann*, in: Erman, § 705 BGB Rn. 59; *Eickhoff*, Die Gesellschafterklage im GmbH-Recht, 1988, S. 189; ebenso, wenngleich unter Zugrundelegung eigener Ansprüche des Gesellschafters *Lutter*, AcP 180 (1980), 84 (134); *Reinhardt/Schultz*, Gesellschaftsrecht, 1981, Rn. 162.

351 Zu diesem Problem bereits für das GmbH-Recht: OLG Köln, Urteil v. 5.11.1992, 18 U 50/92, NJW-RR 1994, 616 (617): „Bei einer Überprüfung des Gesellschafterbeschlusses im Schadensersatzprozeß, der sich nur gegen die Geschäftsführer und nicht gegen die Gesellschaft richtet, könnten, ausgehend vom Grundsatz der Wirksamkeit von Gesellschafterbeschlüssen, der Gesellschaft möglicherweise Rechte abgeschnitten werden.“; *Goette*, DStR 1993, 1111 (1112): „Würde die Frage im Wege der Inzidentprüfung entschieden, würde über eine gesellschaftsinterne Streitfrage in einem Prozeß entschieden, an dem die Gesellschaft nicht beteiligt ist und in dem sie deswegen ihre Gesichtspunkte für die Beschlußfassung nur dann einbringen könnte, wenn sie dem Rechtsstreit als Nebenintervenientin beiträte. Zu einem solchen Streitbeitritt ist die Gesellschaft aber nicht verpflichtet.“; *Winter*, Mitgliedschaftliche Treuebindungen im GmbH-Recht, 1988, S. 316 f.: „[...] Inzidentprüfung der Rechtmäßigkeit eines Beschlusses der Gesellschafterversammlung in einem Verfahren zwischen dem Kläger und dem nach § 47 Abs. 4 S. 1 von der Mitwirkung an der Beschlussfassung ausgeschlossenen (!) Beklagten [Gesellschafter] systemwidrig“; *Paefgen*, in: Ulmer/Habersack/M. Winter, § 43 GmbHG Rn. 173: „Nicht möglich ist es dagegen, die Wirksamkeit des die Anspruchsverfolgung

sich dann gemäß § 138 Abs. 4 ZPO darauf zurückziehen, die Behauptungen des klagenden Gesellschafters mit Nichtwissen zu bestreiten. Wie dem Beklagten wird aber auch dem klagenden Gesellschafter oftmals der zur Beurteilung des wohlverstandenen Interesses der Gesellschaft und damit der Voraussetzungen der Prozessführungsbefugnis notwendige Einblick in die Interna der Gesellschaft fehlen.[352]

Nicht zuletzt waren es vergleichbare Probleme des Zweiparteienprozesses und der Unsicherheiten bei der Feststellung der Prozessführungsbefugnis, die den BGH im Personengesellschaftsrecht zu seiner restriktiven Haltung gegenüber einer Gesellschafterklagebefugnis zur Durchsetzung von Gesellschaftsforderungen gegen außenstehende Dritte bewogen haben.[353]

II. Die Berücksichtigung von Drittinteressen im Gesellschafterprozess

Die beschriebene Unzulänglichkeit des reinen Zweiparteienprozesses macht es erforderlich das Verfahren der actio pro socio so zu gestalten, dass der Streit um die Prozessführungsbefugnis unter Beteiligung der Gesellschaft bzw. der einer Klage widersprechenden Gesellschafter geführt werden kann. Unter Berücksichtigung des Klagezulassungsverfahrens lassen sich in diesem Zusammenhang drei prozessuale Lösungsmodelle unterscheiden:

---

ablehnenden Gesellschafterbeschlusses incidenter als Vorfrage im Schadensersatzprozess des Gesellschafters gegen den Geschäftsführer zu prüfen. Das gebietet die Bestandskraft des Beschlusses bis zu seiner Kassation in einem gegen die Gesellschaft zu führenden Anfechtungsprozess (§ 346 Abs. 1 AktG analog), in dem dieser die entsprechenden prozessualen Verteidigungsmöglichkeiten zur Verfügung stehen"; *Becker*, Verwaltungskontrolle durch Gesellschafterrechte, 1997, S. 590: „Die Klagebefugnis des Klägers stellt eine Vorfrage dar, die, abgesehen von der Situation der zweigliedrigen Gesellschaft nicht zwischen Kläger und Beklagtem auszutragen ist"; s. auch *Höfler*, JuS 1992, 388 (390): „Die Gesamthand, die den Einwand der Treuwidrigkeit im Namen der Gesellschaft erheben müsste, ist nicht Partei und somit ohne Einfluss auf den Verlauf des anhängigen Rechtsstreits".

352 So zum Aktienrecht bereits *Grossfeld*, Aktiengesellschaft, Unternehmenskonzentration und Kleinaktionär, 1968, S. 297.

353 BGH, Urteil v. 10.1.1963, II ZR 95/61, BGHZ 39, 14 (18). Zu diesem Zusammenhang näher bei der Behandlung der Gesellschafterklage gegen Dritte unten Teil 5B.II.1.

1. Das „Klagemodell“

Weitgehend unproblematisch ist die Drittbeteiligung beim Streit um die Prozessführungsbefugnis, soweit als erster Schritt der actio pro socio eine Klage auf Nichtigerklärung der ablehnenden Primärentscheidung oder aber auf Zustimmung zur Geltendmachung erforderlich ist. Der Streit um die Prozessführungsbefugnis wird jeweils aus der eigentlichen Haftungsklage herausgelöst und in einem eigenen (Vor-) Verfahren verselbständigt.

Verlangt man mit der h. M. im GmbH-Recht eine Anfechtungs- und positive Beschlussfeststellungsklage gegen einen die Rechtsverfolgung ablehnenden Beschluss der Gesellschafterversammlung,[354] so ist Beklagte dort analog § 246 Abs. 2 Satz 1 AktG die Gesellschaft.[355] Dieser können die übergangenen Gesellschafter als streitgenössische Nebenintervenienten zur Verteidigung ihres Beschlusses beitreten.[356] Der gesellschaftsinterne Streit darüber, ob Klage erhoben werden soll, wird also zwischen den davon materiell Betroffenen ausgetragen.

Im Personengesellschaftsrecht wird für Ansprüche aus Verletzungen des Wettbewerbsverbots aus § 112 HGB angenommen, die actio pro socio setze die vorherige Erzwingung eines Zustimmungsbeschlusses durch Klage gegen alle nicht zustimmenden Gesellschafter (§ 113 Abs. 2 HGB) voraus.[357] Für Ansprüche, deren Geltendmachung als außergewöhnliche Geschäftsführung dem Erfordernis eines einstimmigen Beschlusses nach § 116 Abs. 2 HGB unterliegt, wird ein entsprechendes Klageerfordernis dagegen überwiegend verneint.[358]

---

354 Zur früher umstrittenen Problematik der Anfechtung negativer, den Antrag ablehnender Beschlüsse ausführlich *K. Schmidt*, in: Scholz, § 45 GmbHG Rn. 31, 178 ff.; *Raiser*, in: Ulmer/Habersack/M. Winter, Anh. § 47 GmbHG Rn. 16.

355 Zur Gesellschaft als Beklagte im Anfechtungsprozess im GmbH-Recht OLG Rostock, Urteil v. 28. 5. 2003 - 6 U 173/02, NZG 2004, 191 (192); *Hüffer*, in: Ulmer/Habersack/M. Winter, § 47 GmbHG Rn. 220; *K. Schmidt*, in: Scholz, § 45 GmbHG Rn. 148; *Zöllner*, in: Baumbach/Hueck, Anh. § 47 GmbHG Rn. 163.

356 Siehe statt aller *Raiser*, in: Ulmer/Habersack/M. Winter, Anh. § 47 GmbHG Rn. 225.

357 *Schäfer*, in: Großkomm. HGB, § 105 HGB Rn. 261, § 113 HGB Rn. 8 mit 32; *Becker*, Verwaltungskontrolle durch Gesellschafterrechte, 1997, S. 561 f.; *Wiedemann*, Gesellschaftsrecht I, § 8 IV 1 3 c aa, S. 460; *Martens*, in: Schlegelberger, § 113 HGB Rn. 1, 24; *v. Gerkan*, in: Röhricht/V. Westphalen, § 113 HGB Rn. 10; wohl auch *Langhein*, in: MünchKomm. HGB, § 113 HGB Rn. 19; dagegen *Schwab*, Das Prozessrecht gesellschaftsinterner Streitigkeiten, 2005, S. 110.

358 *Becker*, Verwaltungskontrolle durch Gesellschafterrechte, 1997, S. 563 f.; *Schäfer*, in: Großkomm. HGB, § 116 HGB Rn. 16; *Jickeli*, in: MünchKomm. HGB, § 116 HGB Rn. 30; a. A. *Grunewald*, Die Gesellschafterklage in der Personengesellschaft und der GmbH, 1990, S. 52 f..

2. Das „Inzidentprüfungsmodell“

Ein Teil der Literatur zum Personengesellschafts- und GmbH-Recht bevorzugt den Ansatz, die Gründe für die ablehnende Entscheidung des zuständigen Organs bzw. den ablehnenden Gesellschafterbeschluss im Schadensersatzprozess inzident zu prüfen.[359] Dies trägt dem Bedürfnis nach einer Verfahrensvereinfachung Rechnung und vermeidet die aufgrund des Klagemodells erforderliche Verfahrensverdoppelung.[360]

Angesichts der Unzulänglichkeiten des Zweiparteienprozesses verlangt die Inzidentprüfung sodann jedoch, – was in der gesellschaftsrechtlichen Diskussion vielfach unberücksichtigt bleibt[361] – die Gesellschaft bzw. die übergangenen Gesellschafter am Schadensersatzprozess der Gesellschafter zu beteiligen, wofür grundsätzlich eine Nebenintervention gemäß §§ 66 ff. ZPO in Betracht kommt.

Als Anspruchsinhaberin folgt das Interventionsinteresse der Gesellschaft (§ 66 ZPO) im Prozess der Gesellschafter unproblematisch aus ihrer materiellen Rechtsinhaberschaft, ohne dass es hierbei auf die hoch umstrittene Frage der Rechtskrafterstreckung auf die Gesellschaft ankäme.[362] Gleichwohl besteht keineswegs Klarheit darüber, dass für die Prüfung der Prozessführungsbefugnis des klagenden Gesellschafters tatsächlich (allein) die Beteiligung *der Gesellschaft* maßgeblich ist.

Für das GmbH-Recht verlangt *Schwab*[363] die Gesellschafter, deren Votum durch die actio pro socio übergangen zu werden droht, durch Mitteilung des Klägers, notfalls des Gerichts, von der Gesellschafterklage in Kenntnis zu setzen, damit sich diese ggf. auf Seiten des Beklagten als Nebenintervenienten

---

359 *Berger*, ZHR 149 (1985), 599 (611); *Becker*, Verwaltungskontrolle durch Gesellschafterrechte, 1997, S. 564 (Personengesellschaften), S. 589 f. (GmbH); *Schwab*, Das Prozessrecht gesellschaftsinterner Streitigkeiten, 2005, S. 86, 109, 110; *Schäfer*, in: Großkomm. HGB, § 105 HGB Rn. 261, § 116 HGB Rn. 16, *Grunewald*, Die Gesellschafterklage in der Personengesellschaft und der GmbH, 1990, S. 20, 22; *Ulmer*, in: MünchKomm. BGB, § 705 BGB Rn. 211. Weitere Nachweise zur oben in Fn. 90.

360 Aus Effektivitätsgründe gegen das Erfordernis einer Anfechtung und positiven Beschlussfeststellung *Michalski*, in: Michalski, § 14 GmbHG Rn. 104; *Wimmer-Leonhardt*, Konzernhaftungsrecht, 2004, S. 338 f. *Schwab*, Das Prozessrecht gesellschaftsinterner Streitigkeiten, 2005, S. 86; siehe auch *Gehrlein*, ZIP 1993, 1525 (1530); *Banerjea*, Die Gesellschafterklage im GmbH- und Aktienrecht, 2000, S. 211.

361 S. aber *Becker*, Verwaltungskontrolle durch Gesellschafterrechte, 1997, S. 590.

362 Ausdrücklich *Bork*, in: Stein/Jonas, § 66 ZPO Rn. 24b; s. auch *Schultes*, in: MünchKomm. ZPO, § 66 ZPO Rn. 18; *Vollkommer*, in: Zöller, § 66 ZPO Rn. 13a; *Weth*, in: Musielak, § 66 ZPO Rn. 10. Ausführlich zur Frage der Rechtskrafterstreckung unten Teil 4A.I.

363 Zur Inzidentprüfung des ablehnenden Beschlusses *Schwab*, Das Prozessrecht gesellschaftsinterner Streitigkeiten, 2005, S. 86.

beteiligen und ihre ablehnende Haltung gegenüber der Klageerhebung verteidigen können.[364] Entsprechende Fragen stellen sich bei teilrechtsfähigen Personengesellschaften, wo die Beteiligung der Gesellschaft ebenso in Betracht kommt, wie die der Gesellschafter, die der Geltendmachung nicht zugestimmt haben.[365]

Von den Zweifelsfragen hinsichtlich der zu beteiligenden Person abgesehen ergeben sich weitere Probleme aus der rechtlichen Konzeption der Nebenintervention. Der Einwand entgegenstehender Gesellschaftsinteressen zielt auf die Verneinung der Prozessführungsbefugnis und damit die Abweisung der actio pro socio als unzulässig.[366] Demnach müsste die Nebenintervention jedoch zugunsten *des Beklagten* erfolgen, da die Nebenintervention auf der Seite und zur Unterstützung der Partei erfolgt, an deren Obsiegen der Beitretende ein Interesse hat.[367] Der prozessualen Situation der Gesellschaft im Rahmen der der actio pro socio wird dies nicht gerecht.

Selbst wenn man über den Widerspruch hinweg sieht, dass die Gesellschaft bzw. die der Klage widersprechenden Gesellschafter dem Prozess zur Förderung des Rechtsschutzes des Beklagten und potentiellen Gesellschaftsschädigers beitreten müssten, um ihre eigenen Interessen zu wahren, vollzieht sich spätestens

---

364 *Schwab*, Das Prozessrecht gesellschaftsinterner Streitigkeiten, 2005, S. 96 ff., 102 ff.: „Jene Gesellschafter können als streitgenössische Nebenintervenienten dem beklagten Gesellschafter beitreten. Wer hiervon Gebrauch macht, kann eigenständig zur Sache, nämlich zur Rechtmäßigkeit seiner Blockadehaltung vortragen. Dringt er damit durch, so wird die actio pro socio als *unzulässig* abgewiesen"; ebenso *Becker*, Verwaltungskontrolle durch Gesellschafterrechte, 1997, S. 590.

365 Im letzteren Sinne *Schwab*, Das Prozessrecht gesellschaftsinterner Streitigkeiten, 2005, S. 109: „Die durch die Einzelklage in ihrer Haltung übergangenen Mitgesellschafter sind vom Kläger über den Prozess zu informieren und haben die Möglichkeit, sich auf beliebiger Seite als streitgenössische Nebenintervenienten zu beteiligen", s. auch S. 110.

366 S. *Ulmer*, in: MünchKomm. BGB, § 705 BGB Rn. 210 f.; *Schwab*, Das Prozessrecht gesellschaftsinterner Streitigkeiten, 2005, S. 102.

367 Zum Zweck des Streitbeitritts den fremden Prozesssieg entweder des Klägers oder des Beklagten zu fördern *Bork*, in: Stein/Jonas, § 66 ZPO Rn. 1; *Schilken*, in: MünchKomm. ZPO, § 66 ZPO Rn. 1, 9. Entgegen *Rollin*, Die Aktionärsklage in Deutschland und England, 2001, S. 229 ist eine Nebenintervention der Gesellschaft auf Seiten des Beklagten daher durchaus denkbar. Ausdrücklich für ein Nebeninterventionsrecht der Gesellschaft auf Seiten des Beklagten im Leistungsprozess *Eickhoff*, Die Gesellschafterklage im GmbH-Recht, 1988, S. 174, 179, der diese Frage jedoch im Zusammenhang mit der Verbindung der Anfechtungs- und Beschlussfeststellungsklage mit der Schadensersatzklage behandelt. Die Nebenintervention soll nach dieser Lösung der Gesellschaft ermöglichen, unabhängig vom Gesellschaftsschuldner Rechtsmittel gegen ein vom Gesellschafter erstrittenes Leistungsurteil einzulegen, um so divergierende Entscheidungen im Beschlussmängel- und Leistungsprozess zu vermeiden.

mit gerichtlicher Bejahung der Prozessführungsbefugnis des klagenden Gesellschafters eine grundlegende Änderung ihrer prozessualen Rolle. Denn damit verbunden ist zwangsläufig die Feststellung, dass der Klage keine Gesellschaftsinteressen entgegenstehen.[368]

In dieser Situation dürfen die Gesellschaft und die übrigen Gesellschafter dann aber nicht weiter „zum Zweck ihrer Unterstützung" (§ 66 ZPO) auf Seiten der beklagten Partei und im Widerspruch zum klagenden Gesellschafter agieren. Alles andere wäre ein Verstoß gegen die gegenüber dem Gesellschafter bestehende Treuepflicht. Es bliebe nur der Ausweg, die Nebenintervention zurücknehmen und gegebenenfalls auf Seiten der klagenden Gesellschafter erneut beizutreten.[369]

Diesen Problemen vorgreiflich ist schließlich ein grundlegendes Strukturdefizit der zivilprozessualen Beteiligungsrechte Dritter, welches darin begründet liegt, dass ein Beitritt nur dann erfolgen kann, wenn der Interventionsberechtigte Kenntnis vom Prozess erlangt. Die Information des Dritten und damit die Gewährung rechtlichen Gehörs ist jedoch nicht durch verfahrensrechtliche Regelungen sichergestellt.[370] Nach dem Subsidiaritätsmodell muss der klagewillige Gesellschafter die Gesellschaft zwar grundsätzlich vor Erhebung der Gesellschafterklage zum Handeln auffordern. Damit einher geht jedoch nur die Kenntnis von der *Absicht* der Minderheitsgesellschafter zur Klageerhebung nicht aber zwangsläufig auch die Kenntnis, dass und zu welchem späteren Zeitpunkt die angekündigte Klage auch tatsächlich bei Gericht eingereicht worden ist.

---

368 Wohlgemerkt erfolgt die Inzidentprüfung nach den gegenwärtig zu den Personengesellschaften und der GmbH vertretenen Konzepten im Schadensersatzprozess selbst, also einem nur *einstufigen* Verfahren!

369 Zur Zurücknahme der Nebenintervention und dem erneuten Beitritt auf Seiten der Gegenpartei BGH, Urteil v. 11.7.1955, II ZR 178/53, NJW 1955, 1316; *Bischof*, MDR 1999, 787 (790 f.); *Bork*, in: Stein/Jonas, § 66 ZPO Rn. 3, § 70 ZPO Rn. 7, § 101 Rn. 6; *Schilken*, in: MünchKomm. ZPO, § 66 ZPO Rn. 20, 25. Zur Frage der Erhebung einer eigenen Klage nach Rechtshängigkeit der Gesellschafterklage unten Teil 4B.I.

370 *Vollkommer*, FS BGH 2000, 126; *Schlosser*, Gestaltungsklage und Gestaltungsurteil, 1966, S. 207, 209, 213; *Grunsky*, Grundlagen des Verfahrensrechts, 1974, § 25 II 3, S. 231; *Schultes*, Beteiligung Dritter am Zivilprozeß, 1994, S. 82. Nicht entscheidend kommt es demgegenüber darauf an, dass keine Verpflichtung zur Nebenintervention besteht, so aber *Goette*, DStR 1993, 1111 (1112). Entscheidend ist, dass die Gesellschaft zuverlässig Kenntnis von der Klage erhält, mag sie sich dann auch zur Untätigkeit entscheiden.

3. Das Klagezulassungsverfahren

Im Klagezulassungsverfahren wird der Streit um die Prozessführungsbefugnis im Rahmen des Zulassungsverfahrens,[371] also der „ersten Stufe" des Verfahrens nach § 148 AktG, entschieden.[372] Neben dem Nachweis des Quorums,[373] der vorherigen Aufforderung an die Gesellschaft,[374] des Vorbesitzes der Aktien[375] sowie des Verdachts einer groben Gesetzes- und Satzungsverletzung bzw. Unredlichkeit[376] gehören zum Prüfungsprogramm des Gerichts nach § 148 Abs. 1 Satz 2 Nr. 4 AktG mögliche der Klage entgegenstehende Gründe des Gesellschaftswohls, was zusammen mit dem gesellschaftsinternen Vorverfahren nach § 148 Abs. 1 Satz 2 Nr. 2 AktG den Gedanken der formellen und materiellen Subsidiarität im Klagezulassungsverfahren umsetzt.[377]

a) Kontradiktorisches Verfahren

Beim Zulassungsverfahren handelt es sich abweichend von dem ähnlich strukturierten § 147 Abs. 3 AktG a. F. nicht um ein Verfahren der freiwilligen Gerichtsbarkeit,[378] sondern um einen zivilprozessuales Streitverfahren.[379] Das Zulassungsverfahren ist dem eigentlichen Haftungsprozess – vergleichbar der Anfechtungsklage im GmbH-Recht – vorgeschaltet. Wegen seines über den Streit um der Klage entgegenstehende Gründe des Gesellschaftswohls hinausreichen-

---

371 Zum Begriff oben Teil 2A.II.

372 Siehe bereits den Vorschlag von *Grossfeld*, Aktiengesellschaft, Unternehmenskonzentration und Kleinaktionär, 1968, S. 299 f., 307 f.; dem folgend *Immenga*, Die personalistische Kapitalgesellschaft, 1970, S. 295; für das Klageerzwingungsrecht nach § 147 AktG 1965 auch *Flume*, Grundfragen der Aktienrechtsreform, 1960, S. 18.

373 § 148 Abs. 1 Satz 1 AktG.

374 § 148 Abs. 1 Satz 2 Nr. 2 AktG.

375 § 148 Abs. 1 Satz 2 Nr. 1 AktG.

376 § 148 Abs. 1 Satz 2 Nr. 3 AktG.

377 Ein weiterer prozessualer Aspekt der Subsidiarität ist § 148 Abs. 3 AktG. Ausführlich unten Teil 4B.

378 Zum Untersuchungsgrundsatz in Verfahren der freiwilligen Gerichtsbarkeit s. § 26 FamFG (vormals § 12 FGG). Zu § 147 Abs. 3 AktG a. F. s. *Schröer*, in: MünchKomm. AktG, § 147 AktG Rn. 64; *G. Bezzenberger*, in: Großkomm. AktG, § 147 AktG Rn. 75.

379 Regierungsbegründung UMAG, BT-Drucks. 15/5092, S. 18, 20; *Winnen*, Die Innenhaftung des Vorstandes nach dem UMAG, 2009, S. 320; *Schröer*, ZIP 2005, 2081 (2086); *Hüffer*, § 148 AktG Rn. 10; *Spindler*, in: K. Schmidt/Lutter, § 148 AktG Rn. 14; *Mock*, in: Spindler/Stilz, § 148 AktG Rn. 44. Für ein Verfahren vor dem Prozessgericht bereits *Lutter* ZHR 159 (1995), 287 (306); *DAV-Handelsrechtsausschuss*, ZIP 1997, 163 (166 f.); *Ulmer*, ZHR 163 (1999), 290 (329 f.); *Bork*, in: Hommelhoff/Röhricht, RWS-Forum 10, Gesellschaftsrecht 1997, 1998, 53 (66); *Banerjea*, Die Gesellschafterklage im Aktien- und GmbH-Recht, 2000, S. 212.

den Prüfungsprogramms handelt es sich jedoch konzeptionell nicht um einen Aktionärsrechtsbehelf gegen den die Anspruchsdurchsetzung ablehnenden Beschluss des Aufsichtsrats oder Vorstands.[380] Vielmehr ist das Zulassungsverfahren eher einer prozessual verselbständigen Inzidentprüfung vergleichbar.[381]

Den Unterschied zum Klagemodell verdeutlich auch die Verteilung der Parteirollen im Zulassungsverfahren. Formal findet die Auseinandersetzung um die Prozessführungsbefugnis der Aktionäre im Zulassungsverfahren als einem kontradiktorischen Verfahren zwischen den Aktionären als Antragsteller und dem potentiellen Gesellschaftsschuldner als Antragsgegner statt,[382] obgleich die Frage der Prozessführungsbefugnis und damit der Zulässigkeit der actio pro socio,

---

380 Alternativ zum Zulassungsverfahren – und damit in Parallele zum GmbH-Recht – wäre durchaus die Vorschaltung einer entsprechenden Klage in Betracht gekommen: Statthaft gegen fehlerhafte Verwaltungsbeschlüsse ist nach bislang h. M. nicht die Anfechtungsklage nach §§ 241 ff. AktG, sondern eine gegen die Gesellschaft zu richtende Klage auf Feststellung der Nichtigkeit des Organbeschlusses (Vgl. zur Feststellungsklage eines Aufsichtsratsmitgliedes gegen einen die Geltendmachung von Schadensersatzansprüchen ablehnenden Aufsichtsratsbeschluss BGH, Urteil v. 21.4.1997, II ZR 175/95, BGHZ 135, 244 (247) – *ARAG/Garmenbeck*; s. ferner zur Aktionärsklage BGH, Urteil v. 10.10.2005, II ZR 90/03, NZG 2006, 20 (21) – *Mangusta/Commerzbank II*; *Spindler*, in: Spindler/Stilz, § 108 AktG Rn. 71, 74, 76. Die Nichtigkeit eines die Geltendmachung von Schadensersatzansprüchen pflichtwidrig ablehnenden Beschlusses ist dabei nicht unumstritten, dagegen *Hüffer*, § 108 AktG Rn. 18; *Kindler*, ZHR 162 (1998), 101 (116); im Sinne des BGH aber die h. M. *Habersack*, in: MünchKomm. AktG, § 108 AktG Rn. 80; *Spindler*, in: Spindler/Stilz, § 108 AktG Rn. 71; *Hopt/M. Roth*, in: Großkomm. AktG, § 108 AktG Rn. 154). Wegen der Subsidiarität der actio pro socio ließe sich ein Feststellungsinteresse damit begründen, die Feststellung der Pflichtwidrigkeit sei Voraussetzung der Prozessführungsbefugnis der Aktionäre. Gegenwärtig wird ein Feststellungsinteresse des Aktionärs indes überwiegend nur im Falle der Beeinträchtigung von Mitgliedschaftsrechten durch den Beschluss bejaht, die nicht bereits in der „bloß" pflichtwidrigen Ablehnung der Geltendmachung von Ersatzansprüchen liegt, vgl. BGH, Urteil v. 10. 10. 2005, II ZR 90/03, NZG 2006, 20 (22) – *Mangusta/Commerzbank II*; OLG Frankfurt am Main, Urteil v. 21.11.2006, 5 U 115/05, ZIP 2007, 72 (74); *Habersack*, in: MünchKomm. AktG, § 108 AktG Rn. 85; *Hopt/Roth*, in: Großkomm. AktG, § 108 AktG Rn. 174 f.; *Spindler*, in: Spindler/Stilz, § 108 AktG Rn. 75.

381 So auch *Redeke*, ZIP 2008, 1549 (1552): „Im Rahmen des Klagezulassungsverfahrens findet also letztlich eine inzidente, am Maßstab des § 148 Abs. 1 Satz 2 Nr. 4 AktG orientierte Überprüfung der vorherigen Entscheidung des Aufsichtsrats über die entgegenstehenden Gründe des Gesellschaftswohls statt".

382 *Becker* FS Mestmäcker 2006, 25 (36); *Schröer*, ZIP 2005, 2081 (2086); *Paschos/ Neumann*, DB 2005, 1779 (1781); *Mimberg*, in: Marsch-Barner/Schäfer, Handbuch börsennotierte AG, § 37 Rn. 250; *Hüffer*, § 148 AktG Rn. 11; *Mock*, in: Spindler/Stilz, § 148 AktG Rn. 43; *Spindler*, in: K. Schmidt/Lutter, § 148 AktG Rn. 8; *G. Bezzenberger/ T. Bezzenberger*, in: Großkomm. AktG, § 148 AktG Rn. 177.

wie gezeigt, primär das Innenverhältnis zwischen Aktionären und Gesellschaft betrifft.[383]

Im Ausgangspunkt auch im Klagezulassungsverfahren angelegt ist damit die bereits für das Personengesellschafts- und GmbH-Recht angedeutete Diskrepanz zwischen der möglichen Sperrwirkung von Gründen des Gesellschaftswohls gegenüber einer Gesellschafterklage einerseits und der fehlenden Parteistellung der Gesellschaft andererseits.[384] Die genannte Verteilung der Prozessrollen folgt systematisch zwingend aus dem Umstand, dass der Gesellschaft gemäß § 148 Abs. 2 Satz 9 AktG die Stellung einer Beigeladenen zugewiesen ist,[385] so dass sich der Antrag auf Klagezulassung notwendig nur gegen den Gesellschaftsschuldner als Antragsgegner richten kann.[386]

Die Funktion der Beiladung liegt in dem der Aktionärsklage vorgeschalteten Zulassungsverfahren darin, der Gesellschaft die Möglichkeit zu geben, aus ihrer Sicht gegen eine Klageerhebung sprechende Gründe des Gesellschaftswohls im Prozess vorzubringen.[387] Konkret heißt dies, dass Aufsichtsrat bzw. Vorstand als primär zuständige Entscheidungsorgane ihre ablehnende Entscheidung verteidigen bzw. im Fall der Entbehrlichkeit eines gesellschaftsinternen Vorverfahrens[388] erstmals entsprechende Einwände vorbringen können. Wie bereits dargelegt (s. dazu bereits oben A.II.1.), führt die Subsidiarität der actio pro socio auch beim Klagezulassungsverfahren dazu, dass bei der Entscheidung über die Prozessführungsbefugnis verbleibende Entscheidungsspielräume bei der Frage, ob

---

383 De lege ferenda dafür, die Stellung des Antragsgegners nach dem Vorbild des für die Anfechtungsklage geltenden § 246 Abs. 2 Satz 1 AktG der Gesellschaft zuzuweisen, *Becker*, FS Mestmäcker 2006, 25 (35, Fn. 37).

384 Siehe Teil 3C.I.

385 Bereits früh vorgeschlagen wurde diese Lösung von *Grossfeld*, Aktiengesellschaft, Unternehmenskonzentration und Kleinaktionär, 1968, S. 310.

386 Vgl. Regierungsbegründung UMAG, BT-Drucks. 15/5092, S. 23: „Da es sich um ein *Verfahren zwischen Minderheit und Organ* handelt, gilt § 93 Abs. 4 Satz 3 im Zulassungsverfahren nicht [Hervorheb. d. Verf.]".

387 Regierungsbegründung UMAG, BT-Drucks. 15/5092, S. 22: „§ 148 Abs. 1 Satz 2 Nr. 4 gibt *der Gesellschaft* im Zulassungsverfahren die Möglichkeit, im Sinne der Grundsätze der ARAG/Garmenbeck-Entscheidung des Bundesgerichtshofs einzuwenden, dass Gründe des Gesellschaftswohls dem Schadensersatzprozess entgegenstehen [Hervorhebung d. Verf.]"; ebenso *Baums*, Gutachten F zum 63. Deutschen Juristentag 2000, F 259, 261; *Paschos/Neumann*, DB 2005, 1779 (1784); *Semler*, in: Münch. Hdb. GesR IV, § 42 Rn. 26; *Hüffer*, § 148 AktG Rn. 12; zuvor bereits *Grossfeld*, Aktiengesellschaft, Unternehmenskonzentration und Kleinaktionär, 1968, S. 310.

388 Vgl. § 148 Abs. 1 Satz 2 Nr. 2 AktG.

der Anspruchsdurchsetzung Gründe des Gesellschaftswohls entgegenstehen, beachtet werden müssen.[389]

Der Antragsgegner selbst wird nach dem oben Ausgeführten zur Frage entgegenstehender Gesellschaftsinteressen regelmäßig nicht substantiiert Stellung nehmen können.[390] Die Bedeutung seiner Beteiligung im Zulassungsverfahren liegt primär in der Gewährung rechtlichen Gehörs[391] bei der Vorprüfung der Erfolgsaussichten der Klage,[392] die bereits einen Gutteil der Begründetheitsprüfung des späteren Klageverfahrens vorwegnehmen dürfte.[393] Die Vorprüfung der Erfolgsaussichten im Zulassungsverfahren ist letztlich die Rechtfertigung dafür, den Aktionären im Falle des Unterliegens im nachfolgenden Klageverfahren einen Aufwendungsersatzanspruch gegen die Gesellschaft zu gewähren (s. bereits oben A.II.3.a)). Sie tragen damit nicht das am Streitwert der Hauptsache – regelmäßig also der bezifferte Betrag der eingeklagten Forderung[394] – bemessene „volle" Kostenrisiko,[395] sondern nur das Kostenrisiko eines erfolglosen Zulassungsverfahrens mit entsprechend reduziertem Streitwert.[396]

---

389 A.A. aber die in Fn. 231 Genannten.

390 S. auch *G. Bezzenberger/T. Bezzenberger*, in: Großkomm. AktG, § 148 AktG Rn. 161, die darauf verweisen, der Gesellschaftsschuldner dürfte sich als mutmaßlicher Schädiger der Gesellschaft kaum als glaubwürdiger Vertreter des Gesellschaftsinteresses erweisen.

391 Siehe § 148 Abs. 2 Satz 4 AktG. Die Vorschrift ist vor allem im Zusammenhang mit der im Zulassungsverfahren freigestellten mündlichen Verhandlung zu sehen (§ 128 Abs. 4 ZPO). Das Gesetz stellt klar, dass das Gericht ihn auch im Verfahren ohne mündliche Verhandlung unter Mitteilung des Antrags von Amts wegen zur schriftlichen Äußerung aufzufordern hat, s. dazu allg. *Leipold*, in: Stein/Jonas, vor § 128 ZPO Rn. 118. Dagegen geht *Becker*, FS Mestmäcker 2006, 25 (36) davon aus, das Zulassungsverfahren betreffe allein die Aktionärsminderheit und die Gesellschaft und die Anhörung des Gesellschaftsschuldners sei daher überflüssig.

392 § 148 Abs. 1 Satz 2 Nr. 3 AktG.

393 So die wohl zutreffende Einschätzung von *Seibert*, FS Priester 2007, 763 (773); *Schröer*, ZIP 2005, 2081 (2085); *DAV-Handelsrechtsausschuss*, NZG 2004, 555 (561); *Wilsing*, ZIP 2004, 1082 (1088); *Winnen*, Die Innenhaftung des Vorstandes nach dem UMAG, 2009, S. 388; *Huth*, Die Vorstandspflicht zur Risikoüberwachung, 2007, S. 244.

394 Siehe § 6 Satz 1 Fall 2 ZPO, *Schwerdtfeger*, in: MünchKomm. ZPO, § 3 ZPO Rn. 111.

395 Zum Streitwert der actio pro socio im Personengesellschaftsrecht *Happ/Pfeifer*, ZGR 1991, 103 (121 f.).

396 Der Streitwert des Zulassungsverfahrens soll nach §§ 3 ZPO, 53 Abs. 1 Satz 1 Nr. 4, Satz 2 GKG bestimmt werden und „für die Antragsteller in der Regel überschaubar sein", also wohl deutlich unter dem Hauptsachestreitwert liegen, Regierungsbegründung UMAG, BT-Drucks. 15/5092, S. 23.

Aus dem Charakter des Zulassungsverfahrens als zivilprozessualem Streitverfahren[397] folgt, dass für den Nachweis das Vorliegens entgegenstehender Gründe des Gesellschaftswohls keine Amtsermittlungspflicht des Gerichts besteht,[398] sondern es bei den allgemeinen Grundsätzen zur Darlegungs- und Beweislast im Zivilprozess sein Bewenden hat.[399] Vorzugswürdig ist danach die Auffassung, wonach der Antragsgegner und potentielle Gesellschaftsschuldner das Risiko der Beweislosigkeit der für das Vorliegen entgegenstehender Gründe des Gesellschaftswohls vorgebrachten Tatsachen trägt.[400] Denn das Vorliegen solcher Gründe stellt einen für den Antragsgegner günstigen Umstand dar, indem es zur Verneinung der Klagezulassung und damit der Prozessführungsbefugnis für die actio pro socio führt.[401]

b) Grundkonzeption der Beiladung

Die Untersuchung des „Inzidentprüfungsmodells" hat zuvor gezeigt, dass die Voraussetzungen für eine Nebenintervention der Gesellschaft zwar erfüllt sind, diese aber der prozessualen Lage der Gesellschaft nicht hinreichend Rechnung trägt. Während der Streithelfer auf die Unterstützung des Klägers oder des Beklagten beschränkt, tritt die Gesellschaft – jedenfalls im Zulassungsverfahren[402]

---

397 S. die Nachweise in Fn. 379.

398 Anders aber *K. Schmidt*, NZG 2005, 796 (800 mit Fn. 64 und 71); *Ziemons*, in: Nirk/Ziemons/Binnewies, Handbuch der Aktiengesellschaft, Rn. I 7.295; *Mock*, in: Spindler/Stilz, § 148 AktG Rn. 86; *Fett*, in: Bürgers/Körber, § 148 AktG Rn. 8; wohl auch *Hüffer*, § 148 AktG Rn. 8.

399 Der Untersuchungsgrundsatz gilt ohne gesetzliche Grundlage im Zivilprozessrecht nur dann, wenn das öffentliche Interesse eine vom Parteivorbringen unabhängige Sachverhaltsaufklärung erfordert. Ausführlich *Leipold*, in: Stein/Jonas, vor § 128 ZPO Rn. 181 ff..

400 *Winnen*, Die Innenhaftung des Vorstandes nach dem UMAG, 2009, S. 406; *Lochner*, in: Heidel, Aktienrecht, § 148 AktG Rn. 16; *G. Bezzenberger/T. Bezzenberger*, in: Großkomm. AktG, § 148 AktG Rn. 161. Für Darlegungs- und Beweislast der Aktionäre als Antragsteller, denen jedoch die Grundsätze zur sekundären Bahauptungslast beim Beweis negativer Tatsachen zugute kommen, *Spindler*, in: K. Schmidt/Lutter, § 148 AktG Rn. 32. Zum Teil wird daher die Darlegungs- und Beweislast auch bei der beigeladenen Gesellschaft gesehen, *Happ*, FS H. P. Westermann 2008, 971 (997). Vgl. auch den Entwurf für einen § 147a AktG von *Ulmer*, ZHR 163 (1999), 290 (341): „[...] wenn die Gesellschaft nicht nachweist, daß der Klage eigene Interessen entgegenstehen [...]".

401 Zu den entsprechenden Organpflichten der die beigeladene Gesellschaft vertretenden Organe unten Teil 4C.IV.

402 Im nachfolgenden Klageverfahren hätte dagegen in der Tat eine Nebenintervention genügt, da zu diesem Zeitpunkt bereits feststeht, dass der Anspruch durchgesetzt werden muss und die Gesellschaftsorgane, welche die beigeladene Gesellschaft vertreten, in

– weder „zur Unterstützung“ (s. § 66 ZPO) der Minderheitsaktionäre, noch des Gesellschaftsschuldners dem Verfahren bei, sondern zur Wahrung ihrer eigenen Interessen.[403]

Das Klagezulassungsverfahren weist der Gesellschaft gemäß § 148 Abs. 2 Satz 9 AktG die Stellung einer „Beigeladenen“ zu, wobei die gesetzliche Regelung jedoch offen lässt, was genau darunter zu verstehen sein soll. Ohne bereits an dieser Stelle auf Details einzugehen (ausführlich unten Teil 4C), ist die Beiladung im Klagezulassungsverfahren anders als teilweise im Schrifttum vertreten,[404] keine streitgenössische Nebenintervention, sondern eine Beteiligungsform nach dem verwaltungsprozessrechtlichen Vorbild der §§ 65 Abs. 2, 66 VwGO.[405]

Der Beigeladene im Sinne der VwGO ist selbständiger Verfahrensbeteiligter und als solcher nicht Partei, sondern „neutraler Dritter“ im Prozess zwischen Kläger und Beklagtem. Für die Beteiligung der Gesellschaft an der actio pro socio bedeutet dies, dass sie nicht einer der beiden Hauptparteien (klagende Aktionäre oder Gesellschaftsschuldner) beitreten muss, sondern eine von den Parteien unabhängige prozessuale Stellung einnimmt.[406]

Dies kommt der prozessualen Situation der Gesellschaft insbesondere im Zulassungsverfahren entgegen, da die Gesellschaft davor bewahrt wird, durch

---

entsprechender Anwendung der *ARAG/Garmenbeck*-Grundsätze verpflichtet sind, die klagenden Aktionäre zu unterstützen. Näher dazu Teil 4C.IV.2.

403 Dies übersieht *Zieglmeier*, ZGR 2007, 144 (154), der davon ausgeht, die Gesellschaft habe stets eine nähere Beziehung zu den Minderheitsaktionären; dem folgend *G. Bezzenberger/T Bezzenberger*, in: Großkomm. AktG, § 148 AktG Rn. 184, die ebenfalls davon ausgehen, die Gesellschaft trete einer der Parteien des Klagezulassungsverfahrens bei.

404 So *Zieglmeier*, ZGR 2007, 144 (154); *G. Bezzenberger/T Bezzenberger*, in: Großkomm. AktG, § 148 AktG Rn. 184.

405 So ausdrücklich Regierungsbegründung UMAG, BT-Drucks. 15/5092, S. 24; *Paschos/Neumann*, DB 2005, 1779 (1783 f.); *Happ*, FS H. P. Westermann 2008, 971 (980 f.); *Winnen*, Die Innenhaftung des Vorstandes nach dem UMAG, 2009, *S.* 394 ff.; *Ziemons*, in: Nirk/Ziemons/Binnewies, Handbuch der Aktiengesellschaft, Rn. I 7.298; *Holzborn*, in: Bürgers/Körber, § 148 AktG Rn. 11; *Spindler*, in: K. Schmidt/Lutter, § 148 AktG Rn. 8; *Hüffer*, § 148 AktG Rn. 11. Für eine Orientierung an §§ 65, 66 VwGO bereits *Grossfeld*, Aktiengesellschaft, Unternehmenskonzentration und Kleinaktionär, 1968, S. 310.

406 *Czybulka*, in: Sodan/Ziekow, § 66 VwGO Rn. 6; *Bier*, in: Schoch/Schmidt-Aßmann/Pietzner, § 66 VwGO Rn. 2; *J. Schmidt*, in: Eyermann, § 65 VwGO Rn. 3, § 66 VwGO Rn. 1. Ebenso *Winnen,* Die Innenhaftung des Vorstandes nach dem UMAG, 2009, S. 393 f.; *Spindler*, in: K. Schmidt/Lutter, § 148 AktG Rn. 8; *Holzborn*, in: Bürgers/Körber, § 148 AktG Rn. 11; *Paschos/Neumann*, DB 2005, 1779 (1783).

Beitritt auf Seiten des potentiellen Gesellschaftsschädigers ihre Interessen wahren zu müssen. Für das zuständige Verwaltungsorgan (regelmäßig also den Aufsichtsrat), das ohnehin im Verdacht steht, die Geltendmachung aus sachwidrigen Gründen zu unterlassen, bedeutet dies, dass es (als Vertreter der Gesellschaft) Gründe des Gesellschaftswohls im Zulassungsverfahren vorbringen kann, ohne diesem Verdacht durch den bloß formalen Streitbeitritt auf der Seite des Antragsgegners weiter Vorschub zu leisten.[407] Zugleich wird vermieden, dass die Gesellschaft nach Zulassung der Klage – wenn also feststeht, dass der Anspruchsdurchsetzung keine Gesellschaftsinteressen entgegen stehen – quasi die Seiten wechseln muss.[408]

Der Vorteil gegenüber der Nebenintervention liegt zudem in der gesetzlich angeordneten Pflicht des Gerichts, für die Beiladung der Gesellschaft zu sorgen. Dadurch wird der Schutz des Gesellschaftsinteresses nicht nur materiellrechtlich, sondern auch durch verfahrensmäßige Vorkehrungen sichergestellt. Zweifel und Unsicherheiten hinsichtlich der Prozessführungsbefugnis der Aktionäre werden durch die zwingende Beteiligung der Gesellschaft von vornherein vermieden. Näherer Erörterung bedarf gleichwohl die Ausgestaltung der prozessualen Befugnisse des Beigeladenen im Spannungsfeld zwischen VwGO und ZPO.[409]

III. Bewertung der vorhandenen Lösungswege

Obwohl die actio pro socio als rechtsformübergreifendes Institut auf gleichartige innergesellschaftliche Konfliktlagen reagieren soll, finden sich im Personengesellschafts-, GmbH- und Aktienrecht höchst unterschiedliche Konzepte zur Umsetzung des gerichtlichen Streits um das Gesellschaftsinteresse, die sich nach dem gegenwärtigen Stand der Diskussion nicht widerspruchsfrei zu einem Gesamtsystem zusammenfügen lassen.

1. Die Vorzugswürdigkeit der Inzidentprüfungsmodells gegenüber dem Klagemodell

Im Hinblick auf die Beteiligung der Gesellschaft bzw. der Gesellschafter am Streit um die Prozessführungsbefugnis erweist sich das Klagemodell zunächst

407 Vgl. demgegenüber *G. Bezzenberger/T. Bezzenberger*, in: Großkomm. AktG, § 148 AktG Rn. 184: „Die Gesellschaft ist berechtigt, aber nicht verpflichtet, einer Partei im Klagezulassungsverfahren beizutreten".

408 Näher zu den Pflichten des die beigeladene Gesellschaft vertretenden Verwaltungsorgans unten Teil 4C.IV.2.

409 Dazu unten Teil 4C.I.2.

als adäquate Lösung, da es eine automatische Drittbeteiligung an der actio pro socio zur Folge hat. Zu einem verbandsübergreifenden Prinzip der actio pro socio lässt es sich gleichwohl kaum fortentwickeln. Ein allgemeines Gesellschafterklagerecht zur gerichtlichen Überprüfung einer Geschäftsführungsentscheidung, welche die Anspruchsdurchsetzung (rechtswidrig) ablehnt, steht weder im Personengesellschaftsrecht noch im GmbH- oder Aktienrecht zur Verfügung. Ein umfassender Anspruch der Gesellschafter auf gesetzes- und satzungsmäßige Geschäftsführung besteht nach allgemeiner Auffassung nicht.[410]

Wenn speziell im GmbH-Recht eine formelle Anfechtungsklage gegen den die Anspruchsdurchsetzung ablehnenden Gesellschafterbeschluss erhoben werden muss, liegt darin wegen der Anfechtungsfrist verglichen mit Fällen, in denen entweder kein Beschlusserfordernis angeordnet ist oder aber die betreffende Gesellschaftsform – z. B. die Personengesellschaften – kein förmliches Beschlussmängelrecht kennt, eine deutliche Einschränkung der actio pro socio. Eine verfristete Anfechtungsklage ist als unbegründet abzuweisen[411] und in Folge eine Leistungsklage mangels Prozessführungsbefugnis unzulässig.

Soweit im Personengesellschafts- oder GmbH-Recht ein Einforderungsbeschluss im Klagewege erzwungen werden soll, ist zudem zu bedenken, dass dieser das zuständige Geschäftsführungsorgan zur Ausführung verpflichtet. Wer also die Herbeiführung eines Einforderungsbeschlusses zur Voraussetzung der actio pro socio macht, schafft damit eigentlich ein Instrument, um die Anspruchsdurchsetzung durch das zuständige Vollzugsorgan zu erzwingen und entfernt sich damit vom eigentlichen Charakter eines unmittelbaren Gesellschafterklagerechts. Konsequent wäre es hier, dem Gesellschaftsorgan durch eine verfahrensrechtliche Zäsur, also das Nacheinander von Beschlussmängelklage und Zahlungsklage, die Möglichkeit zum Vollzug des Beschlusses einräumen.[412]

Die h. M. im GmbH-Recht entscheidet aus prozessökonomischen Gründen gleichwohl anders und will die Beschlussmängelklage mit der Zahlungsklage zu einem einheitlichen Verfahren verbinden.[413] Im Ergebnis wird damit aus Grün-

---

410 *Zöllner*, ZGR 1988, 392 (415); *Bayer*, NJW 2000, 2609 (2611); *Baums*, Gutachten F zum 63. Deutschen Juristentag 2000, F 201 ff.; *Altmeppen*, in: Roth/Altmeppen, § 13 GmbHG Rn. 19. Gegen einen allgemeinen Anspruch auf ordnungsgemäße Geschäftsführung im Personengesellschaftsrecht *K. Schmidt*, in: MünchKomm. HGB, § 105 HGB Rn. 200. Vgl. auch *Schäfer*, in: Großkommm. HGB, § 114 HGB Rn. 74 zur Frage, ob nicht geschäftsführenden Gesellschaftern Unterlassungsklage gegen Geschäftsführungsmaßnahmen erheben können.

411 Statt aller *K. Schmidt*, in: Scholz, § 45 GmbHG Rn. 141.

412 Zutreffend insoweit *Schwab*, Das Prozessrecht gesellschaftsinterner Streitigkeiten, 2005, S. 86. Vgl. dazu noch unten Teil 3C.III.2.

413 Siehe die Nachweise in Fn. 89.

den der Effektivität des Rechtsschutzes letztlich aber nichts anderes als die Lösung des Inzidentprüfungsmodells gesucht. Im Personengesellschaftsrecht dürfte eine Verbindung von Zustimmungsklage und Zahlungsklage dagegen auf Schwierigkeiten stoßen, da der Zustimmungsbeschluss erst mit der Rechtskraft des klagezusprechenden Urteils zustande kommt (s. § 894 ZPO).[414] War der Abstimmungsvorgang zu diesem Zeitpunkt aber schon abgeschlossen und der Abstimmungsantrag damit verbraucht,[415] bedürfte es einer erneuten Abstimmung der Gesellschafter, bei der die treuwidrig verweigerte Zustimmung dann durch das Urteil ersetzt wird.[416] Das Verfahren wird dadurch erheblich in die Länge gezogen und verkompliziert.

Belässt man es umgekehrt bei zwei hintereinander geschalteten Klagen, zieht sich das Verfahren erheblich in die Länge, wenn die Gesellschaft gegen das auf die Beschlussmängel- bzw. die Zustimmungsklage hin ergangene Urteil Rechtsmittel einlegt. Erst nach Durchlaufen des Instanzenzuges stünde rechtskräftig fest, dass der Anspruch geltend zu machen ist und erst jetzt könnte gegen den Beklagten eine zulässige Gesellschafterklage auf Zahlung erhoben werden – sofern nicht die Gesellschaft jetzt selbst Klage erhebt. Die subsidiäre actio pro socio wäre kaum mehr als schlagkräftiges Gesellschafterklagerecht zu bezeichnen.

Ob eine Verfahrensverbindung die in sie gesetzten Erwartungen an einen prozessökonomischen Gewinn erfüllen kann, ist zweifelhaft. Die Frage der Rechtmäßigkeit der Ablehnung der Geltendmachung ist der Leistungsklage notwendig zeitlich vorgelagert, denn die positive Beschlussfeststellung bzw. die Ersetzung der Zustimmung erfolgt erst mit Rechtskraft des Urteils.[417] Erst damit sind streng genommen die Voraussetzungen der actio pro socio erfüllt, nicht aber bereits im Zeitpunkt der letzten mündlichen Verhandlung über den Gesellschaftsanspruch.

---

414 *Goette*, in. Ebenroth/Boujong/Joost/Strohn, § 119 HGB Rn. 25.

415 Dazu BGH, Urteil v. 19.2.1990, II ZR 42/89, ZIP 1990, 505 (507); *Schwab*, Das Prozessrecht gesellschaftsinterner Streitigkeiten, 2005, S. 463, 465; *Wiedemann*, Gesellschaftsrecht I, § 3 III 1, S. 177; *K. Schmidt*, in: Scholz, § 45 GmbHG Rn. 31.

416 *Schwab*, Das Prozessrecht gesellschaftsinterner Streitigkeiten, 2005, S. 465, s. auch S. 84 (zur GmbH). Das auf die Zustimmungsklage hin ergehende Urteil ersetzt insoweit nur die fehlende Einzelzustimmung, stellt aber nicht im Wege eines Gestaltungsurteils den Beschluss insgesamt fest. Vgl. dagegen zur positiven Beschlussfeststellungsklage im GmbH-Recht, die als Gestaltungsklage mit Wirkung *inter omnes* eine erneute Durchführung des Beschlussverfahrens erspart *K. Schmidt*, in: Scholz, § 45 GmbHG Rn. 180.

417 *Goette*, in. Ebenroth/Boujong/Joost/Strohn, § 119 HGB Rn. 25.

Im Übrigen wäre zu bedenken, dass es sich trotz Verfahrensverbindung um das Nebeneinander zweier Prozesse – einer gegen die Gesellschaft bzw. die widersprechenden Gesellschafter, einer gegen den Gesellschaftsschuldner – handelt. Ist die Anfechtungs- und Beschlussfeststellungs- bzw. Zustimmungsklage vorab entscheidungsreif –, wäre diese abzutrennen und gesondert durch Vollendurteil zu entscheiden.[418] Gegen dieses Urteil könnten die unterlegene Gesellschaft bzw. die opponierenden Gesellschafter – soweit sie als Streithelfer *des Beklagten* beitreten[419] – wiederum Rechtsmittel einlegen.[420]

Der BGH hat gleichwohl im Falle der Ausschließung eines Personengesellschafters die Zustimmungs- und die Ausschließungsklage mit der Folge verbunden, dass über beide gleichzeitig entschieden werden konnte, obwohl die Zustimmung erst mit Rechtskraft (§ 894 ZPO) vorlag.[421] Verbindet man dem folgend bei der actio pro socio Beschlussmängel- und Leistungsklage zu einer Einheit[422], führt das Klagemodell letztlich zum selben Ergebnis, wie das Inzidentprüfungsmodell. Die gerichtliche Entscheidung über die Rechtmäßigkeit der Ablehnung der Klageerhebung könnte nicht isoliert vorab, also noch vor der Entscheidung über die Zahlungsklage angefochten werden. Wie im Inzidentprüfungsmodell könnte die ablehnende Primärentscheidung vielmehr nur zusammen mit dem Urteil über den Gesellschaftsanspruch angefochten werden.[423]

Ein zwingender Grund, statt der prozessökonomischen Inzidentprüfung doch eine Anfechtungs- und positive Beschlussfeststellungsklage bei der GmbH oder eine Zustimmungsklage im Personengesellschaftsrecht vorauszusetzen, wäre damit allenfalls dann gegeben, wenn das Vorliegen eines Beschlusses Voraus-

418 S. zur Verfahrensverbindung durch das Gericht nach § 147 ZPO *Wagner*, in: MünchKomm. ZPO, § 147 ZPO Rn. 10; *Smid*, in: Wieczorek/Schütze, § 147 ZPO Rn. 15; *Leipold*, in: Stein/Jonas, § 147 ZPO Rn. 23.

419 S. dazu *Eickhoff*, Die Gesellschafterklage im GmbH-Recht, 1988, S. 167 ff..

420 Die Schadensersatzklage müsste sodann aber bis zur Entscheidung über die Beschlussmängelklage nach § 148 ZPO ausgesetzt werden, da deren Ausgang präjudiziell für die Prozessführungsbefugnis im Leistungsprozess ist.

421 BGH, Urteil v. 18.10.1976, II ZR 98/75, BGHZ 68, 81 (84 f.).

422 So insbes. *Eickhoff*, Die Gesellschafterklage im GmbH-Recht, 1988, S. 167, 179.

423 Anders ist dies nur, wenn nach abgesonderter Verhandlung über die Zulässigkeit ein Zwischenurteil nach § 280 Abs. 1 ZPO ergeht (s. auch *Schwab*, Das Prozessrecht gesellschaftsinterner Streitigkeiten, 2005, S. 103). Das Verfahren steht bei Einlegung eines Rechtsmittels gegen das Zwischenurteil regelmäßig bis zur Rechtskraft des Zwischenurteils still, s. *Greger*, in: Zöller, § 280 ZPO Rn. 7, 9; *Prütting*, in: MünchKomm. ZPO, § 280 ZPO Rn. 9. S. aber auch § 280 Abs. 2 Satz 2 ZPO. Von den Vertretern des Inzidentprüfungsmodells wird die Möglichkeit eines Zwischenurteils kaum erörtert; der prozessökonomische Gewinn der Inzidentprüfung ginge dabei auch weitgehend verloren.

setzung der Zulässigkeit oder Begründetheit der actio pro socio ist. Dies ist bei den genannten Beschlusserfordernissen im GmbH- und Personengesellschaftsrecht indes nicht der Fall (näher unten D.II.2.a) und D.II.3.a)).

Für die Vorzugswürdigkeit des Inzidentprüfungsmodells spricht nicht zuletzt auch die Verteilung der Kostenlast für den Streit um die Prozessführungsbefugnis. Ist als erster Schritt eine Klage gegen die Gesellschaft oder die widersprechenden Gesellschafter zu richten, fallen diesen die Kosten des Vorverfahrens zur Last, wenn die Anspruchsdurchsetzung zu Unrecht verweigert wurde. Anderes gilt aber im GmbH-Recht bereits dann, wenn der Geschäftsführer primär entscheidungsbefugt ist. Dessen ablehnende Entscheidung kann nicht im Rahmen einer vorgeschalteten Klage, sondern allenfalls inzident im Prozess gegen den potentiellen Gesellschaftsschuldner geprüft werden. Wurde die Klageerhebung vom Geschäftsführer zu Unrecht abgelehnt, hat der Gesellschaftsschuldner auch die Kosten der Vorprüfung der Prozessführungsbefugnis zu tragen.

Entsprechendes gilt in anderen Fällen der Inzidentprüfung, etwa im Personengesellschaftsrecht, doch ist nicht einzusehen, warum abhängig von der internen Zuständigkeitsverteilung mal die Gesellschaft bzw. die widersprechenden Gesellschafter, mal der Gesellschaftsschuldner die Kosten tragen soll. Unter Wertungsgesichtspunkten dürfte der Zuweisung der Kosten zum mutmaßlichen Gesellschaftsschuldner – er trägt die Kosten wohlgemerkt nur, wenn er in der Sache verurteilt wird – der Vorzug gebühren. Denn umgekehrt kommt die Verneinung der Prozessführungsbefugnis durch faktische Haftungsfreistellung vorrangig ihm zugute.

2. Das zweistufige Klagezulassungsverfahren als rechtsformübergreifendes Verfahrenskonzept?

Das gesetzlich geregelte Klagezulassungsverfahren vereint zu einem gewissen Grad Merkmale von Klage- und Inzidentprüfungsmodell. Durch seine Zweistufigkeit lehnt es sich an das Klagemodell an, indem es den Streit um die Prozessführungsbefugnis und die Frage des Bestands der Prozessführungsbefugnis in ein eigenständiges Verfahren vorverlagert. Obwohl es sich beim Zulassungsverfahren um keinen Rechtsbehelf gegen den Beschluss des Aufsichtsrats bzw. Vorstands handelt, gewährleistet die notwendige Beiladung gemäß § 148 Abs. 2 Satz 9 AktG vergleichbar dem Klagemodell die Beteiligung der Gesellschaft. Dagegen wählt es im Hinblick auf die Kosten des Streits über die Prozessführungsbefugnis den Ansatz des Inzidentprüfungsmodells, da das Zulassungsverfahren als Prozess zwischen den antragstellenden Aktionären und dem Gesellschaftsschuldner ausgestaltet ist. Vorausgesetzt auch die Haftungsklage hatte

Erfolg werden diese dem Gesellschaftsschuldner auferlegt[424], was unter Wertungsgesichtspunkten aus den oben zu 1. a. E. genannten Gründen gerechtfertigt ist.

a) Verfahrensaufbau und Effizienz des Klagerechts

Der Gesetzgeber des UMAG hat sich gegen den unmittelbaren Übergang vom Zulassungsverfahren in das Klageverfahren – vergleichbar etwa einer Stufenklage[425] oder der durch die Gewährung von Prozesskostenhilfe aufschiebend bedingten Klage[426] – entschieden, um der Gesellschaft nach Zulassung der Klage Gelegenheit zu geben, selbst Klage zu erheben.[427] Gemäß § 148 Abs. 2 Satz 5 und 6 AktG kann gegen den Zulassungsbeschluss zudem unmittelbar die sofortige Beschwerde erhoben werden, vor deren rechtskräftiger Entscheidung die Aktionärsklage nicht zulässig erhoben werden kann.[428]

Diese strikte Umsetzung des Subsidiaritätsgedankens durch das Klagezulassungsverfahren steht im Gegensatz zu den unter 1. herausgearbeiteten prozessökonomischen Erwägungen, die im GmbH-Recht für die Verbindung von Beschlussmängel- und Schadensersatzklage angeführt werden und generell für die Vorzugswürdigkeit des Inzidentprüfungsmodells sprechen. Angesichts der ausdrücklichen gesetzlichen Regelung in § 148 AktG ist damit aber die Frage aufgeworfen, ob ein zwingender Grund für eine zweistufige Ausgestaltung des Verfahrens der actio pro socio besteht, was letztlich auch bei der actio pro socio in anderen Gesellschaftsformen jedem Versuch einer effizienteren Verfahrensgestaltung – sei es durch Verfahrensverbindung beim Klagemodell oder im Wege einer Inzidentprüfung – entgegen stehen würde.

Für eine zweistufige Verfahrensstruktur spricht zunächst, dass für das zur Klageerhebung gesellschaftsintern zuständige Gesellschaftsorgan nach der gerichtlichen Überprüfung und Verwerfung der Gründe für die Ablehnung der Klageerhebung feststeht, dass der Anspruch der Gesellschaft durchgesetzt werden muss.[429] Dieser Gedanke beansprucht dann aber nicht nur in der Aktiengesellschaft, sondern – unabhängig von Klage- bzw. Inzidentprüfungsmodell oder

424 S. § 148 Abs. 6 Satz 3 AktG. Bereits zuvor *Grossfeld*, Aktiengesellschaft, Unternehmenskonzentration und Kleinaktionär, 1968, S. 308.

425 Siehe § 254 ZPO.

426 Näher dazu *Philippi*, in: Zöller, § 117 Rn. 7 ff..

427 S. § 148 Abs. 4 Satz 1 AktG.

428 *Paschos/Neumann*, DB 2005, 1779 (1781); *Spindler*, in: K. Schmidt/Lutter, § 148 AktG Rn. 40. Jedoch ist die Verjährung des geltend zu machenden Anspruchs bereits durch den Zulassungsantrag bis zum Ablauf der Klagefrist gehemmt, vgl. § 148 Abs. 2 Satz 3 AktG.

429 So zutreffend *Lochner*, in: Heidel, Aktienrecht, § 148 AktG Rn. 26.

der Primärzuständigkeit der Vertretungsorgane bzw. der Gesellschafter – rechtsformübergreifend Gültigkeit.[430] In allen Gesellschaftsformen wäre nach Bejahung der Prozessführungsbefugnis mithin der Gesellschaft noch einmal Gelegenheit zu geben, eine eigene Klage zu erheben.

Nicht zu verkennen ist andererseits, dass eine weitere Hinauszögerung der Klage – im Falle des Klagezulassungsverfahrens bis zu drei Monate![431] – eine erhebliche Belastung für die klagenden Gesellschafter darstellen kann. Gerade für personalistisch geprägte, kleinere Gesellschaften dürfte ein generell zweistufiges Verfahren damit zu kompliziert und dem einstufigen Inzidentprüfungsmodell aus prozessökonomischen Gründen daher der Vorzug zu geben sein.[432] Hierfür spricht schon, den kostenträchtigen doppelten Instanzenzug – einmal in Bezug auf die ablehnende Entscheidung, einmal in Bezug auf die eigentliche Zahlungsklage – zu vermeiden.

Unter dem Gesichtspunkt der Wahrung der innergesellschaftlichen Zuständigkeitsordnung ist ein verfahrensmäßiger Zwischenschritt nicht zwingend erforderlich. Bereits auf Grundlage der gegenwärtigen h. M. hat die Gesellschaft jederzeit die Möglichkeit eine eigene Klage zu erheben, wodurch die Gesellschafterklage unzulässig wird.[433] Gewährt man der Gesellschaft wie im Klagezulassungsverfahren das Recht zur Übernahme der Gesellschafterklage im Wege des Parteiwechsels[434], besteht zudem die Möglichkeit eines prozessökonomischen Ausgleichs zwischen Gesellschafts- und Gesellschafterinteressen auch im einstufigen Verfahren.[435]

Rechtspolitisch dürfe die Beharrung auf einem verfahrensmäßigen Zwischenschritt im Aktienrecht und der damit einhergehende Bedeutungszuwachs für das Zulassungsverfahren gegenüber der eigentlichen Hauptsacheklage nicht zuletzt die altbekannten Vorbehalte gegenüber einer Aktionärsklage widerspie-

---

430 Siehe zur GmbH *Schwab*, Das Prozessrecht gesellschaftsinterner Streitigkeiten, 2005, S. 86.

431 § 148 Abs. 4 Satz 1 AktG.

432 S. bereits *Immenga*, Die personalistische Kapitalgesellschaft, 1970, S. 295.

433 Näher unten Teil 4B.I.1. Die klagenden Gesellschafter haben zwar umgekehrt ein eigenes Interesse an einer klaren Entscheidung der Gesellschaft für oder gegen eine Klageerhebung, um unnötige Prozesskosten zu vermeiden. Insoweit kann jedoch auch ohne zweistufige Verfahrensstruktur durch einen Kostenerstattungsanspruch gegenüber der Gesellschaft für den Fall der nachträglichen Erhebung einer Gesellschaftsklage Abhilfe geschaffen werden. Vgl. für das Klagezulassungsverfahren § 148 Abs. 6 Satz 4 AktG sowie unten Teil 4B.I.3.

434 Vgl. § 148 Abs. 3 Satz 2 AktG.

435 Näher zu dem Recht der Gesellschaft die Gesellschafterklage im Wege des gesetzlichen Parteiwechsels zu übernehmen unten Teil 4B.II.

geln. Der Charakter der actio pro socio verschiebt sich insoweit vom Gesellschafterklagerecht zum bloßen Klage*erzwingungs*recht mit „Reserveklagerecht“ für den Fall, dass sich die zuständigen Organe auch nach der gerichtlichen Klagezulassung nicht veranlasst sehen, selbst Klage einzureichen.[436] Der Gesetzgeber wollte sich insoweit offenbar nicht vollständig vom Konzept des § 147 Abs. 3 AktG a. F. lösen.

Für verfahrensmäßige Struktur der actio pro socio in anderen Gesellschaftsformen ergeben sich aus dem streng zweistufigen Aufbau des Klagezulassungsverfahrens damit keine zwingenden Rückschlüsse. Jedenfalls die Frage, ob der Klage Gründe des Gesellschaftswohls entgegenstehen, kann auch in einem nur einstufigen Verfahren geklärt werden, wenn das Institut der notwendigen Beiladung über den Anwendungsbereich des § 148 AktG hinaus erstreckt wird.[437]

b) Verfahrensaufbau und Kostenrisiko

Gegenüber der einstufigen Inzidentprüfung wäre eine zweistufige Struktur dann vorzuziehen, wenn entgegen der bislang herrschenden Meinung zur actio pro socio ein Kostenerstattungsanspruch gegen die Gesellschaft für den Fall des Unterliegens mit der Klage gegen den Gesellschaftsschuldner gewährt werden soll.[438] Voraussetzung hierfür ist – vergleichbar der Vorschrift des § 148 Abs. 1 Satz 2 Nr. 3 AktG – eine Prüfung der Erfolgsaussichten in einem Vorverfahren, damit die Gesellschaft nicht mit den Kosten von vornherein aussichtsloser Klagen belastet wird. Der Vorteil des Klagezulassungsverfahrens besteht insoweit darin, dass die Erfolgsaussichten in einem Vorverfahren mit nur geringem Streitwert und damit Kostenrisiko geprüft werden können, wohingegen das Kostenrisiko des Hauptsacheverfahrens nach Zulassung der Klage die Gesellschaft trägt (s. zur entsprechenden Stufung der Streitwerte in Zulassungs- und Klageverfahren oben II.3.a)).

---

436 *Winnen*, Die Innenhaftung des Vorstandes nach dem UMAG, 2009, S. 450 f.; *Spindler*, in: K. Schmidt/Lutter, § 148 AktG Rn. 35. Von dem faktischen Druck auf das zuständige Organ, den Anspruch der Gesellschaft im Falle der Klagezulassung selbst geltend zu machen, ist die Frage zu unterscheiden, ob eine rechtliche Klage*pflicht* besteht. Ausführlich und im Ergebnis ablehnend *Koch*, FS Hüffer 2010, 447 ff..

437 Im Ergebnis ebenso *Verse*, FS U. H. Schneider 2011, 1325 (1339, 1341).

438 Zur Kostentragungspflicht des Gesellschafters bzw. Aktionärs bei der actio pro socio *K. Schmidt*, in: MünchKomm. HGB, § 105 HGB Rn. 202; *Schäfer*, in: Großkomm. HGB, § 105 HGB Rn. 263; *Altmeppen*, in: MünchKomm. AktG, § 317 AktG Rn. 51; *Pentz*, in: Rowedder/Schmidt-Leithoff, § 13 GmbHG Rn. 120; *Werthenbruch*, in: Ebenroth/Boujong/Joost/Strohn, § 105 HGB Rn. 154; *Hueck/Fastrich*, in: Baumbach/Hueck, in: GmbHG, § 13 Rn. 40; Raiser/Veil, Recht der Kapitalgesellschaften, § 27 Rn. 26.

Zu weitgehend ist es demgegenüber, dem Kläger *unabhängig* von einer gerichtlichen Prüfung der Erfolgsaussichten auch für den Fall des Unterliegens einen Aufwendungsersatzanspruch zu gewähren.[439] Im gesetzlich geregelten Aktienkonzernrecht steht dem bereits der ausdrückliche Wille des historischen Gesetzgebers entgegen, demzufolge das Kostenrisiko Schutz vor missbräuchlichen Klagen bieten soll.[440] Dem Zusammenhang zwischen den Erfolgsaussichten der Klage und der Rechtfertigung eines Kostenerstattungsanspruch Rechnung tragend bejahte ein Teil der Literatur einen Kostenerstattungsanspruch zumindest (aber auch nur) für den Fall, dass der klagende Aktionär im Falle eines Erfolgs oder zumindest Teilerfolgs der Klage einen Teil seiner Kosten vom Gegner nicht erlangen kann.[441]

Anders als im Aktienrecht, wo die als unbefriedigend empfundene Kostenregelung des § 147 AktG a. F. ganz maßgeblich zur Einführung des § 148 AktG geführt hat, dürfte in den Personengesellschaften und der GmbH ein dringendes Bedürfnis für die Gewährung einer Kostenerstattungsmöglichkeit kaum gegeben sein. In der Diskussion um die actio pro socio spielt die Frage dort bislang jedenfalls eine allenfalls untergeordnete Rolle. Denkbar wäre es hier gleichwohl, Gesellschaftern, die das mit der actio pro socio verbundene Kostenrisiko scheuen, ein dem Klagezulassungsverfahren entsprechendes zweistufiges Verfahren wahlweise *neben* einer einstufigen actio pro socio ohne Kostenerstattungsmöglichkeit zur Verfügung zu stellen. Als praktischer Anwendungsfall kämen dabei insbesondere Publikumskommanditgesellschaften mit vornehmlich anlageorientierten Kommanditisten in Betracht.[442] Da es sich bei der actio pro socio im Kern zwar um zwingendes, aber gleichwohl einschränkbares Recht handelt,[443] könnte ein dem Klagezulassungsverfahren vergleichbares Verfahren als ab-

---

439 So aber offenbar *Langenbucher*, in: K. Schmidt/Lutter, § 309 AktG Rn. 33, die sich für eine isolierte Übertragung des Kostenerstattungsanspruchs des § 148 Abs. 6 AktG auf die konzernrechtliche Aktionärsklage ausspricht; tendenziell wohl auch *Hüffer*, § 309 Rn. 21.

440 Begründung RegE zu § 309, *Kropff*, Aktiengesetz, S. 405: „Ein Missbrauch dieses Rechts braucht nicht befürchtet zu werden, weil der klagende Aktionär das Kostenrisiko trägt".

441 *Kropff*, in: MünchKomm. AktG, § 317 AktG Rn. 62; *Kropff*, FS Bezzenberger 2000, 233 (240 f.); *Trescher*, DB 1994, 661 (664).

442 *Gaul*, DStR 2009, 804 (808 f.); *Grunewald*, in: MünchKomm. HGB, § 161 HGB Rn. 133. S. zur Frage eines Mindestanteilsbesitzes auch oben Teil 2D.II.

443 H. M., s. *Schäfer*, in: Großkomm. HGB, § 105 Rn. 259; *Martens*, in: Schlegelberger, § 105 HGB Rn. 68; *Wertenbruch*, in: Ebenroth/Boujong/Joost/Strohn, § 105 HGB Rn. 153; *Wirth*, in: Münch. HdB GesR, II, § 7 Rn. 99.

schließende Regelung für die actio pro socio im Gesellschaftsvertrag vereinbart werden.[444]

Auch die mangelnde Bedeutung der konzernrechtlichen Aktionärsklagerechte wurde zu guten Teilen dem mit der Erhebung einer solchen Klage verbundenen Kostenrisiko zugeschrieben.[445] Insofern wäre zu erwägen, die konzernrechtliche actio pro socio als Einzelklagerecht – also unter Verzicht auf ein Beteiligungsquorum – nach dem Vorbild des § 148 AktG zweistufig auszugestalten, um so die Voraussetzung für einen Kostenerstattungsanspruch zu schaffen. Die vorzugswürdige Lösung dürfte *de lege ferenda* indes darin liegen, die konzernrechtlichen Einzelklagebefugnisse insgesamt durch Verweise auf § 148 AktG zu ersetzen, da auch im Konzernrecht kein Grund besteht, auf ein Quorum für die actio pro socio zu verzichten (s. dazu bereits oben Teil 2D.II.).

c) Vorteile gegenüber dem Klagemodell

Eine rechtsformübergreifende Fortentwicklung des zweistufigen Verfahrens des § 148 AktG bietet auch gegenüber dem – konzeptionell ja ebenfalls zweistufigen – Klagemodell Vorteile. So können die Erfolgsaussichten der Klage vorab geprüft werden, was die Gewährung eines Kostenerstattungsanspruchs gegen die Gesellschaft rechtfertigt. Gleichfalls entfällt der beispielsweise mit einer Anfechtungsklage gegen die Gesellschaft verbundene Nachteil, dass die Kosten dieses Verfahrens bei der Gesellschaft verbleiben und damit mittelbar auch den klagenden Gesellschaftern zur Last fallen (s. zum Klageverfahren oben 1.). Entgegenstehende Gründe des Gesellschaftswohls können zudem auch dann noch von der beigeladenen Gesellschaft eingewandt werden, wenn ein gesellschafts*internes* Vorverfahren im Einzelfall entbehrlich war und eine mit einem Rechtsbehelf anfechtbare Primärentscheidung mithin gar nicht vorliegt. Schon für die prozessuale Prüfung der Frage, ob der Verzicht auf ein gesellschaftsinternes Vorverfahren überhaupt gerechtfertigt war, dürfte überdies die Beteiligung der Gesellschaft geboten sein.

---

444 Vgl. auch *K. Schmidt*, in: Scholz, § 46 GmbHG Rn. 162, dem zufolge den §§ 147, 148 AktG entsprechende Minderheitenrechte im Gesellschaftsvertrag einer GmbH mit Vorrang vor der actio pro socio (verstanden als Einzelklagerecht) vorgesehen werden können.

445 *Kropff*, FS G. Bezzenberger 2000, 233 (240 ff.); *Ulmer*, ZHR 163 (1999), 290 (300); *Bachelin*, Der konzernrechtliche Minderheitenschutz, 1969, S. 66; *Bollmann*, Der Schadensersatzanspruch gemäß § 317 AktG bei Schädigung der abhängigen Eine-Person-AG, 1995, S. 138 f.; *Kantzas*, Das Weisungsrecht im Vertragskonzern, 1988, S. 175 ff.; *Veil*, in: Spindler/Stilz, § 309 AktG Rn. 35; *Altmeppen*, in: MünchKomm. AktG, § 317 AktG Rn. 57; *Langenbucher*, in: K. Schmidt/Lutter, § 309 AktG Rn. 33.

3. Zusammenfassung

Das einstufige Inzidentprüfungsmodell zwingt zu Kompromissen und Vereinfachungen. Dazu gehört zunächst, dass eine Rechtsmittelverkürzung zu Lasten der Gesellschaft eintritt, wenn über die Frage der Prozessführungsbefugnis nicht selbständig entschieden wird.[446] Verzichtet wird auch darauf, dem zuständigen Gesellschaftsorgan nach Verneinung entgegenstehender Gründe des Gesellschaftswohls noch einmal Gelegenheit zur Klageerhebung zu geben. All dies wird aber auch von den Vertretern einer Verfahrensverbindung beim Klagemodell im Interesse effektiven Rechtsschutzes in Kauf genommen und dürfte die Akzeptanz dieses Lösungswegs damit nicht versperren. Ist man bereit, die vorgenannten Kompromisse im Interesse eines effektiven Rechtsschutzes zu akzeptieren, sprechen daher gegenüber dem Klagemodell die besseren Gründe für die Übernahme eines einstufigen Inzidentprüfungsmodells.

Der Vorzug des zweistufigen Klagezulassungsverfahrens liegt in der klaren Umsetzung des Subsidiaritätsgrundsatzes sowie in der Vermeidung einer Rechtsmittelverkürzung zu Lasten der Gesellschaft. Die Frage der Prozessführungsbefugnis und damit möglicher entgegenstehender Gründe des Gesellschaftswohls wird im Zulassungsverfahren unter Beiladung der Gesellschaft geprüft. Gegen den Zulassungsbeschluss findet die sofortige Beschwerde statt. Nach Rechtskraft des Zulassungsbeschlusses muss der eigentlichen Erhebung der Aktionärsklage die nochmalige Aufforderung an die Gesellschaft vorausgehen. Der Nachteil der zweistufigen Struktur besteht in der Komplexität des Verfahrens, das insbesondere im Falle der Einlegung von Rechtsmitteln gegen die Entscheidung auf der ersten Stufe zeitaufwändig ist und damit nur wenig effektiven Rechtsschutz bietet.

Dass das gesetzlich geregelte Klagezulassungsverfahren für das Aktienrecht eine zweistufige Verfahrensstruktur vorgibt, um der Gesellschaft nach Zulassung der Klage erneut die Möglichkeit zur Klageerhebung zu geben, zwingt nicht dazu, auch rechtsformübergreifend für die actio pro socio ein zweistufiges Verfahren vorzusehen. Da die Prüfung des Bestandes der Prozessführungbefugnis in einem Zulassungsverfahren letztlich aber auf allgemeine Strukturprinzipien der subsidiären actio pro socio zurückzuführen ist, *kann* das Konzept des Klagezulassungsverfahrens aber auf andere Gesellschaftsformen wie Personengesellschaften und GmbH übertragen werden. Dies sollte insbesondere dann erwogen werden, wenn dem klagenden Gesellschafter im Falle des Unterliegens ein Kostenerstattungsanspruch gegen die Gesellschaft zustehen soll, wofür die Prüfung der Erfolgsaussichten in einem Vorverfahren erforderlich ist.

---

446 S. aber auch zur Möglichkeit eines Zwischenurteils über die Zulässigkeit oben Fn. 423.

Wie oben gezeigt, kann die Prozessführungsbefugnis nicht in einem Prozess allein zwischen dem klagenden Gesellschafter und dem Gesellschaftsschuldner geprüft werden. Unabhängig davon, ob die Vorprüfung der Prozessführungsbefugnis inzident im Prozess gegen den Gesellschaftsschuldner oder prozessual verselbständigt in einem gesonderten Vorverfahren erfolgt, enthält die Regelung des § 148 Abs. 2 Satz 9 AktG über die notwendige Beiladung der Gesellschaft im Ansatz einen für die actio pro socio verallgemeinerungsfähigen Rechtsgedanken. Durch die Pflicht des Gerichts zur Beiladung können die bislang gegen eine Inzidentprüfung eingewandten Bedenken entkräftet werden.[447]

IV. Weiterer Gang der Darstellung

Im Folgenden wird zu prüfen sein, inwieweit die bislang vorhandenen Lösungsansätze für eine einstufige Inzidentprüfung im Personengesellschafts- und GmbH-Recht bzw. ein zweistufiges Verfahren nach dem Vorbild des Klagezulassungsverfahrens mit den organisationsrechtlichen Vorgaben der Personengesellschaften und der GmbH in Einklang gebracht werden können. Entsprechende Fragen stellen sich aber auch für actio pro socio im Aktienkonzernrecht, wo keine generelle Ausnahme vom Subsidiaritätsprinzip zuzulassen ist und insoweit eine Inzidentprüfung der (ablehnenden) Entscheidung des Vorstands vorzunehmen ist.[448]

Für eine Fortentwicklung des Konzepts der Prüfung der Prozessführungsbefugnis unter Beiladung der Gesellschaft bedarf es dazu in den folgenden Abschnitten D.I und D.II zunächst der Klärung einer Reihe von Vorfragen im Hinblick auf die jeweilige verbandsinterne Organisationsstruktur. Dazu gehört insbesondere die Bedeutung von Beschlusserfordernissen für die Geltendmachung bestimmter Ansprüche sowie die konkrete Umsetzung des Beiladungserfordernisses. In einem weiteren Schritt wird sodann auf die prozessuale Ausgestaltung des einstufigen Inzidentprüfungsmodells bzw. eines rechtsformübergreifenden zweistufigen Verfahrens nach dem Vorbild des Klagezulassungsverfahrens eingegangen (dazu Abschnitt D.III).

447 Vgl. dazu oben Teil 3C.I. Ebenso *Verse*, FS U. H. Schneider 2011, 1325 (1338 f.).

448 Dazu Teil 3D.I.

D. Verbandsspezifische Organisationsstruktur und Vorprüfung der Prozessführungsbefugnis

Bei der Frage einer rechtsformübergreifenden Fortentwicklung der Prüfung etwaiger der Klage entgegenstehender Gründe des Gesellschaftswohls unter Beiladung der Gesellschaft ist danach zu unterscheiden, ob die primäre Entscheidung über die Geltendmachung in den Händen des Geschäftsführungs- und Vertretungsorgans der Gesellschaft liegt (dazu I.) oder aber von den Gesellschaftern im Wege der Beschlussfassung getroffen wird (dazu II.).

I. Entscheidung des Geschäftsführungs- und Vertretungsorgans

Das Konzept einer Prüfung der Voraussetzung der Prozessführungsbefugnis unter Beiladung der Gesellschaft lässt sich unproblematisch dort von § 148 AktG auf andere Anwendungsfälle der actio pro socio übertragen, wo die Primärentscheidung über die Geltendmachung nicht von den Gesellschaftern im Beschlusswege, sondern vom Geschäftsleitungs- und Vertretungsorgan der Gesellschaft getroffen wird. Dies betrifft all jene Fälle, in denen im Personengesellschaftsrecht der geschäftsführende Gesellschafter oder im GmbH-Recht der Geschäftsführer unmittelbar zur Entscheidung über die Geltendmachung zuständig ist.

Wird hier, wie in § 148 Abs. 2 Satz 9 AktG für das Klagezulassungsverfahren ausdrücklich angeordnet, „die Gesellschaft" beigeladen, so bezieht dies notwendig zugleich ihr Vertretungsorgan, beispielsweise also den Geschäftsführer oder geschäftsführenden Gesellschafter, als den für der Anspruchsgeltendmachung maßgeblichen Entscheidungsträger mit in das Verfahren ein.

Ein mögliches Anwendungsfeld für eine Rechtsfortbildung bilden aber auch die nur rudimentär geregelten konzernrechtlichen Klagebefugnisse im Aktienrecht, wo grundsätzlich der Vorstand über die Geltendmachung von Ersatzansprüchen entscheidet. Bejaht man mit der hier vertretenen Auffassung die Subsidiarität auch der konzernrechtlichen Einzelklagebefugnisse, weist die Regelung des UMAG einen praktikablen Weg zu deren prozessualer Umsetzung.[449] Zu dem Wertungswiderspruch zwischen den als einstufiges Einzelklagerecht ausgestalteten konzernrechtlichen Klagerechten und dem zweistufigen Minderheitenrecht des Klagezulassungsverfahrens bereits oben C.III.2.b).

449 Ausführlich oben Teil 3B.IV.

II. Gesellschafterbeschluss über die Anspruchsgeltendmachung

Auf weit größere Probleme stoßen die Subsidiarität der actio pro socio und ihre Umsetzung im Wege einer Inzidentprüfung, wo primär nicht das Vertretungsorgan, sondern die Gesellschafter durch Beschluss über die Geltendmachung von Gesellschaftsansprüchen entscheiden. Im GmbH-Recht gilt dies für die Beschlüsse nach § 46 Nr. 2, 8 GmbHG, im Personengesellschaftsrecht für die Beschlüsse nach §§ 113 Abs. 2, 116 Abs. 2 HGB.[450]

1. Ausgangsproblematik

Schwierigkeiten ergeben sich zum einen aus der Bedeutung des Gesellschafterbeschlusses, zum anderen bei der Bestimmung des beizuladenden Personenkreises.

a) Die Bedeutung des Beschlusserfordernisses

Dabei gilt es sich zunächst Klarheit darüber zu verschaffen, welchen Stellenwert Beschlusserfordernisse im Personengesellschafts- und GmbH-Recht beim Vorgehen im Wege der actio pro socio haben. Schon im Ausgangspunkt ist festzuhalten, dass das positive Vorliegen eines Beschlusses keine Voraussetzung der Prozessführungsbefugnis der Gesellschafter und damit der *Zulässigkeit* der Gesellschafterklage ist. Stellt sich aufgrund gerichtlicher Prüfung heraus, dass der Anspruchsdurchsetzung keine Gesellschaftsinteressen entgegen stehen, so leiten die Gesellschafter ihre Prozessführungsbefugnis unmittelbar aus ihrer Mitgliedschaft ab, ohne dass es – gleichsam einer „Einziehungsermächtigung“ – zusätzlich eines Beschlusses der Gesellschafterversammlung bedürfte.[451]

Das Fehlen eines die Einforderung anordnenden Beschlusses kann folglich nur insoweit Auswirkungen auf die Durchführung der actio pro socio haben, als

---

450 In Betracht kommen darüber hinaus gesellschaftsvertraglich vereinbarte Beschlusserfordernisse, z. B. über die Einforderung von Beitragsleistungen, vgl. *Schäfer*, in: Großkomm. HGB, § 105 HGB Rn. 261; *Ulmer*, in: MünchKomm. BGB, § 705 BGB Rn. 212.

451 Im einstufigen Verfahren wird die Prozessführungsbefugnis der Gesellschafter vom Gericht im Prozess formlos (inzident) bejaht. Ggf. kann ein Zwischenurteil über die Zulässigkeit nach § 280 ZPO ergehen, s. *Schwab*, Das Prozessrecht gesellschaftsinterner Streitigkeiten, 2005, S. 103. Das zweistufige Klagezulassungsverfahren „formalisiert“ diesen Schritt, indem das Gericht die Klage durch Beschluss zulässt (s. § 148 Abs. 2 Satz 1 AktG), wodurch den am Zulassungsverfahren beteiligten Aktionären die Prozessführungsbefugnis für das nachfolgende Klageverfahren erteilt wird.

der Beschluss materielle Voraussetzung für den geltend zu machenden Anspruch und damit der *Begründetheit* der actio pro socio ist (davon zu unterscheiden sind die prozessualen Folgen eines Beschlusses über den Verzicht auf den Gesellschaftsanspruch, dazu unten 4.). Fraglich ist zudem, ob ein die Anspruchsdurchsetzung ablehnender Beschluss per se die actio pro socio sperrt, wenn gegen ihn kein Rechtsbehelf erhoben wird.

b) Der zu beteiligende Personenkreis

Als Anspruchsinhaberin ist die Gesellschaft materiell-rechtlich Betroffene des Verfahrens, doch geht es beim Streit um die Prozessführungsbefugnis konkret darum, die Teilhabe des wahren Interessenträgers an der Entscheidung über die Geltendmachung und deren Verteidigung gegenüber ungewollten Gesellschafterklagen zu sichern.

Soweit die Entscheidung über die Anspruchsdurchsetzung im Personengesellschafts- und GmbH-Recht den Gesellschaftern obliegt, stellt sich demnach die Frage, ob trotzdem die Gesellschaft (vertreten durch die Geschäftsführung) oder aber die einzelnen Gesellschafter am Prozess zu beteiligten sind. Insoweit ließe sich argumentieren, die der Klage widersprechenden Gesellschafter seien im Prozess persönlich zu ihren Ablehnungsgründen zu hören.[452]

2. GmbH

Zunächst soll der Blick auf die actio pro socio im GmbH-Recht gelenkt werden. Besonderheiten ergeben sich hier aufgrund des an §§ 241 ff. AktG angelehnten formellen Beschlussmängelrechts. Einmal stellt sich die Frage, ob ein Beschluss als Voraussetzung der actio pro socio im Klagewege herbeigeführt werden muss (dazu a)). Zum anderen ist zu prüfen, ob ein ablehnender Beschluss die Gesellschafterklage sperrt, wenn er nicht im Klagewege beseitigt wird (dazu b)).

a) Positive Beschlussfeststellungsklage

Treuwidrige Stimmabgaben sind nichtig und damit bei der Ermittlung des Beschlussergebnisses nicht mitzuzählen.[453] Um den bei ordnungsgemäßer Zählung eigentlich gefassten Beschluss festzustellen, kann ein Gesellschafter die sog.

---

452 So *Schwab*, Das Prozessrecht gesellschaftsinterner Streitigkeiten, 2005, S. 102 ff..

453 BGH, Urteil v. 19.11.1990, II ZR 88/89, NJW 1991, 846; *Zöllner*, in: Baumbach/Hueck, § 47 GmbHG Rn. 108, Anh § 47 GmbHG Rn. 121; Anh § 47 GmbHG Rn. 191; *Hüffer*, in: Ulmer/Habersack/M. Winter, § 47 GmbHG Rn. 199.

positive Beschlussfeststellungsklage gegen die Gesellschaft erheben.[454] Diese ist wie die Anfechtungsklage eine Gestaltungsklage, mit der Wirkung, dass der Beschlussinhalt mit Wirkung für und gegen jedermann verbindlich geklärt wird.[455]

Die wohl überwiegende Ansicht im Schrifttum geht davon aus, bei den Beschlusserfordernissen des § 46 Nr. 2 und Nr. 8 GmbHG handele es sich um materielle Voraussetzungen des geltend zu machenden Gesellschaftsanspruchs und damit der Begründetheit der actio pro socio. Ein klagewilliger Gesellschafter ist danach gehalten, gegen den ablehnenden Beschluss der Gesellschaftermehrheit neben der Anfechtungsklage eine positive Beschlussfeststellungsklage zu erheben und so die Voraussetzungen der Begründetheit herbeizuführen. Bei genauer Prüfung zeigt sich indes, dass eine positive Beschlussfeststellung weder Zulässigkeits- noch Begründetheitsvoraussetzung der actio pro socio ist.

aa) § 46 Nr. 2 GmbHG

Das Beschlusserfordernis nach § 46 Nr. 2 GmbHG ist zunächst einmal eine Kompetenznorm zugunsten der Gesellschafterversammlung. Sofern die Satzung keinen festen Zahlungstermin festlegt, soll über den Zeitpunkt der Einforderung der Einlagen nicht der Geschäftsführer, sondern die Gesellschafterversammlung entscheiden.

Nach wohl überwiegender Ansicht ist der Einforderungsbeschluss darüber hinaus jedoch zugleich materiell-rechtliche Anspruchsvoraussetzung, da erst der Beschluss[456] die Fälligkeit des Einlageanspruchs begründet.[457] Für die actio pro socio bedeutet dies, dass ein Einforderungsbeschluss herbeigeführt werden muss, soll die Gesellschafterklage nicht als unbegründet abgewiesen werden.[458]

---

454 Näher *Zöllner*, in: Baumbach/Hueck, Anh § 47 GmbHG Rn. 186 ff., insbesondere Rn. 191 zur treuwidrigen Stimmabgabe.

455 *Zöllner*, in: Baumbach/Hueck, Anh § 47 GmbHG Rn. 193; *K. Schmidt*, in: Scholz, § 45 GmbHG Rn. 180; *Raiser*, in: Ulmer/Habersack/M. Winter, Anh § 47 GmbHG Rn. 275.

456 Umstritten ist, ob es zudem einer Anforderungserklärung des Geschäftsführers bedarf, s. *U. H. Schneider/H. P. Westermann*, in: Scholz, § 19 GmbHG Rn. 10; *K. Schmidt*, in: Scholz, § 46 GmbHG Rn. 49 m. w. N..

457 BGH, Urteil v. 8.12.1986, II ZR 55/86, WM 1987, 208 (209); *K. Schmidt*, in: Scholz, § 46 GmbHG Rn. 49, 56; *Koppensteiner*, in: Rowedder/Schmidt-Leithoff, § 46 GmbHG Rn. 15; *Bayer*, in: Lutter/Hommelhoff, § 46 GmbHG Rn. 12; *Römermann*, in: Michalski, § 46 GmbHG Rn. 134.

458 So *Grunewald*, Die Gesellschafterklage in der Personengesellschaft und der GmbH, 1990, S. 79; *Schiessl*, in: Münch. Hdb. GesR III, § 31 Rn. 23; *K. Schmidt*, in: Scholz, § 46 GmbHG Rn. 57 f.; *Koppensteiner*, in: Rowedder/Schmidt-Leithoff, § 46 GmbHG Rn. 15; *Hueck/Fastrich*, in: Baumbach/Hueck, § 13 GmbHG Rn. 40; *Roth*, in:

Nach der im Schrifttum vertretenen Gegenansicht wird der Anspruch bereits mit Eintragung der GmbH ins Handelsregister fällig[459], so dass dem Einforderungsbeschluss allein die Funktion zukommt, dem Geschäftsführer als Vollzugsorgan die Zuständigkeit zur Anspruchsdurchsetzung zu verleihen.[460] Eine positive Beschlussfeststellung wäre danach keine Voraussetzung für die Begründetheit der actio pro socio.

Selbst wenn man der zuletzt genannten Auffassung nicht folgen möchte, wofür wegen des Ermessens der Gesellschafter bei der Abstimmung über den Zeitpunkt der Einforderung der Resteinlagen sowie der Vorverlagerung des Verjährungsbeginns[461] gute Gründe sprechen, wird man in den – für die infolge des Subsidiaritätsprinzips für die actio pro socio allein relevanten – Konstellationen, in denen die Gesellschafter ihre Zustimmung zur Einforderung treuwidrig verweigern, also die Fälle dringenden Liquiditätsbedarfs der Gesellschaft[462], eine positive Beschlussfeststellung für entbehrlich halten können.[463] Die Treuwidrigkeit der Verweigerung wird insoweit inzident geprüft und substituiert den eigentlich zu fassenden Beschluss.[464]

bb) § 46 Nr. 8 GmbHG

An das Fehlen des Beschlusses nach § 46 Nr. 8 GmbHG knüpft der BGH die Abweisung einer vom Geschäftsführer im Namen der Gesellschaft erhobenen Klage als *unbegründet*, weil „eine Voraussetzung für die klageweise Durchsetzung des Ersatzanspruchs nicht gegeben“ sei.[465] Für die subsidiäre actio pro so-

---

Roth/Altmeppen, § 46 GmbHG Rn. 13; *Römermann*, in: Michalski, § 46 GmbHG Rn. 141, 143; *Eickhoff*, Die Gesellschafterklage im GmbH-Recht, 1988, S. 200.

459 *Hüffer*, in: Ulmer/Habersack/M. Winter, § 46 GmbHG Rn. 29; ebenso noch die ältere Rechtsprechung RGZ 76, 434 (438); RGZ 149, 293 (301).

460 *Hüffer*, in: Ulmer/Habersack/M. Winter, § 46 GmbHG Rn. 29.

461 *Zöllner*, in: Baumbach/Hueck, § 46 GmbHG Rn. 25.

462 S. oben Teil 3A.II.2.b).

463 So wohl auch *K. Schmidt*, in: Scholz, § 46 GmbHG Rn. 57; *Becker*, Verwaltungskontrolle durch Gesellschafterklage, 1997, S. 580.

464 Im Ergebnis auch *Schwab*, Das Prozessrecht gesellschaftsinterner Streitigkeiten, 2005, S. 90, der jedoch weitergehend davon ausgeht, das Gesellschaftsinteresse gebiete regelmäßig die Resteinlagen einzufordern.

465 BGH, Urteil v. 20.11.1958, II ZR 17/57, BGHZ 28, 355 (359); ebenso BGH, Urteil v. 14.7.2004, VIII ZR 224/02, NZG 2004, 962 (964); *K. Schmidt*, in: Scholz, § 46 GmbHG Rn. 159 m. w. N..

cio wird daraus nun ebenfalls gefolgert, es fehle ohne positive gerichtliche Beschlussfeststellung eine Begründetheitsvoraussetzung.[466]

Die Tragfähigkeit des Arguments, bei dem Beschlusserfordernis handle es sich um eine „Zulässigkeitsvoraussetzung aus dem Privatrecht"[467], ist indes zweifelhaft.[468] Auch wenn die genaue rechtliche Wirkungsweise des Beschlusses nach § 46 Nr. 8 GmbHG im Einzelnen umstritten ist, herrscht Einigkeit, dass er Voraussetzung weder für die Entstehung, noch die Fälligkeit des Anspruchs ist.[469] Das Fehlen eines Beschlusses wird aber gleichwohl als nicht näher spezifizierter „materiell-rechtlicher Einwand" *gegen den Anspruch* verstanden, mit der Folge, dass eine Leistungsklage – gleichgültig, ob von der Gesellschaft oder einem Gesellschafter in Prozessstandschaft erhoben – unbegründet ist und außergerichtliche Durchsetzungshandlungen wie Aufrechnung oder Mahnung unwirksam sind.[470] Diese Auslegung spräche dann aber in der Tat zugunsten eines Beschlusserfordernisses auch für die actio pro socio.

Besteht man mit der h. M. im Interesse des so verstandenen umfassenden Kompetenzschutzes der Gesellschafterversammlung auf einer Außenwirkung der Beschlussfassung[471], kann dieses Ziel aber ebenso gut erreicht werden, verschiebt man den Bezugspunkt des Beschlusses vom materiellrechtlichen Anspruch auf die organschaftliche Vertretungsmacht des Geschäftsführers zur Vor-

---

466 *Krieger*, in: Gesellschaftsrechtliche Vereinigung, Gesellschaftsrecht in der Diskussion 1998, 1999, S. 111 (121); *Gehrlein*, ZIP 1993, 1525 (1528).

467 So BGH, Urteil v. 20.11.1958, II ZR 17/57, BGHZ 28, 355 (359).

468 *Winter*, Mitgliedschaftliche Treubindungen im GmbH-Recht, 1988, S. 315, fn. 44; *Schwab*, Das Prozessrecht gesellschaftsinterner Streitigkeiten, 2005, S. 75; *Hüffer*, in: Ulmer/Habersack/M. Winter, § 46 GmbHG Rn. 101.

469 Zutreffend *Schwab*, Das Prozessrecht gesellschaftsinterner Streitigkeiten, 2005, S. 75; *Eickhoff*, Die Gesellschafterklage im GmbH-Recht, 1988, S. 4; *K. Schmidt*, in: Scholz, § 46 GmbHG Rn. 159; *Hüffer*, in: Ulmer/Habersack/M. Winter, § 46 GmbHG Rn. 100

470 *K. Schmidt*, in: Scholz, § 46 GmbHG Rn. 159; *Haas*, in: Michalski, § 43 GmbHG Rn. 222; im Ergebnis ebenso (materiell-rechtliche Anspruchsvoraussetzung) *Gehrlein*, ZIP 1993, 1525 (1527); *Zöllner*, in: Baumbach/Hueck, § 46 GmbHG Rn. 61; *Hüffer*, in: Ulmer/Habersack/M. Winter, § 46 GmbHG Rn. 100; *Römermann*, in: Michalski, § 46 GmbHG Rn. 453. Angesichts der so definierten Wirkungsbreite des Beschlusserfordernisses von vornherein zu eng erscheint demgegenüber die Deutung des Beschlusses als reine Zulässigkeitsvoraussetzung für eine Klage des Geschäftsführers. Anders aber wohl *Schwab*, Das Prozessrecht gesellschaftsinterer Streitigkeiten, 2005, S. 75; *Winter*, Mitgliedschaftliche Treuebindungen im GmbH-Recht, 1988, S. 315.

471 Siehe *Wolff*, in: Münch. Hdb. GesR III, § 37 Rn. 23; *K. Schmidt*, in: Scholz, § 46 GmbHG Rn. 142, 159; *Koppensteiner*, in: Rowedder/Schmidt-Leithoff, § 46 GmbHG Rn. 40; *Hüffer*, in: Ulmer/Habersack/M. Winter, § 46 GmbHG Rn. 90, 100 f.. Für bloße Wirkung des fehlenden Beschlusses im Innenverhältnis aber *Römermann*, in: Michalski, § 46 GmbHG Rn. 458.

nahme der prozessualen und materiell-rechtlichen Durchsetzungshandlungen (z. B. Klageerhebung, Mahnung, Aufrechnung usw.). Lässt man das Fehlen des Beschlusses als Mangel der Vertretungsmacht auf das Außenverhältnis durchschlagen, so ist eine Leistungsklage des Geschäftsführers mangels Vertretungsmacht ebenso als *unzulässig* abzuweisen wie eine Aufrechnungserklärung unwirksam ist.[472]

Die Unbeschränkbarkeit der organschaftlichen Vertretungsmacht steht dem nicht entgegen, da das Beschlusserfordernis auf „gesellschaftsinterne" Ansprüche gegen Geschäftsführer und Gesellschafter begrenzt ist, die nicht dem von § 37 Abs. 2 GmbHG allein erfassten Außenverhältnis („gegen dritte Personen") zuzurechnen sind.[473] Da sich das Fehlen des Beschlusses nach diesem Ansatz nur auf den Umfang der Vertretungsbefugnis des Geschäftsführers auswirkt, stellt es umgekehrt kein Hindernis für die Begründetheit der actio pro socio dar.

Ein Beschlusserfordernis folgt im Übrigen auch nicht aus dem Normzweck des § 46 Nr. 8 GmbHG: Sieht man diesen in der Sicherung der Entscheidungskompetenz der Gesellschafterversammlung[474], so wird dem bereits durch die gerichtliche Vorprüfung der Rechtmäßigkeit der ablehnenden Entscheidung Rechnung getragen[475]; war die Ablehnung rechtswidrig, ist mit einer zusätzlichen positiven Beschlussfeststellung nichts gewonnen.[476] Soweit der Schutz ge-

472 So wohl auch *Wolff*, in: Münch. Hdb. GesR III, § 37 Rn. 23: Abweisung der trotz fehlenden Beschlusses erhobenen Klage als unzulässig, weil die „Ermächtigung" des Geschäftsführers zur Prozessführung i. S. v. § 51 Abs. 1 ZPO fehlt. Widersprüchlich S. *Eberl/W. Eberl*, in: KpK-GesR, Kap. 16 Rn. 553: keine Vertretungsmacht, aber Abweisung der Klage als unbegründet.

473 Im Ansatz ebenso *Paefgen*, in: Ulmer/Habersack/M. Winter, § 37 GmbHG Rn. 29, 40: „Ganz ausnahmsweise kann eine Beschränkung im Innenverhältnis auch für die Vertretung in gerichtlichen Prozessen in Betracht kommen, so etwa wenn ein Geschäftsführer gegen einen Gesellschafter klagt, ohne den nach der Satzung erforderlichen Gesellschaftsbeschluss einzuholen"; *Koppensteiner*, in: Rowedder/Schmidt-Leithoff, § 37 GmbHG Rn. 53 a. E.: „Noch nicht hinreichend diskutiert ist die Frage, ob interne Beschränkungen der Geschäftsführungsbefugnis auch im Prozess (Beispiel: Klage gegen einen Gesellschafter nur auf Beschluss der Gesellschafterversammlung) Außenwirkung entfalten. ME sprechen die besseren Gründe dafür, die Frage zu bejahen." (jedoch der h. M. folgend bei § 46 GmbHG Rn. 40); *Zöllner/Noack*, in: Baumbach/Hueck, § 37 GmbHG Rn. 51 (aber unter den engen Voraussetzungen des Missbrauchs der Vertretungsmacht).

474 *K. Schmidt*, in: Scholz, § 46 GmbHG Rn. 141.

475 Dies unterscheidet die actio pro socio von der Anspruchsgeltendmachung durch einen Geschäftsführer, wo allein ein zuvor eingeholter der Gesellschafterbeschluss sicherstellt, dass die Gesellschaft nicht ohne Willensentschluss der Gesellschafter in interne Streitigkeiten verwickelt wird.

476 Zutreffend *Schwab*, Das Prozessrecht gesellschaftsinterner Streitigkeiten, 2005, S. 86.

gen die Offenlegung von Gesellschaftsinterna genannt wird,[477] kann dies bei der actio pro socio von vornherein keine Rolle spielen, denn die betreffenden Tatsachen werden regelmäßig im Rahmen der Überprüfung des Beschlusses zur Sprache kommen.[478]

b) Anfechtung des ablehnenden Beschlusses

Fraglich ist weiter, ob ein Gesellschafterbeschluss, der die Klageerhebung ablehnt, die actio pro socio blockiert, wenn gegen ihn nicht alsbald mit der Anfechtungsklage vorgegangen wird.[479] Keine Bedenken ergeben sich insoweit bei einem von vornherein nichtigem Beschluss.[480] Demgegenüber werden anfechtbare, aber nicht rechtzeitig angefochtene Beschlüsse bestandskräftig und etwaige Fehler dadurch geheilt.[481] Die inzidente Überprüfung der Ablehnungsgründe als Vorfrage im Prozess gegen den Gesellschaftsschuldner ist faktisch eine Substitution und Abkürzung der Anfechtungsklage, so dass sich die Frage nach der Vereinbarkeit der Inzidentprüfung mit den Wertungen der Beschlussmängelklage stellt.

Der Beschluss ist zwar für die Kompetenzen des Geschäftsführers (oder Prozessvertreters[482]) maßgeblich und beschränkt insoweit dessen Handlungsmacht. Die Klagebefugnis des Minderheitsgesellschafters folgt hingegen aus seiner Mitgliedschaft und ist nur mittelbar, nämlich über den Subsidiaritätsgrundsatz mit dem Gesellschafterbeschluss verknüpft. In kompetenzrechtlicher Hinsicht entfaltet der Beschluss Wirkung nur für den Geschäftsführer der GmbH, d. h. dieser kann und darf den Anspruch nicht im Namen der Gesell-

---

477 *K. Schmidt*, in: Scholz, § 46 GmbHG Rn. 141; *Hüffer*, in: Ulmer/Habersack/M. Winter, § 46 GmbHG Rn. 90.

478 Zutreffend *Winter*, Mitgliedschaftliche Treuebindungen im GmbH-Recht, 1988, S. 316; *Hüffer*, in: Ulmer/Habersack/M. Winter, § 46 GmbHG Rn. 115; *Michalski*, in: Michalsi, § 14 GmbHG Rn. 104.

479 *Kleindiek*, in: Lutter/Hommelhoff, § 43 GmbHG Rn. 41; *Paefgen*, in: Ulmer/Habersack/M. Winter, § 43 GmbHG Rn. 173.

480 *Grunewald*, Die Gesellschafterklage in der Personengesellschaft und der GmbH, 1990, S. 73; *Römermann* in Michalski, § 46 GmbHG Rn. 533; *Hueck/Fastrich*, in: Baumbach/Hueck, § 13 GmbHG Rn. 39; *Schindler* in BeckOK GmbHG, § 46 GmbHG Rn. 121; *Paefgen*, in: Ulmer/Habersack/M. Winter, § 43 GmbHG Rn. 173.

481 Vgl. BGH, Urteil v. 3.5.1999, II, ZR 119/98, NJW 1999, 2115 (2116); OLG Köln, NJW-RR 1994, 616 (617); *Pentz*, in: Rowedder/Schmidt-Leithoff, § 13 GmbHG Rn. 119; *Koppensteiner*, in: Rowedder/Schmidt-Leithoff, § 43 GmbHG Rn. 48; *Paefgen*, in: Ulmer/Habersack/M. Winter, § 43 GmbHG Rn. 173. Allgemein zur Wirkung der verspäteten Anfechtung *Zöllner*, in: Baumbach/Hueck, Anh § 47 GmbHG Rn. 144.

482 Vgl. § 46 Nr. 8 Fall 2 GmbHG.

schaft geltend machen. Bei der actio pro socio steht die Bestandskraft des ablehnenden Beschlusses der Prozessführungsbefugnis der Gesellschafter aber ebenso wenig entgegen, wie sein positives Vorliegen Voraussetzung des Klagerechts ist.[483]

c) Vorprüfung der Prozessführungsbefugnis und Beiladung

Die vorstehenden Ausführungen haben gezeigt, dass weder die Anfechtung eines die Klageerhebung ablehnenden Beschlusses noch die positive Beschlussfeststellung durch das Gericht notwendige Voraussetzungen der actio pro socio im GmbH-Recht sind. Die Prozessführungsbefugnis des Gesellschafters kann damit grundsätzlich inzident im Prozess gegen den Gesellschaftsschuldner bzw. im Rahmen eines gesonderten gerichtlichen Zulassungsverfahrens geprüft werden.

Fraglich ist in diesem Zusammenhang jedoch, ob das in § 148 Abs. 2 Satz 9 AktG geregelte Prinzip der Beiladung „der Gesellschaft" auch dann ohne Weiteres auf das GmbH-Recht übertragen werden kann, wenn nicht der Geschäftsführer unmittelbar die Entscheidung über die Geltendmachung trifft,[484] sondern hierzu ein Beschluss der Gesellschafter erforderlich ist.

aa) Die Gesellschaft als Zurechnungssubjekt der verbandsinternen Willensbildung

Aus Gründen der Rechtsklarheit und Verfahrensvereinfachung – die zusätzliche Problematik der Rechtskrafterstreckung auf die Gesellschaft als materiellrechtlicher Anspruchsinhaberin soll vorerst außer Betracht bleiben[485] – ist es vorzugswürdig, wenn zum Zweck der Verhandlung über die Prozessführungsbefugnis der Gesellschafter stets die Gesellschaft, vertreten durch den Geschäftsführer, beigeladen werden kann.[486]

Dafür, dass der Streit um die Prozessführungsbefugnis zwischen der formell beigeladenen Gesellschaft und dem klagewilligen Gesellschafter ausgetragen werden kann, die Gesellschaft also zur Verteidigung des Willensentschlusses

---

483 Im Ergebnis ebenso *Becker*, Verwaltungskontrolle durch Gesellschafterrechte, 1997, S. 587. Insoweit zutreffend auch *Lutter*, ZHR 162 (1998), 164 (182) (Beschluss betrifft nur die interne Befugnis des Geschäftsführers); *Raiser*, ZHR 153 (1989), 1 (21), die jedoch von der Durchsetzung eigener Ansprüche ausgehen.

484 Dazu oben Teil 3D.I.

485 Dazu unten Teil 4A.I.

486 Für eine Beiladung der Gesellschafter aber *Schwab*, Das Prozessrecht gesellschaftsinterner Streitigkeiten, 2005, S. 102 ff.; *Becker*, Verwaltungskontrolle durch Gesellschafterrechte, 1997, S. 590.

des primär zuständigen Organs berufen ist, sind die verbandsrechtlichen Grundlagen zumindest in Ansätzen vorhanden. Orientierung bietet insoweit die Konzeption der Rechtsbehelfe gegen Gesellschafter- und Verwaltungsbeschlüsse im Kapitalgesellschaftsrecht, die auf dem Gedanken der *Zurechnung* der Entscheidung des zuständigen Organs zur Gesellschaft basieren.

Die Anfechtungsklage und positive Beschlussfeststellungsklage im Aktien- und GmbH-Recht[487] sowie die Klage gegen Verwaltungsbeschlüsse in der Aktiengesellschaft[488] sind aus eben diesem Grund gegen die Gesellschaft und nicht die einzelnen Gesellschafter bzw. Verwaltungsmitglieder zu richten.[489] Hierfür sprechen insbesondere in Publikumsgesellschaften Gründe der Rechtssicherheit und Verfahrensvereinfachung.[490] Für die Inzidentprüfung der Gründe für die Ablehnung der Klageerhebung durch die Gesellschaft greifen insoweit dieselben Wertungen.[491] (Zum Verfahren der Beiladung der Gesellschaften näher unten Teil 4C.II.)

---

487 S. § 246 Abs. 2 Satz 1 AktG. Zur Gesellschaft als Beklagter der positiven Beschlussfeststellungsklage *K. Schmidt*, in: Scholz, § 45 GmbHG Rn. 181; *Schwab*, in: K. Schmidt/Lutter, § 246 AktG Rn. 39.

488 BGH, Urteil v. 10.10.2005, II ZR 90/03, NZG 2006, 20 (21 f.) – *Mangusta/Commerzbank II*; *Becker*, Verwaltungskontrolle durch Gesellschafterrechte, 1997, S. 498; *Hopt/Roth*, in: Großkomm. AktG, § 108 AktG Rn. 173; *Spindler*, in: Spindler/Stilz, § 108 AktG Rn. 76; *Ziemons*, in: Nirk/Ziemons/Binnwies, Handbuch der Aktiengesellschaft, Rn. I 7.242; für eine analoge Anwendung des § 246 Abs. 2 Satz 1 AktG *Baums*, Gutachten F zum 63. Deutschen Juristentag 2000, F 216 f..

489 So für Beschlüsse der Hauptversammlung LG Bonn, Urteil v. 20.4.2000, 14 O 36/00, AG 2001, 201 (203); *Mülbert*, Aktiengesellschaft, Unternehmensgruppe und Kapitalmarkt, 1995, S. 243, 246; *Noack*, Fehlerhafte Beschlüsse in Gesellschaften und Vereinen, 1988, S. 46 f.; ebenso *Becker*, Verwaltungskontrolle durch Gesellschafterrechte, 1997, S. 474 (Hauptversammlungsbeschlüsse), S. 498 (Aufsichtsratsbeschlüsse). Zum teleologischen Hintergrund *Schwab*, in: K. Schmidt/Lutter, § 246 AktG Rn. 13.

490 Dies betonen im Zusammenhang mit der Beklagtenrolle der Gesellschaft im Anfechtungsprozess auch *Schwab*, Das Prozessrecht gesellschaftsinterner Streitigkeiten, 2005, S. 294 ff., 438; *Schwab*, in: K. Schmidt/Lutter, § 246 AktG Rn. 13; *K. Schmidt*, in: Scholz, § 45 GmbHG Rn. 148; ebenso *Becker*, Verwaltungskontrolle durch Gesellschafterrechte, 1997, S. 473 f.; *Schlosser*, Gestaltungsklagen und Gestaltungsurteile, 1966, § 22 III 3, S. 216; für die aktienrechtliche Abwehrklage *Baums*, Gutachten F zum 63. Deutschen Juristentag 2000, F 216.

491 Nicht praktikabel wäre wegen der damit verbundenen Abgrenzungsprobleme eine Unterscheidung zwischen personalistischen und kapitalistischen Gesellschaften, s. zur Anfechtungsklage *K. Schmidt*, in: Scholz, § 45 GmbHG Rn. 148.

bb) Beteiligung der Gesellschafter als „wahre Interessenträger“?

Die der Anspruchsdurchsetzung widersprechenden Gesellschafter, deren Entscheidung übergangen zu werden droht, sind zwar nach den Überlegungen zu aa) nicht notwendig beizuladen, sie haben aber, wie das Beispiel der Anfechtungsklage zeigt,[492] gleichwohl einen Anspruch auf rechtliches Gehör und können sich ggf. persönlich am Verfahren beteiligen und ihre Ablehnungsgründe verteidigen.[493] Substituiert die actio pro socio aber einen andernfalls erforderlichen Rechtsbehelf gegen den ablehnenden Beschluss bzw. den fehlenden Zustimmungsbeschluss, so verlangt die Legitimation der inzidenten Verwerfung der Ablehnungsgründe, dass den übergangenen Gesellschaftern zumindest auf Verlangen rechtliches Gehör gewährt wird.

Formelle Voraussetzung hierfür ist, dass die Gesellschafter von der Klageerhebung Kenntnis erlangen. Denkbar ist hier, der Gesellschaft eine Art „Verteilerfunktion“ zuzuweisen. Ein vergleichbares Verfahren wird gegenwärtig etwa im Bereich der Anfechtungsklage im GmbH-Recht praktiziert, wo der Geschäftsführer die Gesellschafter über die Klage zu informieren hat, damit sich diese als Nebenintervenienten beteiligen können.[494] Entscheidend für die Effektivität der actio pro socio muss jeweils sein, dass der klagende Gesellschafter und das Gericht davon entlastet werden, jeden einzelnen Gesellschafter beiladen zu müssen.

Die Inkenntnissetzung der Gesellschafter wird man auch dann dem Geschäftsführer überlassen können, wenn dieser selbst mit der actio pro socio belangt werden soll. Sein Anreiz zur umgehenden Information der Gesellschafter folgt aus dem Umstand, dass der Einwand entgegenstehender Gesellschaftsinteressen im Ergebnis ihm selbst zugute kommt, indem er zur Verneinung der Prozessführungsbefugnis der Gesellschafter führt. Nachteile für die klagenden Min-

---

492 Zur Nebenintervention von Kapitalgesellschaftern auf Seiten der beklagten Gesellschaft im Anfechtungsprozess *Schwab*, in: K. Schmidt/Lutter, § 246 AktG Rn. 29; *Zöllner*, in: Baumbach/Hueck, Anh § 47 GmbHG Rn. 169.

493 Zutreffend *Schwab*, Das Prozessrecht gesellschaftsinterner Streitigkeiten, 2005, S. 96 f., 102 ff.. Hier unterscheidet sich das GmbH-Recht vom Aktienrecht, wo § 147 Abs. 1 AktG den Aktionären zwar ein Klageerzwingungsrecht, aber keine primäre Entscheidungszuständigkeit zuerkennt.

494 BGH Urteil v. 20.01.1986, II ZR 73/85, BGHZ 97, 28 (31): „In der GmbH ist der Geschäftsführer entsprechend § 246 IV AktG verpflichtet, die Gesellschafter davon zu unterrichten, daß der Beschluß angefochten und zugleich eine anders lautende gerichtliche Feststellung des Beschlußergebnisses verlangt wird“; *K. Schmidt*, in: Scholz, § 45 GmbHG Rn. 148, 156. S. für die Aktiengesellschaft § 246 Abs. 4 Satz 1 AktG: „Der Vorstand hat die Erhebung der Klage und den Termin zur mündlichen Verhandlung unverzüglich in den Gesellschaftsblättern bekanntzumachen“.

derheitsgesellschafter sind nicht zu erwarten sein, da die eingewandten Ablehnungsgründe – zumindest beschränkter – richterlicher Nachprüfung unterliegen.

Im Rahmen des Streits um das Gesellschaftsinteresse treten die Gesellschafter im Ergebnis zur Unterstützung der Argumentation der beizuladenden Gesellschaft bei, um gemeinsam mit ihr die Prozessführungsbefugnis des Klägers in Frage zu stellen. Indem der Beitritt aber zur Unterstützung eines Dritten, also nicht einer der Parteien erfolgt,[495] können die Vorschriften über die Nebenintervention dabei nicht unmittelbar, sondern nur analog zur Anwendung kommen. Die Möglichkeit des Beitritts der Gesellschafter auf Seiten der beigeladenen Gesellschaft ist letztlich nur folgerichtige Konsequenz der Übertragung der notwendigen Beiladung auf den Zivilprozess und die damit verbundene Zuweisung einer im Zivilprozess bislang unbekannten „Beteiligtenstellung“ an die Gesellschaft.[496]

3. Personengesellschaften

Auch bei der actio pro socio im Personengesellschaftsrecht stellt sich die Frage, ob aus materiell-rechtlichen Gründen, wie bislang in der Literatur zum Teil angenommen, die Herbeiführung eines Beschlusses und folglich eine Zustimmungsklage erforderlich ist (dazu a)) und gegebenenfalls Klage gegen einen die Anspruchsdurchsetzung treuwidrig ablehnenden Beschluss erhoben werden muss (dazu b)).

a) Zustimmungsklage

Verweigern Gesellschafter treuwidrig ihre wegen eines Einstimmigkeitserfordernisses (oder qualifizierten Mehrheitserfordernisses) für das Zustandekommen eines positiven Beschlusses notwendige Zustimmung zur Anspruchsdurchsetzung, resultiert daraus ein auf die Verletzung der Treuepflicht gestützter Anspruch auf Zustimmung, der im Wege der Leistungsklage durchgesetzt gegen die jeweiligen widersprechenden Gesellschafter durchgesetzt werden kann (vgl. § 894 ZPO).[497]

---

495 S. zur Rechtsstellung der beigeladenen Gesellschaften bereits oben Teil 3C.II.3.b) und ausführlich unten Teil 4C.

496 Zur rechtlichen Einordnung der Beiladung im Zivilprozess unten Teil 4C. Zu unterscheiden ist die hier behandelte Problematik der Beteiligung des Gesellschafters am Streit um die Prozessführungsbefugnis freilich von der Frage der Nebeninterventionsmöglichkeiten *auf Seiten einer der Parteien* des Prozesses. Dazu ausführlich unten Teil 4A.II.4 und Teil 4B.IV.

497 *Hopt*, in: Baumbach/Hopt, § 119 HGB Rn. 7; *Goette*, in: Ebenroth/Boujong/Joost/Strohn, § 119 HGB Rn. 25; *Schäfer*, in: Großkomm. HGB, § 105 HGB Rn. 244.

Ebenso wie bei Schadensersatzansprüchen aus der Verletzung mitgliedschaftlicher Treuepflichten[498] ist dabei umstritten, wem dieser Anspruch rechtlich zugeordnet ist. In Geschäftsführungsangelegenheiten wie der Geltendmachung von Gesellschaftsforderungen[499] geht die wohl überwiegende Ansicht dahin, der klagewillige Gesellschafter müsse den Anspruch *der Gesellschaft* auf Zustimmung im Wege der actio pro socio als Prozessstandschafter geltend machen.[500]

Im vorliegenden Zusammenhang würde das Erfordernis einer Zustimmungsklage also zu einer zweistufigen actio pro socio gegen die widersprechenden Mitgesellschafter auf Zustimmung und den Gesellschaftsschuldner auf Zahlung führen. Ob eine derartige Verdoppelung erforderlich ist, wird schon bislang für die Zustimmungserfordernisse nach §§ 113 Abs. 2 HGB und § 116 Abs. 2 HGB uneinheitlich beurteilt.[501] Bei näherer Betrachtung erweist sich eine Zustimmungsklage in beiden Fällen als entbehrlich.

aa) § 116 Abs. 2 HGB

In Bezug auf § 116 Abs. 2 HGB wird das Erfordernis einer Zustimmungsklage zutreffend überwiegend abgelehnt, denn die Vorschrift stellt keine materielle Anspruchsvoraussetzung, sondern lediglich eine Kompetenzverlagerung auf die Gesellschaftergesamtheit dar.[502] Auf derselben Linie liegt, dass die treuwidrige Verweigerung der Zustimmung in Geschäftsführungsangelegenheiten, wie sie der Beschluss nach § 116 Abs. 2 HGB unzweifelhaft darstellt,[503] unbeachtlich ist, ohne dass eine förmliche Zustimmungsklage erhoben werden müsste.[504] Mit

498 Ausführlich unten Teil 6B.I.1.

499 Vgl. bereits oben Teil 2B.I.

500 *Ulmer*, in: MünchKomm. BGB, § 705 BGB Rn. 243; *Schäfer*, in: Großkomm. HGB, § 105 HGB Rn. 244; *Jickeli*, in: MünchKomm. HGB, § 116 HGB Rn. 47; *Martens*, in: Schlegelberger, § 116 HGB Rn. 16; *Korehnke*, Treuwidrige Stimmen im Personengesellschafts- und GmbH-Recht, 1997, S. 65; s. zur GmbH auch *Winter*, Mitgliedschaftliche Treuebindungen im GmbH-Recht, 1988, S. 174; ferner *Schwab*, Das Prozessrecht gesellschaftsinterner Streitigkeiten, 2005, S. 89, Fn. 241.

501 S. oben Teil 2A.I.2.c)aa) und Teil 3C.II.1.

502 *Becker*, Verwaltungskontrolle durch Gesellschafterrechte, 1997, S. 563 f.; *Schäfer*, in: Großkomm. HGB, § 116 HGB Rn. 16; *Jickeli*, in: MünchKomm. HGB, § 116 HGB Rn. 30.

503 Allg. M. *Mayen*, in: Ebenroth/Boujong/Joost/strohn, § 116 HGB Rn. 11; *Jickeli*, in: MünchKomm. HGB, § 116 HGB Rn. 37; *Martens*, in: Schlegelberger, § 116 HGB Rn. 14; *Schäfer*, in: Großkomm. HGB, § 116 HGB Rn. 20.

504 *Schäfer*, in: Großkomm. HGB, § 116 HGB Rn. 16, 21; *Jickeli*, in: MünchKomm. HGB, § 116 HGB Rn. 39, 42; *Martens*, in: Schlegelberger, § 116 HGB Rn. 16; allgemein dazu

anderen Worten können die übrigen Gesellschafter die Anspruchsgeltendmachung ohne Rücksicht auf den widersprechenden Gesellschafter verbindlich beschließen.[505]

bb) § 113 Abs. 2 HGB

Bei § 113 Abs. 2 HGB entscheiden die Gesellschafter im Rahmen des Beschlusses nicht nur über das „ob" der Anspruchsdurchsetzung bei Verletzung des Wettbewerbsverbots, sondern legen zugleich den materiellen Anspruchsinhalt (Schadensersatz oder Eintrittsrecht) fest.[506] Mit der Begründung es handle sich um eine materiell-rechtliche Anspruchsvoraussetzung macht die h. M. den Zustimmungsbeschluss daher zur Begründetheitsvoraussetzung der actio pro socio.[507] Bei genauerer Untersuchung zeigt sich indes, dass auch zur Geltendmachung von Ansprüchen aus Verletzung eines Wettbewerbsverbots im Wege der actio pro socio kein Zustimmungsbeschluss erforderlich ist.

Festzuhalten ist dabei zunächst, dass die Ansprüche auf Schadensersatz und Eintritt materiell-rechtlich bereits mit der Verwirklichung des Verstoßes gegen das Wettbewerbsverbot und damit unabhängig von einem Zustimmungsbeschluss entstehen.[508] Auch der Normzweck des § 113 Abs. 2 HGB zwingt nicht dazu, eine Zustimmungsklage zur Voraussetzung der actio pro socio zu machen. Das Zustimmungserfordernis soll das Innenverhältnis von Streitigkeiten freihalten, wenn diese nicht von allen Gesellschaftern gewollt oder im Gesellschaftsinteresse geboten sind.[509] Mit entsprechender Begründung wird jedoch auch die Durchsetzung von Schadensersatzansprüchen aus der Verletzung von Geschäfts-

---

Goette, in: Ebenroth/Boujong/Joost/Strohn, § 119 HGB Rn. 25; Schäfer, in: Großomm. HGB, § 119 HGB Rn. 56.

505 *Schäfer*, in: Großkomm. HGB, § 119 HGB Rn. 56; *Goette*, in: Ebenroth/Boujong/Joost/Strohn, § 119 HGB Rn. 25; *Martens*, in: Schlegelberger, § 119 HGB Rn. 48.

506 *Goette*, in: Ebenroth/Boujong/Joost/Strohn, § 113 HGB Rn. 29; *Langhein*, in: MünchKomm. HGB, § 113 HGB Rn. 19; *Schäfer* in: Großkomm. HGB, § 113 HGB Rn. 8, 28.

507 S. *Schäfer*, in: Großkomm. HGB, § 113 HGB Rn. 8; *Wiedemann*, Gesellschaftsrecht, § 8 VI 1 c aa, S. 460.

508 *Schäfer*, in: Großkomm. HGB, § 113 HGB Rn. 8, 37; *Goette*, in: Ebenroth/Boujong/Joost/Strohn, § 113 HGB Rn. 45. Die Ansprüche stehen insoweit im Verhältnis elektiver Konkurrenz, *Schäfer*, in: Großkomm, HGB, § 113 HGB Rn. 9; *Langhein*, in: MünchKomm. HGB, § 113 HGB Rn. 10. Zum Begriff der elektiven Konkurrenz s. *Unberath*, in: Bamberger/Roth, § 262 BGB Rn. 5 ff..

509 Vgl. *Schäfer*, in: Großkomm. HGB, § 113 HGB Rn. 1, 28; *Goette*, in: Ebenroth/Boujong/Joost/Strohn, § 113 HGB Rn. 28; *Langhein*, in: MünchKomm. HGB, § 113 HGB Rn. 1; *Martens*, in: Schlegelberger, § 113 HGB Rn. 1.

führerpflichten als Maßnahme der außergewöhnlichen Geschäftsführung qualifiziert und dem Zustimmungserfordernis der §§ 116 Abs. 2 HGB unterworfen.[510]

Für das Erfordernis einer Zustimmungsklage ließe sich zwar darauf verweisen, dass es sich bei der Beschlussfassung gemäß § 113 Abs. 2 HGB nach wohl h. M. um ein Grundlagengeschäft handeln soll.[511] Indes ist nicht ersichtlich, warum die Geltendmachung von Ansprüchen aus der Verletzung eines Wettbewerbsverbots anders als die Durchsetzung von Ansprüchen aus der Verletzung von Geschäftsführerpflichten nicht als Maßnahme der – wenngleich außergewöhnlichen – Geschäftsführung qualifiziert werden sollte. Wie bei § 116 Abs. 2 HGB ist damit aber eine treuwidrig ablehnende Stimmabgabe unbeachtlich, was inzident im Prozess über die Gesellschaftsforderung geprüft werden kann.[512]

Hat das Gericht die Treuwidrigkeit der Zustimmungsverweigerung erst einmal festgestellt und ist der Anspruch folglich geltend zu machen, so liegt kein nennenswerter Eingriff in die Entscheidungskompetenz der Gesellschafter mehr darin, die Wahl zwischen Schadensersatz und Eintritt den klagewilligen Gesellschaftern zu überlassen.[513] Insbesondere wird man auch darin kein Grundlagengeschäft erblicken können. Dies gilt umso mehr, als die Auswahl des Rechtsbehelfs oftmals von rein prozesstaktischer Notwendigkeit geprägt sein dürfte, beispielsweise, wenn ein Schaden der Gesellschaft nicht nachweisbar ist.[514] Einer Zustimmungsklage bedarf es auch unter diesem Gesichtspunkt nicht.

---

510 Vgl. *Schäfer*, in: Großkomm. HGB, § 116 HGB Rn. 16; *Jickeli*, in: MünchKomm. HGB, § 116 HGB Rn. 29; *Martens*. In: Schlegelberger, § 116 HGB Rn. 12.

511 So in der Tat die wohl h. M. *Mayen*, in: Ebenroth/Boujong/Joost/Strohn, § 114 HGB Rn. 7;. *Rawert*, in: MünchKomm. HGB, § 114 HGB Rn. 9; *Schäfer*, in: Großkomm. HGB, § 119 HGB Rn. 11; *Emmerich*, in: Heymann, § 113 HGB Rn. 4.

512 Zur Differenzierung zwischen Grundlagengeschäften und Geschäftsführungsangelegenheiten bei der Frage, ob eine Zustimmungsklage erforderlich ist oder aber die treuwidrig verweigerte Zustimmung unbeachtlich ist, *Korehnke*, Treuwidrige Stimmen im Personengesellschafts- und GmbH-Recht, 1997, S. 44, 50 f., 53; *Schwab*, Das Prozessrecht gesellschaftsinterner Streitigkeiten, 2005, S. 465 f.; *Goette*, in: Ebenroth/Boujong/Joost/Strohn, § 119 HGB Rn. 25; *Enzinger*, in: MünchKomm. HGB, § 119 HGB Rn. 29; *Schäfer*, in: Großkomm. HGB, § 105 HGB Rn. 245, § 119 HGB Rn. 56.

513 Im Ergebnis ebenso *Schwab*, Das Prozessrecht gesellschaftsinterner Streitigkeiten, 2005, S. 110.

514 S. zum Zweck der alternativen Gewährung von Schadensersatz und Eintrittsrecht *Schäfer*, in: Großkomm. HGB, § 113 HGB Rn. 1; *Langhein*, in: MünchKomm. HGB, § 113 HGB Rn. 1.

cc) Behandlung einfacher Mehrheitsbeschlüsse

Genügt nach dem Gesellschaftsvertrag für Zustimmungsbeschlüsse nach §§ 113 Abs. 2, 116 Abs. 2 HGB die einfache Mehrheit,[515] sind treuwidrige und deshalb nichtige Stimmen bei der Beschlussfeststellung nicht mitzuzählen.[516] Einer Zustimmungsklage gegen die widersprechenden Gesellschafter bedarf es insoweit nicht. Zwar könnte auch hier gegen die einzelnen widersprechenden Gesellschafter (bzw. – bei entsprechender gesellschaftsvertraglicher Regelung – gegen die Gesellschaft) eine allgemeine Feststellungsklage auf Feststellung des Zustandekommens des der Anspruchsgeltendmachung zustimmenden Beschlusses erhoben werden.[517] Aus den oben genannten Gründen besteht jedoch kein Grund, eine positive Feststellungsklage zur Voraussetzung der späteren Durchführung einer actio pro socio zu machen.

b) „Anfechtung" eines ablehnenden Beschlusses?

Wenngleich weder die Zulässigkeit noch die Begründetheit der actio pro socio von der klageweisen Herbeiführung eines Zustimmungsbeschlusses abhängen noch das Vorliegen eines positiven Beschlusses gerichtlich festgestellt werden muss, bleibt die Frage, ob zunächst gegen einen die Geltendmachung der Gesellschaftsansprüchen treuwidrig ablehnenden Gesellschafterbeschluss Klage erhoben werden muss.

Nach der hier vertretenen Auffassung ist davon auszugehen, dass ein einstimmig oder mit qualifizierter Mehrheit zu fassender Zustimmungsbeschluss im Falle der treuwidrigen Ablehnung der Geltendmachung ohne die insoweit unbeachtlichen Stimmen der widersprechenden Gesellschafter zustande gekommen

---

515 Zur Dispositivität des Einstimmigkeitserfordernisses *Schäfer*, in: Großkomm. HGB, § 113 HGB Rn. 27, § 116 HGB Rn. 37.

516 BGH, Urteil v. 9.11.1987, II ZR 100/87, NJW 1988, 969 (970); *Einzinger*, in: MünchKomm. HGB, § 119 HGB Rn. 94; *Goette*, in: Ebenroth/Boujong/Joost/Strohn, § 119 Rn. 71; *Schäfer*, in: Großkomm. HGB, § 119 HGB Rn. 87; *Martens*, in: Schlegelberger, § 119 HGB Rn. 36.

517 Wird vom Leiter der Gesellschafterversammlung unter Berücksichtigung der treuwidrigen Stimmabgaben festgestellt, dass die Geltendmachung des Anspruchs mehrheitlich abgelehnt worden ist, kommt dadurch im Personengesellschaftsrecht kein vorläufig verbindlicher, negativer Beschluss zustande. Das Konzept anfechtbarer und mit der Gestaltungsklage innerhalb bestimmter Frist vernichtbarer Beschlüsse ist dem Personengesellschaftsrecht unbekannt. Vgl. demgegenüber zur Wirkung der Beschlussfeststellung im GmbH-Recht *Zöllner*, in: Baumbach/Hueck, Anh. § 47 GmbHG Rn. 118 sowie zum Aktienrecht *Hüffer*, § 130 AktG Rn. 22.

ist.[518] Entsprechendes gilt für die Feststellung des richtigen Beschlussergebnisses bei einfachem Mehrheitserfordernis. Beides kann inzident im Prozess über die Geltendmachung des Gesellschaftsanspruchs geprüft werden.

Im Übrigen wäre ein die Anspruchsdurchsetzung treuwidrig ablehnender (negativer) Beschluss[519] nach der bislang h. M. zum Personengesellschaftsrecht von vornherein nichtig[520] und insofern im Wege einer gegen die Mitgesellschafter zu richtenden allgemeinen Feststellungsklage gemäß § 256 Abs. 1 ZPO geltend zu machen.[521] Anders als das Kapitalgesellschaftsrecht kennt das Recht der Personengesellschaften bislang keine Unterscheidung zwischen nichtigen und nur anfechtbaren Beschlüssen. Die zum GmbH-Recht behandelten Probleme der Bindung an einen nicht angefochtenen ablehnenden Beschluss (s. oben 2.b)) stellen sich von vornherein nicht.[522]

c) *Vorprüfung der Prozessführungsbefugnis und Beiladung*

Auch wenn die Erhebung einer Klage gegen die der Anspruchsdurchsetzung widersprechenden Gesellschafter demnach keine Voraussetzung für Zulässigkeit oder Begründetheit der actio pro socio ist und die Rechtmäßigkeit der Ablehnung der Anspruchsdurchsetzung durch die Gesellschaftermehrheit mithin grundsätzlich als Vorfrage im Prozess gegen den Gesellschaftsschuldner bzw. in einem gesonderten gerichtlichen Zulassungsverfahren geprüft werden kann, bleibt die Frage, wer zum Zwecke der Verhandlung über die Prozessführungsbefugnis am Prozess zu beteiligten ist.

---

518 Siehe dazu *Schäfer*, in: Großkomm. HGB, § 119 HGB Rn. 56; *Goette*, in: Ebenroth/Boujong/Joost/strohn, § 119 HGB Rn. 25; *Martens*, in: Schlegelberger, § 119 HGB Rn. 48.

519 Vgl. zu negativen Beschlüssen im Personengesellschaftsrecht *Schäfer*, in: Großkomm. HGB, § 119 HGB Rn. 88; *Martens*, in: Schlegelberger, § 119 HGB Rn. 36; *Hueck*, Das Recht der oHG, § 11 V 1c a, S. 181 f.. Anders *Schwab*, Das Prozessrecht gesellschaftsinterner Streitigkeiten, 2005, S. 463, dem zufolge die Ablehnung des Beschlussgegenstandes bei den einstimmig zu fassenden Beschlüssen keinen negativen, sondern überhaupt keinen Beschluss zustande bringt, da dort die Zustimmung eines jeden Gesellschafters bereits zum rechtsgeschäftlichen Tatbestand des Beschlusses gehört.

520 *Hopt*, in: Baumbach/Hopt, § 119 HGB Rn. 31; *Martens*, in: Schlegelberger, § 119 HGB Rn. 36.

521 *Hopt*, in: Baumbach/Hopt, § 119 HGB Rn. 32.

522 Vgl. entsprechend zur Inzidentprüfung von nichtigen Beschlüssen im GmbH-Recht die Nachweise in Fn. 480.

aa) Zuständigkeitskonzentration bei der Gesellschaft

Ausgangspunkt ist wiederum das gesellschaftsinterne Rechtsbehelfssystem, als dessen Substitut sich die Inzidentprüfung im Rahmen der actio pro socio erwiesen hat. Für die GmbH wurde die Gesellschaft als Zurechnungssubjekt für die verbandsinterne Willensbildung identifiziert. Was für Kapitalgesellschaften wegen des Vorbildes der Anfechtungsklage systemgerecht ist, erscheint für Personengesellschaften weniger passend, da Beschlussmängelstreitigkeiten dort nach bislang herrschender Meinung unmittelbar zwischen den Gesellschaftern und nicht mit der Gesellschaft als Beklagter ausgetragen werden.[523] Organisatorisch kennen die Personengesellschaften nach der gesetzlichen Regellage schon keine „Gesellschafterversammlung" als Organ, dessen Entscheidungen der Gesellschaft zugerechnet werden könnte.[524]

Eine gegen die Gesellschaft gerichtete Anfechtungs- und positive Beschlussfeststellungsklage nach dem Vorbild des Kapitalgesellschaftsrechts findet zwar im Personengesellschaftsrecht zunehmend Anhänger.[525] Die h. M. ist indes bislang nicht bereit, das Konzept der Anfechtbarkeit von Beschlüssen und der Gestaltungsklage für das Personengesellschaftsrecht zu übernehmen.[526] Übertragen auf die Frage der beizuladenden Person bei der actio pro socio käme danach bei Ansprüchen, deren Geltendmachung durch den geschäftsführenden Gesellschafter einen vorherigen Zustimmungsbeschluss der Gesellschafter voraussetzt, nur die individuelle Beiladung der einer Anspruchsgeltendmachung widersprechenden Gesellschafter in Betracht.

Unter dem bereits für die GmbH erörterten Aspekt der prozessökonomischen Handhabbarkeit des Beiladungserfordernisses ist indes auch für die actio

---

523 S. zur Feststellungsklage BGH, Urteil v. 5.6.1967, II ZR 128/65, NJW 1967, 2159; *Brandes*, NZG 1999, 936; *Schäfer*, in: Großkomm. HGB, § 119 HG Rn. 77, 91; *Goette*, in: Ebenroth/Boujong/Joost/Strohn, § 119 HGB Rn. 75, 77; *Timm/Schöne*, in: Bamberger/Roth, § 709 BGB Rn. 65; *Hopt*, in: Baumbach/Hopt, § 119 HGB Rn. 38.

524 Eine Gesellschafterversammlung wird in der Praxis freilich regelmäßig im Gesellschaftsvertrag als fakultatives Organ vereinbart, s. dazu *Schäfer*, in: Großkomm. HGB, § 119 Rn. 5 f.; *Enzinger*, in: MünchKomm. HGB, § 119 HGB Rn. 48 ff.; *Hopt*, in: Baumbach/Hopt, § 119 Rn. 29 f..

525 Dafür *K. Schmidt,* FS Stimpel 1985, S. 217 ff.; *K. Schmidt*, ZGR 2008, 1 (24 ff.); *Noack*, Fehlerhafte Beschlüsse in Gesellschaften und Vereinen, 1988, S. 85 ff., 174; *Schwab*, Das Prozessrecht gesellschaftsinterner Streitigkeiten, 2005, S. 421 ff., 438 f.; *Enzinger*, in: MünchKomm. HGB, § 119 HGB Rn. 107 ff..

526 BGH, Urteil v. 5.6.1967, II ZR 128/65, NJW 1967, 2159; *Brandes*, NZG 1999, 936; *Schäfer*, in: Großkomm. HGB, § 119 HG Rn. 77, 91; *Goette*, in: Ebenroth/Boujong/Joost/Strohn, § 119 HGB Rn. 75, 77; *Timm/Schöne*, in: Bamberger/Roth, § 709 BGB Rn. 65; *Hopt*, in: Baumbach/Hopt, § 119 HGB Rn. 38.

pro socio bei den Personengesellschaften die Beiladung der Gesellschaft die vorzugswürdige Lösung. Das Gericht wird dadurch davon entlastet, gegebenenfalls eine Vielzahl von Einzelgesellschaftern identifizieren und beiladen zu müssen. Wie sich zeigen wird, ist eine Beiladung der Gesellschaft zudem ohnehin erforderlich, bejaht man die Erstreckung der Rechtskraft des im Rahmen der actio pro socio erwirkten Urteils auf die Gesellschaft.[527]

Rechtsprechung und die ganz herrschende Literatur zum Personengesellschaftsrecht anerkennen zumindest für Mehrheitsbeschlüsse schon bislang ein prozessökonomisches Bedürfnis, die Beklagtenrolle und damit die Verantwortung für die verbandsinterne Willensbildung auf die Gesellschaft zu verlagern, indem sie die Zulässigkeit gesellschaftsvertraglicher Bestimmungen bejahen, wonach die Klage wegen Beschlussmängeln nicht gegen die Gesellschafter, sondern gegen die Gesellschaft zu richten ist.[528] Ebenso hat die Rechtsprechung Gesellschaftsverträge von Publikumskommanditgesellschaften mit einer Vielzahl von Gesellschaftern wiederholt dahingehend ausgelegt, die Erhebung der Feststellungsklage müsse auch gegenüber der Gesellschaft möglich sein.[529] In dieselbe Richtung tendiert nun auch die Entscheidung *Otto* des BGH, wonach die Klage auf Feststellung des Nichtzustandekommens eines einstimmig zu fassenden Nachschuss-Beschlusses sowohl gegen die einzelnen Gesellschafter als auch gegen die Gesellschaft gerichtet werden kann.[530]

Bejaht man eine Inzidentprüfung der Frage, ob der actio pro socio Gründe des Gesellschaftswohls entgegen stehen, ist es im Hinblick auf die darin liegende Vereinfachung gegenüber der Vorschaltung einer Klage gegen die widersprechenden Gesellschafter letztlich nur konsequent, die Gesellschaft als Adressaten der Beiladung anzusehen.

bb) Beteiligung der Gesellschafter

Für die der Anspruchsdurchsetzung widersprechenden Gesellschafter besteht wie schon bei der GmbH die Möglichkeit, auf Seiten der Gesellschaft den ab-

---

527 Dazu ausführlich unten Teil 4A.I

528 BGH, Urteil v. 15.11.1982, II ZR 62/82, NJW 1983, 1056 (1057); *K. Schmidt*, ZGR 2008, 1 (27); *Ulmer*, in: MünchKomm. BGB, § 709 BGB Rn. 114; *Schäfer*, in: Großkomm. HGB, § 109 HGB Rn. 75, § 119 HGB Rn. 92; *Timm/Schöne*, in: Bamberger/Roth, § 709 BGB Rn. 65; *Goette*, in: Ebenroth/Boujong/Joost/Strohn, § 119 HGB Rn. 78; *Martens*, in: Schlegelberger, § 119 HGB Rn. 13.

529 BGH, Urteil v. 17.7.2006, II ZR 242/04, NJW 2006, 2854 (2855); BGH, Urteil v. 24.3.2003, II ZR 4/01, NZG 2003, 525; BGH, Urteil v. 7.6.1999, II ZR 278-98, NJW 1999, 3113 (3115); *Schäfer*, in: Großkomm. HGB, § 119 HGB Rn. 95.

530 BGH, Urteil v. 5.3.2007, II ZR 282/05, NZG 2007, 381 (382) – *Otto*; ausführlich *K. Schmidt*, ZGR 2008, 1 (24 ff.).

lehnenden Beschluss zu verteidigen. Insoweit wäre wieder davon auszugehen, dass es die Aufgabe des geschäftsführungsbefugten Gesellschafters ist, alle Gesellschafter von dem Prozess und der Möglichkeit zum Verfahrensbeitritt in Kenntnis zu setzen (s. dazu oben 2.c)bb)).

4. *Exkurs*: Verzicht und Vergleich über den Gesellschaftsanspruch

Von den vorstehenden Fragen betreffend Gesellschafterbeschlüsse über die Geltendmachung ist der Fall zu unterscheiden, dass die Gesellschafter durch Mehrheitsbeschluss auf den Anspruch der Gesellschaft verzichten. Die bloße Ablehnung der Geltendmachung beinhaltet ohne vorherige Ankündigung als Beschlussgegenstand nicht auch automatisch den materiell-rechtlichen Verzicht auf den Ersatzanspruch.[531] Im Falle eines wirksamen Verzichts wäre der Anspruch jedoch erloschen und die zu seiner Geltendmachung durchgeführte actio pro socio als *unbegründet* abzuweisen.[532]

a) Grundlagen

Die Gesellschaft kann grundsätzlich jederzeit nach Maßgabe der rechtsformspezifischen Zuständigkeitsordnung über ihren Anspruch verfügen. Dies gilt gerade auch in dem Fall, dass bereits eine actio pro socio anhängig ist.[533] Die Durchführung einer actio pro socio hat also keine Verfügungssperre für die Gesellschaft zur Folge. Der Verzicht oder Vergleich über einen Anspruch der Gesellschaft erfolgen aufgrund eines Vertrages zwischen der Gesellschaft und dem Gesell-

---

531 So für die GmbH *Hüffer*, in: Ulmer/Habersack/M. Winter, § 46 GmbHG Rn. 102; *Koppensteiner*, in: Rowedder/Schmitt-Leithoff, § 46 GmbHG Rn. 42; *K. Schmidt*, in: Scholz, § 46 GmbHG Rn. 158; *Römermann*, in: Michalski, § 46 GmbHG Rn. 449.

532 *Wirth*, in: Münch HdB GesR, II, § 7 Rn. 99; *Ulmer*, in: MünchKomm. BGB, § 705 BGB Rn. 212; *Berger*, ZHR 149 (1985), 599 (612); *Eickhoff*, Die Gesellschafterklage im GmbH-Recht, 1988, S. 213; *Winter*, Mitgliedschaftliche Treuebindungen im GmbH-Recht, 1988, S. 317; *Schwab*, Das Prozessrecht gesellschaftsinterner Streitigkeiten, 2005, S. 94; *Ebbing*, in: Michalski, § 14 GmbHG Rn. 104; *Hüffer*, in: Ulmer/Habersack/M. Winter, § 46 GmbHG Rn. 115; *Banerjea*, Die Gesellschafterklage im GmbH- und Aktienrecht, 2000, S. 220; *Hirte*, in: Großkomm. AktG, § 309 AktG Rn. 43; *Koppensteiner*, in: KölnKomm. AktG, § 309 Rn. 52; *Hüffer*, § 309 AktG Rn. 21; *Emmerich*, in: Emmerich/Habersack, Aktien- und GmbH-Konzernrecht, § 309 AktG Rn. 50; *Langenbucher*, in: K. Schmidt/Lutter, § 309 AktG Rn. 35; ebenso trotz eigenen Anspruchs des Gesellschafters und ohne Begründung *Altmeppen*, in: Roth/Altmeppen, § 13 GmbHG Rn. 19.

533 BGH, Urteil v. 13.5.1985, II ZR 170/84, NJW 1985, 2830 (2831) (Personengesellschaft); ebenso für das Klagezulassungsverfahren *G. Bezzenberger/T. Bezzenberger*, in: Großkomm. AktG, § 148 AktG Rn. 221.

schaftsschuldner (vgl. §§ 397, 779 BGB). Die Gesellschaft wird bei seinem Abschluss von der Geschäftsführung oder einer anderen, zu diesem Zweck bevollmächtigten Person vertreten. Für bestimmte Ansprüche ist dabei jedoch ein zustimmender Beschluss der Gesellschafterversammlung erforderlich. Fehlt ein wirksamer Zustimmungsbeschluss, ist der Verzichts- oder Vergleichsvertrag unwirksam.[534]

Im Personengesellschaftsrecht wird die Beschlussfassung über den Verzicht auf einen Sozialanspruch als Grundlagengeschäft eingeordnet, da dadurch die actio pro socio ausgeschlossen wird.[535] Grundsätzlich erforderlich ist hierzu ein einstimmiger Beschluss, so dass ein Minderheitsgesellschafter den Verzicht durch bloße Zustimmungsverweigerung abwenden kann. Eine Mehrheitsklausel im Gesellschaftsvertrag erstreckt sich aber im Zweifel auch auf den Erlass.[536] Ein treuwidriger Mehrheitsbeschluss ist nichtig, was *inzident* im Rahmen der actio pro socio oder im Wege einer allgemeinen Feststellungsklage[537] geprüft werden kann.[538]

Ebenso ergibt sich im GmbH-Recht analog § 46 Nr. 8 GmbHG ein Beschlusserfordernis für Vergleich und Verzicht auf Ansprüche der Gesellschaft gegen Gesellschafter oder Geschäftsführer.[539] Beschließt daher die Gesellschafterversammlung, dass mit dem Schuldner ein Verzichts- oder Vergleichsvertrag über den mit der actio pro socio geltend gemachten Anspruch geschlossen werden soll, muss der in Prozessstandschaft klagende Gesellschafter den Beschluss grundsätzlich durch eine rechtzeitig erhobene Anfechtungsklage zu Fall brin-

---

534 Für die Personengesellschaft BGH, Urteil v. 13.5.1985, II ZR 170/84, NJW 1985, 2830 (2831); zur GmbH BGH, Urteil v. 8.12.1997, II ZR 236/96, DB 1998, 465 („materielle Wirksamkeitsvoraussetzung"); *Zöllner/Noack*, in: Baumbach/Hueck, § 43 Rn. 47 („Außenwirkung" des Beschlusses); für die Aktiengesellschaft *Spindler*, in: MünchKomm. AktG, § 93 AktG Rn. 224.

535 BGH, Urteil v. 13.5.1985, II ZR 170/84, NJW 1985, 2830 (2831); BGH, Urteil v. 27.6.1957, II ZR 15/56, BGHZ 25, 47 (50); OLG Köln, Urteil v. 29.3.2000, 13 U 271/97, NZG 2000, 1171 (1172) ; *Schäfer*, in: Großkomm. HGB, § 114 HGB Rn. 65; *Rawert*, in: MünchKomm. HGB, § 114 HGB Rn. 9.

536 BGH, NJW 1985, 2830 (2831); *Schäfer*, in: Großkomm. HGB, § 105 Rn. 261, § 114 Rn. 65.

537 Vgl. *Ulmer*, in: MünchKomm. BGB, § 705 BGB Rn. 212; allgemein zur Feststellungsklage *Goette*, in: Ebenroth/Boujong/Joost/Strohn, § 119 HGB Rn. 75.

538 Insoweit gilt das oben zu Teil 3D.II.3.b) Gesagte entsprechend.

539 Das Beschlusserfordernis ergibt sich im Wege der Analogie aus § 46 Nr. 8 GmbHG, s. BGH, Urteil v. 8.12.1997, II ZR 236/96, DB 1998, 465; *Hüffer*, in: Ulmer/Habersack/M. Winter, § 46 GmbHG Rn. 98; *Zöllner*, in: Baumbach/Hueck, § 46 GmbHG Rn. 60; *Koppensteiner*, in: Rowedder/Schmidt-Leithoff, § 46 GmbHG Rn 42.

gen,[540] soll seine Klage im Falle des Abschlusses des Verzichts- oder Vergleichsvertrages nicht als unbegründet abgewiesen werden.[541]

Anders als bei dem Beschluss über die (Nicht-)Geltendmachung von Ersatzansprüchen handelt es sich bei dem Zustimmungsbeschluss um eine Wirksamkeitsvoraussetzung für den Verzichts- oder Vergleichsvertrag. Er hat mithin zumindest mittelbare Auswirkungen auf den Bestand des mit der actio pro socio geltend gemachten Anspruchs. Wird der Beschluss nicht fristgemäß angefochten, erlangt der Beschluss endgültige Bestandskraft[542] mit der Folge der Wirksamkeit des Verzichts oder Vergleichs über den Gesellschaftsanspruch.

Entsprechendes gilt im Grundsatz auch für die aktienkonzernrechtliche actio pro socio und das Klagezulassungsverfahren gemäß § 148 AktG. Bei der Aktiengesellschaft sehen die §§ 93 Abs. 4 Satz 3, 116 Satz 1 AktG vor, dass ein Verzicht oder Vergleich über Ersatzansprüche gegen Mitglieder von Vorstand und Aufsichtrat der Zustimmung der Hauptversammlung bedürfen. Entsprechendes gilt nach §§ 309 Abs. 3, 310 Abs. 4, 317 Abs. 4, 318 Abs. 4, 323 Abs. 1 Satz 2 AktG für die konzernrechtlichen Ersatzansprüche. Verzicht und Vergleich kommen darüber hinaus aber erst nach Ablauf einer Sperrfrist von drei Jahren[543] und nur dann in Betracht, wenn keine Minderheit, die mindestens 10 % des Grundkapitals hält, widersprochen hat (vgl. § 93 Abs. 4 Satz 3 AktG).

b) Fehlerhafte Gesellschafterbeschlüsse

Die Frage, unter welchen Voraussetzungen ein Mehrheitsbeschluss über den Verzicht auf einen Gesellschaftsanspruch fehlerhaft ist, wurde in Rechtspre-

---

540 Anders offenbar *K. Schmidt*, NZG 2003, 601 (604, Fn. 48) zu anfechtbaren Entlastungsbeschlüssen: „Die Anfechtbarkeit wird im Zuge der actio pro socio inzidenter geprüft werden können".

541 *Berger*, ZHR 149 (1985), 599 (612); *Eickhoff*, Die Gesellschafterklage im GmbH-Recht,. 1988, S. 213; *Winter*, Mitgliedschaftliche Treuebindungen im GmbH-Recht, 1988, S. 317; *Ebbing*, in: Michalski, § 14 GmbHG Rn. 104; *Hüffer*, in: Ulmer/Habersack/M. Winter, § 46 GmbHG Rn. 115; ebenso trotz eigenen Anspruchs des Gesellschafters und ohne Begründung *Altmeppen*, in: Roth/Altmeppen, § 13 GmbHG Rn. 19. Zum Verzicht auf Ersatzansprüche in der GmbH siehe *Hüffer*, in: Ulmer/Habersack/M. Winter, § 46 GmbHG Rn. 75, 98, 102

542 Siehe dazu oben Teil 3D.II.2.b).

543 Die dreijährige Sperrfrist gilt im Zusammenhang mit der Durchführung eines Klagezulassungsverfahrens jedenfalls dann, wenn die Gesellschaft während eines laufenden Klagezulassungsverfahrens – also ohne selbst die Klägerstellung inne zu haben – auf ihren Anspruch verzichtet s. *G. Bezzenberger/T. Bezzenberger*, in: Großkomm. AktG, § 148 AktG Rn. 222.

chung und Literatur bislang – soweit ersichtlich nicht näher erörtert.[544] Letztlich wird man aber kaum andere Maßstäbe anlegen können als bei der Entscheidung über die Ablehnung der Geltendmachung.[545] Denn die rechtmäßige und damit für die Gesellschafter bindende Ablehnung der Geltendmachung kommt faktisch einem Verzicht nahe.[546] Im Hinblick auf die Rechtsprechung zur Fehlerhaftigkeit von Entlastungsbeschlüssen – denen im GmbH- und Personengesellschaftsrecht eine dem Erlass oder Verzicht gleichkommende Präklusionswirkung zukommt[547] – wird man dabei annehmen müssen, dass ein Verzicht jedenfalls in den Fällen treuwidrig ist, in denen eine schwerwiegende Pflichtverletzung in Rede steht (s. dazu bereits oben A.II.3.c)bb)).

Unter welchen Voraussetzungen unterhalb dieser Schwelle gegen einen Verzichtsbeschluss vorgegangen werden kann, wird weitgehend von den Umständen des Einzelfalles abhängen. Nach der Rechtsprechung zur Anfechtung von Entlastungsbeschlüssen wäre jedenfalls von einem weiten unternehmerischen Ermessensspielraum der Gesellschafter auszugehen.[548] Ein Vergleich unter teilweisem Verzicht auf den Gesellschaftsanspruch dürfte dabei zumindest dann fehlerfrei sein, wenn mit ihm unter Abwägung des Prozessrisikos und der Durchsetzbarkeit des geltend gemachten Anspruchs dem wirtschaftlichen Interesse der Gesellschaft an der Durchsetzung des Anspruchs bestmöglich Rechnung getragen wurde.[549]

Die Abgrenzung dieses Bereichs im konkreten Einzelfall ist letztlich maßgeblich für die Reichweite der actio pro socio (s. zur entsprechenden Fragestellung bei Entscheidung über die Geltendmachung oben A.II.4).

5. Zusammenfassung

Das prozessuale Modell der Inzidentprüfung unter Beiladung der Gesellschaft lässt sich unproblematisch auf die Fälle anwenden, in denen das Geschäftsführungsorgan originär über die Geltendmachung von Ersatzansprüchen entscheidet. Ist die primäre Entscheidung über die Anspruchsgeltendmachung eine Be-

---

544 Vgl. *Hasselbach/Seibel*, GmbHR 2009, 354 (356); *Karrer*, NZG 2009, 932 (936); *Zöllner/Noack*, in: Baumbach/Hopt, § 43 GmbHG Rn. 47 mit Rn. 32.

545 So unter Hinweis auf *ARAG/Garmenbeck* auch *Hasselbach/Seibel*, GmbHR 2009, 354 (356).

546 S. BGH, Urteil v. 21.4.1997, II ZR 175/95, BGHZ 135, 244 (256) – *ARAG/Garmenbeck* (zur AG); *Schwab*, Das Prozessrecht gesellschaftsinterner Streitigkeiten, 2005, S. 87 (zur GmbH).

547 *Schäfer*, in: Großkomm. HGB, § 114 HGB Rn. 71; *Zöllner*, in: Baumbach/Hueck, § 46 GmbHG Rn. 41.

548 Vgl. *Zöllner*, in: Baumbach/Hueck, § 46 GmbHG Rn. 43 f. m. w. N..

549 Vgl. zum Personengesellschaftsrecht *Karrer*, NZG 2009, 932 (936).

schlusskompetenz der Gesellschafterversammlung, ist für die Frage des beizuladenden Personenkreises auf das innergesellschaftliche Rechtsbehelfssystem abzustellen.

Ausgehend vom dem im Beschlussmängelrecht der Kapitalgesellschaften zum Ausdruck kommenden Gedanken der Zurechnung der primären Willensbildung zur Gesellschaft, führt dies bei der GmbH zur Beiladung der Gesellschaft. Dieser können die Gesellschafter gegebenenfalls im Wege der Nebenintervention zur Seite treten. Auch im Personengesellschaftsrecht zeigen die Vertragspraxis sowie neuere Entwicklungen in der Rechtsprechung, dass der Gedanke einer Zurechnung der primären Willensbildung zur Gesellschaft – trotz des bislang abweichenden Konzepts der Beschlussmängelklagen – zu einem allgemeinen Prinzip gesellschaftsinterner Streitigkeiten fortentwickelt werden kann. Dafür sprechen nicht zuletzt Gründe der Rechtssicherheit, der Verfahrensvereinfachung und praktischen Handhabbarkeit des Beiladungserfordernisses.

Die Beiladung der Gesellschaft im Hinblick auf den Streit über den Bestand der Prozessführungsbefugnis bewirkt zugleich einen Gleichlauf mit der für die Erstreckung der Rechtskraft des auf die actio pro socio hin ergehenden Urteils ohnehin erforderlichen Beteiligung der Gesellschaft als materiell-rechtlicher Anspruchsträgerin.[550]

III. Die gerichtliche Prüfung der Prozessführungsbefugnis

Wie unter I. und II. darlegt, steht die verbandsinterne Organisationsstruktur der Personengesellschaften und der GmbH einer Prüfung der Prozessführungsbefugnis – insbesondere also möglicher gegen die Klageerhebung sprechender Gründe des Gesellschaftswohls – als Vorfrage im Prozess gegen den Gesellschaftsschuldner oder im Rahmen eines gesonderten gerichtlichen Vorverfahrens über die Zulassung der Gesellschafterklage nicht entgegen.

In beiden Fällen handelt es sich in einem technischen Sinne jeweils nicht um einen Rechtsbehelf gegen die ablehnende Entscheidung des primären Entscheidungsträgers. Dies zeigt sich vor allem in den Fällen, in denen ein gesellschaftsinternes Vorverfahren entbehrlich war und mithin keine zu überprüfende Primärentscheidung vorliegt. Die Beiladung der Gesellschaft erlaubt gleichwohl auch im zuletzt genannten Fall die Prüfung, ob der Klage Gründe des Gesellschaftswohls entgegenstehen.

550 Ausführlich dazu unten Teil 4A.I.

1. Inzidentprüfung im einstufigen Verfahren

Für die Prüfung des Bestands der Prozessführungsbefugnis ist bei Personengesellschaften und GmbH im Interesse der Prozessökonomie einer einstufigen Verfahrensstruktur, also der Inzidentprüfung der Ablehnungsgründe unter Beiladung der Gesellschaft im Hauptsacheverfahren, der Vorzug zu geben.[551] Ebenso wäre ein einstufiges Verfahren für die im Aktienkonzernrecht ausdrücklich geregelten Einzelklagebefugnisse der §§ 309 Abs. 4, 310 Abs. 4, 317 Abs. 4, 318 Abs. 4, 323 Abs. 1 Satz 2 AktG durchzuführen, die ebenfalls nur als subsidiäre Klagebefugnis verstanden werden können.[552]

Was die konkreten Voraussetzungen der Prozessführungsbefugnis angeht, lässt sich folgende Konzeption entwerfen: Dem Gesellschafter obliegt der Nachweis seiner Gesellschafterstellung, etwaiger (gesellschaftsvertraglich vereinbarter) Anforderungen an den Anteilsbesitz[553]) sowie der Durchführung des gesellschaftsinternen Vorverfahrens bzw. der Umstände, die dieses im Einzelfall entbehrlich machen.[554] Der Gesellschaftsschuldner trägt dagegen die Darlegungs- und Beweislast für der Klage entgegenstehende Gründe des Gesellschaftswohls. Auf ihm lastet mithin das Risiko, dass von der beigeladenen Gesellschaft oder ihm selbst eingewandte Gründe des Gesellschaftswohls unbewiesen bleiben,[555] denn das Vorliegen solcher Gründe stellt einen für ihn günstigen Umstand dar.

Durch das Instrument der notwendigen Beiladung werden einerseits die schutzwürdigen Interessen der Gesellschaft gewahrt, andererseits überzogene Anforderungen an die klagenden Gesellschafter im Hinblick auf die Darlegung der Voraussetzungen ihrer Prozessführungsbefugnis vermieden. Beizuladen ist in allen Gesellschaftsformen jeweils die Gesellschaft. Soweit die Geltendmachung eines Anspruchs durch die Gesellschaft selbst eines Gesellschafterbe-

---

551 Im Ergebnis ebenso *Verse*, FS U. H. Schneider 2011, 1325 (1339, 1341).

552 Siehe oben Teil 3B.IV.

553 Dazu oben Teil 2D.II.

554 So zu § 148 Abs. 1 Satz 2 Nr. 2 AktG *Happ*, FS H. P. Westermann 2008, 971 (983, 994); *Hüffer*, § 148 AktG Rn. 7; *Spindler*, in: K. Schmidt/Lutter, § 148 AktG Rn. 23; *Mock*, in: Spindler/Stilz, § 148 AktG Rn. 73.

555 So auch *Schwab*, Das Prozessrecht gesellschaftsinterner Streitigkeiten, 2005, S. 86. In der Praxis dürfte der Frage des Beweises der Tatsachen, die Gründen des Gesellschaftswohls zugrunde liegen, nur eingeschränkte Bedeutung zukommen. Regelmäßig wird vielmehr die Rechts- und Wertungsfrage im Vordergrund stehen, ob der geltend gemachte Umstand überhaupt die Ablehnung der Anspruchsdurchsetzung zu rechtfertigen vermag. Vgl. zu auf Treuepflichtverletzungen gestützten Anfechtungsklage *K. Schmidt*, in: Großkomm. AktG, § 246 AktG Rn. 82; *Eickhoff*, Die Gesellschafterklage im GmbH-Recht, 1988, S. 145.

schlusses bedarf, haben die der Klage widersprechenden Gesellschafter das Recht, sich neben der beigeladenen Gesellschaft am Streit um die Prozessführungsbefugnis zu beteiligen.

Bei der gerichtlichen Nachprüfung der Ablehnungsgründe ist ein gegebenenfalls bestehender Entscheidungsspielraum des primär zuständigen Entscheidungsträgers bei der Entscheidung über die Geltendmachung zu beachten. Dieser wird bei treuhänderisch gebundenen Organen wie Aufsichtsrat oder GmbH-Geschäftsführer gegebenenfalls enger ausfallen als bei der Stimmrechtsausübung durch die Gesellschafter selbst.[556]

2. Zweistufiges Klagezulassungsverfahren

Wie oben dargelegt, kann für die actio pro socio in anderen Gesellschaftsformen ein dem aktienrechtlichen Klagezulassungsverfahren entsprechendes Verfahren vorgesehen werden. In Anlehnung an die in § 148 Abs. 1 und 2 AktG geregelten Klagezulassungsvoraussetzungen wird der Streit um die Prozessführungsbefugnis dabei in ein besonderes Zulassungsverfahren vorgelagert. Die Klage ist vom Gericht zuzulassen, wenn (i) der klagende Gesellschafter seine Gesellschafterstellung (nebst etwaiger weiterer Anforderungen an den Anteilsbesitz) sowie die Durchführung des gesellschaftsinternen Vorverfahrens bzw. der Umstände, die dieses im Einzelfall entbehrlich machen nachweist,[557] (ii) die Prozessführung hinreichende Aussicht auf Erfolg bietet[558] und (iii) der Geltendmachung des Anspruchs keine Gründe des Gesellschaftswohls entgegen stehen.

Die Übertragung der zweistufigen Verfahrensstruktur des Klagezulassungsverfahrens bedeutet dabei selbstverständlich nicht, dass auch die aktienrechtlichen Besonderheiten im Hinblick auf den Anteilsbesitz (§ 148 Abs. 1 Satz 1, Satz 2 Nr. 1 AktG) auf andere Gesellschaftsformen übertragen werden müssten (s. dazu bereits oben Teil 2D.II). Ebenso wenig ist die gesetzliche Beschränkung des aktienrechtlichen Klagezulassungsverfahrens auf grobe Gesetzes- und Satzungsverletzungen und Unredlichkeiten (§ 148 Abs. 1 Satz 2 Nr. 3 AktG) ein zwingendes Strukturprinzip der actio pro socio.[559] Die Beschränkung auf bestimmte Ansprüche erklärt sich aus der Entwicklung des aktienrechtlichen Kla-

---

556 S. zur gerichtlichen Kontrolldichte in Bezug auf die Primärentscheidung oben Teil 3A.II.2.

557 S. bereits oben Teil 2D.I.

558 Vgl. zur Auslegung des Merkmals „Verdacht“ in § 148 Abs. 1 Satz 2 Nr. 3 AktG im Sinne hinreichender Erfolgsaussichten der Klage *Spindler*, in: K. Schmidt/Lutter, § 148 AktG Rn. 24; *Mock*, in: Spindler/Stilz, § 148 AktG Rn. 79; *G. Bezzenberger/T. Bezzenberger*, in: Großkomm. AktG, § 148 AktG Rn. 147.

559 Ebenso nunmehr *Verse*, FS U. H. Schneider 2011, 1325 (1336).

gezulassungsverfahrens aus dem früheren § 147 AktG a. F. und dem Anliegen des Missbrauchsschutzes.[560] Es spricht jedoch nichts dagegen, für GmbH und Personengesellschaften ein zweistufiges Klagezulassungsverfahren ohne Beschränkung der möglichen Gesellschaftsansprüche vorzusehen.

Entsprechendes gilt für die Vorschrift des § 148 Abs. 1 Satz 2 Nr. 4 AktG, wonach der Aktionärsklage nur *überwiegende* Gründe des Gesellschaftswohls entgegenstehen. Wie ausgeführt korrespondiert dem die Beschränkung durch § 148 Abs. 1 Satz 2 Nr. 3 AktG auf grobe Gesetzes- und Satzungsregelungen und Unredlichkeiten. Sie exemplifiziert damit den Zusammenhang zwischen der Schwere der dem Anspruch der Gesellschaft zugrunde liegenden Pflichtverletzung und den Anforderungen, die bei der Abwägung der für und wider die Klage sprechenden Umstände an ein rechtmäßiges Absehen von der Anspruchsdurchsetzung zu stellen sind. Bei einem zweistufigen Klagezulassungsverfahren mit erweitertem Anwendungsbereich wäre dementsprechend auch die Gewichtung der möglichen entgegenstehenden Gründe des Gesellschaftswohls anzupassen.[561] Im Einzelfall kann dies dazu führen, dass unter erleichterten Bedingungen als nach § 148 Abs. 1 Satz 2 Nr. 3 AktG von der Anspruchsdurchsetzung abgesehen werden kann (s. dazu oben A.II.3.c)bb)).

IV. Subsidiaritätsprinzip und Effizienz des Klagerechts

Auch wenn zum Teil ohne nähere Begründung darauf verwiesen wird, dass Umstände, aufgrund derer eine Klage wegen entgegenstehenden Gesellschaftsinteressen unterbleiben muss, selten sein dürften,[562] so muss für die verbleibenden Fälle gewährleistet werden, dass dem Gesellschaftsinteresse Rechnung getragen wird. Bedenken, ein formeller Streit um die Prozessführungsbefugnis als Voraussetzung der Prozessführungsbefugnis der Gesellschafter könnte die Inanspruchnahme des Klagerechts praktisch unmöglich machen, sind unbegründet.

Soweit im Personengesellschafts- und GmbH-Recht den abstimmenden Gesellschaftern ein breites Ermessen hinsichtlich der Realisierung von Gesellschaftsansprüchen eingeräumt wird, muss auch der prozessuale Rahmen ge-

560 Die Regelung entspricht § 142 Abs. 2 AktG und § 147 Abs. 3 Satz 1 AktG a. F..

561 Anders *Verse*, FS U. H. Schneider 2011, 1325 (1337 f.), der § 148 Abs. 1 Satz 2 Nr. 4 AktG generell rechtsformübergreifend anwenden möchte.

562 *Lutter*, ZHR 162 (1998), 164 (183); *Raiser*, ZHR 153 (1989), 1 (23). Diese im Zusammenhang mit Ersatzansprüchen aus Treuepflichtverletzung im GmbH-Recht getroffene Aussage ist schon deshalb zweifelhaft, als gerade dort ein weiter Ermessensspielraum der Gesellschafterversammlung bei der Beschlussfassung nach § 46 Nr. 8 GmbHG angenommen wird.

schaffen werden, um diesem Entscheidungsspielraum im Einzelfall zu bewahren. Entsprechendes gilt, bejaht man mit der vorzugswürdigen Auffassung ein Entscheidungsermessen von Vorstand und Aufsichtsrat bei der Aktiengesellschaft.

Wer darin eine unzumutbare Erschwerung der actio pro socio und Verkürzung des Minderheitenschutzes sieht, muss sich der Frage stellen, ob insbesondere im GmbH-Recht ein weites unternehmerisches Ermessen der Gesellschafterversammlung bei der Entscheidung über die Geltendmachung von Gesellschaftsansprüchen angemessen ist.

Stehen im konkreten Fall keine plausiblen Gründe des Gesellschaftswohls im Raum, die ein Absehen von der Klage rechtfertigen, dürfte der Streit um die Prozessführungsbefugnis in der Tat oftmals nicht mehr als eine formale Vorfrage bleiben. Liegen umgekehrt Gründe des Gesellschaftswohls unabweisbar vor, stellt ein geordnetes Verfahren deren Beachtung bei der Entscheidung über die Prozessführungsbefugnis sicher.

Teil 4
Prozessuale Einzelfragen der actio pro socio

Der Zivilprozess ist seiner Grundkonzeption nach ein Zweiparteienprozess,[563] was die verfahrensmäßige Erfassung des „Dreiecksverhältnisses" von Gesellschaftern, Gesellschaft und Gesellschaftsschuldner vor besondere Herausforderungen stellt. Probleme bereitet dabei nicht nur die Prüfung der Voraussetzungen der Prozessführungsbefugnis, also insbesondere der mögliche Streit um das Gesellschaftsinteresse (oben Teil 3C), sondern auch die Koordinierung von Gesellschafts- und Gesellschafterklage sowie die Wirkung von Verfügungen über den Gesellschaftsanspruch.

Ausgangspunkt für die folgende Erörterung des Prozessrechts der actio pro socio ist die gesetzliche Prozessstandschaft als Grundlage der actio pro socio. Parteien des Prozesses sind der klagende Gesellschafter, der einen behaupteten Anspruch der Gesellschaft im eigenen Namen geltend macht, sowie der Gesellschaftsschuldner als Beklagter. Ansätze, die actio pro socio als Zuweisung eigener Gesellschafteransprüche, gerichtet auf Leistung an die Gesellschaft zu verstehen, wurden bereits an anderer Stelle nicht zuletzt auch aus dem Grunde verworfen, dass es sich bei den parallelen Ansprüchen der Gesellschaft und des Gesellschafters jeweils um verschiedene Streitgegenstände handelt, deren widerspruchsfreie Koordinierung mit dem System der Zivilprozessordnung kaum zu bewerkstelligen ist.[564]

Die Prozessstandschaftslösung wirft eine Vielzahl prozessualer Fragen – etwa im Hinblick auf Rechtskraft, Rechtshängigkeit Nebeninterventionsrechte und das Gebot rechtlichen Gehörs – auf. Die in Rechtsprechung und Literatur bislang entwickelten Lösungen sollen im Folgenden mit den Regelungen des Klagezulassungsverfahrens in Beziehung gesetzt werden, um so die Grundlage für eine mögliche rechtsformübergreifende Fortbildung und Vereinheitlichung des Prozessrechts der actio pro socio zu schaffen.

A. Der Gesellschafterprozess: Die *actio pro socio*

Zunächst soll ein Blick auf die prozessualen Fragen des Gesellschafterprozesses, also der eigentlichen actio pro socio, geworfen werden. Im Falle des zweistufigen Klagezulassungsverfahrens ist dabei zu unterscheiden: Der bislang unter

563 Zum Zweiparteienprinzip *Rosenberg/Schwab/Gottwald*, Zivilprozessrecht, § 40 Rn. 26 ff..

564 S. oben Teil 2C.I.3.

dem Begriff actio pro socio diskutierte Gesellschafterklage zur Geltendmachung von Gesellschaftsansprüchen entspricht das Klageverfahren, während es sich beim Zulassungsverfahren um den prozessual verselbständigten Streit um die Prozessführungsbefugnis der Aktionäre handelt.

I. Rechtskrafterstreckung auf die Gesellschaft

Zentrale Frage beim Gesellschafterprozess ist die Rechtskrafterstreckung auf die Gesellschaft. Die Rechtskraft eines Urteils erstreckt sich grundsätzlich nur auf die Parteien des Rechtsstreits (s. § 325 Abs. 1 ZPO). Bei der Prozessstandschaft erfasst sie also zunächst nur den Prozesstandschafter und den Beklagten als formelle Parteien.[565] Dagegen bedarf es zur Erstreckung der Rechtskraft des von einem Prozessstandschafter erwirkten Urteils auf den Inhaber des eingeklagten materiell-rechtlichen Anspruchs, also einen nicht als Kläger oder Beklagter am Prozess beteiligten Dritten, einer besonderen Rechtfertigung.[566]

1. Bisherige Diskussion

a) Meinungsstand

Soweit die actio pro socio bislang als gesetzliche Prozessstandschaft begründet wird, lehnen die Vertreter dieser Ansicht eine Rechtskrafterstreckung auf die Gesellschaft und demzufolge auch den Einwand entgegenstehender Rechtshängigkeit gegenüber einer nachträglichen Gesellschaftsklage mehrheitlich ab.[567] Bei nachträglicher Klageerhebung durch die Gesellschaft entfalle die nur für den

565 Zur Parteistellung des Prozessstandschafters siehe nur *Vollkommer*, in: Zöller, Vor § 50 ZPO Rn. 19, 33.

566 S. *Gottwald*, in: MünchKomm. ZPO, § 325 ZPO Rn. 2.

567 Für das Personengesellschaftsrecht: *Hopt*, in: Baumbach/Hopt, § 115 HGB Rn. 35; *Timm/Schöne*, in: Bamberger/Roth, § 705 BGB Rn. 123; *Ulmer*, in: MünchKomm. BGB, § 705 BGB Rn. 214; *H. P. Westermann*, in: Erman, § 705 BGB Rn. 60 (trotz Annahme gewillkürter Prozessstandschaft); *K. Schmidt*, in: MünchKomm. HGB, § 105 HGB Rn. 203; *K. Schmidt*, in: Schlegelberger, § 105 HGB Rn. 177; *Schäfer*, in: Großkomm. HGB, § 105 HGB Rn. 263; *Emmerich*, in: Heymann, § 109 HGB Rn. 23, 25a; *Wertenbruch*, in: Ebenroth/Boujong/Joost/Strohn, § 105 HGB Rn. 151; *Vollkommer*, in: Zöller, Vor § 50 ZPO Rn. 23, 38; *Leipold*, in: Stein/Jonas, § 325 ZPO Rn. 60. für das GmbH-Recht: *Berger*, ZHR 149 (1985), 599 (608); *Eickhoff*, Die Gesellschafterklage im GmbH-Recht, 1988, S. 166; *Winter*, Mitgliedschaftliche Treuebindungen im GmbH-Recht, 1988, S. 319; für die konzernrechtlichen Einzelklagebefugnisse: *Emmerich*, in: Emmerich/Habersack, § 309 AktG Rn. 50; *Hirte*, in: Großkomm. AktG, § 309 AktG Rn. 43; *Müller*, Die Gesellschafterklage als rechtsformübergreifendes Institut 2002, S. 31.

Fall der Untätigkeit der Gesellschaft gewährte Prozessführungsbefugnis der Gesellschafter,[568] so dass die nunmehr unzulässige Gesellschafterklage für erledigt erklärt werden müsse.[569]

Nach der Gegenansicht, die zum Teil jedoch eine *gewillkürte* Prozessstandschaft als Grundlage der actio pro socio heranzieht, wirkt die Rechtskraft des Urteils im Gesellschafterprozess stets auch für und gegen die Gesellschaft. Die Rechtshängigkeit einer Gesellschafterklage in Prozessstandschaft hindert die Gesellschaft damit zugleich an einer nachträglichen Klageerhebung.[570] Diese kann sich jedoch als streitgenössische Nebenintervenientin (§§ 66, 69 ZPO) am Prozess der Gesellschafter beteiligen.[571]

---

568 Für das Personengesellschaftsrecht: *K. Schmidt*, in: MünchKomm. HGB, § 105 HGB Rn. 203; *K. Schmidt*, in: Schlegelberger, § 105 HGB Rn. 177; *v. Gerkan*, in: Röhricht/v. Westphalen, § 105 HGB Rn. 80; *Ulmer* in: Großkomm. HGB, § 105 HGB Rn. 269; für das GmbH-Recht: *Winter*, Mitgliedschaftliche Treuebindungen im GmbH-Recht, 1988, S. 319; *Emmerich*, in: Scholz 13 GmbHG Rn 53; für die konzernrechtlichen Einzelklagebefugnisse: *Emmerich*, in: Emmerich/Habersack, § 309 AktG Rn. 50; *Hirte*, in: Großkomm. AktG, § 309 AktG Rn. 43; *Kropff*, in: MünchKomm. AktG, § 317 AktG Rn. 51.

569 *K. Schmidt*, in: MünchKomm. HGB, § 105 HGB Rn. 203; *H. P. Westermann*, in: Erman, § 705 BGB Rn. 60; *Winter*, Mitgliedschaftliche Treuebindungen im GmbH-Recht, 1988, S. 319; *Müller*, Die Gesellschafterklage als rechtsformübergreifendes Institut 2002, S. 31; *Emmerich*, in: Emmerich/Habersack, § 309 AktG Rn. 50; *Hirte*, in: Großkomm. AktG, § 309 AktG Rn. 43.

570 Für das Personengesellschaftsrecht: *Hadding*, actio pro socio, 1966, S. 101 f.; *Becker*, Verwaltungskontrolle durch Gesellschafterrechte, 1997, S. 546; *Wiedemann*, Gesellschaftsrecht I, § 8 IV 1 c, S. 461; *Wiedemann*, Gesellschaftsrecht II, § 3 III 6 a dd, S. 284 f.; *Hadding*, in: Soergel/Siebert, § 705 BGB Rn. 50; für die GmbH: *Immenga*, Die personalistische Kapitalgesellschaft, 1970, S. 295; *Ebbing*, in Michalski, § 14 GmbHG Rn. 105; *Hueck/Fastrich*, in: Baumbach/Hueck, § 13 GmbHG Rn. 40; für die konzernrechtliche Einzelklagebefugnisse: *Weber*, Die konzernrechtliche abgeleitete Aktionärsklage, 2006, S. 185; allgemein für die actio pro socio *Berger*, Die subjektiven Grenzen der Rechtskraft, 1992, S. 273 f., 277 ff.; *Schwab*, Das Prozessrecht gesellschaftsinterner Streitigkeiten, 2005, S. 129; für eine entsprechende gesetzliche Regelung bereits *Grossfeld*, Aktiengesellschaft, Unternehmenskonzentration und Kleinaktionär, 1968, S. 309 f.; sowie die in Fn. 572 genannten Vertreter einer gewillkürten Prozessstandschaft.

571 *Bork/Oepen*, ZGR 2001, 515 (541 f.); *Hadding*, actio pro socio, 1966, S. 102; *Schütz*, Sachlegitimation und richtige Prozesspartei bei innergesellschaftlichen Streitigkeiten in der Personengesellschaft, 1994, S. 42; *Schwab*, Das Prozessrecht gesellschaftsinterner Streitigkeiten, 2005, S. 129; *Wiedemann*, Gesellschaftsrecht II, § 3 III 6 a dd, S. 284 f.. Ohne Unterscheidung zwischen einfacher und streitgenössischer Nebenintervention *Becker*, Verwaltungskontrolle durch Gesellschafterrechte, 1997, S. 546; *Grunewald*, Die Gesellschafterklage in der Personengesellschaft und der GmbH, 1990, S. 57.

Unproblematisch bejahen ließe sich die Rechtskrafterstreckung auf die Gesellschaft, sieht man die Grundlage der actio pro socio in einer gewillkürten Prozessstandschaft[572], wo die Legitimation für die Rechtskrafterstreckung in der Ermächtigung des Prozessstandschafters zur Prozessführung durch den Rechtsinhaber liegt.[573] Die Herleitung der actio pro socio aus einer rechtsgeschäftlichen Ermächtigung kann – wie oben gezeigt – jedoch nicht überzeugen.[574]

b) Begründung der Rechtskrafterstreckung

Bei der gesetzlichen Prozessstandschaft wird eine Rechtskrafterstreckung nur dann bejaht, wenn die Klagebefugnis eingeräumt ist, um die Interessen des Rechtsträgers wahrzunehmen.[575] Dies ist anzunehmen, wenn dem gesetzlichen Prozessstandschafter – wie beispielsweise im Fall des Insolvenzverwalters[576] oder Testamentsvollstreckers[577] – die *ausschließliche* Prozessführungsbefugnis zusteht[578] oder der Prozessstandschafter über den geltend zu machenden Anspruch *verfügungsbefugt* ist (im letzteren Fall wird dabei regelmäßig auch eine ausschließliche Prozessführungsbefugnis vorliegen, so dass sich beide Fallgruppen überschneiden). Besteht die Prozessstandschaft dagegen *neben* der Prozessführungsbefugnis anderer[579], so soll sie primär im eigenen Interesse zugewiesen sein und eine Rechtskrafterstreckung folglich ausscheiden.[580]

---

572 So *Bork/Oepen*, ZGR 2001, 515 (540); *Grunewald*, Die Gesellschafterklage in der Personengesellschaft und der GmbH. 1990, S. 57, 92; *Schütz*, Sachlegitimation und richtige Prozesspartei bei innergesellschaftlichen Streitigkeiten in der Personengesellschaft, 1994, S. 42.

573 BGH, Urteil v. 15.6.1993, XI ZR 111/92, NJW 1993, 3072 (3073); *Schack*, NJW 1988, 865 (869); *Rosenberg/Schwab/Gottwald*, Zivilprozessrecht, § 46 Rn. 62; *Vollkommer*, in: Zöller, Vor § 50 ZPO Rn. 54; *Gottwald*, in: MünchKomm. ZPO, § 325 ZPO Rn. 55; *Büscher*, in: Wieczorek/Schütze, § 325 ZPO Rn. 78.

574 Siehe oben Teil 2C.II.2.

575 *Gottwald*, in: MünchKomm. ZPO, § 325 ZPO Rn. 46; *Leipold*, in: Stein/Jonas, § 325 ZPO Rn. 54.

576 S. § 80 Abs. 1 InsO. Ausführlich *Ott/Vuia*, in: MünchKomm. InsO, § 80 InsO Rn. 95.

577 S. §§ 2212, 2213 BGB und die ausdrückliche Anordnung der Rechtskrafterstreckung auf den Erben bei Aktivprozessen des Testamentsvollstreckers in § 327 Abs. 1 ZPO.

578 Hier muss sich die Rechtskraft des Urteils zwangsläufig auf den Rechtsinhaber erstrecken, soll diesen gegenüber überhaupt eine rechtskräftige Entscheidung ergehen können.

579 Beispiele sind die Klagebefugnisse von Miteigentümern (§ 1011 BGB) und Miterben (§ 2039 BGB), s. *Rosenberg/Schwab/Gottwald*, Zivilprozessrecht, § 46 Rn. 61.

580 Siehe zur h. M. BGH, Urteil v. 23.1.1981, V ZR 146/79, BGHZ 79, 245 (248) (zur Rechtskraftwirkung der Abweisung einer Klage nach § 1011 BGB); *Sinaniotis*, ZZP 79 (1966), 78 (90 ff.); *Calavros*, Urteilswirkungen zu Lasten Dritter, 1978, S. 55 ff.;

Die als gesetzliche Prozessstandschaft verstandene actio pro socio lässt sich mit den vorgenannten Kriterien der h. M. nicht sicher fassen. Ihrem Sinn und Zweck nach dient die subsidiäre actio pro socio als uneigennütziges Mitgliedschaftsrecht in erster Linie der Verwirklichung des Interesses der Gesellschaft als Rechtsträgerin und nicht den eigenen Interessen des Gesellschafters. Gleichwohl handelt es sich im Verhältnis zur Gesellschaft um keine ausschließliche Prozessführungsbefugnis.[581] Ebenso wenig sind die Gesellschafter nach bisherigen Grundsätzen zur Verfügung über den Anspruch der Gesellschaft ermächtigt.[582] Bei der Entscheidung für und wider eine Rechtskrafterstreckung wird man daher letztlich eine Abwägung der Interessen des Gesellschaftsschuldners und der Gesellschaft vornehmen müssen.[583]

Die h. M. betont dabei die prozessuale Handlungsfreiheit der Gesellschaft, die ungehindert vom Einwand entgegenstehender Rechtshängigkeit jederzeit soll Klage erheben können.[584] Die Gesellschafter sollen zudem nicht durch nachlässige Prozessführung die Anspruchsdurchsetzung zu Lasten der Gesellschaft vereiteln.[585] Umgekehrt verhindert die fehlende Rechtskraftbindung, dass die durch die actio pro socio geschaffene Vermögenszuordnung endgültig bestandskräftig wird, da eine Rückgewährklage des Beklagten gegen die Gesellschaft möglich wäre.[586] Will der Beklagte im Falle der Abweisung der ersten Klage weitere Prozesse endgültig ausschließen, so kann er der Gefahr erneuter Inanspruchnahme nur im Wege der negativen Feststellungsdrittwiderklage gegen die Gesellschaft begegnen.[587] Unter Verweis auf das schutzwürdige Interesse des Beklagten an einem einzigen, abschließend entscheidenden Prozess will eine starke

---

Schack, NJW 1988, 865 (867); *Rosenberg/Schwab/Gottwald*, Zivilprozessrecht, § 46 Rn. 58 f.; *Vollkommer*, in: Zöller, Vor § 50 ZPO Rn. 39; *Gottwald*, in: MünchKomm. ZPO, § 325 ZPO Rn. 46 f.; *Leipold*, in: Stein/Jonas, § 325 ZPO Rn. 54; *Büscher*, in: Wieczorek/Schütze, § 325 ZPO Rn. 70, 75; *Henckel*, in: Jaeger, § 6 KO Rn. 86 ff..

581 Siehe unten Teil 4B.I..

582 Siehe unten Teil 4A.IV.1..

583 Zutreffend *Schwab*, Das Prozessrecht gesellschaftsinterner Streitigkeiten, 2005, S. 124.

584 Zum Einwand entgegenstehender Rechtshängigkeit im Fall der Rechtskrafterstreckung unten Teil 4B.I.1.

585 *Altmeppen*, FS Musielak 2004, 1 (13); *Berger*, ZHR 149 (1985), 599 (608); *Banerjea*, Die Gesellschafterklage im GmbH- und Aktienrecht, 2000, S. 231; *Rosenberg/Schwab/Gottwald*, Zivilprozessrecht, § 46 Rn. 61; *Habermeier*, in: Staudinger, § 705 BGB Rn. 48.

586 *Bork/Oepen*, ZGR 2001, 515 (523); *Berger*, Die subjektiven Grenzen der Rechtskraft bei der Prozeßstandschaft, 1992, S. 278; *Schwab*, Das Prozessrecht gesellschaftsinterner Streitigkeiten, 2005, S. 129; *Wiedemann*, Gesellschaftsrecht II, § 3 III 6 a dd, S. 285.

587 Siehe *K. Schmidt*, in: MünchKomm. HGB, § 105 HGB Rn. 203.

Ansicht in der Literatur die Gesellschaft daher in die Wirkungen des (auch klageabweisenden) Urteils im Gesellschafterprozess einbeziehen.[588]

Die bisherigen Ansichten tragen dabei indes entweder allein den Interessen der Gesellschaft Rechnung, indem sie durch Verneinung der Rechtskrafterstreckung die Handlungsfähigkeit der Gesellschaft bewahren oder aber es werden einseitig die Interessen des klagenden Gesellschafters betont, indem man die Rechtskraft des Urteils auf die Gesellschaft erstreckt.

2. Interessenausgleich zwischen Aktionären und Gesellschaft im Klagezulassungsverfahren

Eine Leitlinie für die Gewichtung dieser widerstreitenden Interessen kann nunmehr den gesetzgeberischen Wertungen des § 148 AktG entnommen werde. Das Aktiengesetz ordnet in § 148 Abs. 5 Satz 1 AktG für das im Klageverfahren ergehende Urteil ausdrücklich eine allseitige – d. h. bei stattgebendem wie abweisendem Urteil eingreifende[589] – Rechtskrafterstreckung auf die Gesellschaft an und stützt damit die in der Literatur schon bislang hervorgehobene Schutzwürdigkeit des Beklagten gegenüber Mehrfachprozessen.[590]

Zugleich achtet das UMAG aber auch die von der ganz h. M. gegen eine Rechtskrafterstreckung vorgebrachten Bedenken in Bezug auf prozessuale Handlungsfreiheit der Gesellschaft und die Gefahr nachlässiger Prozessführung durch Gesellschafter. Denn gemäß § 148 Abs. 3 Satz 1 AktG ist die Gesellschaft – trotz Rechtskrafterstreckung und damit unter Übergehung des Einwands der entgegenstehenden Rechtshängigkeit – auch nach Rechtshängigkeit einer Aktionärsklage zur Erhebung einer eigenen Klage bzw. zur Übernahme der Aktionärsklage befugt.[591]

---

588 Vgl. *Berger*, Die subjektiven Grenzen der Rechtskraft, 1992, S. 155 ff., 273 f., 277 ff.; *Schwab*, Das Prozessrecht gesellschaftsinterner Streitigkeiten, 2005, S. 124, 129; *Weber*, Die konzernrechtliche abgeleitete Aktionärsklage, 2006, S. 184 f.; ohne nähere Begründung *Wiedemann*, Gesellschaftsrecht I, § 8 IV 1 c, S. 461; *Wiedemann*, Gesellschaftsrecht II, § 3 III 6 a dd, S. 284 f.; *Hadding*, in: Soergel/Siebert, § 705 BGB Rn. 50; *Ebbing*, in Michalski, § 14 GmbHG Rn. 105; *Hueck/Fastrich*, in: Baumbach/Hueck, § 13 GmbHG Rn. 40. Für notwendige Verfahrensbeteiligung der Gesellschaft aber *Becker*, Verwaltungskontrolle durch Gesellschafterrechte, 1997, S. 545, 590; *Bork/Oepen*, ZGR 2001, 515 (542, Fn. 128).

589 Zum Begriff der allseitigen Rechtskrafterstreckung s. *Weth*, in: Musielak, § 62 ZPO Rn. 4.

590 *Baums*, Gutachten F zum 63. Deutschen Juristentag 2000, F 263; s. auch Regierungsbegründung UMAG, BT-Drucks. 15/5092, S. 23.

591 Dazu näher unten Teil 4B.I und Teil 4B.II.

3. Legitimation der Rechtskrafterstreckung

Fraglich ist, wie sich die Regelung des § 148 Abs. 5 Satz 1 AktG in die bisherigen Grundsätze zur Erstreckung des von einem Prozessstandschafter erwirkten Urteils auf den Rechtsträger einfügt (s. dazu oben 1.b)) und welche Schlussfolgerungen hieraus in Bezug auf die Legitimation der Rechtskrafterstreckung in anderen Fällen der actio pro socio zu ziehen sind. Entscheidend wird es dabei darauf ankommen, welcher Stellenwert dem rechtlichen Gehör der Gesellschaft bei der Bindung an das Urteil beizumessen ist.

a) Rechtskrafterstreckung und rechtliches Gehör

Ein Anspruch auf rechtliches Gehör[592] besteht nicht nur für die formell Beteiligten des Rechtsstreits, sondern darüber hinaus für jeden Dritten, der – in den Worten des BVerfG – durch die gerichtliche Entscheidung „unmittelbar in seinen Rechten beeinträchtigt“ wird[593] bzw. dem gegenüber die Entscheidung „materiell-rechtlich wirkt“.[594] Im Einzelfall kann ein Gericht dabei aus Art. 103 Abs. 1 GG verpflichtet sein, einen betroffenen Dritten von Amts wegen vom Prozess in Kenntnis zu setzen.[595] Dies wird man dann annehmen müssen, wenn der Dritte unmittelbar in die Rechtskraft- bzw. Gestaltungswirkung des Urteils einbezogen ist, die rechtliche Betroffenheit wie in den Fällen der Rechtskraft-

---

592 Zum Zusammenhang zwischen Rechtskraftbindung und rechtlichem Gehör BGH, Urteil v. 20.10.1995, V ZR 263/94, NJW 1996, 395 (396); *Schack*, NJW 1988, 865; *Schlosser*, Gestaltungsklage und Gestaltungsurteil, 1966, S. 168 ff.; *Leipold*, in: Stein/Jonas, § 325 ZPO Rn. 1; *Büscher*, in: Wieczorek/Schütze, § 325 ZPO Rn. 1.

593 BVerfG, Beschluss v. 9.2.1982, 1 BvR 191/81, BVerfGE 60, 7 (13); ebenso BVerfG, Beschluss v. 1.2.1967, 1 BvR 630/64, BVerfGE 21, 132 (137).

594 BVerfG, Beschluss v. 14.4.1988, 1 BvR 544/86, NJW 1988, 1963; dem folgend BGH, Urteil v. 20.1.1986, II ZR 73/85, BGHZ 97, 28 (32). Der BGH spricht insoweit vom „sachlich Betroffenen“, BGH, Urteil v. 29.4.1982, IX ZR 55/81, NJW 1982, 1652; ebenso BGH, Urteil v. 24.11.1983, IX ZR 93/82, NJW 1984, 353. Siehe auch *Waldner*, Der Anspruch auf rechtliches Gehör, 2000, Rn. 309; *Rosenberg/Schwab/Gottwald*, Zivilprozessrecht, § 82 Rn. 5; *Weth*, in: Musielak, vor § 64 ZPO Rn. 4; *Leipold*, in: Stein/Jonas, vor § 128 ZPO Rn. 37.

595 BVerfG, Beschluss v. 9.2.1982, 1 BvR 191/81, BVerfGE 60, 7 (15); BVerfG, Beschluss v. 1.2.1967, 1 BvR 630/64, BVerfGE 21, 132 (139); *Rosenberg/Schwab/Gottwald*, Zivilprozessrecht, § 51 Rn. 37, § 82 Rn. 5; *Weth*, in: Musielak, vor § 64 ZPO Rn. 4; *Leipold*, in: Stein/Jonas, vor § 128 ZPO Rn. 37, 41; *Schultes*, in: MünchKomm. ZPO, § 69 ZPO Rn. 9.

erstreckung also zwangsläufig und unabhängig von einer Verfahrensbeteiligung eintritt.[596]

In den bereits erwähnten Fällen der gewillkürten Prozessstandschaft oder der Prozessführung einer Partei kraft Amtes ist der Rechtsträger an das Urteil gebunden, ohne dass er notwendig vom Prozess in Kenntnis gesetzt werden muss. Die maßgebliche Rechtfertigung dürfte dabei darin zu sehen sein, dass er im ersten Fall in die Prozessführung eingewilligt hat und im zweiten Fall der Prozesstandschafter kraft Gesetzes ohne Mitsprache des Dritten zur ausschließlichen Disposition über das streitgegenständliche Recht befugt ist.[597] Vergleich-

---

596 Im prozessrechtlichen Schrifttum wird in diesem Zusammenhang zutreffend auf die Parallele zwischen dem notwendig vom Prozess in Kenntnis zu setzenden Personenkreis und den Voraussetzungen der streitgenössischen Nebenintervention (§ 69 ZPO: „Rechtskraft der in dem Hauptprozess erlassenen Entscheidung auf das Rechtsverhältnis des Nebenintervenienten zu dem Gegner von Wirksamkeit ist") verwiesen, *Schultes*, Beteiligung Dritter am Zivilprozeß, 1994, S. 141-146, 154, 170; *Schultes*, in: Münch-Komm. ZPO, § 69 ZPO Rn. 9; ebenso *Vollkommer*, FS BGH 2000, 127 (142 ff.); *Mansel*, in: Wieczorek/Schütze, § 69 ZPO Rn. 3; *Bork*, in: Stein/Jonas, vor § 64 ZPO Rn. 3; *Vollkommer*, in: Zöller, Vor § 64 ZPO Rn. 2; offen gelassen von BGH, Beschluss v. 8.11.2004, II ZB 41/43, ZIP 2005, 45 (zur Beiladung von Aktionären als potentielle streitgenössische Nebenintervenienten).

597 *Grunsky*, Grundlagen des Verfahrensrechts, 1974, S. 227: „Unproblematisch ist weiterhin der Fall, dass die materiell Berechtigten zwar an dem Verfahren nicht unmittelbar selbst teilnehmen, dass ihre Interessen jedoch von einer eigenes dafür bestellten Person wahrgenommen werden. Hierhin gehören die Sachverhalte der gesetzlichen Vertretung und auch die der gesetzlichen Prozeßstandschaft. In all diesen Fällen ist das Gericht nicht verpflichtet, den Rechtsträger selbst anzuhören. Dieser muss es sich vielmehr gefallen lassen, dass ein Dritter seine (des Rechtsträgers) Interessen wahrnimmt."; *Schlosser*, Gestaltungsklage und Gestaltungsurteil, 1966, § 22 II 2, S. 213 (zum Erben bei Rechtsstreit des Testamentsvollstreckers mit einem Dritten): „In diesen Fällen erscheint es in der Tat gerechtfertigt, auf eine obligatorische Drittbeteiligung am Verfahren zu verzichten, weil der Dritte materiell in einem Abhängigkeitsverhältnis zur Hauptpartei steht, die eine Hinnahme des Prozessergebnisses zu seinen Lasten auch ohne Verfahrensbeteiligung als gerechtfertigt erscheinen lässt."; *Dimaras*, Anspruch „Dritter" auf Verfahrensbeteiligung, 1987, S. 40: „Verfassungsrechtliche Bedenken tauchen auf jeden Fall bei der Rechtskraftbindung des materiellberechtigten Dritten an das Urteil auf, das nach einem Verfahren ergangen ist, an dem der Dritte nicht teilgenommen hat und dessen Bindung nicht auf die nach dem materiellen Recht dem Prozeßstandschafter verliehenen ausschließlichen Verfügungsbefugnis zurückzuführen ist."; *Mansel*, in: Wieczorek/Schütze, Vor § 64 ZPO Rn. 17: „[...] einer der folgenden drei Ausnahmetatbestände ist gegeben [...] wenn die Dritten auf Grund materiellen Rechts Verfügungen der Parteien über ihre Drittrechtspositionen hinnehmen müssten, denn dann müssen sie auch deren Prozessführung hinnehmen."; s. zur materiell-rechtlichen Abhängigkeit auch *Waldner*, Der Anspruch auf rechtliches Gehör, 2000, Rn. 329; *Rosenberg/Schwab/Gottwald*,

bare Argumente wie sie zur Begründung der Rechtskraftersteckung bei Prozessstandschaft herangezogen werden,[598] begründen also auch, dass sich der Rechtsträger die Prozessführung durch den Prozessstandschafter zurechnen lassen muss, ohne dass das Gericht verpflichtet wäre, ihn von Amts wegen beizuladen. In den Fällen der Ermächtigung und der ausschließlichen Prozessführungs- bzw. Verfügungsbefugnis ist m. a. W. eine Grundlage dafür gegeben, dass der Anspruch auf rechtliches Gehör gegenüber dem Prozessstandschafter als dem „Repräsentanten" des Rechtsträgers erfüllt werden kann. Fraglich bleibt indes, ob dies auch für das Klagezulassungsverfahren und damit gegebenenfalls die actio pro socio als rechtsformübergreifendes Institut gilt.

Konkurriert – wie nach derzeitiger h. M. bei der actio pro socio – die Prozessführungsbefugnis des *gesetzlichen* Prozessstandschafters mit der Prozessführungsbefugnis eines anderen, so wird eine Rechtskrafterstreckung bislang überwiegend abgelehnt.[599] Die h. M. geht davon aus, in diesen Fällen bestehe die Prozessführungsbefugnis primär im eigenen Interesse jedes Prozessführungsbefugten und keiner solle den anderen in der Rechtsverfolgung behindern können.[600] Mit leicht verschobener Akzentuierung ließe sich auch sagen, die Prozessführungsbefugnis ist ihm jedenfalls nicht zur Wahrnehmung der Interessen der anderen anvertraut.[601] Danach fehlt es bei der actio pro socio aber gerade an der notwendigen Legitimation dafür, die Rechtskraft des vom Prozessstandschafter erwirkten Urteils ohne deren Beiladung auf die Gesellschaft zu erstrecken.

b) *Notwendige Beiladung der Gesellschaft im Klagezulassungsverfahren*

Unter Berücksichtigung der allgemeinen zivilprozessualen Grundsätze zur Rechtskrafterstreckung bei gesetzlicher Prozessstandschaft wäre zu erwägen, ob bereits die den Aktionären (entgegen der bislang ganz h. M. zur actio pro socio) gewährte Befugnis, über den Gesellschaftsanspruch im Wege eines Vergleichs

---

Zivilprozessrecht, § 82 Rn. 5; *Weth*, in: Musielak, vor § 64 ZPO Rn. 5; vgl. auch *Jauernig*, ZZP 101 (1988), 361 (377): „Problematisch ist nur die Erstreckung *zuungunsten* eines Dritten, der sich im Prozeß nicht Gehör verschaffen konnte. Hier ist nach „positiven" Gründen zu forschen, die eine Rechtskrafterstreckung zu Lasten des Dritten verlangen oder zumindest vertretbar erscheinen lassen, obwohl der Dritte seiner Sache nicht Gehör verschaffen konnte".

598 S. oben Teil 4A.I.1.b).

599 Oben Fn. 580.

600 *Rosenberg/Schwab/Gottwald*, Zivilprozessrecht, § 46 Rn. 59; *Büscher*, in: Wieczorek/Schütze, § 325 ZPO Rn. 75; *Gottwald*, in: MünchKomm. ZPO, § 325 ZPO Rn. 47; *Leipold*, in: Stein/Jonas, § 325 ZPO Rn. 54.

601 Vgl. *Leipold*, in: Stein/Jonas, § 325 Rn. 58.

zu verfügen (vgl. § 148 Abs. 5 Satz 2 AktG und unten IV.2) die Rechtskrafterstreckung rechtfertigt. Im Hinblick auf die fortbestehende Klagebefugnis der Gesellschaft (§ 148 Abs. 3 Satz 1 AktG), also die Nicht-Ausschließlichkeit des bei Klagezulassung bestehenden Aktionärsklagerechts, wäre indes gerade nicht davon auszugehen, dass im Falle des Klagezulassungsverfahrens die Voraussetzungen einer „Repräsentation" der Gesellschaft im oben unter a) beschriebenen Sinne gegeben sind.

Gleichfalls wird man zur Legitimation der Rechtskrafterstreckung nicht auf eine „Interessengleichrichtung" zwischen Gesellschaft und Aktionären verweisen können.[602] Wegen der Meinungsverschiedenheiten über das „ob" der Anspruchsdurchsetzung wird dieses Verhältnis von vornherein gespannt sein. Um der Akzeptanz des Urteils Willen, spricht daher einiges dafür, der Gesellschaft volles rechtliches Gehör zu gewähren und sie zwingend vom Prozess zu informieren. Dies gilt insbesondere, um den oft angeführten Bedenken entgegen zu wirken, die Gesellschafter könnten den Prozess nachlässig geführt haben.

Für die actio pro socio als allgemeinem verbandsrechtlichem Institut bedeutet die von der bislang h. M. und nunmehr gesetzlich in § 148 Abs. 3 Satz 1 AktG anerkannte konkurrierende Klagebefugnis der Gesellschaft, dass die Bindung der Gesellschaft an das Urteil im Klageverfahren ihre Legitimation in der von Amts wegen zu veranlassenden Beiladung (§ 148 Abs. 2 Satz 9 AktG) und die damit verbundene Gewährung rechtlichen Gehörs findet.[603] Die in § 148 Abs. 2 Satz 9 AktG angeordnete Beiladung erweist sich damit – neben dem Zweck der Beteiligung der Gesellschaft am Streit um die Prozessführungsbefugnis – *auch* im Hinblick auf die Rechtskrafterstreckung erforderlich.

c) *Rechtsformübergreifende Fortentwicklung*

Soweit das gesellschaftsrechtliche Schrifttum schon bislang eine Rechtskrafterstreckung bejaht, wird dort zwar auf die Möglichkeit eines freiwilligen Beitritts als Nebenintervenientin verwiesen.[604] Offen bleibt indes, ob die Rechtskrafterstreckung (nunmehr dem Vorbild des Klagezulassungsverfahrens folgend) notwendig die Beiladung der Gesellschaft voraussetzt.[605] Die vorstehen-

602 So aber *Berger*, Die subjektiven Grenzen der Rechtskraft bei der Prozesstandschaft, 1992, S. 156 f., der aus diesem Grund eine notwendige Beiladung der Gesellschaft als Voraussetzung der Rechtskrafterstreckung ablehnt.

603 Im Ergebnis ebenso *Zieglmeier*, ZGR 2007, 144 (155); *Mock*, in: Spindler/Stilz, § 148 AktG Rn. 42.

604 S. Fn. 571.

605 Siehe aber *Becker*, Verwaltungskontrolle durch Gesellschafterrechte, 1997, S. 545, 590; *Bork/Oepen*, ZGR 2001, 515 (542, Fn. 128); ausdrücklich gegen eine Beiladungspflicht

den Ausführungen zeigen, dass die Beiladungspflicht beim Klagezulassungsverfahren bereits aus allgemeinen Grundsätzen folgt.[606]

Die im bisherigen Schrifttum erörterte *Möglichkeit* einer Nebenintervention der Gesellschaft gewährleistet nicht, dass die Gesellschaft zuverlässig Kenntnis vom Prozess erlangt.[607] Die ausdrückliche gesetzliche Regelung der Beiladung durch das UMAG bietet auch insoweit einen Ansatzpunkt, um rechtsformübergreifend eine Rechtskrafterstreckung auf die Gesellschaft zu ermöglichen. Geklärt wären damit insbesondere Zweifelsfragen im Hinblick darauf, wer die Verfahrensbeteiligung der Gesellschaft zu veranlassen hat.[608]

Da einer nach Rechtshängigkeit der Gesellschafterklage erhobenen Klage der Gesellschaft der Einwand des § 261 Abs. 3 Nr. 1 ZPO entgegen stehen würde, muss entsprechend dem Leitbild des § 148 Abs. 3 Satz 1 AktG jedoch zugleich die prozessualen Handlungsfähigkeit der Gesellschaft durch geeignete Regelungen gewährleistet werden (näher dazu unten B.I und B.II).

4. Reichweite der Rechtskrafterstreckung

Hinsichtlich der Reichweite der Rechtskrafterstreckung ist im Falle der Klageabweisung eine Einschränkung dergestalt vorzunehmen, dass eine Rechtskrafterstreckung auf die Gesellschaft nur dann erfolgt, wenn über den geltend gemachten Anspruch als solchen entschieden worden ist. Wird die Gesellschafterklage wegen fehlender Prozessführungsbefugnis abgewiesen, so erwächst diese Feststellung nicht in Rechtskraft gegenüber der Gesellschaft.[609]

Im zweistufigen Klagezulassungsverfahren gilt nichts anderes, denn § 148 Abs. 5 Satz 1 AktG betrifft nur das Urteil im Klageverfahren, während der das Zulassungsverfahren abschließende Beschluss lediglich *inter partes* zwischen

---

des Gerichts *Berger*, Die subjektiven Grenzen der Rechtskraft bei der Prozeßstandschaft, 1992, S. 156.

606 Im Ergebnis ebenso *Zieglmeier*, ZGR 2007, 144 (155).

607 Dazu *Vollkommer*, FS BGH 2000, 126; *Schlosser*, Gestaltungsklage und Gestaltungsurteil, 1966, S. 207, 209, 213; *Grunsky*, Grundlagen des Verfahrensrechts, 1974, § 25 II 3, S. 231; *Calavros*, Urteilswirkungen zu Lasten Dritter, 1978, S. 143, 146; *Schultes*, Beteiligung Dritter am Zivilprozeß, 1994, S. 82; *Leipold*, in: Stein/Jonas, vor § 128 ZPO Rn. 41. Zu den diesbezüglichen Defiziten bereits oben Teil 3C.II.3.b).

608 Vgl. *Bork/Oepen*, ZGR 2001, 515 (542, Fn. 128): Kläger; *Becker*, Verwaltungskontrolle durch Gesellschafterrechte, 1997, S. 545, 559, 590: Gericht; *Schwab*, Das Prozessrecht gesellschaftsinterner Streitigkeiten, 2005, S. 104, 109: Kläger, hilfsweise das Gericht (dort im Zusammenhang mit dem Einwand entgegenstehender Gesellschaftsinteressen).

609 *Becker*, Verwaltungskontrolle durch Gesellschafterrechte, 1997, S. 662.

Antragstellern und Antragsgegner wirkt.[610] Eine eigene Klage der Gesellschaft und Zulassungsanträge anderer Aktionärsminderheiten bleiben von einem die Klagezulassung ablehnenden Beschluss mithin unberührt. Wird die Haftungsklage der Aktionäre etwa wegen Versäumung der Klagefrist oder der erneuten Aufforderungen an die Gesellschaft (§ 148 Abs.4 Satz 1 AktG) als unzulässig abgewiesen, so erwächst auch dies nicht in Rechtskraft gegenüber der Gesellschaft.[611]

II. Die Rechtsstellung der übrigen Gesellschafter

Die Reichweite der Rechtskraftwirkung des Urteils im Gesellschafterprozess ist auch im Verhältnis zu dem übrigen Mitgesellschaftern von entscheidender Bedeutung, da im Grundsatz jeder Gesellschafter (bzw. jede weitere Aktionärsminderheit, die die Voraussetzungen des § 148 Abs. 1 und 2 AktG erfüllt und Klagezulassung erwirkt hat) über ein konkurrierendes Klagerecht verfügt.

Die Bedeutung der Frage der Rechtskrafterstreckung auf die Mitgesellschafter (dazu 1.) erschöpft sich dabei nicht in der eigentlichen Bindung an das Urteil, sondern beeinflusst zugleich die Frage der Streitgenossenschaft (dazu 2.), des Rechtshängigkeitseinwands gegen spätere Gesellschafterklagen (dazu 3.) sowie der Nebenintervention im Gesellschafterprozess (dazu 4.).

1. Rechtskrafterstreckung auf die Mitgesellschafter

a) Bisherige Diskussion

Die Rechtskraft des im Wege der actio pro socio erstrittenen Urteils erstreckt sich in jedem Fall auf die als Parteien formell am Rechtsstreit beteiligten Gesellschafter (§ 325 Abs. 1 ZPO). In der Diskussion um die actio pro socio bislang nur am Rande behandelt wird die Frage nach der Einbeziehung der übrigen, nicht an als Kläger beteiligten Mitgesellschafter in die Rechtskraftwirkung des Urteils, was insbesondere im Falle der Abweisung der Gesellschafterklage bedeutsam wird. Konsequent verneint wird eine Rechtskrafterstreckung bislang von den Teilen der Literatur, die in der actio pro socio die Geltendmachung eines eigenen Anspruchs des Gesellschafters sehen.[612] Aber auch unter den Vertretern einer Prozessstandschaft wird eine Rechtskrafterstreckung bislang ganz

---

610 *Paschos/Neumann*, DB 2005, 1779 (1782); *Spindler*, NZG 2005, 865 (868); *Spindler*, in: K. Schmidt/Lutter, § 148 AktG Rn. 33; *Mock*, in: Spindler/Stilz, § 148 AktG Rn. 88, 92.

611 *Semler*, in: Münch Hdb GesR IV, 3. Aufl. 2007, § 42 Rn. 28; *G. Bezzenberger/T.Bezzenberger*, in: Großkomm. AktG, § 148 AktG Rn. 242.

612 *Altmeppen*, FS Musielak 2004, 1 (11 ff., 17 f.).

überwiegend abgelehnt.[613] Nur vereinzelt regen sich Gegenstimmen, die zur Vermeidung widersprüchlicher Urteile eine Rechtskrafterstreckung fordern.[614]

Gegen eine Rechtskrafterstreckung auf die nicht als Partei an der actio pro socio beteiligten Gesellschafter wird vielfach eingewandt, einzelnen Gesellschaftern werde so ermöglicht das Klagerecht durch unsorgfältige Prozessführung, u. U. sogar im Zusammenwirken mit dem Beklagten, zu verbrauchen.[615] Das Ziel, den Verbrauch des Klagerechts zu verhindern, wird dadurch „erkauft", dass jeder Gesellschafter selbst im Fall der Abweisung der Erstklage erneut klagen könnte. Dies gilt umso mehr, wenn die Rechtskraft von Urteilen im Gesellschafterprozess auf die Gesellschaft erstreckt wird, denn diese wäre somit ggf. an widersprechende Entscheidungen gebunden; Rechtskraftkollisionen und Urteilskonkurrenzen wären die Folge.[616]

b) Die Regelung des § 148 Abs. 5 Satz 1 AktG

§ 148 Abs. 5 Satz 1 AktG ordnet für die aktienrechtliche actio pro socio in Form des Klagezulassungsverfahrens die Einbeziehung der übrigen Aktionäre in die Rechtskraftwirkungen nunmehr ausdrücklich an. Eine erneute Aktionärsklage über denselben Streitgegenstand ist nach Eintritt der Rechtskraft des Urteils im Erstprozess unzulässig.[617] Einem neuen Zulassungsantrag nach § 148 Abs. 1 und 2 AktG steht zwar nicht die Rechtskraft des Urteils im Haftungsprozess entgegen, denn die Streitgegenstände sind insoweit verschieden. Bei Vorliegen eines

---

613 *Leipold*, in: Stein/Jonas, § 325 ZPO Rn. 60; *Berger*, ZHR 149 (1985), 599 (609); *Eickhoff*, Die Gesellschafterklage im GmbH-Recht, 1988, S. 166; *Banerjea*, Die Gesellschafterklage im GmbH- und Aktienrecht, 2000, S. 231; *Habermeier*, in: Staudinger, § 705 BGB Rn. 48; *Winter*, Mitgliedschaftliche Treuebindungen im GmbH-Recht, 1988, S. 319: Wirkung des Urteils nur zwischen den Parteien.

614 *Berger*, Die subjektiven Grenzen der Rechtskraft bei der Prozeßstandschaft, 1992, S. 279 f.; *Immenga*, Die personalistische Kapitalgesellschaft, 1970, S. 295 f.; *Hadding*, actio pro socio, 1966, S. 104 f.; *Weber*, Die konzernrechtliche abgeleitete Aktionärsklage, 2006, S. 186.

615 So *Berger*, ZHR 149 (1985), 599 (608 f.); *Banerjea*, Die Gesellschafterklage im GmbH- und Aktienrecht, 2000, S. 231; *Eickhoff*, Die Gesellschafterklage im GmbH-Recht, 1988, S. 166; *Altmeppen*, FS Musielak 2004, 1 (11 ff., 17 f.), der aus diesem Grund die Lösung der actio pro socio über eigene Ansprüche des Gesellschafters für prozessual vorzugswürdig erachtet; s. auch *Binge*, Gesellschafterklagen gegen Maßnahmen der Geschäftsführer in der GmbH, 1994, S. 177.

616 *Berger*, Die subjektiven Grenzen der Rechtskraft bei der Prozeßstandschaft, 1992, S. 279.

617 Zu Mehrfachklagen *vor* Eintritt der Rechtskraft s. unten Teil 4A.II.3.

rechtskräftigen Ersturteils fehlt es insoweit aber am erforderlichen Rechtsschutzinteresse.

Eine Beiladung der übrigen Aktionäre ist nach § 148 AktG keine Voraussetzung für die Erstreckung der Rechtskraft. Das Beiladungserfordernis muss aus Sicht des Gerichts handhabbar ausgestaltet werden, was nicht gewährleistet wäre, müssten alle Aktionäre beigeladen werden. Insbesondere bei Aktiengesellschaften mit großem Aktionärskreis wäre dies letztlich kaum durchführbar. Zu rechtfertigen ist diese Ungleichbehandlung gegenüber der Gesellschaft mit der Erwägung, dass die Aktionäre – anders als die anspruchsberechtigte Gesellschaft – nicht in einer eigenen materiellen Rechtsposition betroffen sind.

c) Rechtsformübergreifende Fortentwicklung

Die für das Klagezulassungsverfahren in 148 Abs. 5 Satz 1 AktG getroffene gesetzliche Wertung lässt sich zu einem allgemeinen Prinzip des Prozessrechts der actio pro socio ausbauen. Der Gesetzgeber hat insoweit deutlich erkennen lassen, dass er dem Aspekt der Rechtssicherheit und endgültigen Beendigung des Rechtsstreits Vorrang einräumt gegenüber der möglichen Gefahr des Verbrauchs des Klagerechts. Er trägt damit zugleich dem prozessualen Erfordernis der Waffengleichheit der Parteien Rechnung, indem einer faktischen Wiederaufnahmemöglichkeit im Hinblick auf einen rechtskräftig abgeschlossenen Prozess eine Absage erteilt wird. Eine Beiladung aller Gesellschafter zum Gesellschafterprozess ist unter dem Gesichtspunkt der Gewährung rechtlichen Gehörs nach dem Vorbild der Wertungen des Klagezulassungsverfahrens keine Voraussetzung der Rechtskrafterstreckung.

d) Reichweite der Rechtskrafterstreckung

Was die Reichweite der Rechtskrafterstreckung im Fall der Klageabweisung anbelangt, ist auch hier eine Einschränkung vorzunehmen: Wurde die Klage mangels Prozessführungsbefugnis (z. B. wegen Wegfalls der Gesellschaftereigenschaft nach der Klageerhebung oder Rechtsmissbrauchs) als unzulässig abgewiesen, so sind die anderen Gesellschafter hierdurch nicht gebunden.[618] Entsprechendes gilt auch für das Klagezulassungsverfahren, wobei im Falle einer Abweisung des Zulassungsantrags (also der Verneinung der Prozessführungsbe-

618 *Becker*; Verwaltungskontrolle durch Gesellschafterrechte, 1997, S. 662.

fugnis für das Klageverfahren) keine Rechtskrafterstreckung auf die Mitaktionäre erfolgt.[619]

2. Mehrheit von Klägern

a) Notwendige Streitgenossenschaft

Mehrere als Kläger an der actio pro socio beteiligte Gesellschafter handeln als Streitgenossen. Bejaht man mit der hier vertretenen Ansicht eine Rechtskrafterstreckung auf alle Gesellschafter, so sind die Voraussetzungen der prozessual notwendigen Streitgenossenschaft (§ 62 Abs. 1 Fall 1 ZPO) erfüllt.[620]

Da das streitige Rechtsverhältnis, also der Anspruch der Gesellschaft, mehreren klagenden Gesellschaftern gegenüber nur einheitlich festgestellt werden kann, liegt zugleich auch eine materiell-rechtlich notwendige Streitgenossenschaft vor (§ 62 Abs. 1 Fall 2 ZPO).[621]

b) Besonderheiten im Klagezulassungsverfahren

Im Klagezulassungsverfahren kann das gemäß § 148 Abs. 1 Satz 1 AktG erforderliche Beteiligungsquorum von einem Aktionär alleine oder durch einen Zusammenschluss mehrerer Aktionäre erreicht werden. Im letzteren Fall ist im Hinblick auf die prozessuale Stellung der Aktionäre danach zu unterscheiden, ob sich diese nur im Innenverhältnis als Innengesellschaft bürgerlichen Rechts organisieren oder aber zum Zwecke der Prozessführung eine Außengesellschaft gründen, die als solche auch Partei des Klagezulassungsverfahrens ist.[622]

Besteht zwischen den Minderheitsaktionären eine bloße Innengesellschaft, so wird mangels Parteifähigkeit der Gesellschaft jeder Aktionär selbst Partei des Verfahrens.[623] Im Klageverfahren liegt infolge der Rechtskrafterstreckung gemäß § 148 Abs. 5 Satz 1 AktG eine prozessual notwendige Streitgenossenschaft

---

619 *G. Bezzenberger/T. Bezzenberger*, in: Großkomm. AktG, § 148 AktG Rn. 200; *Mock*, in: Spindler/Stilz, § 148 AktG Rn. 88, 92; *Spindler*, in: K. Schmidt/Lutter, § 148 AktG Rn. 33.

620 Vgl. nur *Schultes*, in: MünchKomm. ZPO, § 62 ZPO Rn. 7.

621 So für die Klage nach § 148 AktG *Happ*, FS H. P. Westermann 2008, 971 (976).

622 Vgl. dazu *G. Bezzenberger/T Bezzenberger*, FS K. Schmidt 2009, 105 (114, 115 f.); *Winnen*, Die Innenhaftung des Vorstandes nach dem UMAG, 2009, S. 326 ff.; *DAV-Handelsrechtsausschuss*, NZG 2004, 555 (561); *Schröer*, ZIP 2005, 2081 (2087); *Seibt*, WM 2004, 2137 (2145); *Semler*, in: Münch. Hdb. GesR, § 42 Rn. 27; *Spindler*, in: K. Schmidt/Lutter, § 148 AktG Rn. 12; *Mock*, in: Spindler/Stilz, § 148 AktG Rn. 53 f. , 87.

623 Zur fehlenden Parteifähigkeit der Innengesellschaft bürgerlichen Rechts *Vollkommer*, in: Zöller, § 50 ZPO Rn. 18, 26 mwN..

vor.[624] Im Zulassungsverfahren handeln die Aktionäre dabei als einfache Streitgenossen, da für den Zulassungsbeschluss keine Erstreckung der Rechtskraft angeordnet ist.[625] Für die Annahme einer materiell-rechtlich notwendigen Streitgenossenschaft besteht auch unter dem Gesichtspunkt nur gemeinsamer Antragsbefugnis keine Veranlassung.[626] Geht man mit der derzeit wohl überwiegenden Ansicht davon aus, dass das Quorum nicht über den Zeitpunkt der Antragstellung hinaus fortbestehen muss,[627] zeigt sich, dass die Anträge der einzelnen Aktionäre durchaus eigene Wege gehen können, sobald erst einmal die Hürde des Quorums genommen ist. Dass der Zulassungsbeschluss in der Praxis aufgrund der einheitlichen Beurteilung der materiell-rechtlichen Zulassungsvoraussetzungen logisch für alle Streitgenossen nur einheitlich ergehen wird, genügt für die Annahme einer notwendigen Streitgenossenschaft nicht.[628]

Alternativ zur Errichtung einer Innengesellschaft können die Aktionäre das Klagezulassungsverfahren auch über eine zu diesem Zweck gegründete Außengesellschaft bürgerlichen Rechts betreiben.[629] Für das Erfordernis des Vorbesitzes der Aktien kommt es im Wege teleologischer Reduktion des § 148 Abs. 1 Satz 2 Nr. 1 AktG dabei allein auf den Zeitpunkt des Erwerbs der Aktien durch die hinter der Außengesellschaft stehenden Aktionäre an. Denn die Außengesellschaft ist letztlich nichts anders als eine Zweckgesellschaft zur Durchführung des Klagezulassungsverfahrens.[630] Aus diesem Grund müssen die von den hinter der Gesellschaft bürgerlichen Rechts stehenden Aktionäre ihre Aktien auch

624 *DAV-Handelsrechtsausschuss*, NZG 2004, 555 (561); *Schröer*, ZIP 2005, 2081 (2087); *Seibt*, WM 2004, 2137 (2145); *Semler*, in: Münch. Hdb. GesR, § 42 Rn. 27; *Spindler*, in: K. Schmidt/Lutter, § 148 AktG Rn. 43; *Mock*, in: Spindler/Stilz, § 148 AktG Rn. 141; *G. Bezzenberger/T. Bezzenberger*, in: Großkom. AktG, § 148 AktG Rn. 227.

625 *Spindler*, in: K. Schmidt/Lutter, § 148 AktG Rn. 12.

626 Anders aber *G. Bezzenberger/T. Bezzenberger*, in: Großkomm. AktG, § 148 AktG Rn. 167; *Winnen*, Die Innenhaftung des Vorstandes nach dem UMAG, 2009, S. 382 f.; wohl auch *Mock*, in: Spindler/Stilz, § 148 Rn. 87.

627 *Schröer*, ZIP 2005, 2081, 2083/2087; *Seibt*, WM 2004, 2137, 2142; *Spindler*, in: K. Schmidt/Lutter, § 148 AktG Rn. 11, 41; *Mock*, in: Spindler/Stilz, § 148 AktG Rn. 50; ebenso wohl *Göz/Holzborn*, WM 2005, 157 (158, Fn. 27); *Hüffer*, § 148 AktG Rn. 16; a. A. *G. Bezzenberger/T. Bezzenberger*, in: Großkomm. AktG, § 148 AktG Rn. 175: Fortbestand des Beteiligungsquorums bis zum Abschluss des Klagezulassungsverfahrens.

628 Vgl. BGH v. 21.12.1988, VIII ZR 277/87, NJW 1989, 2133 (2134); BGH v. 15. 6. 1959, II ZR 44/58, NJW 1959, 1683 (1684); *Schellhammer*, Zivilprozess, Rn. 1597.

629 *G. Bezzenberger/T Bezzenberger*, FS K. Schmidt 2009, 105 (116 ff.).

630 Zutreffend *G. Bezzenberger/T Bezzenberger*, FS K. Schmidt 2009, 105 (116 ff.); ablehnend aber *Winnen,* Die Innenhaftung des Vorstandes nach dem UMAG, 2009, S. 329; *Mock*, in: Spindler/Stilz, § 148 AktG Rn. 54.

nicht *pro forma* auf die Gesellschaft übertragen. Die Außengesellschaft ist als solche rechts- und parteifähig und damit selbst alleinige Antragsstellerin im Zulassungsverfahren bzw. Klägerin im darauf folgenden Klageverfahren.

3. Mehrfachklagen

a) Prozessrechtliche Ausgangslage

Werden unabhängig von einander Klagen von verschiedenen Gesellschaftern oder Gesellschaftergruppen eingereicht, gilt nach allgemeinen prozessualen Grundsätzen, dass nach Erhebung der ersten actio pro socio jeder weiteren Gesellschafterklage der Einwand entgegenstehender Rechtshängigkeit entgegensteht (§ 261 Abs. 3 Nr. 1 ZPO). Denn infolge der Erstreckung der Rechtskraft auf alle Gesellschafter liegt nicht nur Identität des zugrunde liegenden Lebenssachverhaltes, sondern auch Parteiidentität vor.[631] Anders wäre hier nur dann zu entscheiden, lehnte man eine Rechtskrafterstreckung auf die übrigen Gesellschafter entgegen hier vertretener Ansicht ab.

b) Die Regelung des § 148 Abs. 4 Satz 4 AktG

Beim aktienrechtlichen Klagezulassungsverfahren ist die Ausgangslage infolge der Rechtskrafterstreckung gemäß § 148 Abs. 5 Satz 1 AktG nicht anders zu bewerten. Überraschender Weise erachtet der Gesetzgeber des UMAG jedoch ungeachtet der Rechtskrafterstreckung während der Rechtshängigkeit einer Aktionärsklage erhobene weitere Klagen für grundsätzlich zulässig.632 Positivrechtlich bestätigt wird dies durch § 148 Abs. 4 Satz 4 AktG, der die zwingende

---

631 Vergleichbares gilt im Falle der Mehrfachpfändung für die Einziehungsklage eines Vollstrecktungsgläubigers gegen den Drittschuldner der gepfändeten Forderung. Der Gläubiger tritt insoweit als gesetzlicher Prozessstandschafter des Schuldners auf (h. M.), siehe *Becker*, in: Musielak, § 856 ZPO Rn. 3; *Brehm*, in: Stein/Jonas, § 856 Rn. 2; *Stöber*, in: Zöller, § 856 ZPO Rn. 1; *Smid*, in: MünchKomm. ZPO, § 856 ZPO Rn. 5.

632 Regierungsbegründung UMAG, BT-Drucks. 15/5092, S. 23: „Da es hier um eine actio pro socio geht, gibt es nur einen zugrunde liegenden Anspruch, dessen mehrfache Geltendmachung zwar nicht ausgeschlossen sein soll, was aber nur bei Vorliegen ganz besonderer Umstände sinnvoll erscheint. In jedem Fall sind die Klagen beim Prozessgericht zu verbinden (Satz 5)". So im Ergebnis auch *Seibt*, WM 2004, 2137 (2144), der aber im Anschluss an *Krieger* (ZHR 163 (1999), 343, (350)) und *Ulmer* (ZHR 163 (1999), 290 (336)) 632 davon ausgeht, die Klage der Aktionäre begründe mangels Parteiidentität weder im Verhältnis zur Gesellschaft, noch im Verhältnis zu den übrigen Aktionären den Einwand der anderweitigen Rechtshängigkeit. Dies lässt unberücksichtigt, dass § 148 Abs. 5 Satz 1 AktG die Rechtskrafterstreckung auf Gesellschaft und Aktionäre anordnet.

Verbindung mehrerer Klagen anordnet,[633] wodurch wiederum eine notwendige Streitgenossenschaft entsteht.[634]

Das UMAG räumt dem Interesse der Mitgesellschafter am Erhalt ihres Klagerechts und der Vermeidung eines „Wettlaufs um das Klagerecht" damit Vorrang ein gegenüber dem Interesse des Beklagten vor einer Vielzahl von Prozessen bewahrt zu werden. Gleichzeitig entschärft es die mit Mehrfachklagen verbundenen Gefahren aber durch die Anordnung der ausschließlichen Zuständigkeit der Gerichte am Gesellschaftssitz[635] und die zwingende Verbindung zu einem einheitlichen Verfahren.[636]

In die zivilprozessrechtliche Dogmatik fügt sich die Regelung nicht nahtlos ein.[637] Jedoch greift das Klagezulassungsverfahren mit § 148 Abs. 4 Satz 4 AktG ein Regelungsprinzip auf, welches bereits von der Anfechtungsklage bekannt ist. Auch dort würde die Rechtshängigkeit einer bereits erhobenen Anfechtungsklage der auf dieselben Tatsachen gestützten Klage eines anderen Aktionärs gegen denselben Beschluss entgegenstehen. In § 246 Abs. 3 Satz 5 AktG wird jedoch angeordnet, mehrere Anfechtungsprozesse zur gleichzeitigen Verhandlung und Entscheidung zu verbinden, woraus geschlossen wird, dass für derartige Klagen der Einwand der Rechtshängigkeit kraft gesetzlicher Anordnung ausgeschlossen ist.[638] Entsprechendes gilt nunmehr für mehrere Aktionärsklagen und § 148 Abs. 4 Satz 4 AktG.[639]

---

633 Dass die Regelung nicht auf die Verbindung von Aktionärs- und Gesellschaftsklage abzielt, folgt dabei zwingend aus der Subsidiarität der actio pro socio, *Spindler*, in: K. Schmidt/Lutter, § 148 AktG Rn. 45; *Hüffer*, § 148 AktG Rn. 18; s. auch § 148 Abs. 3 Satz 1 Hs. 2 AktG.

634 *Spindler*, in: K. Schmidt/Lutter, § 148 AktG Rn. 43; *G. Bezzenberger/T. Bezzenberger*, in: Großkomm. AktG, § 148 AktG Rn. 227. S. auch oben Teil 4A.II.2.

635 S. § 148 Abs. 2 Satz 1, Abs. 4 Satz 1 AktG.

636 § 148 Abs. 4 Satz 4 AktG.

637 So auch schon zum Klagezulassungsverfahren *Baums*, Bericht der Regierungskommission Corporate Governance, 2001, Rn. 73; *DAV-Handelsrechtsausschuss*, NZG 2004, 555 (562); ebenso *Weber*, Die konzernrechtliche abgeleitete Aktionärsklage, 2006, S. 186, 245.

638 *Bork*, ZIP 1995, 609 (612, re. Sp.); *Emde*, ZIP 1998, 1475 (1476); *DAV-Handelsrechtsausschuss*, NZG 2004, 555 (561); *Schwab*, Das Prozessrecht gesellschaftsinterner Streitigkeiten, 2005, S. 308 ff.; *Schwab*, in: K. Schmidt/Lutter, § 246 AktG Rn. 27: ebenso zur Beschlussmängelklage im GmbH-Recht OLG München, Urteil v. 27.3.1996, 7 U 6037/95, GmbHR 1996, 451 (452).

639 Im Ergebnis ebenso *Spindler*, NZG 2005, 865 (868); *Lochner*, in: Heidel, Aktienrecht, § 148 AktG Rn. 30; *Mock*, in: Spindler/Stilz, § 148 AktG Rn. 140; s. auch *Ulmer*, ZHR 163 (1999), 290 (337, Fn. 180).

Die grundsätzliche Zulassung von Mehrfachklagen im aktienrechtlichen Klagezulassungsverfahren entbindet nicht von der Problematik einer Koordinierung der Klagerechte. Die Regierungsbegründung zum UMAG verweist hier darauf, Mehrfachklagen seien regelmäßig wegen entgegenstehender Gründe des Gesellschaftswohls i. S. v. § 148 Abs. 1 Satz 2 Nr. 4 AktG unzulässig,[640] „wenn die Klage des ersten Klägers sich auch hinsichtlich der anwaltlichen Betreuung in guten Händen befindet, wenn die nachfolgenden Kläger keinerlei substanziell neue Tatsachen vorzubringen haben, nicht erkennbar über andere, gewichtige Informationsquellen verfügen und also nicht von der Hand zu weisen ist, dass es sich um „Trittbrettfahrer“ handelt, die nach erfolgreichem Zulassungsverfahren eines anderen nun aufspringen wollen, möglicherweise nur um der Anwaltsgebühren willen“.[641] An die Stelle des starren Einwands der Rechtshängigkeit tritt demnach eine flexible Einzelfallbetrachtung, wodurch insbesondere mehrfache, nicht Neues beitragende Klagen (sog. „*Me-too*-Klagen“) ausgefiltert werden sollen.[642]

Die Regelung wirft darüber hinaus aber eine Reihe weiterer prozessualer Probleme auf. So scheidet eine Verbindung beispielsweise schon dann aus, wenn die Klagen in verschiedenen Instanzen anhängig sind.[643] Probleme ergeben sich auch im Hinblick auf Prozesshandlungen und Beweisaufnahmen: Diese gelten grundsätzlich zwar auch bei Verfahrensverbindung fort. Stimmen aber die bislang nicht beteiligten Aktionäre der Verwertung des Beweisergebnisses nicht nach § 295 ZPO zu, muss die Beweisaufnahme nach Verfahrensverbindung wiederholt werden.[644] Verfahrensverzögerungen wären die Folge, die schon deshalb besonders kritisch zu beurteilen sind, weil es bei der actio pro socio ja jeweils nur um die Geltendmachung eines einheitlichen Gesellschaftsanspruchs geht.

---

640 Regierungsbegründung UMAG, BT-Drucks. 15/5092, S. 23: „Nachfolgekläger müssen daher ihrerseits das gerichtliche Zulassungsverfahren durchlaufen, was aber in der Regel an Absatz 1 Nr. 4 scheitern wird.“

641 Regierungsbegründung UMAG, BT-Drucks. 15/5092, S. 23; kritisch *Lochner*, in: Heidel, Aktienrecht, § 148 AktG Rn. 17, der statt dessen auf den Rechtsmissbrauchseinwand abstellt, was aber wegen der subjektiven Komponente strengere Anforderungen aufstellt.

642 Regierungsbegründung UMAG, BT-Drucks. 15/5092, S. 22.

643 *Schröer*, ZIP 2005, 2081 (2087); *Spindler*, in: K. Schmidt/Lutter, § 148 AktG Rn. 45. Allgemein dazu *Greger*, in: Zöller, § 147 ZPO Rn. 2.

644 *Spindler*, NZG 2005, 865 (868 f.); *Stadler*, in: Musielak, § 147 ZPO Rn. 4; *Wagner*, in: MünchKomm. ZPO, § 147 ZPO Rn. 11; *Greger*, in: Zöller, § 147 AktG Rn. 8; *Smid*, in: Wieczorek/Schütze, § 147 AktG Rn. 18.

Schon für seinem direkten Anwendungsbereich im Klagezulassungsverfahren stellt § 148 Abs. 4 Satz 4 AktG danach eine wenig interessengerechte Regelung dar, da neue Klagen bis zum rechtskräftigen Abschluss des ersten Verfahrens grundsätzlich zeitlich unlimitiert möglich sind.[645] Gerade unter dem Gesichtspunkt des Prinzips prozessualer Waffengleichheit[646] sind sukzessiv eingereichte Gesellschafterklagen eine unangemessene Benachteiligung des Beklagten, da ihr alleiniger Zweck letztlich darin besteht, neue Tatsachen und Beweismittel einzubringen. Überdies wäre der Beklagte bei Mehrfachklagen im Unterliegensfalle als prozessualer Kostenschuldner zur Erstattung aller Rechtsanwaltskosten der klagenden Gesellschafter verpflichtet.[647]

Die grundsätzliche Zulässigkeit von Mehrfachklagen steht zudem im Widerspruch zu dem Verzicht auf eine Veröffentlichung des Zulassungsantrags in den Gesellschaftsblättern.[648] Dadurch wird es den übrigen Aktionären einerseits erschwert, sich als Antragsteller oder Kläger an dem ersten Klagezulassungsverfahren zu beteiligen. Andererseits soll ihnen dann aber das Recht zustehen, ein weiteres Klagezulassungsverfahren einzuleiten. Um der Gefahr nachlässiger Prozessführung zu begegnen, ist die Möglichkeit weiterer Klagezulassungsanträge kaum erforderlich. Eine Kontrollfunktion kann ebenso gut wahrgenommen werden, indem sich weitere Aktionäre als Antragsteller oder Nebenintervenienten beteiligen. Gegebenenfalls haften nachlässig agierenden Kläger gegenüber der Gesellschaft wegen Verletzung ihrer Treuepflicht; die daraus folgenden Ersatzansprüche der Gesellschaft können ggf. wiederum zum Gegenstand eines Klagezulassungsverfahrens gemacht werden.[649]

---

645 Kritisch *DAV-Handelsrechtsausschuss*, NZG 2004, 555 (561 f.); *Seibt*, WM 2004, 2137 (2145).

646 Dazu *Rauscher*, in: MünchKomm. ZPO, Einleitung Rn. 222 ff.; *Leipold*, in: Stein/Jonas, vor § 128 ZPO Rn. 115 ff.; *Brehm*, in: Stein/Jonas, vor § 1 ZPO Rn. 293.

647 Im Klagezulassungsverfahren gilt die Beschränkung auf nur einen Prozessbevollmächtigten nach § 148 Abs. 6 Satz 6 AktG nur für den Kostenerstattungsanspruch der Aktionäre gegenüber der Gesellschaft. Der Beklagte wird nicht davor bewahrt u. U. die Kosten mehrerer Klägeranwälte tragen zu müssen.

648 Anders als Vorentwürfe verlangt der geltende § 149 Abs. 1 AktG nur mehr die Bekanntmachung des Zulassungsantrags nach rechtskräftiger Zulassung und nicht schon der Antragstellung selbst. Anders dagegen noch Regierungsbegründung UMAG, BT-Drucks. 15/5092, S. 24. Für eine Bekanntmachung zur Ermöglichung der Nebenintervention auch *Baums*, Gutachten F zum 63. Deutschen Juristentag, F 262; *Ulmer*, ZHR 163 (1999), 290 (337, 342); *Rollin*, Die Aktionärsklage in England und Deutschland, 2001, S. 230.

649 Für die Einbeziehung von Ansprüchen aus Treuepflichtverletzungen in den Anwendungsbereich des § 148 AktG spricht, dass der ausdrücklich über § 147 Abs. 1 AktG in Bezug genommene § 117 AktG „nach heutigem Verständnis als solche aus der Verlet-

c) *Rechtsformübergreifende Fortentwicklung?*

Eine Fortentwicklung des in § 148 Abs. 4 Satz 4 AktG angelegten Regelungsmechanismus zu einem allgemeinen Prinzip des Prozessrechts der actio pro socio wäre zwar grundsätzlich möglich und angesichts der gesetzlichen Wertung des § 148 AktG letztlich systemkonform. Aufgrund der bereits gegenüber der aktienrechtlichen Regelung bestehenden Bedenken sprechen jedoch gute Gründe dafür, auf die Möglichkeit zeitlich versetzter Mehrfachklagen insgesamt zu verzichten.

4. Gesellschafter als Nebenintervenienten

Zweck einer Nebenintervention von Gesellschaftern auf Seiten des klagenden Gesellschafters ist bei der actio pro socio im Regelfall nicht eine potentielle Regresslage zwischen dem Beitretenden und dem Kläger, mag dies auch der „Paradefall" der Nebenintervention sein. Im vorliegenden Zusammenhang liegt die Bedeutung der Nebenintervention regelmäßig vielmehr in einer Kontrollfunktion. Gesellschafter werden in die Lage versetzt, ohne sich als Kläger am Prozess zu beteiligen, nachlässiger Prozessführung oder kollusivem Zusammenwirken mit dem Beklagten entgegen zu wirken.[650]

Klärungsbedürftig ist in diesem Zusammenhang einerseits die Begründung eines Interventionsinteresses der Gesellschafter (dazu a)), andererseits die Frage, ob es sich um eine einfache oder streitgenössische Nebenintervention handelt (dazu b)).

---

zung mitgliedschaftlicher Treubindungen [hätte] konzipiert werden können" (s. dazu BGH, Urteil v. 20.3.1995, II ZR 205/94, NJW 1995, 1739 (1745); ebenso BGH, 22.6.1992, II ZR 178/90, NJW 1992, 3167 (3172)). Für eine Anwendung des § 148 AktG, „wenn der Treuepflichtverstoß einer der in § 147 Abs. 1 AktG abschließend aufgezählten Anspruchsgrundlagen entspricht" *Kuhlmann/Ahnis*, Konzern- und Umwandlungsrecht, Rn. 746; bejahend für § 147 AktG a. F. *Guntz*, Treubindungen von Minderheitsaktionären, 1997, S. 154; *Fillmann*, Treuepflichten der Aktionäre, 1991, S. 235. Gegen eine Einbeziehung in § 147 AktG a. F. aber *Banerjea*, Die Gesellschafterklage im GmbH- und Aktienrecht, 2000, S. 187; *Beckerhoff*, Treupflichten bei der Stimmrechtsausübung und Eigenhaftung des Stimmrechtsvertreters, 1996, S. 106; *Kort*, in: Großkomm. AktG, Vor § 76 AktG Rn. 64.

650 Wohlgemerkt geht es bei der hier behandelten Frage um eine *Nebenintervention auf Seiten und zur Unterstützung der klagenden Gesellschafter.* Sie ist damit streng zu unterscheiden von der im Zusammenhang mit der Umsetzung des Streits um das Gesellschaftsinteresse behandelten Frage, ob und wie Gesellschafter als „wahre Interessenträger" dem Verfahren beitreten können, um Gründe des Gesellschaftswohls *gegen* die Prozessführungsbefugnis der Gesellschafter einzuwenden. Siehe oben Teil 3D.II.2.c)bb) und Teil 3D.II.3.c)bb).

a) Interventionsinteresse im Gesellschafterprozess

Für ein Interventionsinteresse gemäß § 66 ZPO genügt, wenn die Entscheidung des Rechtsstreits durch ihren Inhalt oder ihre Vollstreckung unmittelbar oder mittelbar auf die Rechtsverhältnisse eines Dritten rechtlich, wenngleich nicht notwendig „vermögensrechtlich" einwirken kann.[651] Was nun das Interventionsinteresse von Gesellschaftern in einem von anderen Gesellschaftern im Wege der actio pro socio als Prozessstandschafter geführten Prozess anbelangt, hat zuletzt das OLG Schleswig im Rahmen einer Aktionärsklage nach § 309 Abs. 4 i. V. m. § 317 Abs. 4 AktG ein solches ohne nähere Begründung verneint.[652] Ebenso pauschal wird aber umgekehrt im Schrifttum zur actio pro socio zum Teil ein Interventionsinteresse in der Gesellschafterklage bejaht.[653]

Mit dem Klagezulassungsverfahren bestätigt der Gesetzgeber nunmehr implizit, dass Mitaktionäre grundsätzlich über das für den Beitritt zum Gesellschafterprozess erforderliche Interventionsinteresse verfügen. Gemäß § 148 Abs. 4 Satz 3 AktG ist eine Nebenintervention *nach Zulassung* der Klage ausgeschlossen; Nebenintervenient in einer Aktionärsklage kann im Umkehrschluss also sein, wer bereits zuvor im Zulassungsverfahren als Streithelfer beigetreten war.[654] Hinsichtlich der Voraussetzungen der Nebenintervention verweist die Regierungsbegründung UMAG nur darauf, der Streithelfer müsse in seiner Person wie ein Kläger die Vorbesitzvoraussetzungen des § 148 Abs. 1 Satz 2 Nr. 1 AktG erfüllen.[655] Auf das Interventionsinteresse der Aktionäre geht sie indes nicht ein.

---

651 *W. Lüke*, Die Beteiligung Dritter im Zivilprozeß, 1993, S. 31 f.; *Schultes*, in: MünchKomm. ZPO, § 66 ZPO Rn. 7; *Bork*, in: Stein/Jonas, § 66 ZPO Rn. 14; *Vollkommer*, in: Zöller, § 66 ZPO Rn. 8; ausführlich *Mansel*, in: Wiecorek/Schütze, § 66 ZPO Rn. 30 ff..

652 OLG Schleswig, Beschluss v. 18.8.2005, 5 W 22/05, WM 2005, 2269 (2271). Nachgehend BGH, Beschluss v. 24.4.2006, II ZB 16/05, AG 2006, 550 f. jedoch ohne ausdrückliche Stellungnahme zum vorliegenden Problem; zustimmend *Habersack*, in: Emmerich/Habersack, Aktien- und GmbH-Konzernrecht, § 317 AktG Rn. 27.

653 Vgl. die pauschale Bejahung einer Nebenintervention im Gesellschafterprozess bei *Ulmer*, ZHR 163 (1999), 290 (337); *Krieger*, ZHR 163 (1999), 343 (351); *Rollin*, Die Aktionärsklage in England und Deutschland, 2001, S. 239.

654 *Semler*, in: Münch. Hdb. GesR, § 42 Rn. 27; *Lochner*, in: Heidel, Aktienrecht, § 148 AktG Rn. 31; *Holzborn*, in Bürgers/Körber, § 148 AktG Rn. 17; *Spindler*, in: K. Schmidt/Lutter, § 148 AktG Rn. 8; *Hüffer*, § 148 AktG Rn. 18; *G. Bezzenberger/ T. Bezzenberger*, in: Großkomm. AktG, § 148 AktG Rn. 187; vgl. auch Regierungsbegründung UMAG, BT-Drucks. 15/5092, S. 23.

655 Regierungsbegründung UMAG, BT-Drucks. 15/5092, S. 23; *Holzborn*, in: Bürgers/ Körber, § 148 AktG Rn. 17; dagegen *Ziemons*, in: Nirk/Ziemons/Binnewies, Handbuch der Aktiengesellschaft, Rn. I 7.299. Entsprechend zur Nebenintervention auf Klägersei-

Da mit der actio pro socio nach hier zugrunde gelegtem Verständnis ein Anspruch der Gesellschaft geltend gemacht wird, kann das Interventionsinteresse der Gesellschafter und Aktionäre – anders als das der Gesellschaft – nicht aus der materiellen Rechtsinhaberschaft abgeleitet werden. Erstreckt man jedoch die Rechtskraft des Urteils im Gesellschafterprozess auf alle Mitgesellschafter, ergeben sich unmittelbare Auswirkungen auf deren Rechtsstellung. Denn wird die actio pro socio rechtskräftig abgewiesen, verlieren sie ihre eigene, aus der Mitgliedschaft abgeleitete Klagebefugnis in Bezug auf den Anspruch der Gesellschaft, was es ihnen endgültig verwehrt, selbst zu klagen.[656]

Im zweistufigen Klagezulassungsverfahren wirkt die Rechtskraft der Entscheidung im vorgelagerten Zulassungsverfahren zwar noch nicht für und gegen die übrigen Aktionäre. Gleichwohl sind die Aktionäre zumindest faktisch gebunden, indem weitere Zulassungsanträge die Hürde des § 148 Abs. 1 Satz 2 Nr. 4 AktG überwinden müssen und eine Ablehnung des Zulassungsantrages auch die Erfolgsaussichten eines Folgeantrages weitgehend präjudizieren dürfte.[657]

Unabhängig von der Frage der Rechtskrafterstreckung wird man ein Interventionsinteresse aber auch daraus ableiten können, dass jeder Gesellschafter im Hinblick auf die fremde Rechtsposition der Gesellschaft prozessführungsbefugt wäre.[658] Die Grundsätze der actio pro socio zeigen, dass der Aktionär an der Durchsetzung von Ansprüchen der Gesellschaft grundsätzlich ein schutzwürdiges eigenes Interesse hat, das er dann aber auch im Wege der Nebenintervention – gleichsam als Minus zur Klägerrolle – wahrnehmen können muss.[659]

---

te im Anfechtungsprozess, Regierungsbegründung UMAG, BT-Drucks. 15/5092, S. 27: „Es bedarf keiner ausdrücklichen Regelung im Gesetz, dass die Vorbesitzzeitregelung auch für die Nebenintervention zu gelten hat. Es ist nicht ersichtlich, weshalb der Kläger in den Klagevoraussetzungen schlechter gestellt sein sollte, als der Nebenintervenient“. Die Erstreckung drs Vorbesitzvoraussetzung auf Nebenintervenienten ablehnend *G. Bezzenberger/T. Bezzenberger*, in: Großkomm. AktG, § 148 AktG Rn. 188.

656 Im Ergebnis ebenso *G. Bezzenberger/T. Bezzenberger*, in: Großkomm. AktG, § 148 AktG Rn. 187 f.. Allgemein zum Interventionsinteresse bei Rechtskrafterstreckung *Bork*, in: Stein/Jonas, § 66 ZPO Rn. 18; *Schultes*, in: MünchKomm. ZPO, § 66 ZPO Rn. 11.

657 Zutreffend *G. Bezzenberger/T. Bezzenberger*, in: Großkomm. AktG, § 148 AktG Rn. 187.

658 *Weber*, Die konzernrechtliche abgeleitete Aktionärsklage, 2006, S. 186; *Eickhoff*, Die Gesellschafterklage im GmbH-Recht, 1988, S. 225. Vgl. entsprechend zur Begründung des Interventionsinteresses von Aktionären auf Klägerseite im Anfechtungsprozess *Dörr*, in: Spindler/Stilz, § 246 AktG Rn. 35.

659 S. dazu auch *Mansel*, in: Wieczorek/Schütze, § 66 ZPO Rn. 54, 64 zum Interventionsinteresse bei einer Mehrheit von prozessführungsbefugten Personen (z. B. § 2039 BGB).

b) Einfache oder streitgenössische Nebenintervention?

Auch durch das UMAG nicht geklärt ist, ob sich die Gesellschafter als einfache oder streitgenössische Nebenintervenienten an der actio pro socio beteiligen können, was jedoch ausschlaggebend für die prozessuale Stellung des Nebenintervenienten ist. Erste Orientierung bietet insoweit die Rechtsprechung und Literatur zur Anfechtungsklage im Aktien- und GmbH-Recht. Dort wird verbreitet aus der bloßen Rechtskraft- und Gestaltungswirkung nach § 248 Abs. 1 Satz 1 AktG abgeleitet, es handle sich stets um eine streitgenössische Nebenintervention i. S. v. § 69 ZPO.[660] Entsprechend ließe sich für die Nebenintervention im Klagezulassungsverfahren[661] und – bejaht man wie hier eine Rechtskrafterstreckung – generell für die actio pro socio argumentieren.

Auf Bedenken stößt dies insoweit, als § 69 ZPO verlangt, dass die Rechtskraft der in dem Hauptprozess erlassenen Entscheidung „auf das Rechtsverhältnis des Nebenintervenienten zu dem Gegner“ (nicht der unterstützten Hauptpartei) von Wirksamkeit ist.[662] Soweit ein Beitritt im Anfechtungsprozess *auf Seiten der beklagten Gesellschaft* (vgl. § 246 Abs. 1 AktG) erfolgt, wird ein derart betroffenes Rechtsverhältnis zwischen dem Beitretenden und dem Kläger (beispielsweise Aktionär oder Vorstand) kaum vorliegen.[663] Entsprechendes gilt – bei veränderter Rollenverteilung –, wenn ein Gesellschafter im Rahmen einer actio pro socio als Nebenintervenient auf Klägerseite beitritt und sich die Klage

660 Zum GmbH-Recht: BGH, Urteil v. 12.7.1993, II ZR 65/92, AG 1993, 514 (515); OLG München, Urteil v. 27.3.1996, 7 U 6037/95, GmbHR 1996, 451 (452); *Koppensteiner*, in: Rowedder/Schmidt-Leithoff, § 47 GmbHG Rn. 151; *K. Schmidt*, in: Scholz, § 45 GmbHG Rn. 156; *Raiser*, in: Ulmer/Habersack/M. Winter Rn. 225; zum Aktienrecht: OLG Nürnberg, Beschluss v. 17.7.2009, 12 W 1050/09, AG 2009, 748; *Meyer-Landruth/Pluskat*, BB 2007, 2533 (2535); *Zöllner*, in: KölnKomm. AktG, § 246 AktG Rn. 91; *Hüffer*, § 246 AktG Rn. 7: *K. Schmidt*, in: Großkomm. AktG, § 246 AktG Rn. 44; *Dörr*, in: Spindler/Stilz, § 246 AktG Rn. 36; siehe auch *Bork*, in: Stein/Jonas, § 69 ZPO Rn. 3a; *Schultes*, in: MünchKomm. ZPO, § 66 ZPO Rn. 11, § 69 ZPO Rn. 6; eine streitgenössische Nebenintervention von Aktionären auf Seiten der beklagten Gesellschaft bejahen auch BGH, Beschluss v. 28.9.1998, NZG 1999, 68; OLG Schleswig, Urteil v. 28.1.1993, 5 U 210/91, NJW-RR 1993, 930 (931).

661 So *G. Bezzenberger/T. Bezzenberger*, in: Großkomm. AktG, § 148 AktG Rn. 188; *Weber*, Die konzernrechtliche abgeleitete Aktionärsklage, 2006, S. 186.

662 Näher *Schultes*, in: MünchKomm. ZPO, § 69 ZPO Rn. 4.

663 Ausführlich *Austmann*, ZHR 158 (1994), 495 (506 ff.); *Gehrlein*, AG 1994, 103 (107 ff.); *Vollkommer*, FS BGH 2000, 127 (133 f.); *Schwab*, Das Prozessrecht gesellschaftsinterner Streitigkeiten, 2005, S. 314 ff..

gegen Mitglieder des Vorstands, Fremdgeschäftsführer[664] oder außenstehende Dritte richtet (zum Anwendungsbereich der actio pro socio ausführlich unten Teil 5).[665]

Bei der Anfechtungsklage wird daher in Rechtsprechung und Literatur auf das Vorliegen eines Rechtsverhältnisses zwischen dem auf Seiten der beklagten Gesellschaft beitretenden Aktionär und dem Anfechtungskläger überwiegend verzichtet.[666] Dafür spricht, dass die streitgenössische Nebenintervention nach ihrem Normzweck dem von der Rechtskraft betroffenen Dritten ermöglichen soll, das Ergebnis des Rechtstreits durch eigenständige, von der unterstützen Hauptpartei unabhängige Prozesshandlungen – § 67 Hs. 2 ZPO findet keine Anwendung – beeinflussen zu können.[667] Dies deckt sich mit dem Zweck der Nebenintervention bei der actio pro socio. Hinzu kommt, dass bei Beschlussmängelklage wie actio pro socio grundsätzlich jeder Gesellschafter selbst klagebefugt wäre, Nebenintervention und notwendige Streitgenossenschaft bei der actio pro socio also austauschbar sind.[668]

---

664 Zu Versuchen ein Rechtsverhältnis zwischen Vorstands- bzw. Aufsichtsratsmitgliedern und Aktionären zu konstruieren *Gehrlein*, AG 1994, 103 (109).

665 Gegenüber Gesellschaftern ließe sich zwar auf die mitgliedschaftliche Treuepflicht zwischen den Gesellschaftern abstellen (vgl. insoweit zur aktienrechtlichen Anfechtungsklage *Gehrlein*, AG 1994, 103 (109); dagegen *Austmann*, ZHR 158 (1994), 495 (507); *Schwab*. Das Prozessrecht gesellschaftsinterner Streitigkeiten, 2005, S. 316), doch ist nicht ersichtlich, wie die Rechtskraft des Urteils bei der actio pro socio hierauf einwirken sollte..

666 OLG Nürnberg, Beschluss v. 17.7.2009, 12 W 1050/09, AG 2009, 748; OLG Schleswig, 28.1.1993, 5 U 210/91, NJW-RR 1993, 930 (931); *Vollkommer*, FS BGH 2000, 127 (132 ff., 137); *Lutter*, FS Helmrich 1994, 685 (696 f.); *Wieser*, ZZP 112 (1999), 439 (444); *Schwab*, Das Prozessrecht gesellschaftsinterner Streitigkeiten, 2005, S. 318 ff.; *Hüffer*, in: MünchKomm. AktG, § 246 AktG Rn. 11; *Schwab*, in: K. Schmidt/Lutter, § 246 AktG Rn. 29; *Mansel*, in: Wieczorek/Schütze, vor § 64 ZPO Rn. 18, § 69 ZPO Rn. 13.

667 Vgl. jeweils zur Nebenintervention auf Beklagtenseite im Anfechtungsprozess OLG Schleswig, 28.1.1993, 5 U 210/91, NJW-RR 1993, 930 (931); *Mansel*, in: Wieczorek/Schütz, § 69 ZPO Rn. 2; *Vollkommer*, FS BGH 2000, 127 (136): „Ein prozessuales Kontrollrecht schließt aber Abhängigkeit von der zu „kontrollierenden“ Hauptpartei aus“; *Austmann*, ZHR 158 (1994), 495 (508).

668 So die Differenzierung bei *Vollkommer*, FS BGH 2000, 127 (135 f., 137); *Wieser*, ZZP 112 (1999), 439 (444, 446). Beim Klagezulassungsverfahren bedeutet dies, dass jeder Aktionär – vorbehaltlich des § 148 Abs. 1 Satz 2 Nr. 1 AktG, der aber für den Nebenintervenienten gilt –, zum Beitritt zur Aktionärsminderheit berechtigt wäre.

III. Verlust der Gesellschaftereigenschaft

1. Entfallen der Prozessführungsbefugnis; Unanwendbarkeit des § 265 ZPO

Da es sich bei der actio pro socio um ein mitgliedschaftliches Klagerecht handelt, ist die Gesellschafterstellung des Klägers Voraussetzung der Prozessführungsbefugnis des Klägers und damit der Zulässigkeit der Klage (dazu bereits oben Teil 2D.I). Entfällt die Gesellschafterstellung des Klägers während des Prozesses, so ist die actio pro socio als *unzulässig* abzuweisen. Der seinen Gesellschaftsanteil veräußernde Gesellschafter kann den Fortbestand seiner Prozessführungsbefugnis dabei nicht auf § 265 Abs. 2 Satz 1 ZPO stützen,[669] denn diese Vorschrift knüpft an einen Wechsel der Sachlegitimation infolge einer Einzelrechtsnachfolge an.[670]

Mit der actio pro socio macht der Gesellschafter als Prozessstandschafter einen fremden Anspruch der Gesellschaft geltend. Die Aktivlegitimation liegt bei der actio pro socio zu jeder Zeit allein bei der Gesellschaft als Inhaberin des streitbefangenen Anspruchs. Wenn der BGH in seiner Entscheidung vom 11. Februar 1960 den Fortbestand der Prozessführungsbefugnis des Klägers auf § 265 ZPO stützte, so ging das Gericht dort in Übereinstimmung mit der älteren Lehre noch davon aus, der Kläger – ein Kommanditist – mache einen eigenen (vom gleichgerichteten Anspruch der KG zu unterscheidenden) Anspruch geltend. Mit der Abtretung des Kommanditanteilsanteils war daher zwangsläufig zugleich die Rechtsnachfolge in den streitbefangenen, (eigenen) gesellschaftsvertraglichen Anspruch des Kommanditisten verbunden.[671]

Geht man wie hier davon aus, dass die actio pro socio ein Unterfall der gesetzlichen Prozessstandschaft handelt, findet § 265 ZPO auf den bloßen Wegfall

---

669 BGH v. 7.7.1993, IV ZR 190/92, NJW 1993, 1411; *Früchtl*, NJW 1996, 1327, 1328; *Timm/Schöne* in Bamberger/Roth BGB, § 705 BGB Rn. 118; *Ulmer* in: MünchKomm. BGB, § 705 BGB Rn. 268; ebenso für § 148 AktG *Seibt*, WM 2004, 2137, 2142 Fn. 89.

670 Zum Begriff der Streitbefangenheit statt aller *Greger* in Zöller ZPO, § 265 ZPO Rn. 3; *Lüke* in MünchKomm. ZPO, § 265 ZPO Rn. 1.

671 BGH, Urteil v. 11.2.1960, II ZR 198/59, NJW 1960, 964: „Dieser Anspruch des Kl. (sog. actio pro socio) war in seiner Person ein eigener Anspruch, der nicht mit dem gleichgerichteten Anspruch der Gesellschaft gegen den vertraglich verpflichteten Gesellschafter identisch ist. […] Aus dieser Rechtslage folgt zunächst, daß der berechtigte Gesellschafter bei der Geltendmachung seines gesellschaftsvertraglichen Anspruchs gegen einen anderen Gesellschafter nicht einen Anspruch der Gesellschaft geltend macht und seine Klagebefugnis nicht nur auf einer Prozeßstandschaft (Prozeßführungsbefugnis eines Dritten) beruht, die unter Umständen mit dem Ausscheiden aus der Gesellschaft endet"

der Prozessführungsbefugnis – hier infolge Verlusts der Gesellschaftereigenschaft – keine Anwendung.[672] Eine analoge Anwendung des § 265 ZPO ist schon deshalb nicht geboten, weil der ausgeschiedene Aktionär kein eigenes Interesse an der Verfolgung des fremden Rechts der Gesellschaft mehr hat.

2. Besonderheiten beim Klagezulassungsverfahren

Besonderheiten ergeben sich im Hinblick auf den Verlust der Gesellschaftereigenschaft beim aktienrechtlichen Klagezulassungsverfahren, sofern dort nur mehrere Aktionäre gemeinsam das erforderliche Quorum des § 148 Abs. 1 Satz 1 AktG erreichen und sich zu diesem Zweck zu einer Gesellschaft bürgerlichen Rechts zusammenschließen (dazu bereits oben II.2.b)).

Agieren die Gesellschafter als Innengesellschaft bürgerlichen Rechts und prozessual demnach als Streitgenossen, hat der Verlust der Gesellschaftereigenschaft durch einen der Streitgenossen nach Rechtshängigkeit keine Auswirkungen auf die Zulässigkeit des Zulassungsanträge bzw. die Klagen der übrigen Aktionäre. Das Quorum muss nach ganz herrschender Meinung nur bei Stellung des Zulassungsantrags erreicht sein, aber nicht bis zur Entscheidung im Zulassungsverfahren oder gar bis zur Rechtskraft des Urteils im Klageverfahren fortbestehen.[673] Der Wegfall der Gesellschaftereigenschaft eines Streitgenossen hat damit nur zur Folge, dass die Klage des betreffenden Gesellschafters als unzulässig abzuweisen ist.

Haben die Aktionäre zur Durchführung des Klagezulassungsverfahrens eine Außengesellschaft errichtet, ist nicht erforderlich, dass die von ihnen gehaltenen Quorumsaktien zum Zwecke der Antragsstellung auf die Gesellschaft bürgerlichen Rechts übertragen werden.[674] Maßgeblich für die Aktionärseigenschaft sind die hinter der Außengesellschaft stehenden Aktionäre.

---

672 *Greger* in Zöller ZPO, § 265 ZPO Rn. 5a; *Vollkommer* in Zöller ZPO, Vor § 50 ZPO Rn. 22.; *Foerste* in Musielak ZPO, § 265 ZPO Rn. 7; a.A. *Schumann* in Stein/Jonas ZPO, § 265 ZPO Rn. 20.

673 *Schröer*, ZIP 2005, 2081, 2083/2087; *Seibt*, WM 2004, 2137, 2142; *Spindler*, in: K. Schmidt/Lutter, § 148 AktG Rn. 11, 41; *Mock*, in: Spindler/Stilz, § 148 AktG Rn. 50; ebenso wohl *Göz/Holzborn*, WM 2005, 157 (158, Fn. 27); *Hüffer*, § 148 AktG Rn. 16; a. A. *G. Bezzenberger/T. Bezzenberger*, in: Großkomm. AktG, § 148 AktG Rn. 175: Fortbestand des Beteiligungsquorums bis zum Abschluss des Klagezulassungsverfahrens.

674 Dazu oben Teil 4A.II.2.b).

IV. Vergleichsschluss durch Gesellschafter

1. Bisherige Diskussion

Wegen der Doppelnatur des Prozessvergleichs als Prozesshandlung und materiell-rechtlichem Rechtsgeschäft muss ein im Wege der actio pro socio vorgehender Gesellschafter zum Abschluss eines wirksamen Vergleichs nicht nur prozessführungsbefugt, sondern auch verfügungsbefugt sein.[675] Weitgehende Einigkeit herrscht in der bisherigen Diskussion unter den Befürwortern einer actio pro socio in Form der Prozessstandschaft indes, dass den Gesellschaftern die Verfügungsbefugnis und damit die Rechtsmacht zum Abschluss eines Prozessvergleichs über den Anspruch der Gesellschaft fehlt.[676]

2. Vergleichsschluss durch eine Aktionärsminderheit im Klagezulassungsverfahren

Das Klagezulassungsverfahren geht auch hinsichtlich der Vergleichsbefugnis der Gesellschafter über die bislang herrschenden Grundsätze hinaus, indem die Gesellschaft und die übrigen Aktionäre nach § 148 Abs. 5 Satz 2 AktG an einen *nach* Klagezulassung geschlossenen Vergleich gebunden sind.[677] Anders als bislang im Personengesellschafts- und GmbH-Recht setzt das Gesetz damit die Befugnis der Aktionäre zum Vergleichsschluss voraus. Der gerichtliche Zulassungsbeschluss nach § 148 Abs. 2 Satz 1 AktG enthält mithin nicht nur die Ermächtigung zur Prozessführung, sondern zugleich eine materiell-rechtliche Verfügungsmacht über den Anspruch der Gesellschaft.

Diese Vergleichsbefugnis wird durch § 93 Abs. 4 Satz 3 AktG jedoch dahingehend eingeschränkt, dass der Vergleich nur dann Bindungswirkung entfaltet, wenn ihm die Hauptversammlung zugestimmt und nicht eine Aktionärsminderheit von 10 % widersprochen hat. Denn an die Vergleichsbefugnis der Aktio-

---

675 BGH, Urteil v. 5.10.1954, V BLw 25/54, BGHZ 14, 361 (387 f.).

676 *Bork/Oepen*, ZGR 2001, 515 (542); *Hopt*, in: Baumbach/Hopt, § 109 HGB Rn. 32; *Hadding*, in: Soergel/Siebert, § 705 BGB Rn. 50; *Timm/Schöne*, in: Bamberger/Roth, § 705 BGB Rn. 122; *Ulmer*, in: MünchKomm. BGB, § 705 BGB Rn. 212; *K. Schmidt*, in: MünchKomm. HGB, § 105 HGB Rn. 204; *Schäfer*, in: Großkomm. HGB, § 105 HGB Rn. 261, 263; *Wertenbruch*, in: Ebenroth/Boujong/Joost/Strohn, § 105 HGB Rn. 148; *Eickhoff*, Die Gesellschafterklage im GmbH-Recht, 1988, S. 159. Für eine Vergleichsbefugnis aber *Grunewald*, Die Gesellschafterklage in der Personengesellschaft und der GmbH, 1990, S. 59 f..

677 Der Verweis des Gesetzes auf „einen nach § 149 bekannt zu machenden Vergleich“ und die damit einhergehende Beschränkung auf börsennotierte Gesellschaften (vgl. §§ 3 Abs. 2, 149 AktG) dürfte ein Redaktionsversehen darstellen, s. *G. Bezzenberger/T. Bezzenberger*, in: Großkomm. AktG, § 148 AktG Rn. 245.

näre können insoweit keine geringeren Anforderungen gestellt werden als beim Vergleichsschluss durch die Gesellschaft. Die dreijährige Sperrfrist des § 93 Abs. 4 Satz 3 AktG findet dabei keine Anwendung, um einer schnellen Beilegung des Streits nicht im Wege zu stehen. [678]

Als Inhaberin des mit der actio pro socio geltend gemachten Anspruchs muss zudem die Gesellschaft selbst – vertreten durch Vorstand bzw. Aufsichtsrat – dem Vergleichsschluss zwischen den Kläger-Aktionären und dem Gesellschaftsschuldner zustimmen.[679] Dem vorgelagert wird man der Gesellschaft als Beigeladener aus diesem Grund auch das Recht zusprechen müssen, an den Vergleichsverhandlungen teilzunehmen.

Infolge der Beiladung der Gesellschaft zum Aktionärsprozess kann die Gesellschaft entscheiden, ob sie den Prozess gegebenenfalls weiterführen (dazu noch unten B.) und dadurch der Vergleichsbefugnis der Gesellschafter den Boden entziehen will. Letzteres mag im Einzelfall geboten sein, wenn der Vergleichsinhalt der Gesellschaft zum Nachteil gereichen würde, etwa weil die Aktionäre den sich den Gesellschaftsanspruch gegen Gewährung persönlicher Vorteile abkaufen lassen. Regelmäßig dürfte das die beigeladene Gesellschaft vertretende Verwaltungsorgan angesichts der vorangegangenen Ablehnung der Klageerhebung jedoch regelmäßig selbst an einer schnellen Beilegung des Rechtsstreits interessiert sein und einem Vergleich damit kaum im Wege stehen.

3. Rechtsformübergreifende Fortentwicklung

Hat das Gericht unter Beteiligung der Gesellschaft die Prozessführungsbefugnis der Gesellschafter und damit das grundsätzlich Interesse der Gesellschaft an einer Durchsetzung des Gesellschaftsanspruchs bejaht, erscheint es im Hinblick auf eine effiziente Anspruchsdurchsetzung zu restriktiv, den Gesellschaftern die Befugnis zum Abschluss eines Vergleichs von vornherein zu verweigern. Ange-

678 *Spindler*, in: K. Schmidt/Lutter, § 148 AktG Rn. 51; *G. Bezzenberger/T. Bezzenberger*, in: Großkomm. AktG, § 148 AktG Rn. 244.

679 Für ein Zustimmungserfordernis *Paschos/Neumann*, DB 2005, 1779 (1785); *Koch*, ZGR 2006, 769 (778 f.); *Winnen*, Die Innenhaftung des Vorstandes nach dem UMAG, 2009, S. 430 f.; *Holzborn*, in: Bürgers/Körber, § 148 AktG Rn. 20; dagegen *Lochner*, in: Heidel, Aktienrecht, § 148 AktG Rn. 38; *G. Bezzenberger/T. Bezzenberger*, in: Großkomm. AktG, § 148 AktG Rn. 244. Vorschläge aus der Literatur, den von den Gesellschaftern geschlossenen Vergleich an die Zustimmung des Gerichts zu binden, wurden vom UMAG nicht übernommen. Dazu *Lutter*, ZGR 1998, 191 (210); Lutter, JZ 2000, 841; *Baums*, Gutachten F zum 63. Deutschen Juristentag Leipzig 2000, F 263; *Ulmer*, ZHR 163 (1999), 290 (332 f., 342); *Rollin*, Die Aktionärsklage in England und Deutschland, 2001, S. 255; *Bayer*, NJW 2000, 2609 (2616).

sichts der Unwägbarkeiten des Prozessverlaufs müssen die Gesellschafter flexibel reagieren können, indem sie sich vergleichen.

Bejaht man eine Rechtskrafterstreckung auf die Gesellschaft, folgt nach einem Teil des zivilprozessualen Schrifttums eine korrespondierende Befugnis zum Abschluss eines Prozessvergleichs bereits aus allgemeinen Grundsätzen.[680] Nunmehr ließe sich § 148 Abs. 5 Satz 2 AktG zu einem allgemeinen Prinzip der actio pro socio ausbauen. Dies gilt jedenfalls soweit das zweistufige Modell des Klagezulassungsverfahrens auf andere Gesellschaftsformen übertragen wird. Denn es ist kein Grund ersichtlich, dem Zulassungsbeschluss insoweit geringere Wirkungen beizumessen als im Aktienrecht.

Aber auch im Übrigen, also auch bei nur einstufigem Verfahren, dürften mit einer Vergleichsbefugnis der Gesellschafter letztlich kaum Nachteile für die Gesellschaft und die übrigen Gesellschafter verbunden sein. Die Wirksamkeit des Vergleichs ist ohnehin an die Zustimmung der Gesellschaft als materieller Rechtsinhaberin gebunden. Hinzu kommt, dass – wären die zunächst (erfolglos) gegen die Anspruchsdurchsetzung erhobenen Einwände tragfähig gewesen – die Ablehnung der Geltendmachung faktisch nichts anderes als einen Verzicht auf den Anspruch der Gesellschaft bedeutet hätte.[681] Im Rahmen eines Vergleichs darf die Gesellschaft nunmehr zumindest die teilweise Erfüllung ihrer Ansprüche erwarten können.

Davon abgesehen, behält die Gesellschaft über ihr Recht die Zustimmung zum Vergleich zu verweigern und die Prozessführung ggf. zu ganz übernehmen stets ein letztes Kontrollmittel in der Hand (zu den Möglichkeiten der Übernahme der Prozessführung durch die Gesellschaft nach Rechtshängigkeit der actio pro socio unten B.I und B.II).

V. Gerichtliche Zuständigkeit

Gerichtsstand zur Geltendmachung von Ansprüchen der Gesellschaft ist nach allgemeinen zivilprozessualen Grundsätzen der Wohnsitz des Beklagten (§§ 12, 13 ZPO). Soweit es sich um vertragliche oder organschaftliche Ansprüche handelt, besteht zudem der Gerichtsstand des Erfüllungsortes (§ 29 Abs. 1 ZPO). Für außervertragliche Ansprüche ist die Zuständigkeit der Gerichte am Tatort

680 So *Vollkommer*, in: Zöller, Vor § 50 ZPO Rn. 33; *Rosenberg/Schwab/Gottwald*, Zivilprozessrecht, § 129 Rn. 38; a. A. aber *Wolfsteiner*, in: Münchkomm. ZPO, § 794 ZPO Rn. 30, 33: keine materiell-rechtliche Verfügung über den Streitgegenstand.

681 Zutreffend *Schwab*, Das Prozessrecht gesellschaftsinterner Streitigkeiten, 2005, S. 87.

begründet, wobei nach der Ubiquitätsregel des § 32 ZPO sowohl Handlungs-, als auch Erfolgsort in Betracht kommen.[682]

Für die Aktionärsklage nach § 148 Abs. 4 Satz 1 AktG ist (ebenso wie für das vorausgehende Zulassungsverfahren) das Landgericht zuständig, in dessen Bezirk die Gesellschaft ihren Sitz hat.[683] Anders als bei Anfechtungs- und Nichtigkeitsklage[684] fehlt zwar die ausdrückliche Anordnung, dass es sich hierbei um eine ausschließliche Zuständigkeit handelt,[685] jedoch wird man dies im Interesse der Verfahrenskonzentration bejahen müssen.[686]

Für die actio pro socio als verbandsübergreifendem Gesellschafterrecht sollte zur Vermeidung konkurrierender Klagen und widersprechender Urteile *de lege ferenda* zumindest für Ansprüche gegen Organmitglieder und Gesellschaf-

---

682 BGH, Urteil v. 10.2.1992, II ZR 23/91, NJW-RR 1992, 800 (801); *Heinrich*, in: Musielak, § 29 ZPO Rn. 25; *Hess*, in: Krieger/U. H. Schneider, Handbuch Managerhaftung, § 15 Rn. 21; *Fleischer*, in: Fleischer, Handbuch des Vorstandsrechts, § 11 Rn. 124; *Hopt*, in: Großkomm. AktG, § 93 AktG Rn. 451 f.; *Haas*, in: Michalski, § 43 GmbHG Rn. 243 ff..

683 Ist bei dem Landgericht eine Kammer für Handelssachen (§ 96 ff. GVG) eingerichtet, entscheidet diese anstelle der Zivilkammer über den Antrag (§ 148 Abs. 2 Satz 2 AktG). Entsprechend § 142 Abs. 5 Satz 5 und 6 AktG können die Landesregierungen bzw. die Landesjustizverwaltungen zudem die Zuständigkeit für mehrere Bezirke durch Rechtsverordungen bei einem Landgericht konzentrieren, wenn dies der Sicherung einer einheitlichen Rechtsprechung dient (§ 148 Abs. 2 Satz 2 Hs. 2 AktG). So geschehen etwa in Bayern durch § 14a Verordnung über gerichtliche Zuständigkeiten im Bereich des Staatsministeriums der Justiz (GZVJu), GVBl. 2005, S. 547 und in Nordrhein-Westfalen durch die VO über die Konzentration der Verfahren nach dem Gesetz zur Unternehmensintegrität und Modernisierung des Anfechtungsrechts vom 12. Dezember 2005 (Konzentrations-VO – UMAG), GV. NRW. 2006 S. 5/ SGV. NRW. 301).

684 §§ 246 Abs. 3 Satz 1, 249 Abs. 1 Satz 1 AktG.

685 Ausschließliche Gerichtsstände sind nach zivilprozessualen Grundsätzen nur solche, die im Gesetz ausdrücklich als solche bezeichnet werden, *Rosenberg/Schwab/Gottwald*, Zivilprozessrecht, § 29 Rn. 16; *Vollkommer*, in: Zöller ZPO, § 12 ZPO Rn. 8; *Patzina*, in: MünchKomm. ZPO, § 12 ZPO Rn. 27; *Roth*, in: Stein/Jonas ZPO, Vor § 12 ZPO Rn. 4.

686 Ebenso im Ergebnis *Duve/Basak*, BB 2006, 1345, 1347; *Happ*, FS H. P. Westermann 2008, 971 (978); *Lochner*, in: Heidel, Aktienrecht, § 148 AktG Rn. 19, 28; *Spindler*, in: K. Schmidt/Lutter, § 148 AktG Rn. 14; *Hüffer*, § 148 AktG Rn. 12, 17; *G. Bezzenberger/T. Bezzenberger*, in: Großkomm. AktG, § 148 AktG Rn. 165. Ebenso wohl Regierungsbegründung UMAG, BT-Drucks. 15/5092, S. 22: „Absatz 2 regelt nach bewährtem Vorbild die Konzentration der Zuständigkeit auf das Landgericht des Sitzes der Gesellschaft“. Wohl gegen Ausschließlichkeit, aber ohne Begründung *Becker*, FS Mestmäcker 2006, 25 (35); ebenso *Hess*, in: Krieger/U. H. Schneider, Handbuch Managerhaftung, § 15 Rn. 21: Haftungsprozess vor dem LG am Beklagtensitz (§§ 12, 13 ZPO) oder am Tatort (§ 32 ZPO).

ter eine ausschließliche Zuständigkeit der Gerichte am Sitz der Gesellschaft vorgesehen werden. Dies gilt insbesondere dann, wenn man Mehrfachklagen nach dem Vorbild des § 148 Abs. 4 Satz 4 AktG als allgemeines Prinzip anerkennt. Der zwingenden Verfahrensverbindung in diesem Fall muss zugleich eine ausschließliche Zuständigkeit korrespondieren.[687] Ein ausschließlicher Gerichtsstand am Sitz der Gesellschaft weicht zwar zum Nachteil des Beklagten von den allgemeinen Zuständigkeitsregelungen ab, jedoch dürfte dies jedenfalls bei Gesellschaftern und Organmitgliedern mit deren grundsätzlicher Nähe zur Verbandsinnensphäre zu rechtfertigen sein (zur Geltendmachung von Gesellschaftsansprüchen gegen Dritte unten Teil 5B).

B. Prozessführung durch die Gesellschaft

Die Gesellschaft kann als materielle Rechtsinhaberin ihren Anspruch jederzeit unabhängig von einer actio pro socio durchsetzen. Die Klage wird sodann vom vertretungsberechtigten Organ im Namen der Gesellschaft erhoben. Als Folge des Subsidiaritätsgrundsatzes bleibt für eine Gesellschafterklage in dieser Situation dann kein Raum mehr. Reicht aber die Gesellschaft zu einem Zeitpunkt Klage ein, in dem bereits eine Gesellschafterklage rechtshängig ist, stellt sich das bereits im Zusammenhang mit der Rechtskrafterstreckung auf die Gesellschaft angerissene Problem, die Klagerechte von Gesellschaft und Gesellschaftern zu koordinieren.[688]

I. Selbständiges Klagerecht der Gesellschaft

1. Prozessrechtliche Ausgangslage

Die Bedeutung der prozessualen Handlungsfreiheit der Gesellschaft und damit zugleich auch die Subsidiarität der actio pro socio werden in der bisherigen Diskussion dadurch hervorgehoben, dass sich die Rechtskraft des Urteils im Gesellschafterprozess nicht auf die Gesellschaft erstreckt und der nachträglich erhobenen Gesellschaftsklage folglich auch nicht die Rechtshängigkeit der Gesellschafterklage entgegensteht. Die Gesellschaft kann selbst dann noch eine eigene Kla-

---

687 Für eine allgemeine Regelung bereits *Grossfeld*, Aktiengesellschaft, Unternehmenskonzentration und Kleinaktionär, 1968, S. 309. Im Ergebnis ebenso für die konzernrechtliche actio pro socio *Weber*, Die konzernrechtliche abgeleitete Aktionärsklage, 2006, S. 238, 239 f..

688 S. oben Teil 4A.I.

ge erheben, wenn eine Gesellschafterklage bereits rechtshängig ist.[689] Mit Klageerhebung durch die Gesellschaft wird die Klage der Gesellschafter unzulässig, was mit dem Entfallen der nur für den Fall der Untätigkeit der Gesellschaft gewährten Prozessführungsbefugnis erklärt wird.[690]

Unter Kostengesichtspunkten ist der Gesellschafter in dieser Situation durch die Möglichkeit seine Klage für erledigt zu erklären geschützt. Vorausgesetzt seine Klage wäre bei Fortsetzung des Prozesses erfolgreich gewesen, fallen die Kosten dann dem Beklagten zur Last.[691] Wäre die actio pro socio aber voraussichtlich erfolglos geblieben, bleibt es nach den bisherigen Grundsätzen dabei, dass dem Gesellschafter kein Erstattungsanspruch gegenüber der Gesellschaft zusteht.[692]

2. Die Regelung des § 148 Abs. 3 Satz 1 AktG

Das Klagezulassungsverfahren behält die unter 1. beschriebenen Grundsätze bei. Gemäß § 148 Abs. 3 Satz 1 AktG ist die Gesellschaft jederzeit berechtigt, ihren Ersatzanspruch selbst gerichtlich geltend zu machen. Die Regierungsbegründung zum UMAG verweist hierzu darauf, die Gesellschaft sei Inhaber des geltend gemachten Anspruchs und müsse daher jederzeit auch während des laufenden Verfahrens selbst Klage auf Schadensersatz erheben können.[693]

Nach § 148 Abs. 3 Satz 1 Hs. 2 AktG wird eine Aktionärsklage (bzw. ein Zulassungsantrag) *unzulässig*, sobald die Gesellschaft selbst Klage gegen den Ersatzpflichtigen erhebt.[694] Die Anordnung der Unzulässigkeit der Aktionärsklage soll zum Ausdruck bringen, dass die Klage der Aktionäre der Klage der

---

689 S. oben Teil 4A.I.1.a).

690 S. *Schäfer*, in: Großkomm. HGB, § 105 HGB Rn. 263 (Notwendigkeit der Gesellschafterklage als Prozessvoraussetzung entfällt).

691 *Hüffer*, § 309 AktG Rn. 21. Zur Kostenverteilung bei einseitiger Erledigterklärung *Vollkommer*, in: Zöller, § 91a ZPO Rn. 47.

692 Für einen Kostenerstattungsanspruch in diesem Fall aber *Becker*, Verwaltungskontrolle durch Gesellschafterrechte, 1997, S. 546. Erwägenswert ist es den Gesellschaftern einen Kostenerstattungsanspruch zumindest für den Fall zu gewähren, dass die Klage an sich aussichtsreich gewesen wäre, der Erstattungsanspruch gegenüber dem Beklagten aber uneinbringlich ist. Vgl. aber auch *Peres*, in: Heidel, Aktienrecht, § 309 AktG Rn. 31, der die Kosten nach dem prozessualen Veranlasserprinzip der Gesellschaft auferlegen möchte, s. dazu allgemein BGH, Urteil v. 18.7.2005, 3 AZB 65/04, NJW 2006, 461.

693 Regierungsbegründung UMAG, BT-Drucks. 15/5092, S. 22 f..

694 Jeweils ohne Begründung sprechen von Unzulässigkeit der Aktionärsklage *Göz/Holzborn*, WM 2005, 157, 159; *Langenbucher*, GesRZ-SH 2005, 3, 11; *K. Schmidt*, NZG 2005, 796, 800; *Schröer*, ZIP 2005, 2081, 2085/2086.

Gesellschaft nicht entgegensteht[695], wobei die Regierungsbegründung davon spricht, es entfalle das Rechtsschutzinteresse für das Zulassungs- bzw. Klageverfahren.[696]

Diese Begründung vermag kaum zu überzeugen, denn wegen der in § 148 Abs. 5 Satz 1 AktG angeordneten Rechtskrafterstreckung[697] steht der Klage der Gesellschaft während der Rechtshängigkeit einer Aktionärsklage der Einwand der anderweitigen Rechtshängigkeit (§ 261 Abs. 3 Nr. 1 ZPO) entgegen.[698] Die Anordnung der Unzulässigkeit der Aktionärsklage mit Erhebung der Gesellschaftsklage ändert daran zunächst nichts, denn auch eine unzulässige Klage ist rechtshängig.[699]

Über die bloße Kodifikation des bislang anerkannten, jederzeitigen Klagerechts hinaus, liegt die Bedeutung des § 148 Abs. 3 Satz 1 AktG jedoch gerade darin, den Einwand entgegenstehender Rechtshängigkeit zu überwinden. Die Vorschrift ist im Zusammenhang mit der Anordnung der Rechtskrafterstreckung auf die Gesellschaft nach § 148 Abs. 5 Satz 1 AktG zu lesen. Nach allgemeinen zivilprozessualen Grundsätzen wäre eine selbständige Klage der Gesellschaft infolge der Rechtskrafterstreckung – entgegen der bislang h. M. zur actio pro socio – ausgeschlossen gewesen. Wie § 148 Abs. 4 Satz 4 AktG und § 246 Abs. 3 Satz 5 AktG ordnet § 148 Abs. 3 Satz 1 AktG damit eine Ausnahme zu § 261 Abs. 3 Nr. 1 ZPO an.[700]

---

695 Gegenäußerung der Bundesregierung, BT-Drucks. 15/5092, S. 43. Zur Kritik an der Formulierung der Vorgängerregelung des § 148 Abs. 2 Satz 8 AktG-E idF des Regierungsentwurfs siehe die Stellungnahme des Bundesrats zum Regierungsentwurf UMAG, BT-Drucks. 15/5092, S. 38 und *Bork*, ZIP 2005, 66 f.; *DAV-Handelsrechtsausschuss*, NZG 2005, 388, 391; dazu auch *Hüffer*, § 148 AktG Rn. 13.

696 Regierungsbegründung UMAG, BT-Drucks. 15/5092, S. 23, 24.

697 Zur Parteiidentität wegen Rechtskrafterstreckung *Greger*, in: Zöller ZPO, § 261 ZPO Rn. 8a; *Foerste*, in: Musielak ZPO, § 261 ZPO Rn. 10.

698 *Bork*, ZIP 2005, 66. Allgemein zur entgegenstehenden Rechtshängigkeit während des Prozesses des Prozessstandschafters bei Anordnung der Rechtskrafterstreckung auf den Rechtsinhaber BGH, Urteil v. 3.7.1980, IV a ZR 38/80, NJW 1980, 2461 (2463); *Vollkommer*, in: Zöller ZPO, Vor § 50 Rn. 41; *Lindacher*, in: MünchKomm. ZPO, Vor § 50ff. ZPO Rn. 54.

699 Zur Rechtshängigkeit trotz Unzulässigkeit der Klage BGH, Urteil v. 19.9.1967, VI ZR 82/66, NJW 1967, 2304; *Greger*, in: Zöller, § 261 ZPO Rn. 2; *Foerste*, in: Musielak § 261 Rn. 2; *Becker-Eberhard*, in: MünchKomm. ZPO, § 261 ZPO Rn. 18 ff..

700 So *Bork*, ZIP 2005, 66, 67; wohl auch *DAV-Handelsrechtsausschuss*, NZG 2005, 388, 391; *Hess*, in: Krieger/U. H. Schneider, Handbuch Managerhaftung, § 15 Rn. 21; *Spindler*, in: K. Schmidt/Lutter, § 148 AktG Rn. 38; *Hüffer*, § 148 AktG Rn. 13; *Mock*, in: Spindler/Stilz, § 148 AktG Rn. 140; *G. Bezzenberger/T. Bezzenberger*, in: Großkomm. AktG, § 148 AktG Rn. 210; s. auch *Ulmer*, ZHR 163 (1999), 290 (337, Fn. 180).

Alternativ hätte das vom Gesetz verfolgte Ziel, die Konkurrenz von Aktionärs- und Gesellschaftsklage zu aufzulösen, auch durch die gesetzliche Anordnung des Entfallens der Rechtshängigkeit der Aktionärsklage erreicht werden können.[701] Praktische Unterschiede zeigen sich indes allenfalls, in Bezug auf die prozessuale Kostenerstattung.

Belässt man es bei der Unzulässigkeit der Aktionärsklage, so müssen die Aktionäre ihre Klage für erledigt erklären, wollen sie eine kostenpflichtige Abweisung durch Prozessurteil vermeiden.[702] Schließt sich der Beklagte der Erledigterklärung an, ergeht Kostenbeschuss nach § 91a ZPO, andernfalls liegt in der Erledigterklärung eine Klageänderung[703] mit dem Antrag festzustellen, dass die ursprünglich zulässige und begründete Klage durch die Klageerhebung der Gesellschaft (das „erledigende Ereignis“) unzulässig geworden ist; die Kostenentscheidung ergeht in diesem Fall nach §§ 91, 92 ZPO. Nimmt man dagegen an, die Rechtshängigkeit der Aktionärsklage endet kraft Gesetzes, so hält das Gesetz keine ausdrückliche Kostenregelung bereit. Wegen der vergleichbaren Interessenlage wird das Gericht jedoch analog § 91a ZPO anhand des bisherigen Sach- und Streitstandes nach billigem Ermessen über die Kosten entscheiden müssen.

Die Beibehaltung des selbständigen Klagerechts ist im Schrifttum zum UMAG überwiegend auf Kritik gestoßen.[704] Dass die Gesellschaft die Klagemöglichkeit nutzen wird, um einer Erfolg versprechenden Klage den Boden zu entziehen, dürfte indes kaum zu erwarten sein, denn dem Kontrollinteresse der Aktionäre wird durch die notwendige Beiladung nach § 148 Abs. 3 Satz 3 AktG Rechnung getragen. Die Gesellschaft kann die Klage zudem nur unter den Voraussetzungen des § 93 Abs. 4 Satz 3 und 4 AktG zurücknehmen (§ 148 Abs. 6 Satz 4 AktG). Ebenso wenig besteht für die Aktionäre ein nennenswertes Kostenrisiko, da sie trotz Erledigung ihrer Klage selbst im Fall voraussichtlichen Unterliegens durch einen Erstattungsanspruch gegen die Gesellschaft (§ 148 Abs. 6 Satz 4 AktG) geschützt sind.

---

701 So auch *Paschos/Neumann*, DB 2005, 1779 (1782); *Lochner*, in: Heidel, Aktienrecht, § 148 AktG Rn. 23; im Ergebnis auch *Hüffer*, § 148 AktG Rn. 13, der jedoch davon ausgeht, dies habe im Gesetz keinen genügenden Ausdruck gefunden; *Holzborn*, in: Bürgers/Körber, § 148 AktG Rn. 12. Offen lassend *Ziemons*, in: Nirk/Ziemons/Binnewies, Handbuch der Aktiengesellschaft, Rn. I 7.308.

702 Anders *Hüffer*, § 148 AktG Rn. 13: Klagerücknahme, was wegen der Kostenfolge des § 269 Abs. 3 Satz 2 ZPO aber nicht sachgerecht ist.

703 Als Klagebeschränkung ist sie gemäß § 264 Nr. 2 ZPO stets zulässig, *Wolst*, in: Musielak, § 91a ZPO Rn. 29 m. w. N..

704 *Paschos/Neumann*, DB 2005, 1779 (1783); *Zieglmeier*, ZGR 2007, 144 (156 f.); *Spindler*, NZG 2005, 865 (868).

Schwerer wiegen dagegen die Bedenken im Hinblick auf die prozessuale Stellung des Beklagten. Bei einer selbständigen Klage muss die Beweisaufnahme selbst dann vollständig wiederholt werden, wenn die Gesellschafterklage schon in einem weit fortgeschrittenen Verfahrensstadium oder einer höheren Instanz angelangt war.[705] Dies bedeutet nicht nur eine erhebliche Verzögerung des Prozessabschlusses, sondern erzeugt darüber hinaus zusätzliche Kosten für Zeugen, Sachverständige usw., die noch dazu neben den Kosten der Gesellschafterklage vom Beklagten zu tragen sind, wenn er in beiden Prozessen unterlegen wäre.

Praktisch relevant dürfte eine eigene Klage der Gesellschaft vor allem dann werden, wenn die Beweisaufnahme im Aktionärsverfahren schon zugunsten des Beklagten geendet hat, die Gesellschaft aber über neue Beweismittel verfügt, die aber im Verfahren der Aktionäre beispielsweise wegen Präklusion (§ 296 ZPO) nicht mehr vorgebracht werden können. Wie auch Mehrfachklagen von Gesellschaftern ist das jederzeitige selbständige Klagerecht der Gesellschaft hier unter dem Gesichtspunkt der prozessualen Waffengleichheit der Parteien[706] kaum zu rechtfertigen. Und zwar umso weniger, als sie als notwendig Beigeladene im Klageverfahren fortwährend durch eigene Anträge Einfluss auf den Fortgang des Verfahrens nehmen kann.[707]

3. Rechtsformübergreifende Fortentwicklung

Für die Frage der rechtsformübergreifenden Fortentwicklung der Regelung des § 148 Abs. 3 Satz 1 AktG lässt sich die selbständige Klagemöglichkeit der Gesellschaft zwar als ein Strukturmerkmal der actio pro socio begreifen. Sie knüpft insoweit an bereits im Personen- und GmbH-Recht entwickelte Grundsätze an. Gute Gründe sprechen jedoch – wie gezeigt – gegen diese Klagemöglichkeit der Gesellschaft.

Dass der Gesetzgeber sie gleichwohl im Klagezulassungsverfahren übernommen hat belegt, dass es sich in seinen Augen um ein wichtiges Element des Kompetenzgleichgewichts zwischen Gesellschaft und Gesellschaftern handelt. Bejaht man wie hier eine Rechtskrafterstreckung auf die Gesellschaft nach dem Modell des § 148 Abs. 5 Satz 1 AktG, wird man konsequent daher auch § 148 Abs. 3 Satz 1 AktG als Ausnahmeregelung zu § 261 Abs. 3 Nr. 1 ZPO auf andere Anwendungsfälle der actio pro socio übertragen müssen.[708]

---

705 *Schröer*, ZIP 2005, 2081 (2086); *Paschos/Neumann*, DB 2005, 1779 (1783); *Hüffer*, § 148 AktG Rn. 13; *Spindler*, in: K. Schmidt/Lutter, § 148 AktG Rn. 38.

706 S. die Nachweise in Fn. 646.

707 Ausführlich zu den prozessualen Befugnissen des Beigeladenen unten Teil 4C.III.

708 Ebenso nunmehr *Verse*, FS U. H. Schneider 2011, 1325 (1332).

De lege ferenda sollte auf das Recht zur selbständigen Klageerhebung gleichwohl zugunsten eines Rechts der Gesellschaft zur Übernahme der Gesellschafterklage (dazu unten II.) verzichtet werden, was insbesondere die prozessualen Interessen des Beklagten schützt.[709]

II. Das Recht zur Übernahme der Gesellschafterklage

Gegenüber den bislang diskutierten prozessualen Grundsätzen der actio pro socio stellt das in § 148 Abs. 3 Satz 1 AktG geregelte Recht der Gesellschaft zur Übernahme der Aktionärsklage eine Neuerung dar.[710] Es wurde erst zu einem späten Zeitpunkt im Gesetzgebungsverfahren eingeführt.[711]

1. Die Regelung des § 148 Abs. 3 Satz 2 AktG

Vergleichbar dem Modell des § 265 Abs. 2 ZPO[712] hat die Gesellschaft nach § 148 Abs. 3 Satz 2 AktG das Recht im Wege des Parteiwechsels[713] die Aktionärsklage zu übernehmen. Wegen der gesetzlichen Anordnung des Parteiwechsels bedarf sie hierzu weder der Zustimmung des Beklagten noch der klagenden Aktionäre.[714] Mit Ausübung des Übernahmerechts scheiden die Aktionäre aus der Position der Kläger aus, ohne dass es einer Klagerücknahme oder einer Entscheidung des Gerichts bedarf.[715] Jedoch sind sie gemäß § 148 Abs. 3 Satz 3 AktG vom Gericht zu dem nunmehr von der Gesellschaft geführten Prozess beizuladen.[716] Die Gesellschaft übernimmt den Prozess sodann in der Lage des Verfahrens, in der er sich im Zeitpunkt der Übernahme befindet (Abs. 3 Satz 2) und ist an alle Prozesshandlungen der bisherigen Prozessstandschafter und die

---

709 Zutreffend *Paschos/Neumann*, DB 2005, 1779 (1783); *Hüffer*, § 148 AktG Rn. 14.

710 Nach dem eindeutigen Wortlaut des § 148 Abs. 3 Satz 2 AktG und wegen des unterschiedlichen Streitgegenstandes kommt eine Übernahme des Zulassungsverfahrens und seine Fortführung als Gesellschaftsklage nicht in Betracht.

711 S. Beschlussempfehlung und Bericht des Rechtsausschusses BT-Drucks, 15/5693, S. 18 mit Verweis auf *Bork*, ZIP 2005, 66 (67).

712 *Paschos/Neumann*, DB 2005, 1779 (1782); *Holzborn*, in: Bürgers/Körber, § 148 AktG Rn. 13.

713 *Bork*, ZIP 2005, 66 (67); *Mock*, in: Spindler/Stilz, § 148 AktG Rn. 128; *Hüffer*, § 148 AktG Rn. 14; *Spindler*, in: K. Schmidt/Lutter, § 148 AktG Rn. 39.

714 *Paschos/Neumann*, DB 2005, 1779 (1782); *Hüffer*, § 148 AktG; *Spindler*, in: K. Schmidt/Lutter, § 148 AktG Rn. 39; *Holzborn*, in: Bürgers/Körber, § 148 AktG Rn. 13; *G. Bezzenberger/T. Bezzenberger*, in: Großkomm. AktG, § 148 AktG Rn. 213.

715 Vgl. *Becker-Eberhard*, in: MünchKomm. ZPO, § 265 ZPO Rn. 99.

716 Dazu näher unten @.

vorhandenen Beweisergebnisse gebunden. Eine erneute Beweisaufnahme erfolgt nicht.[717]

Vor diesem Hintergrund wird deutlich, dass der Beiladung der Gesellschaft im Klageverfahren über die Legitimation der Rechtskrafterstreckung hinaus eine weitere Bedeutung zufällt, indem sie über den Verfahrensstand informiert bleibt, um gegebenenfalls das Übernahmerecht ausüben zu können.[718] In der kontinuierlichen Verfahrensbeteiligung der Gesellschaft liegt aber zugleich auch ein weiteres Argument gegen die parallel zum Übernahmerecht fortbestehende selbständige Klagemöglichkeit.[719]

2. Rechtsformübergreifende Fortentwicklung

Über die bislang schon anerkannte Möglichkeit zur Erhebung einer selbständigen Klage hinaus, stellt die Möglichkeit eines gesetzlichen Parteiwechsels eine sinnvolle Ergänzung des Rechts der actio pro socio dar. Für eine Verallgemeinerung und Übertragung auf andere Fälle der actio pro socio sprechen zum einen prozessökonomische Gründe, da insbesondere die bisherigen Beweisergebnisse verwertet werden können.[720] Zum anderen ist diese Vorgehensweise bei erfolgreicher Klage mit einer geringeren Kostenbelastung für den Beklagten verbunden, da es nicht zu einer vollständigen Wiederholung des Prozesses kommt. Insgesamt verwirklicht das Übernahmerecht der Gesellschaft mithin einen interessengerechten Ausgleich zwischen der Wahrung der prozessualen Handlungsmöglichkeiten der Gesellschaft und dem Schutz des Beklagten vor prozessualer Benachteiligung.

III. Rechtskrafterstreckung auf die Gesellschafter

Nahezu unstreitig sollte sich schon nach bislang h. M. die Rechtskraft des Urteils im Gesellschaftsprozess auf die Gesellschafter erstrecken.[721] Dies ist inte-

---

717 *Paschos/Neumann*, DB 2005, 1779 (1783); *Mock*, in: Spindler/Stilz, § 148 AktG Rn. 120; *Spindler*, in: K. Schmidt/Lutter, § 148 AktG Rn. 39; *Hüffer*, § 148 AktG Rn. 14; *Holzborn*, in: Bürgers/Körber, § 148 AktG Rn. 13; *G. Bezzenberger/T. Bezzenberger*, in: Großkomm. AktG, § 148 AktG Rn. 214; allg. *Rosenberg/Schwab/Gottwald*, § 42 Rn. 3; *Becker-Eberhard*, in: MünchKomm. ZPO, § 265 ZPO Rn. 99; *Greger*, in: Zöller, § 265 ZPO Rn. 8.

718 *Mock*, in: Spindler/Stilz, § 148 AktG Rn. 42.

719 *Paschos/Neumann*, DB 2005, 1779 (1783).

720 *Paschos/Neumann*, DB 2005, 1779 (1783).

721 Für das Personengesellschaftsrecht: *Habermeier*, in: Staudinger, § 705 BGB Rn. 48; *Ulmer*, in: MünchKomm. BGB, § 705 BGB Rn. 214; für das GmbH-Recht: *Berger*, Die

ressengerecht, da ansonsten trotz Klageabweisung gegenüber Gesellschaft noch weitere Klagen von Gesellschaftern drohen,[722] was einer weitgehenden Wiederaufnahmemöglichkeit gleich käme. Gegen eine Rechtskrafterstreckung ließe sich zwar anführen, die Gesellschaftsorgane könnten in Unkenntnis der übrigen Gesellschafter dem Beklagten zu einem obsiegenden Urteil verhelfen und damit dem Minderheitenschutzrecht der actio pro socio den Boden entziehen.[723] Zum Schutz des Beklagten muss es mit dem Urteil für oder gegen die Gesellschaft jedoch zu einer endgültigen Beilegung des Rechtsstreits kommen.[724]

Auch das Klagezulassungsverfahren sieht im Einklang mit der bislang herrschenden Ansicht in § 148 Abs. 5 Satz 1 AktG eine Rechtskrafterstreckung auf die übrigen Aktionäre vor.[725] Die Formulierung „das Urteil" in Absatz 5 Satz 1 betrifft insoweit nicht allein das auf die Aktionärsklage hin ergehende Urteil, sondern auch Urteile auf selbständige Klage der Gesellschaft hin bzw. nach Übernahme der Aktionärsklage (§ 148 Abs. 3 Satz 1 und 2 AktG).[726] Hatte die Gesellschaft aus eigenem Antrieb Klage zur Durchsetzung eines auch vom Anwendungsbereich des § 148 AktG erfassten Anspruchs erhoben, so scheitert eine Aktionärsklage nach Abweisung der Gesellschaftsklage jedenfalls am Grundsatz

---

subjektiven Grenzen der Rechtskraft bei der Prozeßstandschaft, 1992, S. 280 ff.; für die konzernrechtlichen Einzelklagebefugnisse: *Habersack*, in: Emmerich/Habersack, GmbH- und Aktienkonzernrecht, § 309 AktG Rn. 50; *Schwab*, Das Prozessrecht gesellschaftsinterner Streitigkeiten, 2005, S. 129; trotz Annahme eigener materiell-rechtlicher Ansprüche für eine Bindung der Aktionäre an eine Abweisung der Klage der Gesellschaft *Altmeppen*, in: MünchKomm. AktG, § 309 AktG Rn. 125. A. A. aber noch *Berger*, ZHR 149 (1985), 599 (608); *Winter*, Mitgliedschaftliche Treuebindungen im GmbH-Recht, 1988, S. 319, aber Unzulässigkeit der actio pro socio wegen Vorrangs der Gesellschaftsklage.

722 *Berger*, Die subjektiven Grenzen der Rechtskraft bei der Prozeßstandschaft, 1992, S. 281.

723 *Berger*, ZHR 149 (1985), 599 (608); *Schwab*, Das Prozessrecht gesellschaftsinterner Streitigkeiten, 2005, S. 130.

724 *Berger*, Die subjektiven Grenzen der Rechtskraft bei der Prozeßstandschaft, 1992, S. 281 f.. Keine Alternative ist nach geltendem Prozessrecht eine Rechtskrafterstreckung nur unter dem Vorbehalt, dass keine nachlässige Prozessführung der Gesellschaft vorgelegen hat, denn dies hätte nach Abschluss des Gesellschaftsprozesses einen für alle Beteiligten unzumutbaren Schwebezustand zur Folge. Anders aber *Banerjea*, Die Gesellschafterklage im GmbH- und Aktienrecht, 2000, S. 229 f..

725 Allgemein zur Erstreckung der Rechtskraft des gegen den Rechtsträger selbst ergangenen Urteils auf den Prozessstandschafter *Büscher*, in: Wieczorek/Schütze, § 325 ZPO Rn. 69.

726 *Holzborn*, in: Bürgers/Körber, § 148 AktG Rn. 19; *Spindler*, in: K. Schmidt/Lutter, § 148 AktG Rn. 48; *Hüffer*, § 148 AktG Rn. 19

der Subsidiarität[727], doch wird man im Interesse klarer Rechtsverhältnisse Abs. 5 Satz 1 analog anwenden können.

Die Rechtskrafterstreckung des Urteils im Gesellschaftsprozess auf alle Gesellschafter, wird bislang überwiegend ohne weitere Voraussetzungen bejaht und auch das Klagezulassungsverfahren stellt keine besonderen Anforderungen an das rechtliche Gehör der Aktionäre. *Berger* verlangt zwar, der Beklagte müsse, dem Modell des § 856 Abs. 3 ZPO folgend, die Beiladung der Gesellschafter beantragen und so die für ihn günstigen Voraussetzungen der Rechtskrafterstreckung herbeiführen.[728] Aus den unter A.II.1 erörterten Gründen ist eine Beiladung aller Gesellschafter zu dem Gesellschaftsprozess jedoch auch in dieser Konstellation im Interesse der Prozessökonomie nicht erforderlich.

IV. Beteiligungsmöglichkeiten der Gesellschafter im Prozess der Gesellschaft

Auch wenn die Erstreckung der Rechtskraft des Urteils im Gesellschaftsprozess nicht notwendig die Beiladung der Gesellschafter voraussetzt, stellt sich die Frage, in welcher Weise sich die Gesellschafter am Prozess der Gesellschaft beteiligen können. Das Interesse der Gesellschafter an einer solchen Beteiligungsmöglichkeit liegt darin, einen sinnlosen „Verbrauch" der actio pro socio durch nachlässige Prozessführung der Gesellschaft zu vermeiden.[729] Denn anders als in der Literatur zum Teil erwogen, kann eine „nachlässige Prozessführung" der Gesellschaft angesichts der Unbestimmtheit dieses Kriteriums nicht dazu führen, dass eine latent fortbestehende Klagebefugnis der Gesellschafter wieder auflebt.[730]

727 So auch für die actio pro socio im GmbH-Recht *Winter*, Mitgliedschaftliche Treuebindungen im GmbH-Recht, 1988, S. 319; *Grunewald*, Die Gesellschafterklage in der Personengesellschaft und der GmbH, 1990, S. 57.

728 *Berger*, Die subjektiven Grenzen der Rechtskraft bei der Prozessstandschaft, 1992, S. 283.

729 *Schwab*, Das Prozessrecht gesellschaftsinterner Streitigkeiten, 2005, S. 132.

730 So aber *Becker*, Verwaltungskontrolle durch Gesellschafterrechte, 1997, S. 585, 656, demzufolge der Gesellschafter im Falle der Gesellschaftsklage eine „latente Klagebefugnis" behalte. Entsprechend § 241 Abs. 1 ZPO könne der Gesellschafter den Prozess im Fall der nachlässigen Prozessführung aufnehmen. Zu Recht ablehnend *Schwab*, Das Prozessrecht gesellschaftsinterner Streitigkeiten,. 2005, S. 133 f..

1. Prozessrechtliche Ausgangslage

Infolge Subsidiarität der actio pro socio scheidet ein Beitritt des Gesellschafters als Streitgenosse der Gesellschaft (mangels Prozessführungsbefugnis) aus.[731] Nicht anders als im Gesellschafterprozess besteht aufgrund der Rechtskrafterstreckung auf die Gesellschafter (oben III.) jedoch ein Interventionsinteresse der übrigen Gesellschafter oder Aktionäre in dem von der Gesellschaft geführten Prozess (§ 66 ZPO).[732]

Unbegründet war damit aber schon bisher die Befürchtung, die Klageerhebung der Gesellschaft könnte die Gesellschafter vollständig aus dem Verfahren drängen.[733] Jedoch wäre umgekehrt auch jeder Gesellschafter zeitlich unbegrenzt im Gesellschaftsprozess zum Streitbeitritt befugt.[734]

2. Die Regelung des Klagezulassungsverfahrens

Im Klagezulassungsverfahren sind die im Falle der selbständigen Klageerhebung der Gesellschaft bzw. der Übernahme der Aktionärsklage aus der Rolle des Klägers (bzw. Antragstellers) gedrängten Aktionäre nach § 148 Abs. 3 Satz 3 AktG vom Gericht zum Gesellschaftsprozess beizuladen. Die Regierungsbegründung zum UMAG begründet dies mit dem Interesse der Aktionäre an einer Kontrolle der Prozessführung der Gesellschaft.[735] Ebenso müssen aber auch die bereits an dem Zulassungsverfahren oder der Aktionärsklage als Nebeninterve-

731 *Schwab*, Das Prozessrecht gesellschaftsinterner Streitigkeiten, 2005, S. 132; *K. Schmidt*, in: MünchKomm. HGB, § 105 HGB Rn. 203.

732 Für ein Nebeninterventionsrecht der Gesellschafter im Gesellschaftsprozess schon bislang *Pentz*, in: Rowedder/Schmidt-Leithoff, § 13 GmbHG Rn. 120; *Michalski*, OHG-Recht, § 109 HGB Rn. 52; *Schäfer*, in: Großkomm. HGB, § 105 HGB Rn. 263; *Schwab*, Das Prozessrecht gesellschaftsinterner Streitigkeiten, 2005, S. 133; *Eickhoff*, Die Gesellschafterklage im GmbH-Recht, 1988, S. 225; ebenso wohl OLG Schleswig, Beschluss v. 18.8.2005, 5 W 22/05, WM 2005, 2269 (2271); für einen nach § 147 AktG a. F. erzwungenen Prozess *Trescher*, DB 1995, 661 (663); *Schröer*, in: MünchKomm. AktG, § 147 AktG Rn. 21. Ein Interventionsinteresse des Gesellschafters im Gesellschaftsprozess verneinend dagegen *Bork/Oepen*, ZGR 2001, 515 (541).

733 So aber *Bork/Oepen*, ZGR 2001, 515 (541); *Grunewald*, Die Gesellschafterklage in der Personengesellschaft und der GmbH, 1990, S. 57.

734 Kritisch aus diesem Grund *Schwab*, Das Prozessrecht gesellschaftsinterner Streitigkeiten, 2005, S. 133.

735 Regierungsbegründung UMAG, BT-Drucks. 15/5092, S. 23: „Um der Minderheit, die sich in der Angelegenheit engagiert hat und möglicherweise erst den Anstoß dazu gegeben hat, dass die Gesellschaft sich zu Klage entschlossen hat, eine Möglichkeit zur weiteren Teilnahme am Verfahren und zur Kontrolle über die Klageverfolgung durch die Gesellschaft zu geben, ist sie von Gesetzes wegen beizuladen".

nienten beteiligten Aktionäre die Möglichkeit haben, der nachträglichen Gesellschaftsklage beizutreten.[736] Aktionäre, die bislang weder als Antragsteller, Kläger oder Nebenintervenienten an dem Klagezulassungsverfahren beteiligt waren, sind auch von einer Beteiligung an der Gesellschaftsklage ausgeschlossen.[737] Für diese Beschränkung der Beteiligungsrechte spricht neben dem Umstand, dass bereits die Nebenintervention im Klagezulassungsverfahren nach § 148 Abs. 4 Satz 3 AktG einer zeitlichen Beschränkung unterliegt, letztlich die Subsidiarität der actio pro socio gegenüber der Gesellschaftsklage.[738]

3. Rechtsformübergreifende Fortentwicklung

Überträgt man das prozessuale Instrumentarium des § 148 Abs. 3 Satz 1 und 2 AktG auf das verbandsübergreifende Rechtsinstitut der actio pro socio, so muss als Korrelat zur Erhaltung der Handlungsfreiheit der Gesellschaft auch dem Kontrollinteresse der Gesellschafter Rechnung getragen. Jedenfalls die Initiatoren der actio pro socio sind daher zum Gesellschaftsprozess beizuladen. Ebenso können sich Gesellschafter, die bereits als Nebenintervenienten an der actio pro socio beteiligt waren, als Nebenintervenienten am Gesellschaftsprozess beteiligen. Im Übrigen kommt in den Regelungen des § 148 AktG dagegen die Wertung zum Ausdruck, dass ein Streitbeitritt anderer Gesellschafter ausgeschlossen sein soll. Das Kontrollinteresse gegenüber der Gesellschaft beschränkt sich auf die Initiatoren der actio pro socio und bereits an der Gesellschafterklage als Nebenintervenienten beteiligte Gesellschafter. Diese dürfen nicht nachträglich ihrer prozessualen Beteiligungs- und Kontrollrechte beraubt werden.

V. Vergleichsschluss durch die Gesellschaft

Die Gesellschaft kann jederzeit ihren Anspruch verfügen. Sofern man entsprechend dem Vorbild des aktienrechtlichen Klagezulassungsverfahrens davon ausgeht, dass die vormals die actio pro socio betreibenden Gesellschafter zum

---

736 Zutreffend *G. Bezzenberger/T. Bezzenberger*, in: Großkomm. AktG, § 148 AktG Rn. 216.

737 So im Ergebnis auch *G. Bezzenberger/T. Bezzenberger*, in: Großkomm. AktG, § 148 AktG Rn. 216, die davon ausgehen, den Aktionären fehle bereits das rechtliche Interesse am Obsiegen der Gesellschaft, da sie ihre Rechte nach § 148 AktG nicht wahrgenommen haben.

738 So wohl auch *Schwab*, Das Prozessrecht gesellschaftsinterner Streitigkeiten, 2005, S. 133.

Gesellschaftsprozess beizuladen sind (oben IV.), ist dabei nicht erforderlich, dass sie dem Vergleichsschluss zustimmen.[739]

In der Aktiengesellschaft kann die Gesellschaft einen Vergleich gemäß § 93 Abs. 4 Satz 3 AktG nur dann wirksam schließen, wenn die Hauptversammlung zustimmt und nicht eine Aktionärsminderheit, die 10 % des Grundkapitals auf sich vereint, widerspricht.[740] Wie im umgekehrten Fall des Vergleichsschlusses durch die klagenden Aktionäre[741] gilt dabei die dreijährige Sperrfrist des § 93 Abs. 4 Satz 3 AktG nicht.[742] Zu Verzicht und Vergleich auf Ansprüche der Gesellschaft bereits oben Teil 3D.II.4.

C. Die Beiladung zum Prozess der Gesellschafter bzw. der Gesellschaft

Die notwendige Beiladung hat sich oben unter mehreren Gesichtspunkten als rechtsformübergreifend auf die actio pro socio anwendbares prozessuales Instrumentarium erwiesen. Die im Klagezulassungsverfahren getroffene Regelung lässt jedoch eine Vielzahl von Fragen hinsichtlich der Rechtsnatur der Beiladung und der prozessualen Befugnisse der so beteiligten Personen offen, die in den vorstehenden Ausführungen bereits angerissen wurden und im Folgenden nunmehr vertieft werden sollen.

I. Die Verfahrensstellung des Beigeladenen

Anders als die öffentlich-rechtlichen Verfahrensordnungen (vgl. §§ 65, 66 VwGO, 75 SGG, 60 FGO) kennt die ZPO kein allgemeines Institut der Beiladung Dritter. Mit Hauptintervention, Nebenintervention und Streitverkündung bestehen zwar Möglichkeiten zur Verfahrensbeteiligung, jedoch bedingt die Ausübung der Beteiligungsrechte, dass der Beitrittsberechtigte Kenntnis vom

---

739 Zutreffend zu § 148 AktG *Koch*, ZGR 2006, 769 (777); *G. Bezzenberger/T. Bezzenberger*, in: Großkomm. AktG, § 148 AktG Rn. 221; *Spindler*, in: K. Schmidt/Lutter, § 148 AktG Rn. 52; *Hüffer*, § 148 AktG Rn. 21.

740 *Winnen*, Die Innenhaftung des Vorstandes nach dem UMAG, 2009, S. 443; *Spindler*, in: K. Schmidt/Lutter, § 148 AktG Rn. 52; G. Bezzenberger/T. Bezzenberger, in: Großkomm. AktG, § 148 AktG Rn. 222.

741 S. oben Teil 4A.IV.2.

742 *G. Bezzenberger/T. Bezzenberger*, in: Großkomm. AktG, § 148 AktG Rn. 221; *Spindler*, in: K. Schmidt/Lutter, § 148 AktG Rn. 52.

Prozess erlangt. Dies sicherzustellen ist Aufgabe der gerichtlichen Pflicht zur Beiladung.

1. „Beiladung" in zivilprozessualen Verfahren

Für die Klage des Vollstreckungsgläubigers gegen den Drittschuldner sieht § 856 Abs. 3 ZPO vor, dass im Falle einer Mehrfachpfändung, diejenigen Gläubiger, die nicht selbst Klage erhoben oder sich dem Kläger angeschlossen haben[743], zum Termin zu laden sind. Die Ladung erfolgt von Amts wegen durch das Gericht, jedoch obliegt die Benennung der Beizuladenden dem Drittschuldner. Im Kapitalanleger-Musterverfahren werden die Kläger und Beklagten der übrigen ausgesetzten Verfahren vom Gericht zum Musterverfahren gemäß § 8 Abs. 3 Satz 1 KapMuG beigeladen.

In den vorgenannten Fällen ist die Beiladung erforderlich, weil sich die Wirkungen des Urteils[744] bzw. des Musterentscheids[745] auf den Dritten erstrecken. Sie sind daher Instrumente zur Wahrung des rechtlichen Gehörs des Dritten.[746] Schließen sich im Falle des § 856 Abs. 3 ZPO weitere Gläubiger der Klage an, so erlangen sie die Rechtsstellung notwendiger Streitgenossen i. S. v. § 62 ZPO.[747] Die Rechtsstellung der im Musterverfahren Beigeladenen wird in § 12 KapMuG dagegen der des einfachen Nebenintervenienten nachgebildet. Er darf sich mithin mit seinen prozessualen Handlungen nicht in Widerspruch zu Musterkläger bzw. Musterbeklagten setzen (s. § 67 ZPO).[748]

In das Zweiparteienprinzip der ZPO fügen sich die genannten Beteiligungsmöglichkeiten nahtlos ein, da der Beigeladene als Streitgenosse bzw. Nebenintervenient jeweils Kläger oder Beklagtem „zugeordnet" ist. Von einem einheitlichen Rechtsinstitut der Beiladung im Zivilprozess kann gleichwohl noch keine Rede sein. Im prozessrechtlichen Schrifttum wurden neben den gesetzlich geregelten Fällen der Beiladung und im Anschluss an die höchstrichterliche Rechtsprechung vielfach Versuche unternommen, allgemeine Prinzipien für eine Bei-

---

743 S. § 856 Abs. 2 ZPO.

744 S. § 856 Abs. 4 ZPO.

745 S. § 16 KapMuG i. V. m. § 325a ZPO.

746 *Becker*, in: Musielak, § 856 ZPO Rn. 4; *Schultes*, in: MünchKomm. ZPO, § 69 ZPO Rn. 10 (zur Beiladung nach dem KapMuG).

747 Der Anschluss erfolgt gemäß § 856 Abs. 2 ZPO, s. *Brehm*, in: Stein/Jonas, § 856 ZPO Rn. 4, 6.

748 *Rimmelspacher*, FS Canaris 2007, 343 (350 f.); *Gebauer*, ZZP 119 (2006), 159 (166); *Möllers/Weichert*, NJW 2005, 2738 (2740); *Vollkommer*, in: Zöller, Anh § 77 ZPO Rn. 4; kritisch *W. Lüke*, ZZP 119 (2006), 131 (155); *Maier-Reimer/Wilsing*, ZGR 2006, 109 (112 f.).

ladung im Zivilprozess zu entwickeln, jedoch beginnen sich erst langsam Strukturen herauszubilden.[749]

2. Verwaltungsprozessuale Beiladung und Zweiparteienprinzip

Ausweislich der Regierungsbegründung überträgt das Klagezulassungsverfahren mit § 148 Abs. 2 Satz 9, Abs. 3 Satz 3 AktG die notwendige Beiladung verwaltungsgerichtlichen Vorbildes (s. §§ 65 Abs. 2, 66 VwGO) auf den Zivilprozess.[750] Dieses Vorgehen war bereits früher in der prozessrechtlichen Literatur erwogen worden[751], doch gab und gibt es unter Hinweis auf die Unterschiede von Zivil- und Verwaltungsprozess auch ablehnende Stimmen.[752] In der Tat wirft die Übernahme der notwendigen Beiladung der VwGO Kompatibilitätsfragen mit zivilprozessrechtlichen Grundsätzen auf.

a) Beteiligtenbegriff und Zivilprozess

Nach § 63 Nr. 3 VwGO erhält der Beigeladene im Verwaltungsprozess die verfahrensrechtliche Stellung eines „Beteiligten". Der Begriff des Beteiligten umschreibt alle Personen, die am Prozess mit eigenen Verfahrensrechten beteiligt sind[753], was neben Kläger und Beklagtem[754] unter anderem auch den Beigeladenen umfasst. Vom Parteibegriff der ZPO unterscheidet sich die Beteiligung durch ihre Mehrpoligkeit[755], während der Zivilprozess bislang am Zweiparteien-

---

749 *Schultes*, Beteiligung Dritter am Zivilprozeß, 1994, S. 156; *Schultes*, in: MünchKomm. ZPO, § 69 Rn. 9; *Waldner*, Der Anspruch auf rechtliches Gehör, 2000, Rn. 346; *W. Lüke*, Die Beteiligung Dritter im Zivilprozeß, 1993, S. 211, 230; *Weth*, in: Musielak, vor § 64 ZPO Rn. 6; *Mansel*, in: Wieczorek/Schütze, Vor § 64 ZPO Rn. 18; s. auch *Schmidt-Aßmann* in: Maunz/Dürig, Art. 103 Abs. I GG Rn. 43.

750 Regierungsbegründung UMAG, BT-Drucks. 15/5092, S. 24.

751 *Schlosser*, Gestaltungsklage und Gestaltungsurteil, 1966, S. 213 f.; *Grunsky*, Grundlagen des Verfahrensrechts, 1974, § 25 II 3, S. 231, § 30 III, S. 296 ff.; *Dimaras*, Anspruch „Dritter" auf rechtliches Gehör, 1987, S. 92 f.; *Vollkommer*, in: Zöller, § 69 ZPO Rn. 1; s. auch *Becker*, Verwaltungskontrolle durch Gesellschafterrechte, 1997, S. 558.

752 *Zieglmeier*, ZGR 2007, 144 (154); zuvor bereits *Mansel*, in: Wieczorek/Schütze, Vor § 64 ZPO Rn. 18; *Schultes*, Beteiligung Dritter im Zivilprozess, 1994, S. 109 ff. unter Verweis auf die mit dem Zivilprozess unvereinbaren Prozessmaximen des Verwaltungsprozessrechts.

753 *Kopp/Schenke*, § 63 VwGO Rn. 1; *Bier*, in: Schoch/Schmidt-Aßmann/Pietzner, § 63 VwGO Rn. 2.

754 Auch im Verwaltungsprozess werden diese häufig als die „Parteien" bezeichet. Treffender dürfte die Bezeichnung „Hauptbeteiligte" sein, s. *Bier*, in: Schoch/Schmidt-Aßmann/Pietzner, § 63 VwGO Rn. 2; *Czybulka*, in: Sodann/Ziekow, § 63 Rn. 3, 10.

755 *Bier*, in: Schoch/Schmidt-Aßmann/Pietzner, § 63 VwGO Rn. 2.

prinzip festhält und Nebenintervenienten entweder dem Kläger oder dem Beklagtem zuordnet.[756]

Durch die Beiladung nach § 148 Abs. 2 Satz 7, Abs. 3 Satz 3 AktG wird dieses strenge Prinzip nunmehr aufgeweicht, indem die Figur des Beteiligten Einzug in den Zivilprozess hält.[757] Eine Abkehr vom zivilprozessualen Verbot des Mehrparteienprozesses ist darin dennoch nicht zu sehen.[758] Denn schon in der VwGO stehen die Beteiligten nicht im Verhältnis der Gleichrangigkeit[759], vielmehr nehmen Kläger und Beklagter dort eine Sonderstellung ein, indem nur sie über Entstehung und Beendigung des Prozessrechtsverhältnisses entscheiden und über den Streitgegenstand bestimmen.[760]

Wie im Zusammenhang mit der Beteiligung der Gesellschaft am Streit um die Prozessführungsbefugnis ausgeführt, liegt der Unterschied zwischen zivilprozessualer Nebenintervention und verwaltungsprozessualer Beiladung darin, dass der Beigeladene nicht einer der beiden Parteien zugeordnet ist, sondern als Beteiligter des Verfahrens eine von den Parteien unabhängige Rechtsstellung inne hat.[761] Dass diese Verfahrensstellung der Situation bei der actio pro socio in besonderer Weise gerecht wird, zeigt sich auch bei der Beiladung der Aktionäre nach selbständiger Klageerhebung oder Übernahme der Aktionärsklage durch die Gesellschaft. Denn dort sollen die Aktionäre eine Kontrollfunktion gerade gegenüber der Gesellschaft übernehmen.

b) *Beiladung und Verhandlungsgrundsatz*

Das Argument, die Beiladungsvorschriften der VwGO seien auf den dort geltenden Untersuchungsgrundsatz zurückzuführen und damit nicht auf den Zivilprozess übertragbar, greift letzten Endes nicht durch.[762] Die Beiladung im Verwaltungsprozess dient zwar dazu, die für das Verfahren relevanten Tatsachen

---

756 *Lindacher*, in: MünchKomm. ZPO, Vor § 50ff. ZPO Rn. 4 ff.; *Hausmann*, in: Wieczorek/Schütze, Vor § 50 ZPO Rn. 1 ff.; *Bork*, in: Stein/Jonas, vor § 50 ZPO Rn. 17 f..

757 Hinfällig damit die de lege lata geäußerten Bedenken von *Mansel*, in: Wieczorek/Schütze, Vor § 64 ZPO Rn. 18.

758 Zu dieser Ausprägung des Zweiparteienprinzips *Hausmann*, in: Wieczorek/Schütze, Vor § 50 ZPO Rn. 5; *Lindacher*, in: MünchKomm. ZPO, Vor § 50ff. ZPO Rn. 9; *Bork*, in: Stein/Jonas, vor § 59 ZPO Rn. 18.

759 Anders wohl *v. Mutius*, Jura, 1988, 469 (470).

760 *Czybulka*, in: Sodann/Ziekow, § 63 Rn. 3, 6.

761 Siehe bereits oben Teil 3C.II.3.b).

762 Anders aber *Zieglmeier*, ZGR 2007, 144 (154), der die Beiladung im Klagezulassungsverfahren daher als streitgenössische Nebenintervention begreift.

umfassend zu ermitteln.[763] Dies zwingt aber nicht auch zur Anwendung des Untersuchungsgrundsatzes auf die actio pro socio. Der Hinweis in der Regierungsbegründung zum UMAG auf die §§ 65 Abs. 2, 66 VwGO kann auch so verstanden werden, dass der Gesellschaft im Wege der Beiladung die Möglichkeit verschafft werden soll, gegen die Klage sprechende Gründe des Gesellschaftswohls einzuwenden, die zivilprozessualen Grundsätze über die Darlegungs- und Beweislast aber unberührt bleiben.[764]

Hinzu kommt, dass die Verknüpfung von Beiladung und Untersuchungsgrundsatz im Verwaltungsprozess keineswegs die diese Beteiligungsmöglichkeit allein prägende Funktion beschreibt. Ebenso verfolgt die Beiladung zum Verwaltungsprozess das Ziel, die Interessen und das rechtliche Gehör des Dritten zu wahren, was – nicht anders als im Zivilprozess – in engem Zusammenhang mit der Rechtskrafterstreckung[765] auf den Beigeladenen steht.[766] Hierbei handelt es sich jedoch um ein Anliegen, dem von Verfassungs wegen unabhängig von Verhandlungsmaxime oder Untersuchungsgrundsatz in jeder Verfahrensordnung Rechnung zu tragen ist.[767]

II. Der Beitritt zum Prozess

Die Beiladung erfolgt von Amts wegen durch das Gericht unter Zustellung einer Ladung zur mündlichen Verhandlung[768] bzw. einer Aufforderung zur schriftlichen Äußerung[769] sowie des Zulassungsantrags bzw. der Klageschrift an die beizuladende Person, also die Gesellschaft oder die Initiatoren der actio pro so-

---

763 *Bier*, in: Schoch/Schmidt-Aßmann/Pietzner, § 65 VwGO Rn. 5; *Czybulka*, in: Sodann/Ziekow, § 65 VwGO Rn. 21.

764 Zutreffend *Happ*, FS H. P. Westermann 2008, 971 (981).

765 § 121 Nr. 1 VwGO.

766 *Kopp/Schenke*, § 65 VwGO Rn. 1; *Czybulka*, in: Sodann/Ziekow, § 65 VwGO Rn. 20, 22 f.; *Bier*, in: Schoch/Schmidt-Aßmann/Pietzner, § 65 VwGO Rn. 4, 6.

767 S. BVerfG, Beschluss v. 9.2.1982, 1 BvR 191/81, BVerfGE 60, 7.

768 S. §§ 214, 329 Abs. 2 Satz 2 ZPO.

769 Dies betrifft vor allem das Zulassungsverfahren nach § 148 Abs. 1, 2 AktG, denn gemäß § 128 Abs. 4 ZPO ist dem Gericht bei Entscheidungen, die durch Beschluss (nicht durch Urteil) ergehen (s. § 148 Abs. 2 Satz 1 AktG), die Anordnung einer mündlichen Verhandlung freigestellt, *Spindler*, in: K. Schmidt/Lutter, § 148 AktG Rn. 14; *G. Bezzenberger/T. Bezzenberger*, in:Großkomm. AktG, § 148 AktG Rn. 181; *Lochner*, in: Heidel, Aktienrecht, § 148 AktG Rn. 22; *Thümmel*, Persönliche Haftung von Managern und Aufsichtsräten, Rn. 319..

cio.[770]. Das Unterlassen der Beiladung ist ein revisibler Verfahrensverstoß.[771] Trotz unterbliebener Beiladung ist das Urteil daher dem Beizuladenen zuzustellen, damit dieser gegebenenfalls Rechtsmittel einlegen kann.[772] Die Rechtskrafterstreckung bleibt trotz fehlenden rechtlichen Gehörs unberührt.

Anders als im Verwaltungsprozessrecht erhält der Beigeladene nicht bereits durch den Beiladungsakt als solchen die Stellung eines Verfahrensbeteiligten, sondern nur im Falle seines privatautonom bestimmten Beitritts. Eine Pflicht zum Beitritt besteht nicht.[773] Es genügt dabei, wenn der Beizuladende ordnungsgemäß zu Prozessbeginn geladen wurde und mithin die *Möglichkeit* zur Verfahrensbeitritt hatte. Erfolgt kein Betritt, sind weitere Ladungen nicht erforderlich.[774] Die Folgen des Prozesses, insbesondere also die Erstreckung der Rechtskraft des Urteils, treffen den Beigeladenen ohne Rücksicht auf seine Verfahrensteilnahme.

Problematisch wird die Beiladung der Gesellschaft, wenn die Gesellschaft „führungslos" ist, weil das einzige vertretungsberechtigte Organ bzw. der vertretungsberechtigte Gesellschafter verklagt ist oder im Fall des Klagezulassungsverfahrens zugleich die Mitglieder von Vorstand und Aufsichtsrat belangt werden sollen.[775] Der Geschäftsführer bzw. Vorstand und Aufsichtsrat können hier die beigeladene Gesellschaft im Prozess nicht vertreten.[776] In den vorgenannten

770 Ebenso *Waldner*, Der Anspruch auf rechtliches Gehör, 2000, Rn. 346; *Leipold*, in: Stein/Jonas, vor § 128 ZPO Rn. 29.

771 Czybulka, in: Sodann/Ziekow, § 65 VwGO Rn. 41; *Weth*, in: Musielak, Vor § 64 ZPO Rn. 7.

772 BGH, Urteil v. 24.11.1983, IX ZR 93/82, NJW 1984, 353 (zum damaligen § 640e ZPO); *Leipold*, in: Stein/Jonas, vor § 128 ZPO Rn. 41.

773 Anders wohl *Happ*, FS H. P Westermann 2008, 971 (980 f.); wie hier *G. Bezzenberger/ T Bezzenberger*, in: Großkomm. AktG, § 148 AktG Rn. 184. Auf einem anderen Blatt steht, ob das zur Vertretung der beigeladenen Gesellschaft zuständige Organ aufgrund seiner Pflichtenbindung gegenüber seiner Gesellschaft zum Beitritt verpflichtet ist. Dazu unten Teil 4C.IV.

774 *Waldner*, Der Anspruch auf rechtliches Gehör, 2000, Rn. 346..

775 Die Neuregelung durch das MoMiG in §§ 35 Abs. 1 Satz 2 GmbHG, 78 Abs. 1 Satz 2 AktG hilft in diesem Fall nicht weiter, da sie Führungslosigkeit als das Fehlen eines Geschäftsführers oder Vorstands legaldefiniert und hierfür eine „Ersatzzuständigkeit" des Aufsichtsrats bzw. der GmbH-Gesellschafter im eigentlichen Kompetenzbereich des Geschäftsleiters schafft.

776 Die Situation entspricht mit veränderter Rollenzuweisung dem Fall, dass der GmbH-Geschäftsführer oder nebeneinander Vorstand und Aufsichtsrat Anfechtungsklage erheben, vgl. dazu *K. Schmidt*, in: Scholz, § 45 GmbHG Rn. 149; *K. Schmidt*, in: Großkomm. AktG, § 245 AktG Rn. 38; *Hüffer*, in: MünchKomm. AktG, § 246 AktG Rn. 67.

Fällen ist zunächst analog § 57 ZPO ein Prozesspfleger zu bestellen ist.[777] Den Gesellschaftern bzw. Aktionären ist daneben jedoch die Befugnis einzuräumen, entsprechend §§ 46 Nr. 8 Fall 2 GmbHG, § 147 Abs. 2 Satz 1 AktG jederzeit einen besonderen Vertreter für die Gesellschaft zu bestellen.[778]

III. Die prozessualen Befugnisse des Beigeladenen

Die Regelung des Klagezulassungsverfahrens trifft keine Aussage zu den prozessualen Befugnissen des Beigeladenen. Klar dürfte jedoch sein, dass eine wirksame Kontrolle der Prozessführung der Aktionäre oder Gesellschafter bzw. der Gesellschaft nur durch eine vom jeweiligen Kläger unabhängige prozessuale Stellung gewährleistet wird. Prozessuale Unabhängigkeit wäre im Ausgangspunkt sowohl durch die Stellung des Beigeladenen nach §§ 65 Abs. 2, 66 VwGO als auch durch die des streitgenössischen Nebenintervenienten i. S. d. § 69 ZPO (nicht aber des einfachen Nebenintervenienten, vgl. § 67 ZPO) gewährleistet. Gleichwohl orientiert sich die Beiladung im § 148 AktG an dem Vorbild der verwaltungsprozessualen Beiladung, wobei die hierfür geltenden Prinzipien jedoch nicht unbesehen auf den Zivilprozess übertragen werden dürfen.

Im Ausgangspunkt können sowohl der Beigeladene der VwGO wie der streitgenössische Nebenintervenient Verfahrensanträge stellen (z. B. Beweisanträge, Vertagungen, Ablehnungen), tatsächliche und rechtliche Ausführungen machen, Beweis antreten, Schriftsätze einreichen und Fragen an Zeugen, Parteien und Sachverständige richten.[779] Soweit jedoch vertreten wird, der Beigeladene könne abweichende Sachanträge stellen,[780] wäre dies jedenfalls mit den Grundsätzen des Zivilprozesses nicht zu vereinbaren.[781]

---

777 Eine direkte Anwendung des § 57 ZPO kommt nicht in Betracht, da dieser nur den Fall erfasst, dass eine nicht prozessfähige Partei selbst verklagt werden soll.

778 Vgl. auch *K. Schmidt*, in: Großkomm. AktG, § 245 AktG Rn. 38; *Hüffer*, in: MünchKomm. AktG, § 246 AktG Rn. 67; *K. Schmidt*, in: Scholz, § 45 GmbHG Rn. 149 zur Anfechtungsklage durch den GmbH-Geschäftsführer oder Mitglieder von Vorstand und Aufsichtsrat. Zum besonderen Vertreter im Recht der Personengesellschaften s. BGH, Hinweisbeschluss v. 7.6.2010, II ZR 210/09, NZG 2010, 1381, Rn. 8; *Karrer*, NZG 2008, 206 (208 ff.); *Karrer*, NZG 2009, 932 ff..

779 *Czybulka*, in: Sodann/Ziekow, § 66 VwGO Rn. 10; *Schultes*, in: MünchKomm. ZPO, § 69 ZPO Rn. 13.

780 *Kopp/Schenke*, § 66 VwGO Rn. 6 f..

781 Anders aber offenbar *Paschos/Neumann*, DB 2005, 1779 (1784); *Winnen*, Die Innenhaftung des Vorstands nach dem UMAG, 2009, S. 400.

Der Beigeladene i. S. d. VwGO kann überdies keine Handlungen mit Wirkung für eine Partei vornehmen.[782] Bei unmodifizierter Übertragung der verwaltungsprozessualen Beiladung auf den Zivilprozess hätte die Prozessbeteiligung als Beigeladener mithin keine Vertretungswirkung für einen etwaig säumigen Kläger[783], wie dies wegen §§ 61, 67 ZPO bei der Nebenintervention der Fall ist.[784] Das Fehlen der Vertretungswirkung im Verwaltungsprozess ist vor allem der Tatsache geschuldet, dass wegen § 102 Abs. 2 VwGO eine Verhandlung auch bei Ausbleiben einer Partei möglich ist und der Verwaltungsprozess damit kein Versäumnisurteil kennt. Für eine Übertragung auf den Zivilprozess besteht indes kein Anlass, denn es entspricht gerade der Kontrollfunktion der Beiladung, wenn der Beigeladene in der Lage ist, eine Säumnis der klagenden Gesellschafter bzw. der Gesellschaft abzuwenden.[785] Bei anderer Beurteilung hätte der Beigeladene andernfalls schwächere prozessuale Rechte als ein auf Seiten des Klägers streitender Nebenintervenient.

Im Übrigen zeigen sich jedoch weitgehende Parallelen zwischen den prozessualen Befugnissen des Beigeladenen im Sinne des § 65 VwGO und des streitgenössischen Nebenintervenienten. So kann ein Beteiligter i. S. v. § 63 VwGO nicht Zeuge sein, vielmehr erfolgt eine Parteivernehmung.[786] Dies wiederum entspricht der Stellung des streitgenössischen Nebenintervenienten, der gemäß § 69 ZPO als Streitgenosse der unterstützten Partei gilt.[787] Für den im Rahmen der actio pro socio Beigeladenen kann trotz seiner Stellung als „Dritter" nichts anderes gelten. Analog §§ 445, 455 ZPO ist daher nur eine Parteivernehmung

---

782 *Stahl*, Beiladung und Nebenintervention, 1972, S. 120; *Kopp/Schenke*, § 66 VwGO Rn. 6.

783 Czybulka, in: Sodann/Ziekow, § 66 VwGO Rn. 10; *Kopp/Schenke*, § 66 VwGO Rn. 6, 9.

784 S. nur *Vollkommer*, in: Zöller, § 69 ZPO Rn. 7.

785 Für das Zulassungsverfahren nach § 148 Abs. 1, 2 AktG ist zu beachten, dass es in Verfahren mit freigestellter mündlicher Verhandlung kein Versäumnisverfahren gibt. Die ZPO kennt keinen „Versäumnisbeschluss", s. *Leipold*, in: Stein/Jonas, § 128 ZPO Rn. 125. Im Klageverfahren (§ 148 Abs. 4 AktG) kommen die §§ 330 ff. ZPO dagegen uneingeschränkt zur Anwendung.

786 Siehe § 98 VwGO i. V. m. §§ 445 ff. ZPO, *Kopp/Schenke*, § 98 VwGO Rn. 8, 20; *Rudisile*, in: Schoch/Schmidt-Aßmann/Pietzner, § 98 VwGO Rn. 39, 241; *Lang*, in: Sodann/Ziekow, § 96 VwGO Rn. 24, § 98 VwGO Rn. 102; *Schmidt,* in: Eyermann, § 65 VwGO Rn. 1; *Bier*, in: Schoch/Schmidt-Aßmann/Pietzner, § 65 VwGO Rn. 2, 17, § 66 VwGO Rn. 5.

787 S. zur Vernehmung des streitgenössischen Nebenintervenienten als Partei gemäß §§ 445 ff. ZPO *Bork*, in: Stein/Jonas, § 69 ZPO Rn. 11; *Schultes*, in: MünchKomm. ZPO, § 69 ZPO Rn. 15.

der Organe der beigeladenen Gesellschaft bzw. der beigeladenen Gesellschafter möglich.[788]

Auch hinsichtlich der Rechtsmittelbefugnis des Beigeladenen ergibt sich kein Unterschied zwischen streitgenössischer Nebenintervention und notwendiger Beiladung. Der Beigeladene ist befugt, Rechtsmittel einzulegen und zwar auch gegen den Widerspruch einer der Parteien. Die Rechtsmittelfrist beginnt für den Beigeladenen dabei erst mit Zustellung an ihn selbst, nicht bereits mit Zustellung an Kläger oder Beklagten.[789]

Insgesamt sollten die prozessualen Befugnisse des Beigeladenen damit an der streitgenössischen Nebenintervention orientiert werden. Für eine Übertragung der verwaltungsprozessualen Befugnisse auf den Zivilprozess besteht keine Notwendigkeit.[790] In Teilbereichen würde dies zudem Widersprüche zum System des Zivilprozesses hervorrufen.

IV. Organpflichten bei Vertretung der beigeladenen Gesellschaft

Die beigeladene Gesellschaft wird vom vertretungsberechtigten Organ im Prozess vertreten. Dabei ist hinsichtlich der Pflichtenstellung des Organs zu unterscheiden zwischen der Pflichtenlage vor Bejahung der Prozessführungsbefugnis und der Situation im nachfolgenden Verfahrensverlauf.

1. Einwand entgegenstehender Gründe des Gesellschaftswohls

Stehen der Klage nach Ansicht des Organs Gründe des Gesellschaftswohls entgegen, so ist es verpflichtet, die entsprechenden Einwände im Prozess geltend zu machen. Auch hier kommt es wiederum nicht darauf an, ob die Prozessführungsbefugnis in einem einstufigen oder einem zweistufigen gerichtlichen Verfahren geprüft wird. Bei der Aktiengesellschaft ist diese Pflicht quasi die Kehrseite der Entscheidung *ARAG/Garmenbeck*, wonach aus Gründen des Gesellschaftswohls von der Anspruchsdurchsetzung abgesehen werden kann.[791] Nichts

---

788 Siehe *Paschos/Neumann*, DB 2005, 1779 (1784); *Happ*, FS H. P. Westermann 2008, 971 (997).

789 *Vollkommer*, in: Zöller, § 69 ZPO Rn. 7; *Bork*, in: Stein/Jonas, § 69 ZPO Rn. 10; *Schultes*, in: MünchKomm. ZPO, § 69 ZPO Rn. 14.

790 Anders *Winnen*, Die Innenhaftung des Vorstands nach dem UMAG, 209, S. 400, demzufolge sich die Rechte des Beigeladenen nach der VwGO bestimmen.

791 Vgl. dazu *Heermann*, AG 1998, 201 (211); *Pammler*, Die gesellschaftsfinanzierte D&O-Versicherung im Spannungsfeld des Aktienrechts, 2006, S. 188. Auch ohne Regelung der notwendigen Beiladung bestünde daher bei Kenntnis vom Prozess ggf. eine

anderes gilt bei anderen Gesellschaftsformen, denn auch insoweit hat der Geschäftsführer der GmbH oder der geschäftsführungsbefugte Gesellschafter als Organ der Gesellschaft deren Interessen zu wahren und die Ablehnung der Klageerhebung zu verteidigen.

2. Pflichten nach Bejahung der Prozessführungsbefugnis

Hat das Gericht die Prozessführungsbefugnis der Gesellschafter inzident oder im zweistufigen Klagezulassungsverfahren durch Zulassungsbeschluss bejaht, ändert sich die Pflichtenstellung des Organs: Steht fest, dass das zuständige Organ mit den gegen die actio pro socio vorgebrachten Gründen des Gesellschaftswohls nicht durchdringen wird, darf es die Prozessführung durch die Gesellschafter nicht untergraben.[792] Sofern durch die Aktionäre oder Gesellschafter eine zweckmäßige Anspruchsverfolgung gewährleistet erscheint, insbesondere also eine adäquate Prozessvertretung gesorgt ist, begeht das zuständige Organ auch nicht zwangsläufig eine Pflichtverletzung, wenn es die Klage nicht übernimmt bzw. eine selbständige Klage erhebt.[793] Im gesetzlichen Modellfall des aktienrechtlichen Klagezulassungsverfahrens spricht dafür schon, dass die Gesellschaft durch § 148 Abs. 3 AktG nur zur Klage „berechtigt" wird, im Übrigen die differenzierte Verfahrensregelung, insbesondere zur Beiladung der Gesellschaft, bei Annahme einer strikten Verfolgungspflicht weitgehend obsolet wäre.[794] Es kann sich auf die Rolle eines Beobachters und Kontrolleurs der Kläger zurückziehen, muss aber einschreiten, gegebenenfalls also die Prozessführung an sich ziehen[795], wenn durch nachlässige Prozessführung der Gesellschafter ein Anspruchsverlust droht.

Im Regelfall wird das zuständige Organ nach inzidenter Bejahung der Klagebefugnis der Gesellschafter bzw. Zulassung der Klage gut daran tun, die Gesellschafterklage zu übernehmen oder eine selbständige Klage zu erheben. Beim Klagezulassungsverfahren wird schon die zeitliche Zäsur zwischen Zulassungsverfahren und Klageverfahren verbunden mit dem Erfordernis der nochmaligen Aufforderung nach § 148 Abs. 4 Satz 1 AktG dafür sorgen, dass der Aufsichtsrat

---

Pflicht des zuständigen Organs zur Nebenintervention im Prozess der actio pro socio. Anders wohl *Goette*, DStR 1993, 1111 (1112) für die GmbH.

792 Für das zuständige Organ einer Aktiengesellschaft bedeutet dies, dass sich die Pflichtenbindung durch *ARAG/Garmenbeck* insoweit bei der Vertretung der Beigeladenen fortsetzt und die Funktion der Beiladung dadurch faktisch der einer Streitgenossenschaft auf Klägerseite annähert.

793 *Koch*, FS Hüffer 2010, 447 (455 ff.); *Hüffer*, § 148 AktG Rn. 14.

794 So zutreffend *Koch*, FS Hüffer 2010, 447 (455 ff.).

795 § 148 Abs. 3 AktG.

bzw. Vorstand selbst Klage erhebt, um Negativschlagzeilen und einer etwaigen eigenen Haftung vorzubeugen.[796] Zu bedenken ist schließlich, dass bei einer Gesellschafterklage unter Beiladung der Gesellschaft zusätzliche Kosten für die Gesellschaft drohen[797], die vermieden werden, wenn die Gesellschaft von vornherein selbst klagt.

V. Zusammenfassung und Kritik

Zusammenfassend bleibt festzuhalten, dass sich die Verfahrensstellung des Beigeladenen im Sinne des § 148 Abs. 2 Satz 9, Abs. 3 Satz 3 AktG von der Nebenintervention durch die fehlende Anbindung an eine der Parteien sowie die gerichtliche Pflicht zur Beiladung unterscheidet. Bei gebotener Rücksicht auf die Grundsätze des Zivilprozesses steht dabei nicht zu befürchten, eine Beiladung nach dem Modell der §§ 65 Abs. 2, 66 VwGO könne an den Grundfesten der Zivilprozessordnung rütteln.[798] Kritisch zu hinterfragen bleibt, ob für die Zwecke des Klagezulassungsverfahrens die Beiladung nach dem Modell der §§ 65, 66 VwGO in den Zivilprozess übernommen werden musste.

Der Mehrwert gegenüber einer bloßen Ergänzung der streitgenössischen Nebenintervention durch eine gerichtliche Beiladungspflicht erscheint eher gering. Sobald feststeht, dass die gegen die Klage eingewandten Gründe des Gesellschaftswohls aus Sicht des Gerichts nicht tragfähig sind, müssen die die Gesellschaft vertretenden Organe aufgrund ihrer Verpflichtung auf das Gesellschaftsinteresse notwendig auf Seiten der klagenden Gesellschafter und damit vergleichbar einem Nebenintervenienten handeln. Die praktische Bedeutung der Beiladung der Gesellschaft dürfte insgesamt vor allem im Streit um die Prozessführungsbefugnis liegen, da in einer Situation in der feststeht, dass der Klage der Gesellschafter keine Gründe des Gesellschaftswohls entgegen gesetzt werden können, zu erwarten ist, dass das die Gesellschaft die Durchsetzung ihres Anspruchs übernimmt.[799]

---

796 S. dazu auch Gegenäußerung der Bundesregierung, BT-Drucks. 15/5092, S. 43; *Linnerz*, NZG 2004, 307 (311); *Krieger*, ZHR 163 (1999), 343 (351); *Schröer*, ZIP 2005, 2081 (2086). Zum alten Recht *Schröer*, in: MünchKomm. AktG, § 147 AktG Rn. 7.

797 Nach der Konzeption des § 148 AktG trägt die Gesellschaft die Kosten die ihr als Beigeladene entstehen selbst, so ausdrücklich Gegenäußerung der Bundesregierung, BT-Drucks. 15/5092, S. 43.

798 So *Zieglmeier*, ZGR 2007, 144 (154 f.). Dagegen zu Recht *Happ*, FS H. P. Westermann 2008, 971 (981).

799 So zumindest die Erwartung für das Klagezulassungsverfahren bei *G. Bezzenberger/T. Bezzenberger*, in: Großkomm. AktG, § 148 AktG Rn. 209; *Spindler*, in: K. Schmidt/Lutter, § 148 AktG Rn. 35; *Mock*, in: Spindler/Stilz, § 148 AktG Rn. 116.

Bezogen auf die Kontrolle der Prozessführung oder die Bindung an das Ergebnis des Gesellschafterprozesses dürfte die gegenüber der streitgenössischen Nebenintervention neutralere Stellung des notwendig Beigeladenen kaum erforderlich sein.[800] Dies gilt insbesondere für die Stellung der vormaligen Klägergesellschafter im Gesellschaftsprozess. Hinzu kommt, dass die prozessualen Befugnisse des Beigeladenen im Ergebnis nicht anders bestimmt werden können als für den streitgenössischen Nebenintervenienten, da die Befugnisse des Beigeladenen im Sinne der §§ 65 Abs. 2, 66 VwGO im Einzelfall zu sehr auf die Bedürfnisse des Verwaltungsprozesses zugeschnitten sind.

D. Die Grundstrukturen des Prozessrechts der actio pro socio

Die bislang fehlende gesetzliche Regelung der prozessualen Einzelfragen der actio pro socio lässt Raum für Zweifel und hindert eindeutige Lösungen. Eine interessengerechte und transparente Lösung der prozessualen Fragen ist gerade auch dann erforderlich, misst man der actio pro socio eine präventive Funktion bei. Eine von rechtlichen Unwägbarkeiten gekennzeichnete Regelung erfüllt diesen Zweck nicht, sondern schreckt im Gegenteil von der Inanspruchnahme des Klagerechts ab.

Erforderlich ist eine prozessuale Regelung, welche die Interessen der klagenden Minderheitsgesellschafter ebenso achtet wie die der Gesellschaft, zugleich aber den Beklagten vor einer potentiellen Vielzahl von Prozessen schützt. Das Prozessrecht der actio pro socio muss mit anderen Worten zugleich ein Gebot der Effizienz des Klagerechts, der Prozessökonomie und der Rechtssicherheit Rechnung tragen.

Wie gezeigt gießt § 148 AktG prozessuale Regelungen in Gesetzesform, die zumindest in Teilen zu den bislang anerkannten bzw. bevorzugten Lösungen zählen. Zugleich vervollständigt er die prozessuale Regelung zu einem in sich weitgehend geschlossenen System, das sowohl für die actio pro socio im einstufigen und zweistufigen Verfahren tragfähig ist.

Zusammenfassend bilden die prozessualen Regelungen des Klagezulassungsverfahrens damit keinen spezifisch aktienrechtlichen Regelungskomplex, sondern kodifizieren ein verallgemeinerungsfähiges Stück Prozessrecht der actio pro socio, dessen Eckpunkte sich übersichtsartig wie folgt skizzieren lassen:

---

800 *W. Lüke*, Die Beteiligung Dritter im Zivilprozeß, 1993, S. 228.

- Die Rechtskraft des Urteils im Gesellschafterprozess erstreckt sich auf die Gesellschaft[801]. Prozessuale Voraussetzung hierfür ist wegen des Anspruchs auf rechtliches Gehör wiederum die notwendige Beiladung der materiell berechtigten Gesellschaft.[802]
- Ebenso erstreckt sich die Rechtskraft des Urteils im Gesellschafterprozess auf die übrigen Gesellschafter.[803] Mangels materiell-rechtlicher Betroffenheit ist keine notwendige Beiladung aller Gesellschafter erforderlich, um diese Wirkungen herbeizuführen.
- Sofern sie als Parteien am Prozess beteiligt sind, klagen mehrere Gesellschafter infolge der Rechtskrafterstreckung als prozessual notwendige Streitgenossen im Sinne von § 62 Abs. 1 Fall 1 ZPO.
- Eine Nebenintervention von Gesellschaftern im Prozess, den andere Gesellschafter als Prozessstandschafter der Gesellschaft führen, ist im Grundsatz anzuerkennen.[804]
- Die Gesellschaft ist jederzeit zur Erhebung einer eigenen Klage befugt. Da sich die Rechtskraft des Urteils im Gesellschafterprozess auf die Gesellschaft erstreckt, bedarf es einer gesetzlichen Anordnung, um den Einwand entgegenstehender Rechtshängigkeit zu überwinden.[805]
- Ergänzend zu ihrem eigenen Klagerecht hat die Gesellschaft das Recht jederzeit den Gesellschafterprozess im Wege des gesetzlichen Parteiwechsels zu übernehmen.[806]
- Die klagenden Minderheitsgesellschafter dürfen nicht aus dem Verfahren gedrängt werden, sondern sind in dem von der Gesellschaft geführten Prozess notwendig beizuladen, wodurch sie in die Lage versetzt werden, die Prozessführung der Gesellschaft zu kontrollieren.[807]
- Mehrere Gesellschafterklagen über ein und denselben Anspruch der Gesellschaft sind im Grundsatz zulässig. Insofern bedarf es jedoch flankierender gesetzlicher Anordnungen zur zwingenden Verbindung zu einem einheitlichen Verfahren sowie zur Überwindung der nach allgemeinen Grundsätzen entgegenstehenden Rechtshängigkeit der zuerst erhobenen Klage.[808]

---

801 § 148 Abs. 5 Satz 1 AktG.
802 § 148 Abs. 2 Satz 9 AktG.
803 § 148 Abs. 5 Satz 1 AktG.
804 § 148 Abs. 4 Satz 3 AktG.
805 § 148 Abs. 3 Satz 1 AktG.
806 § 148 Abs. 3 Satz 2 AktG.
807 § 148 Abs. 3 Satz 3 AktG.
808 § 148 Abs. 4 Satz 4 AktG.

- Wegen der potentiellen Mehrheit von Klägern hilft ein ausschließlicher Gerichtsstand am Sitz der Gesellschaft für Klagen auf Grundlage der actio pro socio Verfahrenskonkurrenzen und widersprechende Urteile zu vermeiden.[809]
- Die Gesellschafter sind befugt, über den Anspruch der Gesellschaft einen Vergleich zu schließen. Sie haben dabei die für den Vergleichsschluss durch die Gesellschaft geltenden Voraussetzungen zu beachten (im Aktienrecht insbesondere § 93 Abs. 4 Satz 3 AktG). Da es sich um einen materiellrechtlich der Gesellschaft zugeordneten Anspruch handelt, bedarf der Vergleich der Zustimmung der Gesellschaft.

In einem breiteren Kontext zeigen sich in den Regelungsmustern des Klagezulassungsverfahrens über das Recht der actio pro socio hinausweisende Prinzipien des Prozessrechts gesellschaftsinterner Streitigkeiten: Trotz des insoweit engeren Wortlauts des § 69 ZPO handelt es sich bei der Nebenintervention von Gesellschaftern stets um eine streitgenössische Nebenintervention, was die bisherige Diskussion zur Nebenintervention bei der Anfechtungsklage widerspiegelt. Ebenso findet die Modifikation des Einwands entgegenstehender Rechtshängigkeit in § 148 Abs. 3 Satz 1 und Abs. 4 Satz 4 AktG in ähnlicher Form bereits im Recht der Beschlussmängelklage in § 246 Abs. 3 Satz 5 AktG Verwendung.

---

809 § 148 Abs. 2 Satz 1, Abs. 4 Satz 1 AktG.

Teil 5
Der erweiterte Anwendungsbereich der actio pro socio

Die Einführung des aktienrechtlichen Klagezulassungsverfahrens war geprägt von der Diskussion um Defizite bei der Durchsetzung von Ansprüchen gegen Vorstands- und Aufsichtsratsmitglieder. Ausgangspunkt für die Entwicklung der actio pro socio war im Gegensatz dazu zunächst die Geltendmachung von Ansprüchen des Gesellschafters gegen seine Mitgesellschafter auf Leistung an die Gesellschaft. Und auch auf der Grundlage des gegenwärtig vorherrschenden Verständnisses von der actio pro socio als einem Klagerecht in Prozessstandschaft wird der Anwendungsbereich des Klagerechts zumeist noch auf Ansprüche aus dem Gesellschaftsverhältnis beschränkt (Beispiele sind Einlageforderungen und Ansprüche auf Schadensersatz gegen Mitgesellschafter).[810]

Die Prozessstandschaftslösung eröffnet jedoch die Möglichkeit, den Anwendungsbereichs der Gesellschafterklage über den eng begrenzten Bereich der Ansprüche aus dem Gesellschaftsverhältnis hinaus auszudehnen und der Gesellschafterklage neue Aufgabenfelder zu erschließen. Dies betrifft zum einen den Bereich der Geltendmachung von Ansprüchen gegen Fremdorgane (dazu A) sowie die Gesellschafterklage zur Durchsetzung von Ansprüchen der Gesellschaft gegen Dritte (dazu B).

A. Ansprüche gegen Fremdorgane

Im Kapitalgesellschaftsrecht ist der grundsätzliche Bedarf für eine Gesellschafterklage zur Durchsetzung von Gesellschaftsansprüchen gegen Fremdorgane

810 Für das Personengesellschaftsrecht: *Höfler*, JuS 1992, 388 (389); *K. Schmidt*, Gesellschaftsrecht, § 21 IV 7, S. 643 f.; *Wiedemann*, Gesellschaftsrecht I, § 8 IV 1 c aa, S. 459; *v. Ditfurth*, in: Münch. Hdb. GesR I, § 53 Rn. 67; *Ulmer*, in: MünchKomm. BGB, § 705 BGB Rn. 204, 206; *Timm/Schöne*, in: Bamberger/Roth, § 705 BGB Rn. 116; *H. P. Westermann*, in: Erman, § 705 BGB Rn. 57; *Wertenbruch*, in: Ebenroth/Boujong/Joost/Strohn, § 105 HGB Rn. 147; *Habermeier*, in: Staudinger, § 705 BGB Rn. 46; *K. Schmidt*, in: MünchKomm. HGB, § 105 HGB Rn. 200. Für die GmbH: *Berger*, ZHR 149 (1985), 599 (606); *Hueck/Fastrich*, in: Baumbach/Hueck, § 13 GmbHG Rn. 39; *Ebbing*, in: Michalski, § 14 GmbHG Rn. 99; *K. Schmidt*, in: Scholz, § 46 GmbHG Rn. 161.

weitgehend anerkannt.[811] Gleichwohl wird eine Klagebefugnis gegen Nichtgesellschafter als Mitglieder von Gesellschaftsorganen bislang überwiegend abgelehnt. Dies betrifft vor allem den Fremdgeschäftsführer bei der GmbH[812], ebenso aber auch Mitglieder des Aufsichtsrats oder gesellschaftsexterne Mitglieder des Beirats einer Kommanditgesellschaft.[813]

I. Nichtgesellschafter als Organmitglieder und Minderheitenschutz

Ausgehend vom tradierten Begriff der actio pro socio als der Geltendmachung von Ansprüchen gegen Mitgesellschafter erachten auch Befürworter einer Prozessstandschaft eine Klagebefugnis gegen Fremdgeschäftsführer als problematisch, da mögliche Ansprüche nicht *mitgliedschaftlichen* Ursprungs sind.[814] We-

---

811 Zum Bedürfnis einer actio pro socio zur Geltendmachung von Ersatzansprüchen gegen Fremdgeschäftsführer im GmbH-Recht siehe *Berger*, ZHR 149 (1985), 599 (604); *Schwab*, Das Prozessrecht gesellschaftsinterner Streitigkeiten, 2005, S. 143; *Flume*, Allgemeiner Teil des Bürgerlichen Rechts I/2, § 8 V 2, S. 304; *Emmerich*, in: Scholz, § 13 GmbHG Rn. 53; *Koppensteiner*, in: Rowedder/Schmidt-Leithoff § 43 Rn. 47; siehe auch *Hueck/Fastrich*, in: Baumbach/Hueck, § 13 GmbHG Rn. 39, aber dennoch ablehnend gegenüber einer actio pro socio in Bezug auf Ansprüche gegen Fremd-Geschäftsführer mit Hinweis auf die geschichtliche Entwicklung und Ableitung der actio pro socio aus dem Personengesellschaftsrecht. Dies verkennt aber, dass sich wegen des Grundsatzes der Selbstorganschaft die Problematik von Ersatzansprüchen gegen Fremdgeschäftsführer im Personengesellschaftsrecht nicht stellt.

812 Gegen eine Klagebefugnis *Thümmel*, Persönliche Haftung von Managern und Aufsichtsräten, Rn. 327; *Schiessl*, in: Münch. Hdb. GesR III, § 31 Rn. 24; *Hueck/Fastrich*, in: Baumbach/Hueck, GmbHG, § 13 GmbHG Rn. 38; § 43 GmbHG Rn. 32; *Ebbing*, in: Michalski, § 14 GmbHG Rn. 101; unter den Vertretern einer actio pro socio als der Geltendmachung eines eigenen Anspruchs *Lutter*, in: Lutter/Hommelhoff, GmbHG, § 13 GmbHG Rn. 51; *Pentz*, in: Rowedder/Schmidt-Leithoff, § 13 GmbHG Rn. 115. Die Vertreter einer Klage aus eigenem Recht versuchen zum Teil Sonderverbindungen zwischen dem Fremdorgan und den Gesellschaftern nachzuweisen, um so Ansprüche auf Verletzung einer Sonderverbindung stützen zu können, vgl. *Raiser*, ZHR 153 (1989), 1 (12 f.): die Begründung stellt hierbei auf das Ineinandergreifen von Bestellungsakt und Anstellungsvertrag sowie der Satzung ab. Der Anspruch folgt aus den Grundsätzen zum Vertrag zugunsten Dritter, *Raiser/Veil*, Recht der Kapitalgesellschaften, § 27 Rn. 28; *Raiser*, in: Ulmer/Habersack/M. Winter, § 14 GmbHG Rn. 60.

813 Vgl. dazu *Rinze*, NJW 1992, 2790 (2794 f.); *Grunewald*, in: MünchKomm. HGB, § 161 Rn. 144, 159.

814 Ablehnend daher *Hueck/Fastrich*, in: Baumbach/Hueck, § 13 GmbHG Rn. 39; *Ebbing*, in: Michalski, § 14 GmbHG Rn. 101; *Rinze*, NJW 1992, 2790 (2795) (Beiratsmitglieder).

der Gesetz noch Entwicklung und Ableitung der actio pro socio als allgemeines Rechtsinstitut böten eine hinreichende Grundlage für die Erstreckung der actio pro socio auf Ansprüche gegen Fremd-Geschäftsführer.[815]

Ein Vergleich zur Rechtslage im Personengesellschaftsrecht hilft indes nicht weiter, da dieses vom Grundsatz der Selbstorganschaft geprägt ist[816] und Schadensersatzansprüche gegen geschäftsführende Gesellschafter wegen pflichtwidriger Geschäftsführung damit automatisch von der actio pro socio erfasst werden und in der Tat einen wichtigen Anwendungsfall der actio pro socio bilden.[817]

Wie die konzernrechtliche Regelung der §§ 310 Abs. 4, 318 Abs. 4 AktG und nunmehr § 148 Abs. 1 AktG i. V. m. § 147 Abs. 1 AktG[818] bestätigen, ist die Erweiterung der Gesellschafterklage auf Fremdorgane jedoch keineswegs systemfremd.[819] Sie ist nichts anderes als die konsequente Reaktion des Gesetzgebers auf die infolge des Prinzips der Fremdorganschaft[820] andersgearteten Erfordernisse des Minderheitenschutzes in der Kapitalgesellschaft. Lehnte man die actio pro socio gegen Fremdorgane ab, würde dies letztlich zu einer willkürlichen Differenzierung zwischen Gesellschafter- und Fremdgeschäftsführern zwingen, was sich im Einzelfall gegebenenfalls nur anhand minimaler Gesellschaftsbeteiligung entscheiden würde.

Mag die actio pro socio auch als rechtsformübergreifendes Institut anerkannt sein, so muss sie als Mitgliedschaftsrecht in ihrer konkreten Ausprägung letztlich rechtsformspezifisch konkretisiert werden und kann sich nicht mit einer Übertragung der für Personengesellschaften entwickelten Konzepte begnügen. Nach zutreffender Ansicht können mit der actio pro socio daher auch Ansprüche gegen Nichtgesellschafter als Organmitglieder geltend gemacht werden.[821]

---

815 So *Hueck/Fastrich*, in: Baumbach/Hueck, § 13 GmbHG Rn. 39; *Bereska*, Minderheitenschutz durch Klage im Genossenschaftsrecht, 1990, S. 104.

816 Dazu *Timm/Schöne*, in: Bamberger/Roth, § 709 BGB Rn. 4; *Ulmer*, in: MünchKomm. BGB, § 709 BGB Rn. 5.

817 BGH, Urteil v. 27.6.1957, II ZR 15/56, BGHZ 25, 47 (49); BGH BB 1960, 15; NJW 1973, 2198; WM 1985, 1227; BGHZ 76, 160, 168; *Bork/Oepen*, ZGR 2001, 515 (517); *Timm/Schöne*, in: Bamberger/Roth, § 705 BGB Rn. 114.

818 Siehe insbesondere §§ 93, 116 AktG sowie § 48 AktG und § 117 Abs. 2 AktG.

819 Ebenso *Verse*, FS U. H. Schneider 2011, 1325 (1334).

820 Siehe z. B. § 6 Abs. 3 Satz 1 GmbHG einerseits und §§ 114, 125 HGB andererseits; *Raiser/Veil*, Recht der Kapitalgesellschaften, § 14 Rn. 31, § 32 Rn. 7; *Hueck/Fastrich*, in: Baumbach/Hueck, § 6 GmbHG Rn. 8; *Hüffer*, § 76 AktG Rn. 25; *Hopt*, in: Baumbach/Hopt, § 114 HGB Rn. 24, § 125 HGB Rn. 5.

821 Für eine actio pro socio gegen Fremdgeschäftsführer unter den Vertretern einer Klage in Prozessstandschaft: *Banerjea*, Die Gesellschafterklage im GmbH- und Aktienrecht, 2000, S. 189 ff.; *Eickhoff*, Die Gesellschafterklage im GmbH-Recht. 1988, S. 147 ff.,

II. actio pro socio und *business judgment rule*

Ein wesentlicher Erwägungsgrund bei der Gewährung von Gesellschafterklagerechten gegen Mitglieder der Geschäftsleitungsorgane ist die mögliche Lähmung oder auch nur Erschwerung der Geschäftsführung durch Gesellschafterklagen. Gegen eine Ausdehnung der actio pro socio auf Organmitglieder kann indes nicht eingewandt werden, dadurch würden sorgfältige Charaktere von der Übernahme des Geschäftsführeramtes abgehalten[822], vielmehr ist der Gefahr übermäßiger Inanspruchnahme durch geeignete Haftungsmaßstäbe zu begegnen.[823]

Der Gesetzgeber des UMAG hat diesen Zusammenhang gesehen und der Einführung des Klagezulassungsverfahrens die gesetzliche Konkretisierung der Anforderungen an der unternehmerische Ermessen von Vorstand und Aufsichtsrat (§§ 93 Abs. 1 Satz 2, 116 S. 2 AktG) als Gegengewicht gegenüber gestellt.[824] Vergleichbare Grundsätze sind auch für den GmbH-Geschäftsführer[825] und den geschäftsführenden Gesellschafter in Personengesellschaften[826] anerkannt.

---

191 f.; *Grunewald*, Die Gesellschafterklage in der Personengesellschaft und der GmbH, 1990, S. 90, 96; *Schwab*, Das Prozessrecht gesellschaftsinterner Streitigkeiten, 2005, S. 143 f.; *Wiedemann*, Gesellschaftsrecht I, § 8 IV 1 c bb, S. 462; *Kleindiek*, in: Lutter/Hommelhoff, § 43 GmbHG Rn. 41; *K. Schmidt*, in: Scholz, § 46 GmbHG Rn. 161; eigener Anspruch des Gesellschafters bei Verletzung der Mitgliedschaft im Fall von Kompetenzüberschreitungen *Altmeppen*, in: Roth/Altmeppen, GmbHG, § 13 GmbHG Rn. 27, § 43 GmbHG Rn. 66. Ebenso für Beiratsmitglieder *Hüffer*, ZGR 1980, 320 (353 f.); *Grunewald*, in: MünchKomm. HGB, § 161 Rn. 144, 159.

822 So aber *Lutter*, ZHR 159 (1995), 287 (305).

823 Zutreffend *Banerjea*, Die Gesellschafterklage im Aktien- und GmbH-Recht, 2000, S. 192; *Schwab*, Das Prozessrecht gesellschaftsinterner Streitigkeiten, 2005, S. 143 f..

824 Regierungsbegründung UMAG, BT-Drucks. 15/5092, S. 11: „Mit Blick auf die vorgesehene Verschärfung des Verfolgungsrechts einer Aktionärsminderheit (§ 148 AktG-E) stellt der neue Satz 2 des § 93 Abs. 1 AktG klar, dass eine Erfolgshaftung der Organmitglieder gegenüber der Gesellschaft ausscheidet, dass also für Fehler im Rahmen des unternehmerischen Entscheidungsspielraums nicht gehaftet wird („Business Judgment Rule")"; zum Zusammenspiel von *business judgment rule* und § 148 AktG näher *Seibert*, FS Priester 2007, 763 (772 f.). Bereits zuvor BGH, Urteil v. 21.4.1997, II ZR 175/95, BGHZ 135, 244 (253) – *ARAG/Garmenbeck.*

825 BGH, Urteil v. 4.11.2002, II ZR 224/00, NZG 2003, 81 (82); *Zöllner/Noack*, in: Baumbach/Hueck, § 43 GmbHG Rn. 23; ausführlich *Paefgen*, in: Ulmer/Habersack/M. Winter, § 43 GmbHG Rn. 52 ff..

826 *Mayen*, in: Ebenroth/Boujong/Joost/Strohn, § 114 HGB Rn. 32; *Schäfer*, in: Großkomm. HGB, § 114 HGB Rn. 40, 55 unter Verweis auf BGH, Urteil v. 21.4.1997, II ZR 175/95, BGHZ 135, 244 – *ARAG/Garmenbeck*. Im Personengesellschaftsrecht gilt zudem gemäß § 708 BGB der Verschuldensmaßstab der *diligentia quam in suis*, wobei jedoch Einschränkungen für Publikumsgesellschaften und den Geschäftsführer der Kom-

III. Rechtsgrundlage des Klagerechts

Gegen eine actio pro socio gegen Fremdgeschäftsführer wird eingewandt, es fehle hierfür an der erforderlichen unmittelbaren Rechtsbeziehung zwischen den Parteien, also an der erforderlichen Rechtsgrundlage des Klagerechts.[827] Verfehlt ist in diesem Zusammenhang indes der Verweis auf die Entscheidung des BGH vom 28.6.1982.[828] Dort führt der BGH zwar aus, der Gesellschafter sei mangels unmittelbarer Rechtsbeziehung im allgemeinen nicht befugt, den Schaden, den ein Dritter – auch ein Fremdgeschäftsführer – der GmbH zugefügt hat, als eigenen geltend zu machen.[829] Die Entscheidung befasst sich im Anschluss an die Entscheidung *ITT* jedoch mit eigenen Ansprüchen des Gesellschafters auf Leistung an die Gesellschaft.

Wählt man wie hier eine Prozessstandschaft zur Grundlage der actio pro socio, bedarf es, wie die Regelung des § 148 AktG und schon bislang die §§ 310 Abs. 4, 318 Abs. 4 AktG belegen, keiner unmittelbaren Anspruchsbeziehung zwischen dem klagenden Gesellschafter und dem beklagten Organmitglied. Mangels gesetzlicher Regelung und angesichts der vergleichbaren Interessenlage bestehen keine Bedenken, eine actio pro socio gegen Organmitglieder, die nicht zugleich Gesellschafter sind, auch für die GmbH zu bejahen.[830]

B. Ansprüche gegen gesellschaftsfremde Dritte

Zum gesicherten Bestand der Dogmatik der actio pro socio gehört bislang, dass Ansprüche gegen Dritte, die weder Gesellschafter noch Organmitglied sind, nicht mit der Gesellschafterklage verfolgt werden können, da es sich nicht um Ansprüche aus dem Gesellschaftsverhältnis handelt und die gesellschaftsinterne Zuständigkeitsordnung nicht durchbrochen werden dürfe.[831]

---

plementär-GmbH bei der GmbH & Co. KG gemacht werden, s. *Schäfer*, in: Großkomm. HGB, § 114 HGB Rn. 62.

827 *Ebbing*, in: Michalski, § 14 GmbHG Rn. 101.

828 So aber *Pentz*, in: Rowedder/Schmidt-Leithoff, § 13 GmbHG Rn. 115; *Lutter, in: Lutter/Hommelhoff, § 13* GmbHG Rn. 51; *Mock*, RabelsZ 2008, 264 (274).

829 BGH, Urteil v. 28.6.1982, II ZR 199/81, WM 1982, 1203.

830 Dagegen noch *Zöllner*, ZGR 1988, 392 (409).

831 Für die Personengesellschaften: *K. Schmidt*, Gesellschaftsrecht, § 21 IV 7, S. 643 f.; *K. Schmidt*, in: MünchKomm. HGB, § 105 HGB Rn. 200; *Wiedemann*, Gesellschaftsrecht I, § 8 IV 1 c aa, S. 459; *Habermeier*, in: Staudinger, § 705 BGB Rn. 46; *Ulmer*, in: MünchKomm § 705 BGB Rn. 206; *H. P. Westermann*, in: Erman, § 705 BGB Rn. 62. Für die GmbH: OLG Düsseldorf, Urteil v. 19. 11. 1998 - 8 U 59/98, NZG 1999, 901 (905); *Banerjea*, Die Gesellschafterklage im GmbH-Recht, 2000, S. 201 ff.; *Eickhoff*,

Es ist indes keineswegs so, dass die Durchsetzung von Gesellschaftsforderungen gegen Dritten von vornherein frei von Interessenkonflikten der Geschäftsführung bei der Entscheidung über die Durchsetzung ist.[832] Dies zeigt sich insbesondere dann, wenn Gesellschaftermehrheit oder Verwaltung mit dem Dritten gemeinsame Sache machen. Zu denken wäre hier in erster Linie an Familienangehörige oder sonstige Verwandte, vor allem aber auch Konzerngesellschaften, mit denen beispielsweise im Namen der Gesellschaft „Beraterverträge" über fiktive Dienstleistungen geschlossen werden, um Gewinnausschüttungen zu verschleiern.

In einem weiteren Sinne wären aber auch Gesellschafterklagen gegen Abschlussprüfer, Wirtschaftsprüfer oder Steuerberater usw. in Betracht zu ziehen, die in Pflichtverletzungen der Geschäftsführungsorgane verstrickt sind. Ein praktisches Bedürfnis für eine Gesellschafterklage gegen Dritte wird man in all den genannten Fällen nicht pauschal von der Hand weisen können.

Denkbar wäre zwar, die Gesellschafter alternativ auf Ersatzansprüche gegen die pflichtwidrig von einer Durchsetzung der Gesellschaftsforderungen absehenden Geschäftsleiter zu verweisen.[833] Wegen des damit verbundenen Liquiditäts- und Insolvenzrisikos handelt es sich indes um keinen gleichwertigen Ersatz.[834]

I. Die Interessenlage bei der Gesellschafterklage gegen Dritte

Gegen eine Gesellschafterklage gegen Dritte wird vor allem eingewandt, diese hätten ein schutzwürdiges Interesse daran, sich nur mit der Gesellschaft und nicht einzelnen Gesellschaftern auseinandersetzen zu müssen. Da der Dritte nicht Mitglied oder zumindest Organ der Gesellschaft ist, dürfe er nicht in die

---

Die Gesellschafterklage im GmbH-Recht, 1988, S. 194 ff.; *Schiessl*, in: Münch. Hdb. GesR III, § 31 Rn. 25; *Altmeppen*, in: Roth/Altmeppen, § 13 GmbHG Rn. 19; *Hueck/Fastrich*, in: Baumbach/Hueck, § 13 GmbHG Rn. 39; *Ebbing*, in: Michalski, § 14 GmbHG Rn. 101. Gleiches gilt für Ansprüche gegen Gesellschafter aus Drittverhältnissen *Hueck/Fastrich*, in: Baumbach/Hueck, § 13 GmbHG Rn. 39.

832 Anders aber *Berger*, ZHR 149 (1985), 599 (605); *Banerjea*, Die Gesellschafterklage im Aktien- und GmbH-Recht, 2000, S. 202 f., weil Dritte die Entscheidungsträger in der Gesellschaft regelmäßig nicht beeinflussen könnten.

833 So *Banerjea*, Die Gesellschafterklage im GmbH- und Aktienrecht, 2000, S. 203; *Eickhoff*, Die Gesellschafterklage im GmbH-Recht, 1988, S. 196.

834 Zutreffend *Becker*, Verwaltungskontrolle durch Gesellschafterrechte, 1997, S. 596.

interne Auseinandersetzung um die Vorfrage über die Prozessführungsbefugnis hinein gezogen werden.[835]

Zutreffender Kern dieses Einwandes ist, dass bei Dritten – mehr noch als bei Klagen gegen Gesellschafter und Organmitglieder, die ja selbst die Verbandssphäre integriert sind – in besonderem Maße dafür Sorge zu tragen ist, dass keine Unsicherheit hinsichtlich der Prozessführungsbefugnis des Gesellschafters entsteht und keine doppelte Inanspruchnahme droht.[836] Aus Sicht des Dritten entscheidend ist mithin, unter welchen Voraussetzungen es ihm als Außenstehendem zugemutet werden kann, sich auf die Inanspruchnahme im Wege der Gesellschafterklage einzulassen.

Umgekehrt ist aber auch bei Gesellschafterklagen gegen Dritte im Einzelfall berechtigten Einwänden gegenüber einer Anspruchsdurchsetzung Rechnung zu tragen. Wie bei der actio pro socio gegen Gesellschafter und Organmitglieder muss also der Vorrang der Geschäftsführungs- und Vertretungsordnung beachtet werden.

II. Die Gesellschafterklage gegen Dritte *de lege lata*

Auch wenn Gesellschafterklagen gegen Dritten vor allem unter Hinweis auf schutzwürdige Interessen des Dritten bislang skeptisch betrachtet werden, wurden entsprechende Klagerechte in Rechtsprechung und Literatur zumindest in Teilbereichen bejaht. Insbesondere im Konzernrecht sind dabei Lockerungstendenzen gegenüber dem bislang vorherrschenden Dogma der strikten Beschränkung des Klagerechts auf Ansprüche gegen Mitgesellschafter erkennbar, was die Frage nach einer generellen Neubestimmung des Verhältnisses der bislang als actio pro socio umschriebenen Gesellschafterklage und den Grundsätzen über die Gesellschafterklage gegen Dritte aufwirft. Mit § 148 AktG hat nunmehr auch der Gesetzgeber ausdrücklich eine Gesellschafterklage gegen gesellschaftsfremde Dritte anerkannt.

---

835 *Stimpel*, AG 1986, 117 (119); *Eickhoff*, Die Gesellschafterklage im GmbH-Recht, 1988, S. 194 f.; *K. Schmidt*, Gesellschaftsrecht, § 21 IV 7 b, S. 644; deutlich insoweit auch OLG Koblenz, Zwischenurteil v. 20.11.1998, 10 U 936/97, NZG 1999, 250 f.; auf das Fehlen einer unmittelbaren Rechtsbeziehung zwischen dem Gesellschafter und dem Dritten abstellend *Winter*, Mitgliedschaftliche Treuebindungen im GmbH-Recht, 1988, S. 311.

836 *K. Schmidt*, Gesellschaftsrecht, § 21 IV 7 b, S. 644.

1. Die *externe Gesamthänderklage* im Personengesellschaftsrecht

Als eigenständiges Gesellschafterklagerecht neben der actio pro socio bejaht der BGH für Gesellschaften bürgerlichen Rechts eine Befugnis des nicht bzw. nicht allein geschäftsführungsbefugten Gesellschafters, Gesellschaftsforderungen gegenüber Dritten durchzusetzen (sog. externe Gesamthänderklage).[837] Ausgehend von der bis dahin herrschenden individualistischen Gesamthandslehre, der zufolge Forderungen den BGB-Gesellschaftern in ihrer gesamthänderischen Verbundenheit zustehen,[838] gründete der BGH eine gesetzliche Prozessstandschaft des einzelnen Gesellschafters zur Durchsetzung von Gesellschaftsforderungen gegen Dritte auf dessen Mitgläubigerschaft nach § 432 BGB.[839]

Anders als in seinen Entscheidungen betreffend die actio pro socio zur Durchsetzung von Ansprüchen gegen Mitgesellschafter betonte der BGH dabei von Anfang an den grundsätzlichen Vorrang der Geschäftsführungs- und Vertretungsordnung. Die Gesellschafterklage gegen Dritte ist nur dann zulässig, wenn der Gesellschafter an der Geltendmachung ein berechtigtes Interesse hat, weil die anderen Gesellschafter die Einziehung der Forderung aus *gesellschaftswidrigen Gründen* verweigern und der Gesellschaftsschuldner an dem gesellschaftswidrigen Verhalten der anderen Gesellschafter *beteiligt* ist.[840]

Der BGH anerkennt ein schutzwürdiges Interesse der Mitgesellschafter daran, dass in einem *gesellschaftsinternen* Rechtsstreit geklärt wird, ob die Gesell-

---

837 Siehe *H. P. Westermann*, in: Erman, § 705 BGB Rn. 62; *Timm/Schöne*, in: Bamberger/Roth, § 705 BGB Rn. 131. Zur Entwicklung der Rechtsprechung ausführlich *Grunewald*, Die Gesellschafterklage in der Personengesellschaft und der GmbH, 1990, S. 40 f..

838 Vgl. oben Fn. 134.

839 BGH, Urteil v. 24.2.1954, II ZR 3/53, BGHZ 12, 308 (312); BGH, Urteil v. 10.1.1963, II ZR 95/61, BGHZ 39, 14 (20); zur Einordnung der Klage eines einzelnen Mitgläubigers als Prozessstandschaft *Noack*, in: Staudinger, § 432 BGB Rn. 62; *Bork*, in: Stein/Jonas, vor § 50 ZPO Rn. 44.

840 BGH, Urteil v. 10.1.1963, II ZR 95/61, BGHZ 39, 14 (16 ff.); ebenso BGH, Urteil v. 19.6.2008, III ZR 46/06, NZG 2008, 588 (590 f.); BGH, Urteil v. 18.11.1999, IX ZR 153/98, NJW 2000, 734; BGH, Urteil v. 30.10.1987, V ZR 174/86, NJW 1988, 558 (559); OLG Hamm, Urteil v. 3.8.2009, 8 U 237/07; OLG Düsseldorf, Urteil v. 13.2.2003, 10 U 216/01, NZG 2003, 323 OLG Dresden, Urteil v. 15.7.1999, 19 U 1480/98, NZG 2000, 248 (249); OLG Düsseldorf, Urteil v. 3.12.1999, 17 U 173/97, NZG 2000, 475; OLG Koblenz, Zwischenurteil v. 20.11.1998, 10 U 936/97, NZG 1999, 250. Vgl. zuvor bereits BGH, Urteil v. 24.2.1954, II ZR 3/53, BGHZ 12, 308 (313); BGH, Urteil v. 6.6.1955, II ZR 233/53, BGHZ 17, 340 (347): Die Gesellschafterklage ist nur zulässig, wenn der Gesellschafter aus einem berechtigten Interesse klagt, das mit dem Gemeinschaftsinteresse nicht in Widerspruch steht.

schaftsforderung geltend gemacht werden soll. Obgleich der BGH davon ausgeht, der klagewillige Gesellschafter müsse die Voraussetzungen seiner Klagebefugnis darlegen[841], sieht er jedoch die Gefahr, dass die Gründe für die Ablehnung der Klageerhebung im Prozess zwischen Kläger-Gesellschafter und Gesellschaftsschuldner nicht gebührend Berücksichtigung finden, weil der Beklagte die dem zugrunde liegenden Tatsachen nicht kennt und sich folglich nicht sachgerecht zum diesbezüglichen Vortrag des Kläger-Gesellschafters äußern kann.[842] Um dem zu begegnen, müssen daher grundsätzlich die übrigen Gesellschafter auf Mitwirkung an der Geltendmachung verklagt werden. Denn diese sind in der Lage, die Tatsachen vorzutragen, die gegen die Anspruchsdurchsetzung sprechen.[843]

Für den *Gesellschaftsschuldner* besteht umgekehrt die Gefahr, dass der Kläger eine Forderung geltend macht, die die Gesellschaft aus sachgerechten Erwägungen heraus nicht geltend machen würde. Nachteile drohen ihm zudem, da sich die Rechtskraft des Urteils nach Ansicht des BGH nicht auf die übrigen Gesellschafter erstreckt und er im Fall der Klageabweisung mit erneuten Klagen zu rechnen hätte.[844] Aus diesen Gründen habe er ein schutzwürdiges Interesse erst dann in Anspruch genommen zu werden, wenn zwischen den Gesellschaftern die Frage des „Ob" der Anspruchsgeltendmachung geklärt ist.[845]

Die übrigen Gesellschafter und der Dritte sind nach Ansicht des BGH jedoch dann nicht schutzwürdig, wenn der Gesellschafterklage ein Sachverhalt zugrunde liegt, demzufolge der Dritte an dem gesellschaftswidrigen Verhalten der anderen Gesellschafter *beteiligt* ist.[846] Infolge der Beteiligung des Dritten kann die Frage der Prozessführungsbefugnis in diesem Fall im Prozess zwischen dem Kläger-Gesellschafter und dem Dritten erschöpfend geprüft und sachgemäß entschieden werden. Den Interessen der übrigen Gesellschafter ist damit genüge

---

841 BGH, Urteil v. 10.1.1963, II ZR 95/61, BGHZ 39, 14 (18); zuletzt BGH, Urteil v. 19.6.2008, III ZR 46/06, NZG 2008, 588 (590 f.).

842 BGHZ 39, 14 (18): „Der Kläger könnte dann einen unvollständigen Sachverhalt vortragen, der, für sich allein genommen, ein solches Interesse begründete. Diese Gefahr besteht nicht, wenn der Klager die anderen Gesellschafter verklagen müßte, an der Geltendmachung der Forderung mitzuwirken; diese sind in der Lage, den Sachverhalt anzugeben, der gegen eine Geltendmachung der Forderung spräche."

843 BGH, Urteil v. 10.1.1963, II ZR 95/61, BGHZ 39, 14 (18).

844 Zur fehlenden Rechtskrafterstreckung bei Klagen in Prozessstandschaft nach § 432 BGB s. BGH, Urteil v. 10.1.1963, II ZR 95/61, BGHZ 39, 14 (19); BGH, Urteil v. 12.10.1987, II ZR 21/87, NJW 1988, 1585 (1586); ebenso *Noack*, in: Staudinger, § 432 BGB Rn. 61; *Gehrlein*, in: Bamberger/Roth, § 432 BGB Rn. 7; *Büscher*, in: Wieczorek/Schütze, § 325 ZPO Rn. 75; *Leipold*, in: Stein/Jonas, § 325 ZPO Rn. 58.

845 BGH, Urteil v. 10.1.1963, II ZR 95/61, BGHZ 39, 14 (19).

846 BGH, Urteil v. 10.1.1963, II ZR 95/61, BGHZ 39, 14 (19 f.).

getan, selbst wenn sie zuvor nicht auf Mitwirkung an der Forderungseinziehung verklagt worden sind. Andererseits ist es dem Dritten jetzt zumutbar, sich auf die Gesellschafterklage einzulassen, in deren Rahmen die Prozessführungsbefugnis des klagenden Gesellschafters inzident geprüft wird.[847]

In der Literatur werden die vorgenannten Rechtsprechungsgrundsätze dahingehend erweitert, eine Gesellschafterklage gegen Dritte komme immer dann in Betracht, wenn sich der Dritte aus eigener Anschauung zu den Voraussetzungen der Klagebefugnis äußern kann und damit feststellbar ist, ob die Geschäftsführung aus gesellschaftswidrigen Gründen untätig geblieben ist.[848] Abgesehen von den Fällen konzernrechtlicher Verflechtung wird dies beispielsweise auch für Klagen gegen (leitende) Angestellte mit Einblick in die Gesellschaftsinterna angenommen.[849] Nach *Grunewald* soll sogar ausreichend sein, wenn der Dritte spätestens im Prozess mit dem Gesellschafter erkennen könne, wenn die Anspruchsdurchsetzung an offensichtlich unsachlichen Motiven des vertretungsberechtigten Gesellschafters scheiterte.[850]

Anders als für die Gesellschaft bürgerlichen Rechts betonte der BGH für teilrechtsfähige Personen*handels*gesellschaften bislang den uneingeschränkten Vorrang der gesellschaftsinternen Zuständigkeitsordnung, da Ansprüche im Rahmen der §§ 124, Abs. 1 161 Abs. 2 HGB der Gesellschaft selbst – und nicht den Gesellschaftern zur gesamten Hand – zugeordnet sind. Für die Anwendung des auf eine Gläubiger*mehrheit* abstellenden § 432 BGB lässt dies keinen Raum.[851] Nachdem der BGH die Teilrechtsfähigkeit auch der BGB-Gesellschaft anerkannt hat[852], dürfte der Rückgriff auf § 432 BGB als Basis für eine Einzelklagebefugnis nunmehr zwar insgesamt ausscheiden.[853] Ohne Auseinandersetzung mit der Rechtsgrundlage des Klagerechts hat die Rechtsprechung die externe Gesamthänderklage in neuerer Zeit jedoch unter Zustimmung der Literatur auf die teilrechtsfähige Gesellschaft bürgerlichen Rechts und die Personenhandelsgesellschaften übertragen.[854]

---

847 BGH, Urteil v. 10.1.1963, II ZR 95/61, BGHZ 39, 14 (19 f.).

848 *Bork/Oepen*, ZGR 2001, 515 (550); *Kort*, DStR 2001, 2162 (2165).

849 *Bork/Oepen*, ZGR 2001, 515 (550).

850 *Grunewald*, Die Gesellschafterklage in der Personengesellschaft und der GmbH, 1990, S. 41.

851 BGH, Urteil v. 2.7.1973, II ZR 94/71, NJW 1973, 2198 (2199).

852 BGH, Urteil v. Urteil v. 29.1.2001, II ZR 331/00, NJW 2001, 1056 ff..

853 Zutreffend *Noack*, in: Staudinger, § 432 BGB Rn. 13; bereits zuvor *Hadding*, JZ 1975, 159 (162); zweifelnd auch *Bork/Oepen*, ZGR 2001, 515 (548); *Gehrlein*, in: Bamberger/Roth, § 432 BGB Rn. 5; *Weidenkaff*, in: Palandt, § 432 BGB Rn. 4.

854 BGH, Urteil v. 19.6.2008, III ZR 46/06, NZG 2008, 588 (590 f.) (Gesellschaft bürgerlichen Rechts); OLG Hamm, Urteil v. 3.8.2009, 8 U 237/07; OLG Düsseldorf, Urteil v.

2. Die „erweiterte actio pro socio"

Die Schaffung einer selbständigen Gesellschafterklagebefugnis gegen Dritte ist im Ansatz zu unterscheiden von Ansätzen zur Ausdehnung des persönlichen Anwendungsbereichs der actio pro socio.

a) Klagen gegen einem Gesellschafter nahe stehende Personen

Eine generelle Tendenz zur Erweiterung des persönlichen Anwendungsbereichs der actio pro socio zeigt sich vor allem im Schrifttum zum GmbH-Recht, wo die Gesellschafterklage auf einem Gesellschafter nahe stehende bzw. zurechenbare Personen erstreckt wird.[855] Dies betrifft beispielsweise Familienangehörige und sonstige nahe Verwandte[856], ebenso aber auch den Hintermann, der gegenüber dem Strohmann, der für ihn den Gesellschaftsanteil hält, weisungsbefugt ist.[857] Dagegen verneinte das OLG Düsseldorf eine actio pro socio des GmbH-Gesellschafters gegen den Abschlussprüfer der GmbH.[858]

Zumindest dort, wo es um gesellschaftsrechtlich vermittelte Einwirkungsmöglichkeiten geht, korrespondiert dieser Erweiterung des Anwendungsbereichs der actio pro socio auf materiellrechtlicher Ebene die Erstreckung der mitgliedschaftlichen Treuepflicht auf Nichtgesellschafter.[859] Gleichfalls werden Erstattungsansprüche wegen verbotener Rückzahlungen (§ 31 Abs. 1 GmbHG) auf Dritte erstreckt, die in einem Näheverhältnis zu einem Gesellschafter stehen.[860]

3.12.1999, 17 U 173/97, NZG 2000, 475 (Klagebefugnis eines Kommanditisten); zustimmend *Bork/Oepen*, ZGR 2001, 515 (550); *Grunewald*, NZG 2000, 476; *Kort*, DStR 2001, 2162 (2164 ff.); *Koller*, in: Koller/Roth/Morck, § 124 HGB Rn. 3; wohl auch *Brandi*, ZIP 1995, 1391 (1396).

855 *Hueck/Fastrich*, in: Baumbach/Hueck, § 13 GmbHG Rn. 39; *Lutter*, in: Lutter/Hommelhoff, § 13 GmbHG Rn. 51; *Ebbing*, in: Michalski, § 14 GmbHG Rn 101.

856 *Lutter*, in: Lutter/Hommelhoff, § 13 GmbHG Rn. 51; *Ebbing*, in: Michalski, § 14 GmbHG Rn 101.

857 *Hueck/Fastrich*, in: Baumbach/Hueck, § 13 GmbHG Rn. 39.

858 OLG Düsseldorf, Urteil v. 19.11.1998, 8 U 59/98, NZG 1999, 901.

859 S. dazu *Raiser*, in: Ulmer/Habersack/M. Winter, § 14 GmbHG Rn. 77; *Pentz*, in: Rowedder/Schmidt/Leithoff, § 13 GmbHG Rn. 36 f..

860 BGH, Urteil v. 28.9.1981, II ZR 223/80, NJW 1982, 386; BGH, Urteil v. 13.11.1995, II ZR 113/94, NJW 1996, 589 (590); *Hommelhoff*, in: Lutter/Hommelhoff, § 31 GmbHG Rn. 6: Erstattungsanspruch gegen den Dritten bei „qualifiziertem Näheverhältnis"; ebenso *H. P. Westermann*, in: Scholz, § 31 GmbHG Rn. 12; ausführlich *Heidinger*, in: Michalski, § 31 GmbHG Rn. 17 mit § 30 GmbHG Rn. 80 ff.; *Habersack*, in: Ulmer/Habersack/M. Winter, § 31 GmbHG Rn. 20 mit § 30 GmbHG Rn. 69 ff..

b) *Insbesondere: Klagen gegen mittelbar herrschende Unternehmen*

Ein Unterfall der soeben beschriebenen Erstreckung der actio pro socio auf Dritte ist die actio pro socio im mehrstufigen Konzern. Die h. L. bejaht hier eine Gesellschafterklage gegen Dritte, wenn es beispielsweise darum geht, Ersatzansprüche der Enkel-Gesellschaft gegen eine mittelbar herrschende Muttergesellschaft aus nachteiliger Einflussnahme durchzusetzen.[861] Zwar wird insoweit auf die herkömmliche Beschränkung der actio pro socio auf Sozialansprüche[862] und die restriktive Haltung des BGH zur externen Gesamthänderklage hingewiesen[863], die actio pro socio aber gleichwohl als unverzichtbares Minderheiten- und Kontrollrecht unter den gleichen Voraussetzungen wie gegen Gesellschafter oder Organmitglieder bejaht.[864]

Unschwer begründen lässt sich diese Form der actio pro socio im Aktienkonzern, denn die §§ 309 ff. AktG knüpfen an das Bestehen eines Abhängigkeitsverhältnisses (§ 17 AktG) an, wofür bereits eine mittelbare Abhängigkeit

861 Weitere – hier nicht zu vertiefende – Fallkonstellationen im mehrstufigen Konzern betreffen etwa die Frage, ob Minderheitsgesellschafter der Tochter im Wege der actio pro socio Ansprüche der Enkel-Gesellschaft gegen die Mutter oder umgekehrt Minderheitsgesellschafter der Enkel-Gesellschaft Ansprüche der Tochter gegen die Mutter durchsetzen können. Dabei geht es indes nicht um die Durchsetzung von Ansprüchen gegen „Dritte“, sondern vielmehr um die Frage, ob abgeleitete Klagerechte unabhängig von der Gesellschafterstellung gewährt werden können. Dazu bereits oben Teil 2D.I.

862 *Limmer*, Die Haftungsverfassung des faktischen GmbH-Konzerns, 1991, S. 142.

863 *Lakner*, Der mehrstufige Konzern, 2004, S. 237; *Löffler*, Die abhängige Personengesellschaft, 1988, S. 152.

864 Aktienkonzern: *Pentz*, Die Rechtsstellung der Enkel-AG in einer mehrstufigen Unternehmensverbindung, 1994, S. 235; *Lakner*, Der mehrstufige Konzern, 2004, S. 36; *Görling*, Die Konzernhaftung in mehrstufigen Unternehmensverbindungen, 1998, S. 169; *Kropff*, in: MünchKomm. AktG, § 311 AktG Rn. 135; *Emmerich*, in: Emmerich/Habersack, Aktien- und GmbH-Konzernrecht, § 309 AktG Rn. 10; GmbH-Konzern: *Rehbinder*, ZGR 1977, 581 (642); *Eickhoff*, Die Gesellschafterklage im GmbH-Recht, 1988, S. 277; *Orth*, DStR 1994, 250 (256); *Limmer*, Die Haftungsverfassung des faktischen GmbH-Konzerns, 1991, S. 142; *Görling*, Die Konzernhaftung in mehrstufigen Unternehmensverbindungen, 1998, S. 183 f.; *Lakner*, Der mehrstufige Konzern, 2004, S. 237; *Pentz*, in: Rowedder/Schmidt-Leithoff, § 13 GmbHG Rn. 114; Personengesellschaften: *Burbach*, Das Recht der konzernabhängigen Personenhandelsgesellschaft, 1989, S. 390; *Löffler*, Die abhängige Personengesellschaft, 1988, S. 153 f.; *Mülbert*, in: MünchKomm. HGB, KonzernR, Rn. 284, 294, 301; *Schäfer*, in: Großkomm. HGB, Anh. § 105 HGB Rn. 51 f.; *Koller*, in: Koller/Roth/Morck, § 105 HGB Rn. 43; *Grunewald*, in: MünchKomm. HGB, § 161 HGB Rn. 67 (für Ansprüche der KG gegen einen Gesellschafter der Komplementär-GmbH).

genügt.[865] Das Klagerecht folgt mithin direkt aus §§ 309 Abs. 4, 317 Abs. 4 AktG.[866] Im GmbH-Konzern und bei der konzernabhängigen Personengesellschaft wird die Haftung der Muttergesellschaft gegenüber der Enkel-Gesellschaft – als Korrelat ihrer Einflussmöglichkeiten – mit einer konzerndimensionalen Ausdehnung der mitgliedschaftlichen Treuepflicht auf das nur mittelbar herrschende Unternehmen begründet.[867] In prozessualer Hinsicht korrespondiert dem die Ausdehnung des Anwendungsbereichs der actio pro socio – gestützt entweder auf die ungeschriebenen Prinzipien dieses Rechtinstituts[868] oder eine Analogie zu §§ 309 Abs. 4, 317 Abs. 4 AktG[869]. Die Gesellschafter der Enkel-Gesellschaft werden also in die Lage versetzt, den Anspruch der Enkel-Gesellschaft gegen die Muttergesellschaft durchzusetzen.

---

865 *Lakner*, Der mehrstufige Konzern, 2004, S. 34; *Görling*, Die Konzernhaftung in mehrstufigen Unternehmensverbindungen, 1998, S. 163; *Habersack*, in: Emmerich/Habersack, Aktien- und GmbH-Konzernrecht, § 311 AktG Rn. 17; *Hüffer*, § 17 Rn. 6, § 311 AktG Rn. 13.

866 *Görling*, Die Konzernhaftung in mehrstufigen Unternehmensverbindungen, 1998, S. 169; *Lakner*, Der mehrstufige Konzern, 2004, S. 36; *Kropff*, in: MünchKomm. AktG, § 311 AktG Rn. 135.

867 *Lakner*, Der mehrstufige Konzern, 2004, S. 234; *Liebscher*, GmbH-Konzernrecht, 2006, Rn. 349 f.; *Eschenbruch*, Konzernhaftung, 1996, Rn. 3374; *Ulmer*, in: Hachenburg, Anh § 77 GmbHG Rn. 74; *Emmerich*, in: Scholz, § 13 GmbHG Rn. 39a, Anhang § 13 GmbHG Rn. 79; *Habersack*, in: Emmerich/Habersack, Aktien- und GmbH-Konzernrecht, Anh. § 318 AktG Rn. 28; *Pentz*, in: Rowedder/Schmidt-Leithoff, § 13 GmbHG Rn. 72; *Mülbert*, in: MünchKomm. HGB, KonzernR, Rn. 59, 209; *Schäfer*, in: Großkomm. HGB, Anh. § 105 HGB Rn. 51 f. (zumindest wenn sich bei einer GmbH & Co. KG die Stellung der Komplementär-GmbH darauf beschränkt, nach Art einer Zwischenholding den Einfluss dess herrschenden Unternehmens auf die abhängige Gesellschaft zu vermitteln). Andere Begründungsversuche stellen auf die Haftung des mittelbar herrschenden Unternehmens als faktischer Geschäftsführer ab, s. *Emmerich*, FS Stimpel 1985, 742 (951); *Rehbinder*, ZGR 1977, 581 (640 f.); *Schneider*, ZGR 1980, 511 (533 ff.); *Jungkurth*, Konzernleitung bei der GmbH, 2000, S. 169 ff.; dagegen *Mülbert*, MünchKomm. HGB, KonzernR, Rn. 208; *Paefgen*, in: Ulmer/Habersack/M. Winter, § 43 GmbHG Rn. 13.

868 *Burbach*, Das Recht der konzernabhängigen Personenhandelsgesellschaft, 1989, S. 390; *Löffler*, Die abhängige Personengesellschaft, 1988, S. 153 f.; *Schäfer*, in: Großkomm. HGB, Anh. § 105 HGB Rn. 51; *Mülbert*, in: MünchKomm. HGB, KonzernR, Rn. 284, 294, 301.

869 *Limmer*, Die Haftungsverfassung des faktischen GmbH-Konzerns, 1991, S. 142.

3. Dritte als Gegner im aktienrechtlichen Klagezulassungsverfahren

Das aktienrechtliche Klagezulassungsverfahren bezieht über die Verweisung auf § 147 Abs. 1 AktG Ansprüche gegen Dritte ausdrücklich in den Anwendungsbereich der actio pro socio ein. Nach § 117 Abs. 1 AktG bestehen Ansprüche gegen Personen, die vorsätzlich unter Benutzung ihres Einflusses auf die Gesellschaft ein Mitglied des Vorstands oder des Aufsichtsrats, einen Prokuristen oder einen Handlungsbevollmächtigten dazu bestimmen, zum Schaden der Gesellschaft oder ihrer Aktionäre zu handeln. Der Einfluss muss dabei indes keineswegs über eine Beteiligung als Gesellschafter vermittelt sein. Vielmehr genügt es, wenn geschäftliche, persönliche, politische oder sonstige Beziehungen benutzt wurden.[870] Als Normadressaten kommen daher beispielsweise Vertragspartner der Gesellschaft wie Zulieferer, Abnehmer und Kreditgeber ebenso in Betracht wie Arbeitgeberverbände oder Gewerkschaften.[871] Gleichfalls haftet als Nutznießer (§ 117 Abs. 3 AktG), wer durch die Beeinflussung einen Vorteil erlangt und die Beeinflussung vorsätzlich veranlasst hat, was sich ebenfalls gegen einen Nicht-Aktionär richten kann.[872] Entsprechendes gilt für Anstifter und Gehilfen nach § 117 Abs. 1 AktG i. V. m. § 830 Abs. 2 BGB.[873]

Verwiesen wird weiter auf die Gründungshaftung, wo nach § 46 Abs. 5 AktG neben den Gründern diejenigen Personen (Hintermänner) haften, für deren Rechnung die Gründer als Strohmänner Aktien übernommen haben. Das Klagezulassungsverfahren erfasst darüber hinaus Ansprüche der Gesellschaft gegen Nachgründungsprüfer, §§ 53 Satz 1, 49 AktG i. V. m. § 323 Abs. 1 bis 4

---

870 Siehe dazu *Bürgers/Israel*, in: Bürgers/Körber, § 117 AktG Rn. 2; *Hommelhoff/Witt*, in: K. Schmidt/Lutter, § 117 AktG Rn. 6; *Hüffer*, § 117 AktG Rn. 3; *Kort*, in: Großkomm. AktG, § 117 AktG Rn. 100, 123 ff., 126 ff.; *Spindler*, in: MünchKomm. AktG, § 117 AktG Rn. 19, 20; *Mertens*, in: KölnKomm. AktG, § 117 AktG Rn. 12.

871 *Voigt*, Haftung aus Einfluss auf die Aktiengesellschaft (§§ 117, 309, 317 AktG), 2004, S. 230, 235; *Kort*, in: Großkomm. AktG, § 117 Akt Rn. 123; *Spindler*, in: MünchKomm. AktG, § 117 AktG Rn. 19.

872 In Betracht kommt beispielsweise eine Bank, die den Großaktionär veranlasst, den Vorstand zur Abgabe einer Mithaftungserklärung der Gesellschaft für die Verbindlichkeiten des Großaktionärs oder von Schwestergesellschaften zu bestimmen, s. *Spindler*, in: MünchKomm. AktG, § 117 AktG Rn. 63.

873 *Hüffer*, § 117 AktG Rn. 11; *Hommelhoff/Witt*, in: K. Schmidt/Lutter, § 117 AktG Rn. 17; *Schall*, in: Spindler/Stilz, § 117 AktG Rn. 29; *Spindler*, in: MünchKomm. AktG, § 117 AktG Rn. 62.

HGB.[874] Nach h. M. soll dies nicht für Ansprüche gegen Gründungsprüfer gelten[875], doch ist diese Privilegierung kaum gerechtfertigt, da wegen des gleichzeitigen Haftungsrisikos des Vorstands (s. § 48 AktG) in beiden Fällen vergleichbare Interessenkonflikte und Durchsetzungsdefizite drohen.[876] Als Gründungsprüfer kommen insbesondere Wirtschaftsprüfungsgesellschaften in Betracht.[877] Haftungsadressaten sind dabei neben deren gesetzlichen Vertretern auch Gehilfen des Gründungsprüfers, d. h. alle Personen, die von ihm zur Prüfungstätigkeit herangezogen werden, also Angestellte oder Freiberufler.[878] Gegner einer Aktionärsklage können schließlich auch Gründergenossen (§ 47 Nr. 1, 2 AktG) und Emittenten (§ 47 Nr. 3 AktG) sein, wobei die Haftung materiell-rechtlich jeweils wissentliche Mitwirkung an der Schädigung der Gesellschaft bzw. Kenntnis oder Kennenmüssen voraussetzt.

Was die Voraussetzungen der Aktionärsklage anbelangt, unterscheidet sich die Rechtsverfolgung gegenüber einem Dritten nicht von einem Klagezulassungsverfahren gegen Organmitglieder oder Mitaktionäre: Über den Bestand der Prozessführungsbefugnis ist in einem Zulassungsverfahren anhand der Voraussetzungen des § 148 Abs. 1 Satz 2 Nr. 1 bis 4 AktG unter Beiladung der Gesellschaft zu entscheiden. Die Klage ist subsidiär und nur dann zuzulassen, wenn für die Geltendmachung des Anspruchs hinreichende Erfolgsaussichten und keine überwiegenden Gründe des Gesellschaftswohls entgegenstehen.

4. Zusammenfassung

Der Überblick über die Gesellschafterklagerechte zur Geltendmachung von Gesellschaftsforderungen gegen Dritte zeigt, dass die Klagebefugnis sowohl in Rechtsprechung und Literatur als auch kraft gesetzlicher Wertung des Klagezulassungsverfahrens zumindest im Grundsatz anerkannt ist. Praktische Relevanz erlangt das Klagerecht gegen Dritte zum einen in Fällen persönlicher oder kon-

---

874 *Mock*, in: Spindler/Stilz, § 147 AktG Rn. 13; zu § 147 AktG a. F. *Schröer*, in: MünchKomm. AktG, § 147 AktG Rn. 20; *Ehricke*, in: Großkomm. AktG, § 53 AktG Rn. 18. S. zur Nachgründungsprüfung § 52 Abs. 4 AktG.

875 In § 147 AktG wird auf § 49 AktG nicht verwiesen, s. *Mock*, in: Spindler/Stilz, § 147 AktG Rn. 13; zu § 147 AktG a. F. *Ehricke*, in: Großkomm. AktG, § 49 AktG Rn. 44; *Schröer*, in: MünchKomm. AktG, § 147 AktG Rn. 20.

876 Allenfalls käme in Betracht auch den Nachgründungsprüfer aus dem Anwendungsbereich der §§ 147, 148 AktG auszunehmen und den Verweis in § 53 AktG wie in 147 Abs. 1 AktG auf die §§ 46 bis 48 AktG zu beschränken.

877 *Ehricke*, in: Großkomm. AktG, § 49 AktG Rn. 7; *Pentz*, MünchKomm. AktG, § 49 AktG Rn. 12, § 33 AktG Rn. 37.

878 *Ehricke*, in: Großkomm. AktG, § 49 AktG Rn. 6; *Pentz*, in: MünchKomm. AktG, § 49 AktG Rn. 12.

zernrechtlicher Verflechtungen oder Einflussnahme. Daneben kommen aber auch Fälle in Betracht, in denen die Weigerung der Geschäftsführung den Anspruch durchzusetzen, nicht auf einer besonderen Einflussmacht des Dritten beruht, sondern allein durch interne Querelen oder Machtkämpfe motiviert ist.

III. Die Legitimation des Gesellschafterklagerechts gegen Dritte

Was nun die Legitimation eines Gesellschafterklagerechts gegen Dritte anbelangt, lassen sich verschiedene Ansätze unterscheiden. Konkret geht es um die Frage, welche Voraussetzungen an die Zumutbarkeit einer Gesellschafterklagebefugnis gegen einen außenstehenden Dritten und die Kompatibilität der Gesellschafterklage mit der internen Zuständigkeitsordnung zu stellen sind.

1. Konkrete oder abstrakte Näheverhältnisse

Obige Bestandsaufnahme hat gezeigt, dass vergleichbare Fallgestaltungen zum Gegenstand der externen Gesamthänderklage im Personengesellschaftsrecht als auch der in ihrem Anwendungsbereich erweiterten actio pro socio gemacht werden können. Gleichwohl nähert man sich der Frage der Zumutbarkeit der Gesellschafterklage für den Dritten auf verschiedene Weise an.

a) Das „Beteiligungsmodell“ der externen Gesamthänderklage

Nach Ansicht des BGH darf der Gesellschafter unter der Voraussetzung der konkret vorgetragenen Beteiligung des Dritten an dem gesellschaftswidrigen Verhalten der anderen Gesellschafter die „Abkürzung“ der Direktklage gegen den Dritten wählen, ohne zuvor in einem Rechtsstreit mit den Mitgesellschaftern die Frage des „ob“ der Forderungseinziehung geklärt zu haben. Nach der Konzeption des BGH verbleibt es dann also beim Zweiparteienprozess zwischen Gesellschafter und beklagtem Dritten. Die Beteiligung des Gesellschaftsschuldners und seine Tatsachenkenntnis aus eigener Anschauung substituieren insoweit eine andernfalls erforderliche Klage auf Mitwirkung an der Forderungseinziehung gegen die Mitgesellschafter. Dem Dritten wird sodann die Inanspruchnahme im Wege der Gesellschafterklage zugemutet, weil er an dem gesellschaftswidrigen Verhalten beteiligt ist und sich dazu äußern kann.

b) Die erweiterte Verbandsinnensphäre

Bei der im GmbH-Recht und rechtsformübergreifend für den mehrstufigen Konzern diskutierten Erweiterung des Binnenbereichs der Gesellschaft wird statt auf subjektive Elemente auf das objektive Bestehen einer „Nähebeziehung" des Dritten zu einem Gesellschafter bzw. den Anspruchsgrund der auf Nicht-Gesellschafter erweiterten Treuepflicht abgestellt. Der Dritte wird m. a. W. in die Binnensphäre der Gesellschaft einbezogen und nicht nur in Bezug auf die materiellen Pflichten, sondern auch hinsichtlich der prozessualen Durchsetzungsbefugnis einem Gesellschafter gleichgestellt.

Die Bedenken des BGH hinsichtlich der Zumutbarkeit einer Gesellschafterklage gegenüber außenstehenden Dritten stellen sich aufgrund der faktischen Einbeziehung in die Verbandsinnensphäre zumindest formal nicht, denn der Streit mit dem Dritten wird zum Internum der Gesellschaft umgedeutet. In den hier vorstellbaren Fälle werden oftmals zwar die Voraussetzungen der Kollusion oder zumindest Kenntnis des Dritten im Sinne der oben beschriebenen Judikatur zur GbR gegeben sein. Ausschlaggebend für die Zumutbarkeit des erweiterten Anwendungsbereichs der actio pro socio für den Dritten ist indes die objektiv gegebene enge Verbindung des Dritten zur Verbandsinnensphäre der anspruchsberechtigten Gesellschaft.[879]

c) Zusammenführung und Kritik

Auch wenn die beiden Ansätze in Bezug auf Terminologie und dogmatische Grundlage in unterschiedlichem Gewand daher kommen, lassen sie sich letztlich auf vergleichbare Grundgedanken zurückführen. Maßgebliches Kriterium ist einmal die Beteiligung des Dritten an dem gesellschaftswidrigen Verhalten und seine so bewirkte Nähe zur Verbandsinnensphäre, die es ihm ermöglicht die Voraussetzungen der Klagebefugnis abzuschätzen[880], einmal ein generelles Näheverhältnis, welches eine Einbeziehung des Dritten in den gesellschaftsinternen Streit zumutbar erscheinen und nach den objektiven Gegebenheiten Einblick in die Interna vermuten lässt. Im Schrifttum wird zur Rechtfertigung der erweiterten actio pro socio im Konzernrecht zum Teil explizit auf die Rechtsprechung

879 So in Abgrenzung zur Gesellschafterklage gegen beliebige Dritte *Stimpel*, AG 1986, 117 (119, 120); ebenso *Grunewald*, in: MünchKomm. HGB, § 161 HGB Rn. 67, die aus diesem Grund auch die Geltendmachung von Ansprüchen einer KG gegen den Geschäftsführer der Komplementär-GmbH im Wege der actio pro socio bejaht (Rn. 68); dagegen *Koller*, in: Koller/Roth/Morck, § 105 HGB Rn. 43.

880 BGH, Urteil v. 10.1.1963, II ZR 95/61, BGHZ 39, 14 (19): „Der Gesellschaftsschuldner ist um so schutzwürdiger, als er, wie oben dargetan, nicht die Tatsachen kennt, die ein solches Interesse des Klägers begründen können."

des BGH zur externen Gesamthänderklage im Personengesellschaftsrecht Bezug genommen.[881]

aa) Reichweite des Klagerechts

Der Unterschied zwischen beiden Wegen zeigt sich in der konkreten Reichweite des Gesellschafterklagerechts: Von einzelnen Gesellschaftern kann mit der externen Gesamthänderklage grundsätzlich jeder beliebige außenstehende Dritte (beispielsweise eine Bank[882]) in Anspruch genommen werden, sofern nur im konkreten Fall die Voraussetzungen der Kollusion oder zumindest Kenntnis vom gesellschaftswidrigen Verhalten erfüllt sind.

Anders verhält es sich bei der erweiterten actio pro socio, wo mögliche Gegner einer Gesellschafterklage nur Personen sind, bei denen die Voraussetzungen einer Nähebeziehung vorliegen. Welche Anforderungen an Art, Intensität und Dauer dieser Verbindung zu stellen sind, ob es eines bewussten Zusammenwirkens des Dritten mit einem Gesellschafter bedarf oder auch einseitige Einflussnahme genügt, ist bislang nicht abschließend geklärt und Rechtsunsicherheit bei der Bestimmung der Reichweite des Klagerechts damit vorprogrammiert. Gegen Dritte, die dem erweiterten Binnenbereich nicht zurechenbar sind, gleichwohl aber nachteiligen Einfluss nehmen können – beispielsweise also Kreditinstitute oder Lieferanten bzw. Abnehmer[883] – scheidet danach eine actio pro socio aber in jedem Fall aus.[884]

bb) Subsidiarität der Gesellschafterklage

Beiden Lösung gemein ist umgekehrt das Bedürfnis nach einer Einbettung der Gesellschafterklage in die interne Zuständigkeitsordnung. Für die externe Gesamthänderklage wurde der Vorrang der Geschäftsführungs- und Vertretungsordnung auch vom BGH hervorgehoben, der die Geltendmachung von Gesellschaftsforderungen als Geschäftsführungsmaßnahme charakterisierte.[885] Wie

881 So *Brandi*, ZIP 1995, 1391 (1396); *Grunewald*, in: MünchKomm. HGB, § 161 HGB Rn. 67, 68.

882 So im Fall von BGH, Urteil v. 30.10.1987, V ZR 174/86, NJW 1988, 558 (559).

883 Eine ggf. von der actio pro socio erfasste Haftung als faktischer Geschäftsführer wird in diesen Fällen regelmäßig ausscheiden. S. zum Kreditgeber als faktisches Organ *Fleischer*, in: Fleischer, Handbuch des Vorstandsrechts, § 11 Rn. 31.

884 Im Aktienrecht wäre dieser Fall von § 117 AktG erfasst, der im Wege des Klagezulassungsverfahrens durch Aktionäre durchgesetzt werden kann.

885 BGH, Urteil v. 10.1.1963, II ZR 95/61, BGHZ 39, 14 (15 f.); BGH, Urteil v. 2.7.1973, II ZR 94/71, NJW 1973, 2198 (2199); OLG Dresden, Urteil v. 15.7.1999, 19 U 1480/98, NZG 2000, 248 (249).

oben dargelegt, trifft diese Einordnung jedoch ebenso für die actio pro socio zu.[886]

Soweit Dritte im Wege der erweiterten actio pro socio in Anspruch genommen werden können, nimmt dies auf die herkömmlichen Lösungsansätze Bezug, mit den bereits behandelten Umsetzungsproblemen in Bezug auf die Gewährleistung des Vorrangs der innerverbandlichen Zuständigkeitsordnung im Zweiparteienprozess.[887] Indem bei der externen Gesamthänderklage der Beklagte quasi zum Interessenvertreter der Gesellschaft bzw. der anderen Gesellschafter wird[888], spiegelt dies die Problemlage wider, die oben die Unzulänglichkeit des Zweiparteienprozesses für die actio pro socio erwiesen hat. Der BGH will hierbei scheinbar schon die bloße *Behauptung* einer Beteiligung des Dritten an einem gesellschaftswidrigen Verhalten genügen lassen.[889] Nicht anders als bei der actio pro socio betrifft die Frage, ob der Anspruch geltend gemacht werden soll, jedoch vorrangig die Gesellschaft bzw. die übrigen Gesellschafter, denen jedoch kein rechtliches Gehör gewährt wird.

Fälle in denen ein Bedürfnis für eine Gesellschafterklage nach Lage der Dinge nahe liegt, der Dritte an dem gesellschaftswidrigen Verhalten aber nicht beteiligt ist bzw. eine solche Beteiligung vom Kläger nicht vorgetragen ist, werden auf den ungleich umständlicheren Weg der Mitwirkungsklage verwiesen.[890] So hatte der Kläger in BGHZ 39, 14 vorgetragen, sein Mitgesellschafter lehne es aus „Sabotage" ab an der Einziehung mitzuwirken, doch konnte die Frage nicht geklärt werden, weil jedenfalls der beklagte Dritte daran nicht beteiligt war.[891] Für den in besonderem Maße schutzwürdigen nicht-geschäftsführungsbefugten

886 Siehe dazu Teil 2B.I.

887 Ausführlich oben Teil 3C.I.

888 S. auch OLG Koblenz, Zwischenurteil v. 20.11.1998, 10 U 936/97, NZG 1999, 250 (251): „Durchgreifende sachliche Gründe für eine Verweigerung der Mitwirkung werden wiederum *von der Bekl.*, die sich auch insoweit das Wissen der sie beherrschenden Gesellschafter prozessual zurechnen lassen muß, *nicht vorgetragen* [Hervorheb. d. Verf.]."

889 Siehe BGH, Urteil v. 10.1.1963, II ZR 95/61, BGHZ 39, 14 (16 f.); BGH, Urteil v. 6.6.1955, II ZR 233/53, BGHZ 17, 340 (347).

890 BGH, Urteil v. 10.1.1963, II ZR 95/61, BGHZ 39, 14 (17 f.).

891 BGH, Urteil v. 10.1.1963, II ZR 95/61, BGHZ 39, 14 (17); entsprechend lag der Fall von OLG Dresden, Urteil v. 15.7.1999, 19 U 1480/98, NZG 2000, 248 (249).

Gesellschafter einer Personengesellschaft[892] wird eine Klage zur Erzwingung einer Geschäftsführungsmaßnahme zudem abgelehnt.[893]

cc) Fehlende Rechtskrafterstreckung

Ein berechtigter Einwand gegen Gesellschafterklagen zur Durchsetzung von Gesellschaftsforderungen gegen Dritte liegt darin, die fehlende Rechtskrafterstreckung mache es ihm unerträglich, sich auf eine vom einen einzelnen Gesellschafter erhobene Klage einzulassen, wenn selbst bei Abweisung der Klage eine Vielzahl weiterer Prozesse drohen.[894] Warum dies aber bei der externen Gesamthänderklage im Falle eines behaupteten kollusiven Zusammenwirkens zwischen Geschäftsführung und Dritten hinnehmbar sein soll[895], erscheint zweifelhaft und verliert seine Überzeugungskraft jedenfalls dort, wo die Gesellschafterklage gegen den Dritten mit seiner bloßen Kenntnis von den internen Vorgängen legitimiert wird. Diese Rechtsprechungslinie trifft sich zwar mit der bislang rechtsformübergreifend von der ganz h. M. verneinten Rechtskrafterstreckung bei der actio pro socio, sie verweist gleichwohl auf ein generelles Defizit der Gesellschafterklage zur Durchsetzung von Gesellschaftsforderungen.

2. Verfahrensmäßige Legitimation der Gesellschafterklage gegen Dritte

Den vom BGH gegenüber einer Gesellschafterklage gegen außenstehende Dritte geäußerten Bedenken wird im aktienrechtlichen Klagezulassungsverfahren nicht dadurch Rechnung getragen, dass danach gefragt wird, ob der Dritte an dem gesellschaftswidrigen Verhalten beteiligt ist. Ebenso wenig hängt die Klagebefugnis vom Nachweis einer irgendwie gearteten „Nähebeziehung“ zwischen dem Dritten und einem Gesellschafter ab. Gleichwohl stellt das Klagezulassungsverfahren auf materiell-rechtlicher Ebene insoweit eine Verknüpfung zu den bislang vorhandenen Klagerechten her, als die in § 147 Abs. 1 AktG in Bezug genommenen Anspuchsgrundlagen in weiten Teilen, wenn auch nicht ausschließlich, Fälle von Nähebeziehungen, kollusivem Zusammenwirken usw. erfassen. So dürfte sich bei Ansprüchen wegen unzulässiger Einflussnahme aus § 117 AktG oftmals wohl auch Kollusion oder zumindest Kenntnis des Dritten von

892 S. dazu etwa den Fall von OLG Düsseldorf, Urteil v. 3.12.1999, 17 U 173/97, NZG 2000, 475.

893 *K. Schmidt*, in: MünchKomm. HGB, § 105 HGB Rn. 200 (keine auf ordnungsgemäße Geschäftsführung gerichtete actio pro socio).

894 So BGH, Urteil v. 10.1.1963, II ZR 95/61, BGHZ 39, 14 (19). Zur fehlenden Rechtskrafterstreckung bei Klagen auf Grundlage des § 432 BGB s. oben Fn. 844.

895 So *Habermeier*, in: Staudinger, § 709 BGB Rn. 45.

dem gesellschaftswidrigen Verhalten im Sinne der Rechtsprechung zur externen Gesamthänderklage feststellen lassen.[896]

Um die Interessen der Gesellschaft, des Dritten und der klagewilligen Aktionäre in Ausgleich zu bringen, wählt das Klagezulassungsverfahren gleichwohl einen verfahrensmäßigen Weg:

a) *Prozessualer Interessenausgleich im Klagezulassungsverfahren*

Statt auf wertungsbedürftige Kriterien abzustellen zieht die aktienrechtliche Regelung die Gesellschaft als notwendig Beigeladene mit in das Verfahren,[897] um unter ihrer Beteiligung im Zulassungsverfahren (§ 148 Abs. 1 und 2 AktG) die Frage der Prozessführungsbefugnis zu klären.[898] Wie die Durchsetzung von Forderungen gegen Mitgesellschafter oder Organmitglieder, fällt die Geltendmachung von Gesellschaftsforderungen gegen Dritte in den Aufgabenbereich des Vorstands.[899] In beiden Fällen kommt eine Klage aufgrund des Subsidiaritätsgrundsatzes folglich erst dann in Betracht, wenn der Vorstand nach gesellschaftsinterner Aufforderung zur Klageerhebung aus gesellschaftswidrigen Gründen auf die Anspruchsdurchsetzung verzichtet hat.

Der Gesellschaft wird im Prozess rechtliches Gehör gewährt, so dass sie die Gründe für die Ablehnung der Durchsetzung ihrer Forderungen erläutern und verteidigen kann. Auf diese Weise wird zugleich auf verfahrensrechtlicher Ebene Zweifeln und Unsicherheiten in Bezug auf die Klagebefugnis der Aktionäre begegnet, ohne dass es auf die Feststellung einer Beteiligung des Dritten an dem gesellschaftswidrigen Verhalten des für die Geltendmachung zuständigen Vorstands ankäme. Zusammen mit der Anordnung der Rechtskrafterstreckung auf die Gesellschaft und alle Mitaktionäre in § 148 Abs. 5 Satz 1 AktG – unterschiedslos für alle Fälle der Klage gegen Dritte, also auch dem der Kollusion – kommt die Vorprüfung der Prozessführungsbefugnis der Aktionäre im Ergebnis

---

896 Vgl. zu Ansprüchen aus § 117 AktG als Gegenstand eines Klagezulassunbgsverfahrens auch *G. Bezzenberger/T. Bezzenberger*, in: Großkomm. AktG, § 148 AktG Rn. 95: „Dass auch für solche Ersatzansprüche der Gesellschaft die Aktionärs-Haftungsklage greift, hat einen guten Grund, denn der Einfluss auf die Gesellschaft, den der Täter an den Tag gelegt hat, kann sehr oft zur weiteren Folge haben, dass die regulären Gesellschaftsorgane den Anspruch nicht geltend machen.“

897 § 148 Abs. 2 Satz 7 AktG.

898 Wegweisend insoweit bereits der Vorschlag von *Becker*, Verwaltungskontrolle durch Gesellschafterrechte, 1997, S. 559.

899 S. die Nachweise in Fn. 885.

auch den schutzwürdigen Interessen des Dritten gegenüber unberechtigter oder mehrfacher klageweiser Inanspruchnahme entgegen.[900]

b) Rechtsformübergreifende Fortschreibung und wertungsmäßige Absicherung

Die Beiladung der Gesellschaft zum gerichtlichen Streit um die Prozessführungsbefugnis – im einstufigen oder zweistufigen Verfahren – erweist sich auch im Hinblick auf die Geltendmachung von Gesellschaftsansprüchen gegen Dritte als rechtsformübergreifend fortschreibbares Konzept. Dabei kommt es in Bezug auf mögliche der Klage entgegenstehende Gründe des Gesellschaftswohls nicht entscheidend darauf an, ob die Vorprüfung inzident im Hauptsacheprozess selbst oder – wie in § 148 AktG – dem vorgelagert im Rahmen eines zweistufigen Verfahrens einem separaten Verfahrensabschnitt vorbehalten ist.[901]

Eine wertungsmäßig zu beantwortende Frage bleibt, ob es dem gesellschaftsfremden Dritten aufgrund grundsätzlicher Erwägungen selbst unter diesen prozessualen Bedingungen nicht zumutbar ist, in den internen Streit um die Prozessführungsbefugnis hineingezogen zu werden. Immerhin steht er – anders als Gesellschafter und Organmitglieder – in keinem mitgliedschaftlichen oder organschaftlichen Verhältnis zur Gesellschaft.

Entscheidend dürfte letztlich sein, dass die Verneinung der Prozessführungsbefugnis vorrangig dem Dritten zugute kommt, indem sie sein Verteidigungsarsenal selbst in dem Fall erweitert, dass die Klage in der Sache begründet ist.[902] Kommt der Schuldner seinen gegenüber der Gesellschaft bestehenden Verpflichtungen nicht nach oder hat er gar die Gesellschaft geschädigt, so ist kein Grund ersichtlich, warum die Vorfrage der Zulässigkeit der Klage den Beklagten unbillig belasten sollte.

Ist die Klage wegen entgegenstehender Gesellschaftsinteressen im Einzelfall unzulässig, ist der obsiegende Dritte dadurch hinreichend geschützt, dass er Erstattung seiner Kosten verlangen kann. Nach bislang geltenden Grundsätzen treffen die Kosten der unzulässigen Klage die Gesellschafter. Nichts anderes gilt im Klagezulassungsverfahren, auch wenn die Frage des Bestands der Prozessführungsbefugnis dort auf das Zulassungsverfahren vorverlagert ist.[903]

---

900 Aufgrund dieser Bedenken bislang strikt gegen eine Gesellschafterklage zur Geltendmachung von Gesellschaftsforderungen gegen Dritte aber *K. Schmidt*, Gesellschaftsrecht, § 21 IV 7 b, S. 644.

901 Siehe dazu bereits Teil 3C.III.2.

902 Zutreffend *Becker*, Verwaltungskontrolle durch Gesellschafterrechte, 1997, S. 558.

903 S. § 148 Abs. 6 Satz 1 AktG.

Es kann auch keine Rede davon sein, dass der Dritte in eine gesellschaftsinterne Auseinandersetzung hineingezogen wird, die ihn nichts angeht, denn Ausgangspunkt der Klage wird regelmäßig ein Verhalten des Dritten sein, mag sich dieses im Ergebnis auch als rechtmäßig herausstellen. Auch für den potentiellen Schuldner einer Gesellschaft gilt insoweit, dass es keinen Anspruch darauf gibt, nicht in einen Prozess hineingezogen zu werden. Schutz bietet insoweit das prozessuale Kostenrecht und gegebenenfalls § 826 BGB. Im übrigen spricht für die hier vorgeschlagene Lösung nicht zuletzt die prozessökonomische Aufarbeitung aller aufgeworfenen Rechtsfragen.

Übermäßige Störungen der Zuständigkeitsordnung der Gesellschaft sind durch die Gewährung eines Klagerechts nicht zu befürchten, da Forderungen gegen Dritte im normalen Geschäftsgang von der Geschäftsführung regelmäßig geltend gemacht werden müssen.[904] Es wird kaum der Fall eintreten, dass einzelne Gesellschafter das Inkasso der Gesellschaft an sich reißen, denn für eine Gesellschafterklage besteht unter normalen Bedingungen wegen Subsidiarität der Gesellschafterklage weder eine Prozessführungsbefugnis noch aus Gesellschaftersicht überhaupt Veranlassung.

In den verbleibenden „pathologischen" Fällen, in denen die Geschäftsführung als sachwidrigen Gründen davon absieht, Ansprüche gegen Dritte geltend zu machen, besteht – wie die vorhandene Rechtsprechung zum Personengesellschaftsrecht, die konzernrechtliche Problematik und die gesetzliche Wertung des Klagezulassungsverfahrens ausschnittsweise zeigen – kein geringeres Bedürfnis nach einer Gesellschafterklage als bei Ansprüchen gegen Mitgesellschafter und Organmitglieder.[905]

3. Die Primärentscheidung über die Geltendmachung

Für Ansprüche gegen Dritte verlangt eine ordnungsgemäße Geschäftsführung[906] vom Geschäftsführungsorgan realisierbare Forderungen ohne Ansehung von Anspruchgegner und Anspruchsgrund grundsätzlich durchzusetzen.[907] Wegen

---

904 Dazu noch unten Teil 5B.III.3.

905 Ein Bedürfnis verneinend aber *Banerjea*, Die Gesellschafterklage im GmbH- und Aktienrecht, 2000, S. 202 f..

906 Vgl. für GmbH und AG § 43 Abs. 1 GmbHG und § 93 Abs. 1 AktG. Zur entsprechenden Anwendung dieses Sorgfaltsmaßstabes im Personengesellschaftsrecht, *Schäfer*, in: Großkomm. HGB, § 114 HGB Rn. 37.

907 So für Forderungen gegen Dritte KG, Urteil v. 5.5.1959, 2 U 150/59, GmbHR 1959, 257 (Verjährenlassen einer Forderung der GmbH); *Mertens*, in: Hachenburg, § 43 GmbHG Rn. 26; *U. H. Schneider*, in: Scholz, § 43 GmbHG Rn. 109; OLG Koblenz, Zwischenurteil v. 20.11.1998, 10 U 936/97, NZG 1999, 250 (251) (GbR): Einziehung einer fälligen Gesellschaftsforderung zur sachgerechten Verwaltung erforderlich; für ei-

der Subsidiarität der Gesellschafterklage ist in diesem Zusammenhang zu beachten, dass die Abwägung der für und gegen eine Klage sprechenden Interessen bei einer Klage gegen Dritte von anderen Gesichtspunkten wie etwa Kulanz, Imagegefährdung, Marktbeunruhigung oder Schutz von Geschäftsbeziehungen bestimmt sein kann, als sie bei Ansprüchen gegen pflichtvergessene Organe oder treuwidrig handelnde Gesellschafter eine Rolle spielen können.[908]

4. Rechtsgrundlage des Klagerechts

Eine Gesellschafterklage gegen Dritte kann mangels Verpflichtung gegenüber dem einzelnen Gesellschafter notwendig nur im Wege der Prozessstandschaft umgesetzt werden,[909] was sogleich die Frage nach der Rechtsgrundlage des Klagerechts aufwirft. Ein Rückgriff auf § 432 BGB, der eine Gläubigermehrheit voraussetzt, scheidet bei rechtsfähigen Verbänden von vornherein aus, da Gläubiger der Forderung allein die Gesellschaft ist; nach Anerkennung ihrer (Teil-)Rechtsfähigkeit gilt dies nunmehr insbesondere auch für die Gesellschaft bürgerlichen Rechts.[910]

Das Klagezulassungsverfahren zeigt gleichwohl, dass Klagebefugnisse gegen Mitgesellschafter, Organmitglieder und Dritte auf ein und dieselbe Rechtsgrundlage gestützt werden können. Nicht erforderlich ist dabei, dass das anspruchsbegründende Rechtsverhältnis auf dem Gesellschaftsvertrag gründet.[911] Da das Gesellschafterklagerecht in allen Fällen auf ein vergleichbares Durchsetzungsdefizit reagieren soll, ist dies letztlich nur folgerichtig. Ebenso wie die actio pro socio zur Geltendmachung von Ansprüchen gegen Mitgesellschafter, leitet sich die Prozessstandschaft zur Durchsetzung von Ansprüchen gegen Dritte aus der Mitgliedschaft ab. Eine unmittelbare Rechtsbeziehung zwischen dem

---

ne Ermessensreduzierung bzgl. des Widerspruchs gegen die Geltendmachung einer realisierbaren Gesellschaftsforderung *Rawert*, in: MünchKomm. HGB, § 115 HGB Rn. 40; *Martens*, in: Schlegelberger, § 115 HGB Rn. 14; für den Vorstand *Fleischer*, in: Spindler/Stilz, § 93 AktG Rn. 88; *Hopt*, in: Großkomm. AktG, § 93 AktG Rn. 112; *Mertens*, in: KolnKomm. AktG, § 93 AktG Rn. 51; *Spindler*, in: MünchKomm. AktG, § 93 AktG Rn. 60.

908 Vgl. *Becker*, Verwaltungskontrolle durch Gesellschafterrechte, 1997, S. 559, 598, *Banerjea*, Die Gesellschafterklage im Aktien- und GmbH-Recht, 2000, S. 202; *Hopt*, in: Großkomm. AktG, § 93 AktG Rn. 112; *Spindler*, in: MünchKomm. AktG, § 93 AktG Rn. 60.

909 Zur ausnahmsweisen materiell-rechtlichen Anspruchsberechtigung des Gesellschafters neben der Gesellschaft gegenüber dem Dritten unten Teil 6B.III.

910 S. die Nachweise in Fn. 853.

911 Anders *K. Schmidt*, Gesellschaftsrecht, § 21 IV 7 b, S. 644; *Winter*, Treubindungen im GmbH-Recht, 1988, S. 311.

Dritten und dem klagenden Gesellschafter ist hierzu ebenso wenig erforderlich, wie bei der actio pro socio gegen Fremdorgane.[912]

IV. Vereinheitlichung von actio pro socio und Drittklage zu einem einheitlichen Minderheitenschutzrecht

Damit ist die Verbindung zwischen der Gesellschafterklage gegen Dritte und der actio pro socio als subsidiärem Ersatzgeschäftsführungsrecht hergestellt. Wie eng beide Fragenkreise verknüpft sind zeigt schon, dass vergleichbare Fallkonstellationen wie Klagen gegen konzernrechtlich oder familiär verbundene Dritte im Personengesellschaftsrecht unter dem Begriff der externen Gesamthänderklage diskutiert werden, während die Literatur im GmbH-Recht insoweit den Anwendungsbereich der actio pro socio auf eine erweiterte Verbandsinnensphäre erstreckt. Nicht zu Unrecht wird die Judikatur zur externen Gesamthänderklage im Personengesellschaftsrecht zur Legitimation der erweiterten actio pro socio im Konzernrecht rezipiert[913] und im personengesellschaftsrechtlichen Schrifttum darüber hinaus bereits die Zusammenführung der Gesellschafterklage gegen Dritte mit der actio pro socio zu einem einheitlichen Institut befürwortet.[914]

Das Klagezulassungsverfahren belegt nunmehr, dass die Geltendmachung von Ansprüchen gegen Dritte im Wege der actio pro socio keineswegs systemfremd ist, sondern sich bruchlos zu einem einheitlichen Institut zusammenführen lässt. Die Regelung des § 148 AktG bietet hierbei das notwendige prozessuale Instrumentarium, damit eine Gesellschafterklage gegen Dritte sowohl den Interessen des Dritten als auch denen der Gesellschaft nicht zuwider läuft. Das Argument die Durchsetzung von Ansprüchen gegen Dritte sei eine Domäne der Geschäftsführung, steht der Anerkennung einer Gesellschafterklagebefugnis daher nicht entgegen.

---

912 Vgl. dazu oben Teil 5A.III.

913 So *Brandi*, ZIP 1995, 1391 (1396); *Grunewald*, in: MünchKomm. HGB, § 161 HGB Rn. 67, 68.

914 So *Kort*, DStR 2001, 2162 (2164 ff.); *Bork/Oepen*, ZGR 2001, 515 (549 ff., insbesondere 552); *Grunewald*, NZG 2000, 476; *Grunewald*, Die Gesellschafterklage in der Personengesellschaft und der GmbH, 1990, S. 43 ff.; *Becker*, Verwaltungskontrolle durch Gesellschafterrechte, 1997, S. 554 ff., 595 ff.; *Hadding*, actio pro socio, 1966, S. 66 f.; ablehnend *Ulrich/Jäckel*, NZG 2009, 1132 (1136); *Ulmer*, in: MünchKomm. BGB, § 705 BGB Rn. 206; *K. Schmidt*, Gesellschaftsrecht, § 21 IV 7, S. 643 f.; *K. Schmidt*, in: MünchKomm. HGB, § 105 HGB Rn. 200.

Noch stärker als bei der actio pro socio gegen Gesellschafter und Organmitglieder zeigt sich jedoch anhand der actio pro socio gegen gesellschaftsfremde Dritte, dass die Zulassung von Mehrfachklagen und das damit eng zusammenhängende Erfordernis eines ausschließlichen Gerichtsstands am Sitz der Gesellschaft jedenfalls bei Personen, die nicht selbst der Innensphäre der Gesellschaft nahe stehen, eine unangemessene Benachteiligung der prozessualen Stellung des Beklagten darstellt.

C. Zusammenfassung

Die actio pro socio hat sich als Rechtsinstitut längst von seinen personengesellschaftsrechtlichen Wurzeln emanzipiert und seinen Anwendungsbereich über die bloße Geltendmachung von Sozialansprüchen hinaus ausgedehnt. In dem so erweiterten Anwendungsbereich der actio pro socio lässt sich abgesehen von Mitgesellschaftern als Klagegegnern unterscheiden nach:

- Klagen gegen Fremdorgane der Gesellschaft, also Fremdgeschäftsführer, Vorstand, Aufsichtsrat und sonstige Organmitglieder in den Kapitalgesellschaften,
- Klagen gegen Personen, die dem erweiterten Binnenbereich der Gesellschaft zuzurechnen sind wie z. B. mittelbar herrschende Unternehmen, Hintermänner, familiär verbundene Personen usw. sowie
- Klagen gegen außenstehende Dritte wie z. B. Lieferanten, Abnehmer, Kreditgeber, Abschlussprüfer, Gründungsprüfer, Wirtschaftsprüfer und sonstige professionelle Berater.

Unterschiede dürften hierbei insbesondere im Hinblick auf die ein Absehen von der Klageerhebung rechtfertigenden Umstände bestehen.

In allen diesen Fällen ist die Beteiligung der Gesellschaft am Verfahren der Gesellschafterklage erforderlich, da andernfalls Unsicherheiten hinsichtlich der Prozessführungsbefugnis der Gesellschafter verbleiben. Die Beteiligung der Gesellschaft gewährleistet eine analoge Anwendung der Beiladungsvorschrift des § 148 Abs. 2 Satz 7 AktG. Über die bereits genannten Funktionen der Beiladung hinaus erlangt die Beiladung damit auch und gerade Bedeutung für Klagen gegen außenstehende Dritte, indem Rechtssicherheit hinsichtlich des Bestandes der Prozessführungsbefugnis des klagenden Gesellschafters geschaffen wird.

Teil 6
Actio pro socio und Klage auf Ersatz von Reflexschäden

Bei der Untersuchung der actio pro socio wurde festgestellt, dass die Grundlage dieses Rechtsinstituts nicht in eigenen Ansprüchen der Gesellschafter gegen den Gesellschaftsschuldner zu suchen ist, die auf Leistung an die Gesellschaft gerichtet sind.[915] Gleichwohl werden Gesellschafteransprüche vor allem im GmbH- und Aktienrecht von Rechtsprechung und Literatur bejaht, wenn zwar der Schaden im Gesellschaftsvermögen eingetreten, gleichwohl aber (auch) der Gesellschafter anspruchsberechtigt ist, weil ihm gegenüber eine Pflicht verletzt worden ist. Wegen der Vermögenstrennung von Gesellschaft und Gesellschaftern stellt sich die Problematik im Grundsatz in gleicher Weise bei teilrechtsfähigen Personengesellschaften.[916]

Zu denken ist in diesem Zusammenhang – insoweit parallel zum möglichen Anwendungsbereich der abgeleiteten Gesellschafterklage – nicht nur an Pflichtverletzungen durch Organmitglieder, sondern auch Mitgesellschafter (etwa aus Treuepflichtverletzungen) und außenstehende Dritte. Ist im Fall der Schädigung des Gesellschaftsvermögens dabei (wie regelmäßig) zugleich die Gesellschaft anspruchsberechtigt, so ergibt sich ein Konkurrenzverhältnis zwischen dem jeweils auf dasselbe Leistungsziel gerichteten Anspruch der Gesellschaft und der Gesellschafter, was die Problemstellung der actio pro socio widerspiegelt. Zum Teil würde das so begründete Gesellschafterklagerecht gar als Ersatz für fehlende oder als zu restriktiv empfundene Minderheitenrechte angesehen.[917]

915 Ausführlich oben Teil 2C.

916 Näher *Kowalski*, Der Ersatz von Gesellschafts- und Gesellschafterschaden, 1990, S. 40 ff.; zust. *Wittkowski*, ZHR 156 (1992), 360. S. auch BGH, Urteil v. 22.10.1984, II ZR 2/84, NJW 1985, 1900 zur KG.

917 Zu diesem Zusammenhang bereits *Hüffer*, ZGR 1980, 320 (350 f.); *Martens*, ZGR 1972, 254 (278); *Kowalski*, Der Ersatz von Gesellschafts- und Gesellschafterschaden, 1990, S. 187; *Rhein*, Der Interessenkonflikt der Manager beim Management Buy-out, 1996, S. 193; *Baums*, Der Geschäftsleitervertrag, 1987, § 10 III 2 a aa, S. 223; *Baums*, Gutachten F zum 63. Deutschen Juristentag Leipzig 2000, F 229. Ebenso *Mülbert*, in: Großkomm. AktG, Vor §§ 118-147 AktG Rn. 223 zu Treuepflichtverletzungen durch Aktionäre. Siehe auch *Brandes*, FS Fleck 1988, 13.

A. Reflexschaden und Ersatzleistung an die Gesellschaft

Bei der Klage auf Reflexschäden ist streng zu unterscheiden zwischen (i) der schadensrechtlichen Frage des Vorliegens eines durch die Schädigung der Gesellschaft vermittelten Reflexschadens beim Gesellschafter, (ii) der Begründung der Ersatzleistung in das Gesellschaftsvermögen und (iii) der tatbestandlichen Feststellung einer anspruchsbegründenden Pflichtverletzung zu Lasten des Gesellschafters. Insbesondere Schadensfeststellung und Anspruchsberechtigung des Gesellschafters werden in der Literatur oftmals vermengt, indem von der bloßen Wertminderung der Anteile auf eine tatbestandliche Pflichtverletzung geschlossen wird.[918]

I. Problemaufriss

Das Problem des Reflexschadens[919] entsteht, soweit infolge einer Schädigung der Gesellschaft der innere Wert, also der – im Gegensatz zum Kurs- oder Marktwert – an Vermögenslage und Ertragsfähigkeit der Gesellschaft ausgerichtete Wert der Gesellschaftsanteile sinkt, die ihrerseits anteilsmäßig den Unternehmenswert repräsentieren.[920] Erleidet der einzelne Gesellschafter auf diese Weise einen Schaden, so erweist sich dieser lediglich als „Reflex" des bei der Gesellschaft eingetretenen Schadens. Gleichwohl soll nach überwiegender Ansicht ein im Einzelfall gegebener individueller Anspruch des Gesellschafters

918 Siehe etwa *Rhein*, Der Interessenkonflikt der Manager beim Management Buy-out, 1996, S. 187; *Henze*, NZG 2003, 649 (655).

919 Zum Teil wird auch vom „Doppelschaden" oder „mittelbaren Schaden" gesprochen. Ausführlich zur unterschiedlichen Terminologie *Stephan*, Gesellschafterschaden und Gesellschaftsschaden, 1999, S. 92 ff..

920 BGH, Urteil 20.3.1995, II ZR 205/94, NJW 1995, 1739 (1746) - *Girmes*; BGH, Urteil v. 11.7.1988, II ZR 243/87, NJW 1988, 2794 (2796); BGH, Urteil v. 10.11.1986, II ZR 140/85, NJW 1987, 1077 (1079); *Henze*, FS Lutter 2000, 1101 (1107); *Arnold*, in: Marsch-Barner/Schäfer, Handbuch börsennotierte AG, § 22 Rn. 67; *Hüffer*, § 93 AktG Rn. 19; *Mertens/Cahn*, in: KölnKomm. AktG, § 93 AktG Rn. 213; *Spindler*, MünchKomm. AktG, § 93 AktG Rn. 282 f.; *Kort*, in: Großkomm. AktG, § 117 AktG Rn. 174. Besonderheiten gelten für die Abgrenzung bloßer Reflexschäden von unmittelbaren Eigenschäden bei Schädigung börsennotierter Aktiengesellschaften. Ausführlich dazu *Schmolke*, Organwalterhaftung für Eigenschäden von Kapitalgesellschaftern, 2004, S. 42 f.; *Kowalski*, Der Ersatz von Gesellschafts- und Gesellschafterschaden, 1990, S. 107 ff..

auch den Anteilsschaden umfassen, und zwar unabhängig vom gleichzeitigen Bestehen eines durchsetzbaren Ersatzanspruchs der Gesellschaft.[921]

Die Wechselbeziehung zwischen dem Schaden der Gesellschaft und dem korrespondierenden Reflexschaden der Gesellschafter bereitet Schwierigkeiten beim Schadensausgleich. So gleicht zwar die Wiederherstellung des Gesellschaftsvermögens stets den korrespondierenden Anteilsschaden des Gesellschafters aus; umgekehrt kommt eine Zahlung an den Gesellschafter jedoch nur dessen Privatvermögen, nicht aber dem Gesellschaftsvermögen zugute. Letzteres birgt für den Schädiger bei gleichzeitigem Bestehen eines Ersatzanspruchs von Gesellschaft und Gesellschafter die Gefahr einer doppelten Inanspruchnahme.[922] Diese ließe sich dadurch vermeiden, könnte der Gesellschafter mit befreiender Wirkung an einen einzelnen Gesellschafter leisten. Der Gesellschaft würde da-

---

921 BGH, Urteil 20.3.1995, II ZR 205/94, NJW 1995, 1739 (1747) – *Girmes* (AG): „Dabei ist es unerheblich, ob der Gesellschaft gegen den Schädiger ein eigener Schadenersatzanspruch zusteht oder nicht. Der Grundsatz der Kapitalerhaltung und der Zweckbindung des Gesellschaftsvermögens hat zur Folge, daß der Gesellschafter den Ausgleich eines an dem Gesellschaftsvermögen entstandenen Schadens nur durch Leistung an die Gesellschaft beanspruchen kann."; BGH, Urteil v. 28.6.1982, II ZR 199/81, ZIP 1982, 1203 (GmbH); „Daraus können der Gesellschaft nach § 43 Abs. 2 GmbHG Ersatzansprüche gegen sie [die Beklagten] erwachsen sein. Das Bestehen solcher Ansprüche schließt aber nicht grundsätzlich aus, daß ein gleichzeitig auch in seinem persönlichen Vermögen geschädigter Gesellschafter im eigenen Namen Ersatzansprüche gegen den Schädiger erhebt, [...]. Einen solchen Vermögensschaden hat der Kläger nach seinem Vortrag erlitten, da die Minderung des Gesellschaftsvermögens durch die Entnahme der Beklagten zugleich den Wert seines Geschäftsanteils und gegebenenfalls den verteilbaren Reingewinn geschmälert hat."; angedeutet bereits in BGH, Urteil v. 5.6.1975, II ZR 23/74, BGHZ 65, 15 (21) – *ITT* (GmbH): „Mögliche eigene Schadensersatzansprüche der GmbH verdrängen auch nicht – unbeschadet des Ausschlusses einer Doppelhaftung [...] – den Anspruch des Klägers."; BGH, Urteil v. 10.11.1986, II ZR 140/85, NJW 1987, 1077 (1079) (AG); BGH, Urteil v. 29.11.2004, II ZR 14/03, NZG 2005, 216 (GmbH); BGH, Urteil v. 14.5.1990, II ZR 125/89, NJW 1990, 2627 (2628) (GmbH); OLG Düsseldorf, Urteil v. 28.11.1997, 6 U 11/95, AG 1997, 231 (236) (AG); OLG Düsseldorf, Urteil v. 14.3.1996, 6 U 119/94, ZIP 1996, 1083 (1091) – *ARAG*/Garmenbeck; *Brandes*, FS Fleck 1988, 13 (13, 15); *Gehrlein*, ZIP 1993, 1525 (1526); *Henze*, Aktienrecht, Rn. 585; *Mertens*, FS H. Lange 1992, 561 (571); *Raiser*, ZHR 153 (1989), 1 (23); *Zöllner*, ZGR 1988, 392 (400 Fn. 27); *Spindler*, in: MünchKomm. AktG, § 93 AktG Rn. 282 f.; *Hopt*, in: Großkomm. AktG, § 93 AktG Rn. 487; *Hüffer*, § 93 AktG Rn. 19; *Paefgen*, in: Ulmer/Habersack/M. Winter, § 43 GmbHG Rn. 187; *Pentz*, in: Rowedder/Schmidt-Leithoff, § 13 GmbHG Rn. 41, 84.

922 *Beckerhoff*, Treupflichten bei der Stimmrechtsausübung und Eigenhaftung des Stimmrechtsvertreters, 1996, S. 106; *Voigt*, Haftung aus Einfluss auf die Aktiengesellschaft (§§ 117, 309, 317 AktG), 2004, S. 243.

durch jedoch endgültig zweckgebundenes Vermögen abfließen, was zu Lasten der Gleichbehandlung aller Gesellschafter und der Gesellschaftsgläubiger ginge.

Hat sich ein Gesellschafter den auf seinen Anteil entfallenden Entwertungsschaden bereits in sein Privatvermögen ersetzen lassen, bewirkt eine Ersatzleistung in das Gesellschaftsvermögen einer ungerechtfertigten Bevorzugung dieses Gesellschafters. Denn über die Wertsteigerung seines Anteils profitiert er mittelbar auch von dieser Ersatzleistung.[923] Der an den Gesellschafter geleisteten Betrag könnte zwar vom Ersatzanspruch der Gesellschaft abgezogen werden.[924] Dies verursacht jedoch Schwierigkeiten bei der Bezifferung ihres Ersatzanspruch und gewährleistet keine vollständige Wiederherstellung des Gesellschaftsvermögens.

II. Bisherige Ansätze zur Lösung der Reflexschadensproblematik

Welche Schlussfolgerungen aus der Schadenskongruenz bei Gesellschaft und Gesellschaftern zu ziehen ist, wird nicht einheitlich beurteilt. In der Kommentarliteratur findet sich teilweise noch immer die Lösung, der Gesellschafter bzw. Aktionär könne – auch soweit sein Anspruch auf den Anteilsschaden gerichtet ist – Leistung in sein persönliches Vermögen verlangen. Hierdurch wird der Ersatzpflichtige jedoch nicht von seiner Leistungspflicht gegenüber der Gesellschaft befreit, vielmehr stehen die Ansprüche von Gesellschaft und Aktionär unverbunden nebeneinander. Muss er nochmals an die Gesellschaft zahlen, so erfolgt der Ausgleich zwischen dem Ersatzpflichtigen und dem Aktionär nach §§ 812 ff. BGB.[925] Diese Lösung entspricht der Rechtslage unter § 101 AktG 1937, der Vorgängerregelung zu dem heute geltenden § 117 AktG, der noch in einer Weise formuliert war, dass eine parallele Ersatzpflicht gegenüber Gesellschaft und Aktionären angenommen wurde.[926]

---

923 *Brandes*, FS Fleck 1988, 13 (15); *Martens*, ZGR 1972, 254 (279); *Mertens*, FS Fischer 1979, 461 (474); *Spindler*, in: MünchKomm. AktG, § 93 AktG Rn. 282.

924 S. *Mertens*, FS R. Fischer 1979, 461 (474).

925 *Ehricke*, in: Großkomm. AktG, § 46 AktG Rn. 128; *Kraft*, in: KölnKomm. AktG, § 46 AktG Rn. 10; zweifelnd *Bayer*, in: K. Schmidt/Lutter, § 46 AktG Rn. 25. A. A. *Pentz*, in: MünchKomm. AktG, § 46 AktG Rn. 83.

926 § 101 AktG 1937 lautete: „Wer zu dem Zwecke, für sich oder einen anderen gesellschaftsfremde Sondervorteile zu erlangen, vorsätzlich unter Ausnutzung seines Einflusses auf die Gesellschaft ein Mitglied des Vorstandes oder des Aufsichtsrats dazu bestimmt, zum Schaden der Gesellschaft oder ihrer Aktionäre zu handeln, ist zum Ersatz des daraus entstehenden Schadens verpflichtet". Siehe *Schlegelberger/Quassowski*,

Da die vorgenannte Lösung im Hinblick auf das Regressrisiko des Schädigers wie das Ausfallrisiko der Gesellschaft bzw. der Mitgesellschafter unbefriedigend ist, nimmt die h. M. an, der Gesellschafter könne seinen Anteilsschaden selbst geltend machen, aber nur in der Weise, dass er Leistung in das Gesellschaftsvermögen verlangt.[927] Zur Begründung dieses Leistungsziels entnimmt sie den §§ 117 Abs. 1 Satz 2, 317 Abs. 1 Satz 2 AktG einen allgemeinen Grundsatz, demzufolge der Aktionär bei durch die Entwertung des Gesellschaftsvermögens vermittelten Schäden keine Leistung in sein Privatvermögen verlangen kann.[928] Unter Verweis auf die allen Gesellschaften gemeinsame Zweckwidmung des Gesellschaftsvermögens und die für Kapitalgesellschaften geltenden Grundsätze der Kapitalerhaltung soll der Ersatz daher zwingend dem Gesell-

---

§ 101 AktG 1937 Anm. 6. Vgl. auch die Erwägungen zu § 117 Abs. 1 Satz 2 AktG in Begründung RegE zu § 117, *Kropff*, Aktiengesetz, S. 163.

927 BGH, Urteil v. 20.3.1995, II ZR 205/94, NJW 1995, 1739 (1746 f.) – *Girmes* (AG); BGH, Urteil v. 11.7.1988. II ZR 243/87, NJW 1988, 2794 (2796) (AG); BGH, Urteil v. 29.6.1987, II ZR 173/86, NJW 1988, 413 (415) (GmbH); BGH, Urteil v. 10.11.1986, II ZR 153/85, NJW 1987, 1637 (1638); BGH, Urteil v. 10.11.1986, II ZR 140/85, NJW 1987, 1077 (1079) (AG); BGH, Urteil v. 22.10.1984, II ZR 2/84, NJW 1985, 1900 (KG); BGH, Urteil v. 5.6.1975, II ZR 23/74, BGHZ 65, 15 (18, 21) – *ITT* (GmbH); BGH, Urteil v. 28.6.1982, II ZR 199/81, ZIP 1982, 1203 (GmbH); OLG Hamm, Urteil v. 4.6.2002, 27 U 212/01, NZG 2002, 780 (781) (GmbH); OLG München, Urteil v. 17.9.1999. 23 U 1514/99, NZG 2000, 741 (743); OLG Düsseldorf, Urteil v. 14.3.1996, 6 U 119/94, ZIP 1996, 1083 (1091) – *ARAG/Garmenbeck*; OLG Düsseldorf, Urteil v. 28.11.1997, 6 U 11/95, AG 1997, 231 (236) – *ARAG/Garmenbeck*; LG Hamburg, Urteil v. 11.7.1997, 324 O 69/96, AG 1998, 432 (433); *Thümmel*, Persönliche Haftung von Managern und Aufsichträten, Rn. 406; *Henze*, Aktienrecht, Rn. 584; *Hopt*, FS Mestmäcker 1996, 909 (925); *Raiser/Veil*, Recht der Kapitalgesellschaften, § 14 Rn. 99; *Hopt*, in: Großkomm. AktG, § 93 AktG Rn. 487 f.; *Pentz*, in: MünchKomm. AktG, § 46 AktG Rn. 83; *Wiesner*, in: Münch. Hdb. GesR IV, 3. Aufl. 2007, § 26 Rn. 32; *Fleischer*, in: Spindler/Stilz, § 93 AktG Rn. 323; *Spindler*, in: MünchKomm. AktG, § 93 AktG Rn. 283; *Hüffer*, § 93 AktG Rn. 19; *Mertens/Cahn*, in: KölnKomm. AktG, § 93 AktG Rn. 213; *Krieger/Sailer*, in: K. Schmidt/Lutter, § 93 AktG Rn. 65; *Paefgen*, in: Ulmer/Habersack/M. Winter, § 43 GmbHG Rn. 187; *Pentz*, in: Rowedder/Schmidt-Leithoff, § 13 GmbHG Rn. 41, 84; *Haas*, in: Michalski, § 43 GmbHG Rn. 282.

928 BGH, Urteil v. 20.3.1995, II ZR 205/94, NJW 1995, 1739 (1746) - *Girmes*; BGH, Urteil v. 10.11.1986, II ZR 140/85, NJW 1987, 1077 (1079); *Baums*, ZGR 1987, 554 (557); *Winter*, ZHR 148 (1984), 579 (596); *Henze*, Aktienrecht, Rn. 584; *Pentz*, in: MünchKomm. AktG, § 46 AktG Rn. 83; *Spindler*, in: MünchKomm. AktG, § 93 AktG Rn. 283; für die GmbH *Pentz*, in: Rowedder/Schmidt-Leithoff, § 13 GmbHG Rn. 84, 120.

schaftsvermögen zugute kommen.[929] Eine Ersatzleistung in das Vermögen eines Gesellschafters wird insoweit einer unzulässigen Einlagenrückgewähr oder Gewinnverteilung gleichgestellt[930], die nicht nur unter dem Gesichtspunkt der Gleichbehandlung aller Gesellschafter, sondern auch wegen des Interesses der Gesellschaftsgläubiger an der Erhaltung des Gesellschaftsvermögens der Haftungsmasse nicht in Betracht kommt.[931]

Was den konkreten Inhalt des Anspruchs auf Leistung an die Gesellschaft anbelangt, so liegt der Schaden des Gesellschafters im Ausgangspunkt nur in der auf seinen Anteil entfallenden Wertminderung. Eine Ersatzleistung an die Gesellschaft nur in Höhe des individuellen Anteilsschadens könnte jedoch weder den Gesellschaftsschaden, noch die Werteinbuße des Aktionärs vollständig beheben. Die Ersatzleistung würde das Gesellschaftsvermögen erhöhen, über ihre Beteiligung würden anteilig jedoch *alle* Gesellschafter daran partizipieren. Anders wäre dies nur, soweit die Ersatzleistung im Einzelfall allein dem Kapitalanteil des klagenden Gesellschafters gutgeschrieben werden könnte, was indes eine besondere Vereinbarung zwischen den Aktionären oder die Voraussetzungen einer Kapitalerhöhung bedingt.[932]

Um einen vollständigen Schadensausgleich zu erreichen, bleibt damit nur die Möglichkeit den *gesamten* Schadens der Gesellschaft auszugleichen, wodurch zugleich der anteilige Entwertungsschaden des Gesellschafters ausgeglichen wird.[933] Die dogmatischen Begründungsansätze sind vielfältig und verwei-

---

929 BGH, Urteil 20.3.1995, II ZR 205/94, NJW 1995, 1739 (1747) - *Girmes*; BGH, Urteil v. 11.7.1988, II ZR 243/87, NJW 1988, 2794 (2796); BGH, Urteil v. 10.11.1986, II ZR 140/85, NJW 1987, 1077 (1079); *Baums*, Der Geschäftsleitervertrag, § 10 III 1 a, S. 218; *Mertens*, FS H. Lange 1992, 561 (570); *Martens*, ZGR 1972, 254 (277); *Spindler*, in: MünchKomm. AktG, § 93 AktG Rn. 283; zu § 117 AktG: BGH, Urteil v. 22.6.1992, II ZR 178/90, NJW 1992, 3167 (3171); *Kort*, in: Großkomm. AktG, § 117 AktG Rn. 174; zu § 317 AktG: *Habersack*, in: Emmerich/Habersack, Aktien- und GmbH-Konzernrecht, § 317 AktG Rn. 13.

930 BGH, Urteil v. 10.11.1986, II ZR 140/85, NJW 1987, 1077 (1079); *Martens*, ZGR 1972, 254 (277).

931 *Beckerhoff*, Treupflichten bei der Stimmrechtsausübung und Eigenhaftung des Stimmrechtsvertreters, 1996, S. 108; *Schmolke*, Organwalterhaftung für Eigenschäden von Kapitalgesellschaftern, 2004, S. 40; *Baums*, Der Geschäftsleitervertrag, § 10 III 1 a, S. 217 f..

932 *Brandes*, FS Fleck, 1988, 13 (18f.); *Kowalski*, Der Ersatz von Gesellschafts- und Gesellschafterschaden, 1990, S. 23 f., 119 f..

933 *Baums*, ZGR 1987, 554 (559 f.); ebenso *Brandes*, FS Fleck 1988, 13 (21 f.); *Mertens*, FS H. Lange 1992, 561 (570); *Mertens*, FS R. Fischer 1979, 461 (474 f.); *Raiser*, ZHR 153 (1989), 1 (10); *Beckerhoff*, Treupflichten bei der Stimmrechtsausübung und Eigenhaftung des Stimmrechtsvertreters, 1996, S. 109; *Guntz*, Treubindungen von Minder-

sen teils auf den Grundsatz der Naturalrestitution (§ 249 Abs. 1 BGB)[934], teils auf die Grundsätze der Drittschadensliquidation[935]. Ohne auf diese Lösungsansätze im Einzelnen einzugehen[936], bleibt festzuhalten, dass der Gesellschafter jeweils in die Lage versetzt wird, aufgrund seines eigenen Anspruchs auf Ersatz des Gesamtschadens der Gesellschaft zu klagen.

Diese Klagebefugnis des einzelnen Gesellschafters entspricht sowohl hinsichtlich des Anspruchsinhalts – Ersatz des gesamten Gesellschaftsschadens – als auch hinsichtlich des Empfängers der Ersatzleistung – Leistung an die Gesellschaft – im Ergebnis einer Prozessstandschaft für die Gesellschaft und damit einer actio pro socio.

B. Materielle Anspruchsberechtigung der Gesellschafter

Soweit ein Reflexschaden eingetreten ist, kann der einzelne Gesellschafter diesen nur unter der Voraussetzung geltend machen, dass ihm eine eigene Anspruchsgrundlage gegen den Schädiger zur Verfügung steht. Je weiter die Grenzen der individuellen Anspruchsinhaberschaft gezogen werden, desto eher entsteht bei Anwendung der oben behandelten Grundsätze neben der als subsidiäre Prozessstandschaft verstandenen actio pro socio eine zweite Spur von Gesellschafterklagerechten basierend auf einem eigenen Anspruch des Gesellschafters. Die möglichen Konkurrenzkonstellationen sollen im Folgenden überblicksartig dargestellt werden:

---

heitsaktionären, 1997, S. 150; *Nehls*, Die gesellschaftsrechtliche Treuepflicht im Aktienrecht, 1993, S. 107; *Kowalski*, Der Ersatz von Gesellschafts- und Gesellschafterschaden, 1990, S. 24, 118 ff., 187; *Mertens/Cahn*, in: KölnKomm. AktG, § 93 AktG Rn. 62, 213.

934 *Baums*, ZGR 1987, 254 (560); *Baums*, Der Geschäftsleitervertrag, 1987, S. 223, 224, 227 *Mertens*, FS R. Fischer 1979, 461 (474 f.); *Ulmer*, NJW 1976, 191 (193).

935 *Brandes*, FS Fleck 1988, 13 (21 f.); *Mertens*, FS H. Lange 1992, 561 (570); *Beckerhoff*, Treupflichten bei der Stimmrechtsausübung und Eigenhaftung des Stimmrechtsvertreters, 1996, S. 109; *Kowalski*, Der Ersatz von Gesellschafts- und Gesellschafterschaden, 1990, S. 152 ff..

936 Insoweit sei verwiesen auf *Kowalski*, Der Ersatz von Gesellschafts- und Gesellschafterschaden, 1990, S. 122 ff..

I. Ersatzansprüche gegen Mitgesellschafter

Bei Ersatzansprüchen gegen Mitgesellschafter ist zunächst an solche aus der Verletzung mitgliedschaftlicher Treuepflichten sowie an Ansprüche auf deliktsrechtlicher Grundlage zu denken. Im Aktienrecht kämen zudem Ansprüche wegen unzulässiger Einflussnahme nach § 117 AktG, sowie im faktischen Aktienkonzern nach § 317 AktG in Betracht, die gemäß ihres jeweiligen Abs. 1 Satz 2 den Anspruch des Aktionärs jedoch von vornherein auf unmittelbare Eigenschäden beschränken.

1. Verletzung der mitgliedschaftlichen Treuepflicht

a) Doppelter Bezugspunkt der mitgliedschaftlichen Treuepflicht

Nachdem mitgliedschaftliche Treuebindungen lange Zeit nur zwischen Personengesellschaftern anerkannt waren[937], setzte sich beginnend mit der zur GmbH ergangenen Entscheidung *ITT* die Ansicht durch, dass auch im Kapitalgesellschaftrecht die Gesellschafter nicht nur gegenüber der Gesellschaft, sondern auch im Verhältnis untereinander Treuebindungen unterliegen.[938] Der BGH hat dies in der Entscheidung *Linotype* zunächst für den Mehrheitsaktionär und später in *Girmes* für den Minderheitsaktionär bestätigt.[939]

Die Treuepflicht des Gesellschafters umschreibt generalklauselartig die Verpflichtung des Gesellschafters in allen gesellschaftlichen Belangen auf das wohlverstandene Unternehmensinteresse der Gesellschaft sowie auf die gesellschaftsbezogenen Belange der Mitgesellschafter angemessene Rücksicht zu nehmen,[940] wobei ihr ein umfassendes Schädigungsverbot entnommen wird.[941]

---

937 Vgl. statt aller *Hopt*, in: Baumbach/Hopt, § 105 HGB Rn. 23.

938 BGH, Urteil v. 5.6.1975, II ZR 23/74, BGHZ 65, 15 (18) – *ITT*.

939 BGH, Urteil v. 1.2.1988, II ZR 75/87, BGHZ 103, 184 (194) – *Linotype*; BGH, Urteil v. 20.3.1995, II ZR 205/94, NJW 1995, 1739 (1745) – *Girmes*.

940 *Schäfer*, in: Großkomm. HGB, § 105 HGB Rn. 230 ff., 234 ff.; *Raiser*, in: Ulmer/Habersack/M. Winter, § 14 GmbHG Rn. 72; *Henze/Notz*, in: Großkomm. AktG, Anh § 53a AktG Rn. 52. Die Intensität der Treuepflichten hängt von einer Reihe von Faktoren wie Gesellschaftszweck, Realstruktur der Gesellschaft, Art des auszuübenden Rechts und dem Maß der Einflussmöglicheiten ab, vgl. z. B. *Pentz*, in: Rowedder/Schmidt-Leithoff, § 13 GmbHG Rn. 40. Der Einflussmacht des Gesellschafters soll insoweit seine Verantwortung entsprechen BGH, Urteil v. 5.6.1975, II ZR 23/74, BGHZ 65, 15 (19) – *ITT*.

941 *Lutter*, ZHR 162 (1998), 164 (179); *Schwab*, Das Prozessrecht gesellschaftsinterner Streitigkeiten, 2005, S. 57; *Schiessl*, in: Münch. Hdb. GesR III, § 32 Rn. 16; *Emmerich*, in: Scholz, § 13 GmbHG Rn. 42; *Pentz*, in: Rowedder/Schmidt-Leithoff, § 13 GmbHG Rn. 62; *Liebscher*, GmbH-Konzernrecht, 2006, Rn. 331 ff., 339 ff. *Ulmer*, in: Hachen-

Im Fall der Schädigung des Gesellschaftsvermögens kommen wegen des doppelten Bezugspunktes der Treuepflicht sowohl ein Ersatzanspruch der Gesellschaft[942] als auch ein Anspruch der einzelnen Mitgesellschafter in Betracht.[943] Unter kompetenzrechtlichen Gesichtspunkten kann die Gesellschaft unproblematisch ihren eigenen Anspruch durch das zuständige Verwaltungsorgan gegen den treuwidrig handelnden Gesellschafter geltend machen. Ebenso bestehen keine Bedenken, dass geschädigte Gesellschafter einen Mitgesellschafter wegen ihres unmittelbaren (d. h. über den durch Schädigung der Gesellschaft vermittelten Anteilsschaden hinausgehenden) Eigenschadens auf Leistung in ihr Privatvermögen in Anspruch nehmen.[944]

Schwierigkeiten ergeben sich, soweit der Schaden des Gesellschafters allein in der durch die Schädigung des Gesellschaftsvermögens vermittelten Wertminderung seiner Anteile besteht, also einen bloßen Reflexschaden darstellt. Hier kommen Fälle in Betracht, in denen tatbestandlich allein die Treuepflicht gegenüber den Mitgesellschaftern betroffen ist.[945] Denkbar ist aber auch, dass ein

---

burg, Anh § 77 GmbHG Rn. 77 ff.; *Koppensteiner*, in: Rowedder/Schmidt-Leithoff, Anh. Nach § 52 GmbHG Rn. 74 ff..

942 Für die Personengesellschaften: *Schäfer*, in: Großkomm. HGB, § 105 HGB Rn. 212, 246; *K. Schmidt*, in: MünchKomm. HGB, § 105 HGB Rn. 193; für die GmbH: *Pentz*, in: Rowedder/Schmidt-Leithoff, § 13 GmbHG Rn. 83; *Hueck/Fastrich*, in: Baumbach/Hueck, § 13 GmbHG Rn 36; für die Aktiengesellschaft: *Bungeroth*, in: MünchKomm. AktG, Vor § 53a AktG Rn. 33; *Hüffer*, § 53a AktG Rn. 21; *Henze/Notz*, in: Großkomm. AktG, Anh § 53a AktG Rn. 145.

943 Für die Personengesellschaften: *Schäfer*, in: Großkomm. HGB, § 105 HGB Rn. 212, 246; *K. Schmidt*, in: MünchKomm. HGB, § 105 HGB Rn. 193; für die GmbH: BGH, Urteil v. 5.6.1975, II ZR 23/74, BGHZ 65, 15 (19) – *ITT*; BGH, Urteil v. 16.9.1985, II ZR 275/94, NJW 1986, 188 (190) - *Autokran*; *Lutter/Bayer*, in: Lutter/Hommelhoff, § 14 GmbHG Rn. 28; *Hueck/Fastrich*, in: Baumbach/Hueck, § 13 GmbHG Rn. 36; *Pentz*, in: Rowedder/Schmidt-Leithoff, § 13 GmbHG Rn. 82 ff.. In der Entscheidung *Girmes* hat der BGH zuletzt auch unmittelbare Schadensersatzansprüche von Aktionären gegen Mitaktionäre bejaht, BGH, Urteil v. 20.3.1995, II ZR 205/94, NJW 1995, 1739 (1745 f.) – *Girmes*; *Beckerhoff*, Treupflichten bei der Stimmrechtsausübung und Eigenhaftung des Stimmrechtsvertreters, 1996, S. 102 ff.; *Nehls*, Die gesellschaftsrechtliche Treuepflicht im Aktienrecht, 1993, S. 106 ff.; *Piepenburg*, Mitgliedschaftliche Treupflichten der Aktionäre, 1996, S. 179; *Raiser*, in: Bayer/Habersack, Aktienrecht im Wandel II 2007, 14. Kapitel Rn. 89; *Henze/Notz*, in: Großkomm. AktG, Anh § 53a AktG Rn. 145.

944 Siehe dazu *Schäfer*, in: Großkomm. HGB, § 105 HGB Rn. 212; *Pentz*, in: Rowedder/Schmidt-Leithoff, § 13 GmbHG Rn. 41, 84; *Henze*, in: Großkomm. AktG, Anh § 53a AktG Rn. 145.

945 *Beckerhoff*, Treupflichten bei der Stimmrechtsausübung und Eigenhaftung des Stimmrechtsvertreters, 1996, S. 23. So etwa im Fall *Girmes*, wo die Ablehnung eines Sanie-

treupflichtwidriges Verhalten zum Schaden der Gesellschaft führt zugleich auch die Treuepflicht gegenüber den Mitgesellschaftern verletzt, sofern sich beide Pflichtenkreise überschneiden.

b) Verhältnis der Treuepflichten gegenüber der Gesellschaft und Mitgesellschaftern

Die mögliche Überschneidung der beiden Schutzrichtungen der Treuepflicht erlangt für die hier behandelte Frage der Geltendmachung von Gesellschaftsschäden insoweit Bedeutung, als damit die Frage nach der Aktivlegitimation für Schadensersatzklagen aufgeworfen wird. Im selben Umfang wie schadensstiftende Treuepflichtverletzungen gegenüber der Gesellschaft zugleich Pflichtverletzungen gegenüber den Mitgesellschaftern begründen, ergibt sich eine Konkurrenz von Gesellschafts- und Gesellschafteranspruch. Das Verhältnis der beiden Bezugspunkte der Treuepflicht ist bislang keineswegs geklärt:

In der zur GmbH ergangenen Entscheidung *ITT* bejahte der BGH im Fall einer unzulässigen verdeckten Gewinnausschüttung – also einem Fall, welcher die Schädigung des Gesellschaftsvermögens betraf – einen eigenen Anspruch der Gesellschafter auf Grundlage einer Verletzung der zwischen den Gesellschaftern bestehenden Treuepflicht, jedoch gerichtet auf Leistung an die Gesellschaft.[946] Der Senat wies ausdrücklich darauf hin, dass dieser Anspruch *neben* einen möglichen eigenen Anspruch der Gesellschaft tritt.[947]

Ein Teil des Schrifttums geht im Anschluss an den BGH in der Tat von einer generellen Parallelität der Treuepflichten gegenüber Gesellschaft und Mitgesellschaftern und folglich von einer zwangsläufigen Konkurrenz von Gesellschafts- und Gesellschafteranspruch aus.[948] Bezeichnender Weise handelt es sich dabei vornehmlich um die Vertreter jener Ansicht, die im nächsten Schritt der actio pro socio eigene Ansprüche zugrunde legt.[949] Auch im Aktienrecht hat die

---

rungsvorschlags nicht die gegenüber der Gesellschaft bestehende Treuepflicht verletzte, da die Gesellschaft keinen allgemeinen Bestandsschutz genießt. Folglich bestand dort auch kein Anspruch der Gesellschaft, BGH, Urteil v. 20.3.1995, II ZR 205/94, NJW 1995, 1739 (1743)..

946 BGH, Urteil v. 5.6.1975, II ZR 23/74, BGHZ 65, 15 (18) - *ITT*.

947 BGH, Urteil v. 5.6.1975, II ZR 23/74, BGHZ 65, 15 (21) - *ITT*; ebenso BGH, Urteil v. 29.11.2004, II ZR 14/03, NZG 2005, 216; BGH, Urteil v. 14.5.1990, II ZR 125/89, NJW 1990, 2627 (2628); OLG Düsseldorf, Urteil v. 14.3.1996, 6 U 119/94, ZIP 1996, 1083 (1091) – *ARAG/Garmenbeck*.

948 S. auch LG Düsseldorf, Urteil v. 7.4.1994, 32 O 225/92, AG 1994, 330 (332) – *ARAG/Garmenbeck* für den Fall rechtsmissbräuchlichen Stimmverhaltens.

949 So *Lutter*, ZHR 162 (1998), 164 (177 f., 180 ff.); *Zöllner*, ZGR 1988, 392 (408): „Schädigt ein Gesellschafter pflichtwidrig und schuldhaft das Gesellschaftsvermögen, ver-

Lösung des BGH Zustimmung erfahren, so dass auch dort beispielsweise im Falle der Schädigung des Gesellschaftsvermögens infolge verdeckter Gewinnausschüttungen von einer Klagebefugnis der Gesellschafter aus eigenem Recht auf Leistung an die Gesellschaft auszugehen wäre.[950]

Die im Schrifttum wohl herrschende Gegenansicht unterscheidet streng zwischen der Treuepflicht zur Gesellschaft und zu den Mitgesellschaftern: Die Treuepflicht gegenüber der Gesellschaft wirkt sich danach beispielsweise bei nachteiligen Einflussnahmen auf die Geschäftsführung[951], Wettbewerb durch Gesellschafter, Wahrnehmung von Geschäftschancen der Gesellschaft oder in sonstigen Fällen der Schädigung des Gesellschaftsvermögens aus. Auf die zwischen den Gesellschaftern unmittelbar bestehenden Treuebindungen ist nur dann zurückzugreifen, als *nicht zugleich die Interessen der Gesellschaft betroffen* sind.[952] Dies komme beispielsweise bei Eingriffen in die mitgliedschaftlichen

---

stößt dies gleichzeitig gegen eine seinen Mitgesellschaftern gegenüber obliegende Schutzpflicht, die sich aus den Treubindungen ergibt."; *Gehrlein*, ZIP 1993, 1525 (1530); *Banerjea*, Die Gesellschafterklage im GmbH- und Aktienrecht, 2000, S. 180 f.; *Raiser/Veil*, Recht der Kapitalgesellschaften, § 28 Rn. 38; *Raiser*, in: Ulmer/Habersack/M. Winter, § 14 GmbHG Rn. 58, 72 f.; *Pentz*, in: Rowedder/Schmitt-Leithoff, § 13 GmbHG Rn. 41, 84; *Lutter/Hommelhof*, in: Lutter/Hommelhoff, § 13 GmbHG Rn. 30, 34; *Wimmer-Leonhardt*, Konzernhaftungsrecht, 2004, S. 339, Fn. 298; wohl auch *Altmeppen*, in: Roth/Altmeppen, § 13 GmbHG Rn. 42, 127.

950 *Lutter*, ZHR 162 (1998), 164 (177 f., 180 ff.); *Raiser*, ZHR 153, 1 (10 ff., 25); *Raiser/Veil*, Recht der Kapitalgesellschaften, § 12 Rn. 46; *Altmeppen*, FS Musielak 2004, 1 (20 f.); *Banerjea*, Die Gesellschafterklage im GmbH- und Aktienrecht, 2000, S. 183 ff., 205 ff.; wohl auch *Cahn/v. Spannenberg*, in: Spindler/Stilz, § 53a AktG Rn. 57 unter Verweis auf *Lutter*.

951 Im Aktienrecht steht der Anspruch aus Treuepflichtverletzung ggf. neben § 117 AktG *Guntz*, Treubindungen von Minderheitsaktionären, 1997, S. 118; *Kort*, in: Großkomm. AktG, § 117 AktG Rn. 92, 239; *Kropff*, in: MünchKomm. AktG, § 117 AktG Rn. 7, 77; *Hommelhoff/Witt*, in: K. Schmidt/Lutter, § 117 AktG Rn. 32; *Schall*, in: Spindler/Stilz, § 117 AktG Rn. 11; *Spindler*, in: MünchKomm. AktG, § 117 AktG Rn. 71.

952 *Hennrichs*, AcP 195 (1995), 221 (255); *Henze*, NZG 2003, 649 (655); *Henze*, FS Kellermann 1991, 142 (152); *Baus*, Treuepflichten des Aktionärs im Gemeinschaftsunternehmen, 1990, S. 64; *Beckerhoff*, Treupflichten bei der Stimmrechtsausübung und Eigenhafttung des Stimmrechtsvertreters, 1996, S. 23; *Jilg*, Die Treuepflicht des Aktionärs, 1996, S. 83; *Piepenburg*, Mitgliedschaftliche Treuepflichten der Aktionäre, 1996, S. 41 ff.; *Henze/Notz*, in: Großkomm. AktG, Anh § 53a AktG Rn. 96; *Winter*, ZHR 148 (1984), 579 (594); *Winter*, Mitgliedschaftliche Treuebindungen im GmbH-Recht, 1988, S. 88; *Liebscher*, GmbH-Konzernrecht, 2006, Rn. 341; *Habersack*, in: Emmerich/Habersack, Aktien- und GmbH-Konzernrecht, Anh § 318 AktG Rn. 27; *Ulmer*, in: Hachenburg, Anh § 77 GmbHG Rn. 76; ebenso *Schäfer*, in: Großkomm. HGB, § 105 HGB Rn. 236.

Befugnisse der Gesellschafter im Rahmen strukturändernder Maßnahmen in Betracht, welche für die Gesellschaft neutral oder vorteilhaft sind.[953]

Die Vertreter dieser Ansicht verneinen nicht die Möglichkeit einer gleichzeitigen Verletzung der Treuepflichten gegenüber der Gesellschaft und den Gesellschaftern. Jedoch soll Letzterer keine „eigenständige Bedeutung" zukommen, also keinen eigenen klagbaren Anspruch des Gesellschafters begründen, wenn auch die Interessen der Gesellschaft betroffen sind.[954] Überdies wird aber offenbar auch von Befürwortern einer strikten Trennung der beiden Pflichtenkreise ein Restbereich möglicher Konkurrenzen von Gesellschafts- und Gesellschafteransprüchen gesehen, was in Bezug auf mittelbare Schäden des Gesellschafters sodann auch hier das Abstimmungsproblem mit dem Gesellschaftsanspruch aufwirft.[955]

2. Deliktsrechtliche Ansprüche

Gesellschaftern können auch gegen ihre Mitgesellschafter deliktische Ersatzansprüche zustehen, wobei vor allem an Ansprüche wegen Eingriffs in das Mitgliedschaftsrecht als sonstiges Recht i. S. v. § 823 Abs. 1 BGB[956] sowie die vorsätzlich sittenwidrige Schädigung nach § 826 BGB zu denken ist. Einigkeit herrscht, dass eine bloße Minderung des Anteilswertes infolge einer Schädigung der Gesellschaft alleine noch keinen Eingriff in die Mitgliedschaft bedeutet, also keine generelle Parallelität von Gesellschafts- und Gesellschafteranspruch besteht. Erforderlich ist nach einer in der Literatur gebräuchlichen Formel vielmehr ein „mitgliedschaftsbezogenen Eingriff", also die Verletzung von Rechten,

---

953 *Beckerhoff*, Treupflichten bei der Stimmrechtsausübung und Eigenhaftung des Stimmrechtsvertreters, 1996, S. 23; *Piepenburg*, Mitgliedschaftliche Treupflichten der Aktionäre, 1996, S. 39; *Winter*, Mitgliedschaftliche Treuebindungen im GmbH-Recht, 1988, S. 85.

954 *Winter*, Mitgliedschaftliche Treuebindungen im GmbH-Recht, 1988, S. 88; *Henze/Notz*, in: Großkomm. AktG, Anh § 53a AktG Rn. 145; *Kort*, in: Großkomm. AktG, Vor § 76 AktG Rn. 64.

955 Siehe *Beckerhoff*, Treupflichten bei der Stimmrechtsausübung und Eigenhaftung des Stimmrechtsvertreters, 1996, S. 103 ff.; *Guntz*, Treubindungen von Minderheitsaktionären, 1997, S.106 ff., 147, 150, 333, jedoch beschränkt auf den Bereich der treuwidrigen Ausübung von Gesellschafterrechten, dort als sog. „erste Ebene" der Treuepflicht bezeichnet, siehe S. 103 ff., 128 f.; *Henze/Notz*, in: Großkomm. AktG, Anh § 53a AktG Rn. 96, 145.

956 Zur Mitgliedschaft als „sonstiges Recht" grundlegend BGH, Urteil v. 12.3.1990, II ZR 179/89, BGHZ 110, 323 (327) – *Schärenkreuzer*; ebenso BGH, Urteil v. 25.2.1982, II ZR 174/80, BGHZ 83, 122 (133 f.). – *Holzmüller*; näher *Hager*, in: Staudinger, § 823 BGB Rn. B 148 m. w. N..

die unmittelbar aus der Mitgliedschaft fließen (z. B. Stimmrecht, Gewinnbezugsrecht, Gleichbehandlung).[957] Die genaue Abgrenzung ist – vergleichbar den Versuchen den Schutzbereich der Treuepflicht gegenüber den Mitgesellschaftern zu konkretisieren – umstritten.[958]

II. Ersatzansprüche gegen Organmitglieder

Den Ausgangspunkt für die Frage der Haftung von Organmitgliedern bilden in der GmbH § 43 GmbHG und in der Aktiengesellschaft §§ 93, 116 AktG, welche eine Innenhaftung gegenüber der Gesellschaft anordnen. Eine Durchbrechung dieser „Haftungskanalisierung" durch Gesellschafter- bzw. Aktionärsansprüche ist durchaus möglich und beispielsweise eigens angeordnet in § 117 Abs. 2 Satz 1 AktG für den Fall der unzulässigen Einflussnahme; dort wird das Reflexschadensproblem indes von vornherein durch Abs. 1 Satz 2 ausgeklammert.[959]

Eigene Ansprüche der Gesellschafter können sich im Fall einer Schädigung der Gesellschaft im Einzelfall bei Pflichtverletzungen im Rahmen von Sonderverbindungen oder aufgrund Deliktsrechts ergeben. In diesem Fällen finden sodann die Grundsätze zum Ersatz von Reflexschäden Anwendung. Eine Haftungsüberleitung auf die Gesellschaft gemäß § 31 BGB scheidet jeweils aus, da sich der Pflichtenverstoß gleichzeitig gegen die Gesellschaft richtet und eine interne Haftung auslöst.[960]

1. Ansprüche aus Sonderverbindungen

Abgesehen vom Sonderfall einer vertraglichen Beziehung des Schädigers nicht nur zur Gesellschaft[961], sondern auch zu einem oder mehreren Gesellschaftern,

957 Die Rechtsprechung spricht insoweit vom „Kern" der Mitgliedschaftsrechte. BGH, Urteil v. 12.3.1990, II ZR 179/89, BGHZ 110, 323 (334); OLG Stuttgart, Beschluss v. 23.1.2006, 14 U 64/05, NJOZ 2006, 2211 (2213); OLG Hamm, Urteil v. 4.6.2002, 27 U 212/01, NZG 2002, 780 (781); s. auch *Habersack*, Die Mitgliedschaft – subjektives und „sonstiges" Recht, 1996, S. 156; *Hager*, in: Staudinger, § 823 BGB Rn. B 143.

958 Vgl. *Spindler*, in: Bamberger/Roth, § 823 BGB Rn. 102; *Hager*, in: Staudinger, § 823 Rn. B 144; *Spindler*, in: MünchKomm. AktG, § 93 AktG Rn. 269; *Casper*, in: Spindler/Stilz, Vor § 241 AktG Rn. 17; *Haas*, in: Michalski, § 43 GmbHG Rn. 278.

959 Dazu *Spindler*, in: MünchKomm. AktG, § 117 AktG Rn. 58.

960 *Kort*, in: Großkomm. AktG, § 76 AktG Rn. 167; *Spindler*, in: MünchKomm. AktG, § 117 AktG Rn. 56; *Michalski*, in: Michalski, § 43 GmbHG Rn. 281; *Mertens*, in: Hachenburg, § 35 GmbHG Rn. 129 (in Ulmer/Habersack/M. Winter nicht kommentiert).

961 Dazu *Kowalski*, Der Ersatz von Gesellschafts- und Gesellschafterschaden, 1990, S. 192 f..

sind Sonderverbindungen zwischen Gesellschaftern und Organmitgliedern nur auf gesellschaftsrechtlicher Grundlage denkbar.

a) Gesellschafter als Geschäftsleiter; Konzerndoppelmandate

Gesellschafteransprüche aufgrund von Sonderverbindungen kommen nach bislang anerkannten Grundsätzen in Betracht, wenn sich das Organmitglied in einer „Doppelrolle" befindet. Angesprochen ist damit zunächst der Fall, dass ein Gesellschafter zugleich die Funktion eines Verwaltungsorgans wahrnimmt. Dies betrifft insbesondere den Gesellschafter-Geschäftsführer in der GmbH ebenso aber Vorstandsmitglieder, die Aktien am eigenen Unternehmen halten.[962] Neben der organschaftlichen Pflichtenbindung gegenüber der Gesellschaft besteht hier zugleich eine mitgliedschaftliche Treuepflicht gegenüber Gesellschaft und Mitgesellschaftern. Die Abgrenzung von organschaftlicher und mitgliedschaftlicher Sphäre und damit das Überschneidungs- und Konfliktpotential ist, insbesondere im Aktienrecht, indes noch weitgehend ungeklärt.[963]

An eine breitflächige Umdeutung von Organpflichten gegenüber der Gesellschaft in mitgliedschaftliche Treuepflichten auch gegenüber den Gesellschaftern, schließen sich die oben behandelten Fragen nach dem Verhältnis der mitgliedschaftlichen Treuepflichten gegenüber Gesellschaft und Gesellschaftern, der materiellen Anspruchsberechtigung und damit eines möglichen Klagerechts von Gesellschaftern auf Leistung an die Gesellschaft an.[964] Zum Teil wird jede Überschreitung der Geschäftsführungskompetenz zugleich mit der Verletzung

---

962 Der BGH geht im GmbH-Recht davon aus, dass auch in der Verletzung der Organpflichten eines Gesellschafter-Geschäftsführers zugleich eine Verletzung der mitgliedschaftlichen Treuepflicht liegen kann, die dann (auch) einen Ersatzanspruch des Gesellschafters auf Leistung an die Gesellschaft begründet, BGH, Urteil v. 29.11.2004, II ZR 14/03, NZG 2005, 216; BGH, Urteil v. 28.6.1982, II ZR 199/81, ZIP 1982, 1203; *Zöllner*, ZGR 1988, 392 (408). S. auch BGH, Urteil v. 14.9.1998, II ZR 175/97, NZG 1999, 209 f.; BGH, Urteil v. 28.6.1982, II ZR 121/81, NJW 1982, 2869 zur Verjährung von mit § 43 Abs. 2 GmbHG konkurrierenden Ansprüchen aus Treuepflichtverletzung.

963 Zum Vorstand der Aktiengesellschaft *Wiedemann*, FS Heinsius 1991, 949 (951); *Fleischer*, in: Fleischer, Handbuch des Vorstandsrechts, § 9 Rn. 8; *Fleischer*, in: Spindler/Stilz, § 93 AktG Rn. 109; zum Gesellschafter-Geschäftsführer in der GmbH *Zöllner*, ZGR 1988, 392 (408); *Gehrlein*, ZIP 1993, 1525 (1526); *Banerjea*, Die Gesellschafterklage im GmbH- und Aktienrecht, 2000, S. 188; *U. H. Schneider*, in: Scholz, § 43 GmbHG Rn. 302; *Haas*, in: Michalski, § 43 GmbHG Rn. 273; *Koppensteiner*, in: Rowedder/Schmidt-Leithoff, § 43 GmbHG Rn. 43; *Pentz*, in: Rowedder/Schmidt-Leithoff, § 13 GmbHG Rn. 48.

964 Siehe oben Teil 6B.I.1.

der mitgliedschaftlichen Treuepflicht gleichgesetzt, um so die Grundlage für eine Gesellschafterklage zu schaffen.[965]

Dass eine Pflichtenverdoppelung mit gleichzeitiger Anspruchsberechtigung im Bereich der Geschäftsführung möglich ist, belegt auch die zweite Fallgruppe der Konzerndoppelmandate, wenn also ein Organmitglied des herrschenden Unternehmens zugleich in eine Organfunktion bei einer abhängigen Gesellschaft entsandt wird und mithin in organschaftlicher Beziehung sowohl zur entsendenden Mutter (mithin der potentiell anspruchsberechtigten Gesellschafterin) als auch zur Tochter steht.[966] Begeht das Organmitglied eine Pflichtverletzung zum Schaden der aufnehmenden Gesellschaft, so schädigt es mittelbar zugleich auch die entsendende Gesellschaft, indem sich der Wert ihrer Beteiligung vermindert.[967]

Eine Pflichtverletzung (auch) gegenüber der Muttergesellschaft wurde in der Rechtsprechung beispielsweise für den Fall bejaht, dass das entsandte Organmitglied die ihm auch zum Schutz der Muttergesellschaft obliegende Kontrolle und Überwachung der Geschäftstätigkeit der Tochtergesellschaft nicht mit der gebotenen Sorgfalt durchgeführt hat.[968] Eine Schädigung der Tochtergesellschaft begründet sodann nicht nur einen Ersatzanspruch der Tochtergesellschaft, sondern auch der Muttergesellschaft.[969] So bejahte der BGH im sog. *IMS*-Urteil einen eigenen organschaftlichen Anspruch des beteiligten Unternehmens (einer GmbH) aus § 43 Abs. 2 GmbHG gegen ihren für die Verwaltung ihres Beteiligungsbesitzes zuständigen und in den Vorstand der IMS-AG abgeordneten Ge-

965 So *Zöllner*, ZGR 1988, 392 (408); *Gehrlein*, ZIP 1993, 1525 (1526).

966 Zur Zulässigkeit von Vorstandsdoppelmandaten *Spindler*, in: MünchKomm. AktG, § 76 AktG Rn. 56 ff..

967 *Baums*, ZGR 1987, 554 (558); *Hopt*, in: Großkomm. AktG, § 93 AktG Rn. 76, 272, 490; *Mertens/Cahn*, in: KölnKomm. AktG, § 93 AktG Rn. 62, 213; *Haas*, in: Michalski, § 43 GmbHG Rn. 206.

968 BGH, Urteil v. 10.11.1986, II ZR 140/85, NJW 1987, 1077 (1077 f.); OLG Düsseldorf, Urteil v. 28.11.1997, 6 U 11/95, AG 1997, 231 (235); *Haas*, in: Michalski, § 43 GmbHG Rn. 143; *Mertens/Cahn*, in: KölnKomm. AktG, § 93 AktG Rn. 62; *Paefgen*, in: Ulmer/Habersack/M. Winter, § 43 GmbHG Rn. 97.

969 BGH, Urteil v. 10.11.1986, II ZR 140/85, NJW 1987, 1077 (1077 f.); OLG Düsseldorf, Urteil v. 28.11.1997, 6 U 11/95, AG 1997, 231 (235); OLG München, Urteil v. 17.9.1999. 23 U 1514/99, NZG 2000, 741 (743); *Hopt*, in: Großkomm. AktG, § 93 AktG Rn. 273; *Mertens/Cahn*, in: KölnKomm. AktG, § 93 AktG Rn. 62, 213; *Haas*, in: Michalski, § 43 GmbHG Rn. 206.

schäftsführer wegen des Wertverlusts ihrer Aktien, indes nur gerichtet auf Leistung an die IMS-AG.[970]

b) Generelle Sonderverbindung zwischen Fremdorgan und Gesellschafter?

Verschiedentlich wurde versucht, über die genannten Grundsätze hinaus unmittelbare Sonderverbindungen zwischen Gesellschaftern und Fremdorganen zu begründen. Dahinter steht einerseits der Versuch Gesellschafterklagerechte gegen Fremdorgane auf Grundlage eines eigenen Anspruchs auf Leistung an die Gesellschaft zu begründen. Vertragliche Ansprüche des Aktionärs gegen ein Organmitglied scheiden regelmäßig aus, insbesondere stellt der Anstellungsvertrag zwischen dem Organmitglied und der Gesellschaft keinen Vertrag mit Schutzwirkungen zugunsten der Aktionäre dar.[971] Eine anerkannte Ausnahme bildet insoweit das Organschaftsverhältnis bzw. der Anstellungsvertrag des Geschäftsführers der Komplementär-GmbH einer GmbH & Co. KG, sofern die alleinige oder wesentliche Aufgabe der GmbH darin besteht, die Geschäfte der GmbH & Co. KG zu führen.[972]

Auch organschaftliche Treuepflichten gegenüber den Gesellschaftern oder Aktionären werden, anders als gegenüber der Gesellschaft selbst[973], in der bisherigen Diskussion überwiegend abgelehnt.[974] Doch mehren sich Stimmen, die ei-

970 BGH, Urteil v. 10.11.1986, II ZR 140/85, NJW 1987, 1077 (1079); ebenso OLG Düsseldorf, Urteil v. 28.11.1997, 6 U 11/95, AG 1997, 231 (236).

971 BGH, Urteil v. 20.2.1995, II ZR 143/93, NJW 1995, 1290 (1292); OLG Stuttgart, Beschluss v. 23.1.2006, 14 U 64/05, NJOZ 2006, 2211 (2212); *Schmolke*, Organwalterhaftung für Eigenschäden von Kapitalgesellschaftern, 2004, S. 140 ff.; *Zöllner/Noack*, in: Baumbach/Hueck, GmbHG, § 43 GmbHG Rn. 64; *U. H. Schneider*, in: Scholz, § 43 GmbHG Rn. 303; *Spindler*, in: MünchKomm. AktG, § 93 AktG Rn. 264; anders aber *Raiser*, ZHR 153 (1989), 1 (12 f.); *Raiser*, in: Ulmer/Habersack/M. Winter, § 14 GmbHG Rn. 60; einschränkend *K. Schmidt*, Gesellschaftsrecht, § 36 II 4 c, S. 1080: zumindest einzelne Pflichten aus der Sonderrechtsbeziehung zwischen Organmitglied und Gesellschaft haben drittschützenden Charakter.

972 Näher *Hueck/Fastrich*, in: Baumbach/Hueck, § 43 GmbHG Rn. 66 m. w. N..

973 Dazu *Spindler*, in: MünchKomm. AktG, § 76 AktG Rn. 14, § 84 AktG Rn. 96, § 93 Rn. 92 ff.; *Paefgen*, in: Ulmer/Habersack/M. Winter, § 43 GmbHG Rn. 35 ff..

974 Ganz h. M., BGH, Urteil v. 25.2.1982, II ZR 174/80, BGHZ 83, 122 (133 f.) – *Holzmüller* (AG); BGH, Urteil v. 12.3.1990, II ZR 179/89, BGHZ 110, 323 (334) – *Schärenkreuzer* (eingetragener Verein); für den Vorstand der Aktiengesellschaft: *Fleischer*, AG 2000, 309 (318 f.); *Kuntz*, Der Konzern 2007, 802 (803); *Fleischer* in Spindler/Stilz, § 93 AktG Rn. 107; *Mülbert*, in: Großkomm. AktG, Vor §§ 118-147 Rn. 194, 225; *Spindler*, in: MünchKomm. AktG, § 93 AktG Rn. 95; für den GmbH-Geschäftsführer *U. H. Schneider*, in: Scholz, § 43 GmbHG Rn. 300; *Paefgen*, in: Ulmer/Habersack/

ne gesetzliche Sonderverbindung bejahen wollen. Im Vordergrund steht hierbei zwar die Schaffung eines Ersatzanspruchs für unmittelbare Eigenschäden des Gesellschafters[975], jedoch enthebt dies nicht von der Bestimmung des Verhältnisses konkurrierender Ansprüche und Klagerechte.

Eine vollständige Verdoppelung der Treuepflichten, so dass der Gesellschaft gegenüber bestehende Organpflichten auf die Gesellschafter oder Aktionäre erstreckt werden, führt letztlich zu keinem anderen Ergebnis als die Einordnung der §§ 43 Abs. 1 bzw. 93 Abs. 1, 116 AktG als Schutzgesetze oder der bloßen Gesellschaftsschädigung als Eingriff in die Mitgliedschaft als sonstigem Recht im Sinne von § 823 Abs. 1 BGB. Versucht wird daher – insoweit vergleichbar den Ansätzen bei der mitgliedschaftlichen Treuepflicht zwischen Gesellschaftern bzw. Aktionären[976] – einen Bereich zu definieren, innerhalb dessen spezifisch gesellschafterbezogene Pflichten verletzt werden, wobei jedoch auch hier Überschneidungspunkte mit den gegenüber der Gesellschaft bestehenden Pflichten bestehen sollen.[977]

2. Deliktsrechtliche Ansprüche

Deliktsrechtliche Ansprüche können sich nach herrschender Ansicht, auch bei Eingriffen durch Organmitglieder in das Mitgliedschaftsrecht als sonstigem Recht im Sinne von § 823 Abs. 1 BGB ergeben.[978] Ein allgemeines Gesellschaf-

---

M. Winter, § 43 GmbHG Rn. 176; *Koppensteiner*, in: Rowedder/Schmidt-Leithoff, § 43 GmbHG Rn. 45.

975 Vgl. *Rhein*, Der Interessenkonflikt der Manager beim Management Buy-out, 1996, S. 173 ff.; *Weber*, Vormitgliedschaftliche Treuebindungen, 1999, S. 179; *van Aubel*, Vorstandspflichten bei Übernahmeangeboten, 1996, S. 128 ff., 136 f., 145; *Schmolke*, Organwalterhaftung für Eigenschäden von Kapitalgesellschaftern, 2004, S. 148 ff.; *Hirte*, in: KölnKomm. WpÜG, § 27 Rn. 27 zur Haftung für Stellungnahmen des Vorstands und Aufsichtsrats der Zielgesellschaft zu Übernahmeangeboten. Dagegen *Kort*, in: Großkomm. AktG, § 76 AktG Rn. 130; *Spindler*, in: MünchKomm. AktG, § 93 AktG Rn. 95.

976 Oben Teil 6B.I.1.

977 So *Rhein*, Der Interessenkonflikt der Manager beim Management Buy-out, 1996, S. 187, dort indes unter Vermengung von Schadensfeststellung und Anspruchsberechtigung.

978 BGH, Urteil v. 12.3.1990, II ZR 179/89, BGHZ 110, 323 (327 f.) – *Schärenkreuzer*;; BGH, Urteil v. 25.2.1982, II ZR 174/80, BGHZ 83, 122 (133 f.) – *Holzmüller*; Gesellschafteransprüche aus § 823 Abs. 1 BGB gegen Organmitglieder ablehnend etwa *Brondics*, Die Aktionärsklage, 1988, S. 87; *Wagner*, in: MünchKomm. BGB, § 823 BGB Rn. 166; *Spindler*, in: MünchKomm. AktG, § 93 AktG Rn. 268 ff.; *Paefgen*, in: Ulmer/Habersack/M. Winter, § 43 GmbHG Rn. 178 f.; *U. H. Schneider*, in: Scholz, § 43 GmbHG Rn. 305 f..

terrecht auf gesetzes- und satzungsgemäßes Verhalten der Verwaltung besteht dabei jedoch nicht. Da Reflexschäden nach h. M. in das Gesellschaftsvermögen zu ersetzen sind, liefe dies auf ein allgemeines Gesellschafterklagerecht gegen Organmitglieder hinaus, welches mit der Haftungskanalisierung auf die Gesellschaft und speziell den besonderen Anforderungen der actio pro socio unvereinbar wäre.

Abgesehen vom Fall vorsätzlich sittenwidriger Schädigung (§ 826 BGB)[979] sind Ansprüche wegen Verletzung von Schutzgesetzen zugunsten von Gesellschaft und Gesellschaftern (beispielsweise §§ 82, 84 Abs. 1 Nr. 1, Abs. 2 GmbHG oder § 399 Abs. 1 Nr. 1 AktG) zu bedenken.[980] Den §§ 43 Abs. 1 GmbHG, 93 Abs. 1 AktG wird der Schutzgesetzcharakter nach heute wohl einhelliger Ansicht versagt.[981] In kompetenzrechtlicher Hinsicht hätte die Anerkennung als Schutzgesetz zur Folge, dass in Konkurrenz zur actio pro socio über § 823 Abs. 2 BGB ein umfassendes Gesellschafterklagerecht auf Leistung an die Gesellschaft geschaffen würde.[982] Zweifelhaft erscheint in diesem Zusammenhang auch die überwiegend bejahte Qualifikation des Straftatbestands der Untreue (§ 266 StGB)[983] als Schutzgesetz zugunsten der einzelnen Gesellschafter.[984]

---

979 Dazu *Hopt*, in: Großkomm. AktG, § 93 AktG Rn. 480; *Spindler*, in: MünchKomm. AktG, § 93 AktG Rn. 280. Denkbar ist hier beispielsweise der Fall, dass der Aufsichtsrat die Geltendmachung offensichlich gegebener und durchsetzbarer Ansprüche gegen Vorstandsmitglieder oder Großaktionäre unterlässt. So *Mertens*, in: KölnKomm. AktG, § 116 AktG Rn. 61; *Spindler*, in: MünchKomm. AktG, § 93 AktG Rn. 281.

980 Ausführlich *Spindler*, in: MünchKomm. AktG, § 93 AktG Rn. 273 ff..

981 Ganz h. M. BGH, Urteil v. 19.2.1990, II ZR 268/88, NJW 1990, 1725 (1730); OLG Stuttgart, Beschluss v. 23.1.2006, 14 U 64/05, NJOZ 2006, 2211 (2213); LG Bonn, Urteil v. 15.5.2001, 11 O 181/00, AG 2001, 484 (486); *Fleischer*, in: Spindler/Stilz, § 93 AktG Rn. 264; *Paefgen*, in: Ulmer/Habersack/M. Winter, § 43 GmbHG Rn. 181 jeweils m. w. N..

982 Vgl. bereits *Spindler*, in: Fleischer, Handbuch des Vorstandsrechts, § 13 Rn. 41 zur Gefahr der Umgehung der Voraussetzungen des § 147 AktG a. F..

983 Zur grundsätzlichen Bejahung der Schutzgesetzeigenschaft des § 266 StGB s. BGH, Urteil v. 17.9.2001, II ZR 178/99, NJW 2001, 3622 (3625).

984 BGH, Urteil v. 24.1.1967, VI ZR 92/65, WM 1967, 287 (288); BGH, Urteil v. 23.6.1969, II ZR 272/67, WM 1969, 1081 (1082) jeweils zu § 81a GmbHG a. F., der nunmehr von § 266 StGB erfasst wird; RG, Urteil v. 10.11.1926, II 117/26, RGZ 115, 289 (296); *Friedl*, NZG 2004, 448 (451); *Baums*, Der Geschäftsleitervertrag, 1987, § 10 III 2, S. 221 ff.; *Baums*, Gutachten F zum 63. Deutschen Juristentag Leipzig 2000, F 229, 232; *Baums*, ZGR 1987, 554 (560 f.); *Bedkowski*, Die Geschäftsleiterpflichten, 2006, S. 477; *Engelmann*, Aktionärsschädigende Pflichtverletzungen, 2007, S. 105; *Hopt*, FS Mestmäcker 1996, S. 909 (925); *Krieger*, in: Henze/Timm/Westermann

III. Ansprüche gegen Dritte

Ein Gesellschafteranspruch gegen Dritte ist beispielsweise für das Aktienrecht in § 117 Abs. 3 AktG geregelt, doch nimmt § 117 Abs. 1 Satz 2 AktG über die Schädigung der Gesellschaft vermittelte Anteilsschäden auch hier aus. Eine Reflexschadenskonstellation lag aber beispielsweise einem vom LG Hamburg zu entscheidenden Fall zugrunde, in dem ein Bankhaus durch unwahre Presseberichte geschädigt worden war. Nachdem die Gesellschaft darauf verzichtet hatte, ihre eigenen Ansprüche geltend zu machen, klagten Aktionäre erfolgreich auf Feststellung, dass ihnen Ansprüche aus § 826 BGB gegen das verantwortliche Presseunternehmen auf Ersatzleistung an die Gesellschaft zustehen.[985]

IV. Zusammenfassung

Die Diskussion um die Frage, unter welchen Voraussetzungen die Gesellschafter selbst anspruchsberechtigt sind, insbesondere also die Reichweite von Sonderverbindungen zwischen Gesellschaftern bzw. Gesellschaftern und Organen, hat stets eine kompetenzrechtliche Seite. Im folgenden Abschnitt C wird untersucht, wie die Konkurrenz der möglichen Ansprüche von Gesellschaft und Gesellschaftern aufzulösen ist.

(Hrsg.), RWS-Forum 8, Gesellschaftsrecht 1995, 1996, 149 (173); *Rhein*, Der Interessenkonflikt des Manager beim Management Buy-out, 1996, S. 167; *Raiser*, in: Bayer/Habersack, Aktienrecht im Wandel II 2007, 14. Kapitel Rn. 20; *Arnold*, in: Marsch-Barner/Schäfer, Handbuch börsennotierte AG, § 22 Rn. 74; *Mimberg*, in: Marsch-Barner/Schäfer, Handbuch börsennotierte AG, § 37 Rn. 224; *Raiser/Veil*, Recht der Kapitalgesellschaften, § 14 Rn. 99; *Bürgers/Israel*, in: Bürgers/Körber, § 93 AktG Rn. 54; *Hüffer*, § 93 AktG Rn. 19; *Landwehrmann*, in: Heidel, Aktienrecht, § 93 AktG Rn. 164. Mit guten Gründen **a. A.** OLG Stuttgart, Beschluss v. 23.1.2006, 14 U 64/05, NJOZ 2006, 2211 (2213); OLG Hamm, Urteil v. 4.6.2002, 27 U 212/01, NZG 2002, 780 (781); OLG Sachsen-Anhalt, Urteil v. 22.12.1999, 2 U (Hs) 46/98, Volltext bei juris, Rn. 50 ff.; *Spindler*, in: MünchKomm. AktG, § 93 AktG Rn. 276; *Hopt*, in: Großkomm. AktG, § 93 AktG Rn. 476; *Paefgen*, in: Ulmer/Habersack/M. Winter, § 43 GmbHG Rn. 185; *Haas*, in: Michalski, § 43 GmbHG Rn. 279.

985 LG Hamburg vom 11. 7. 1997, Az. 324 O 69/96, AG 1998, 432 (433); dazu *Brosius-Gersdorf*, NZG 1998, 667.

C. Lösung der Konkurrenz von Gesellschafts- und Gesellschafteranspruch

Die Konkurrenz zwischen Gesellschafts- und Gesellschafteranspruch macht es erforderlich, die Grundsätze zur actio pro socio mit der Gesellschafterklage aus eigenem Anspruch in Reflexschadenskonstellationen in Ausgleich zu bringen. Hierfür kommt eine Koordinierung der konkurrierenden Ansprüche und Klagebefugnisse auf Kompetenzebene (dazu I), eine Beschränkung der Pflichten gegenüber Gesellschaftern (dazu II.1) oder aber eine Lösung auf Schadensebene (dazu II.2) in Betracht.

I. Konkurrierendes Gesellschafterklagerecht aus eigenem Recht?

Zur Lösung der Konkurrenz von Gesellschafts- und Gesellschafteranspruch und damit der Klagebefugnisse bietet sich zunächst die Kompetenzebene an. In der Literatur wird dabei teilweise ein Nebeneinander von actio pro socio als abgeleiteter Gesellschafterklage und der Klage des Gesellschafters auf Leistung an die Gesellschaft aufgrund eigener Ansprüche bejaht. Im Aktienrecht war Hintergrund dieser Lösung wohl unter anderem die Schwierigkeit, eine abgeleitete Klagebefugnis der Aktionäre zu begründen. Denn vor Einführung des § 148 AktG standen den Aktionären bislang nur im Konzernrecht Klagebefugnisse zu, während sich das Minderheitenrecht des § 147 AktG a. F. auf ein Klageerzwingungsrecht beschränkte.[986] Eine Konkurrenz der Klage aufgrund eigenen Gesellschafteranspruchs mit den Zuständigkeiten der Gesellschaftsorgane und § 147 AktG wurde unter Hinweis auf materielle Rechtsinhaberschaft des Klägers verneint,[987] was dem Argumentationsmuster jenes Teils der Literatur entspricht, der das Rechtsinstitut der actio pro socio selbst als Klage zur Geltendmachung eines

986 Vgl. *Brandes*, FS Fleck 1988, 13: Durch die Ablehnung eines Anteilsschadens werde die Rechtsstellung des Gesellschafters, dem keine actio pro socio ein unmittelbares Vorgehen gegen Schädiger zur Verfügung stehe, unangemessen verkürzt; *Baums*, ZGR 1987, 554 (561); *Baums*. Der Geschäftsleitervertrag, § 10 III 2 a aa, S. 223; s. auch *Martens*, ZGR 1972, 254 (278, 280 f.).

987 *Baums*, Der Geschäftsleiter, § 10 III 2 a aa. S. 223; *Pentz*, in: MünchKomm. AktG, § 46 AktG Rn. 83; ebenso LG Düsseldorf, Urteil v. 7.4.1994, 32 O 225/92, AG 1994, 330 (332) – *ARAG/Garmenbeck* (In der Verfolgung eines eigenen Anspruchs des GmbH-Gesellschafters wegen Treuepflichtverletzung liege keine actio pro socio, so dass weder deren Voraussetzungen noch § 46 Nr. 8 GmbHG erfüllt sein müssen).

dem Gesellschafter zugeordneten Anspruchs auf Leistung an die Gesellschaft ansieht.[988]

Folgt man der genannten Auffassung, so führt dies zu einer zweiten Spur von Einzelklagerechten. Bereits bei der Behandlung des Grundkonzepts der actio pro socio wurde insoweit dargelegt, dass eine eigene Anspruchsberechtigung des Gesellschafters kein gleichberechtigt neben die gesellschaftsinterne Zuständigkeitsordnung tretendes Gesellschafterklagerecht rechtfertigt.[989] Im Aktienrecht wäre es zudem wertungswidersprüchlich, wenn Ansprüche aus § 117 Abs. 1 Satz 1 AktG ebenfalls allein im Wege eines an besonders strenge Voraussetzungen geknüpften Klagezulassungsverfahrens geltend gemacht werden könnten,[990] für andere – von § 148 AktG erfasste Ansprüche – aber eine konkurrierende Klage aus eigenem Recht auf Leistung an die Gesellschaft zugelassen würde. Zur Legitimation eines konkurrierenden Einzelklagerechts kann, wie § 148 Abs. 1 Satz 2 Nr. 3 AktG belegt,[991] auch nicht darauf verwiesen werden, bei den Fällen eigener Anspruchsberechtigung handle es sich regelmäßig um besonders schwerwiegende Pflichtverletzungen.[992]

Allenfalls denkbar wäre daher ein Klagerecht, das den Vorrang der innergesellschaftlichen Zuständigkeitsordnung achtet[993], was im Ergebnis darauf hinaus liefe, die Klage aus eigenem Anspruch den oben behandelten Voraussetzungen und Schranken der actio pro socio zu unterwerfen.[994] Eine Angleichung des eigenen Ersatzanspruchs an die für dieses Rechtsinstitut entwickelten Grundsätze

---

988 S. dazu oben Teil 2C.I.2.

989 Oben Teil 2B.II.

990 Zur Verneinung eines Einzelklagerechts bei § 117 AktG s. OLG Bremen, Beschluss v. 28.5.2001, 4 W 7/01, AG 2002, 620; *Voigt*, Haftung aus Einfluss auf die Aktiengesellschaft (§§ 117, 309, 317 AktG), 2004, S. 254; *Hüffer*, § 117 AktG Rn. 8; *Spindler*, in: MünchKomm. AktG, § 117 AktG Rn. 47; *Kort*, in: Großkomm. AktG, § 117 AktG Rn. 167.

991 So fallen beispielsweise unter den Begriff der „Unredlichkeit" insbesondere „ins Kriminelle reichende Treupflichtverstöße", deren Paradefall die strafbare Untreue (§ 266 StGB) bildet Siehe beispielsweise *Ziemons*, in: Nirk/Ziemons/Binnewies, Handbuch der Aktiengesellschaft, Rn. I 7.283; *Lochner*, in: Heidel, Aktienrecht, § 148 AktG Rn. 13.

992 So wohl *Mertens*, FS H. Lange 1991, 561 (571); *Kowalski*, Der Ersatz von Gesellschafts- und Gesellschafterschaden, 1990, S. 194.

993 So *Hefermehl*, in: G/H/E/K, § 93 AktG Rn. 97; für Ansprüche gegen Dritte auch *Brosius-Gersdorf*, NZG 1998, 664 (670); ebenso, soweit konkurrierende Ansprüche überhaupt bejaht werden *Beckerhoff*, Treupflichten bei der Stimmrechtsausübung und Eigenhaftung des Stimmrechtsvertreters, 1996, S. 106; *Kowalski*, Der Ersatz von Gesellschafts- und Gesellschafterschaden, 1990, S. 195, 198.

994 Ausdrücklich gegen eine Subsidiarität der Klage auf Ersatz von Reflexschäden aber *Mertens/Cahn*, in: KölnKomm. AktG, § 93 AktG Rn. 214.

brächte keinen Mehrwert, sondern würde die actio pro socio im Ergebnis nur auf eine zusätzliche Rechtsgrundlage stellen. Zugleich wären damit aber jene Zweifelsfragen im Hinblick auf Vergleichsschluss, Rechtskraft usw. heraufbeschworen, die eine Klage aus eigenem Recht als Grundlage der actio pro socio disqualifizierten.[995]

II. Ausschließlichkeit von Gesellschaftsanspruch und abgeleiteter Gesellschafterklage

Kommt mithin ein konkurrierendes Gesellschafterklagerecht aufgrund eines eigenen Anspruchs nicht in Betracht, bleibt klärungsbedürftig, wie der Vorrang der Durchsetzung des Gesellschaftsanspruchs gegenüber dem Gesellschafteranspruch bewerkstelligt werden kann.

1. Tatbestandliche Beschränkung der Pflichten gegenüber Gesellschaftern

Eine Konkurrenz von Gesellschafter- und Gesellschaftsanspruch und damit das Problem der Geltendmachung von Reflexschäden ließe sich von vornherein vermeiden, separiert man die spezifisch gegenüber den Gesellschaftern bestehenden Pflichten streng von den gegenüber der Gesellschaft bestehenden Pflichten, wie dies im Schrifttum überwiegend für die mitgliedschaftliche Treuepflicht, aber auch in neueren Ansätzen zur Begründung einer Sonderverbindung zwischen Fremdorganen und Gesellschaftern versucht wird.[996] Auf der gleichen Linie liegt die Ausklammerung der Gesellschafter aus dem Schutzbereich von Schutzgesetzen im Sinne des § 823 Abs. 2 BGB, etwa indem die Vermögensbetreuungspflicht nach § 266 StGB als ausschließlich auf die Gesellschaft bezogen angesehen wird.[997]

---

995 Siehe dazu bereits oben Teil 2C.I.3. So nahm beispielsweise das RG (Urteil v. 5.3.1938, II 104/37, RGZ 157, 213 (219)) an, ein Aktionär könne seinen anteiligen Schaden selbst dann noch einklagen, wenn die Klage der Gesellschaft rechtskräftig abgewiesen ist, was konträr zur bislang h. M. bei der actio pro socio läuft. Zum Problem der Koordinierung der konkurrierenden Ansprüche und damit der Klagerechte auch *Spindler*, in: MünchKomm. AktG, § 93 AktG Rn. 284.

996 Siehe oben Teil 6B.I.1 und Teil 6B.II.1.

997 Dafür mit guten Gründen OLG Stuttgart, Beschluss v. 23.1.2006, 14 U 64/05, NJOZ 2006, 2211 (2213); OLG Hamm, Urteil v. 4.6.2002, 27 U 212/01, NZG 2002, 780 (781); OLG Sachsen-Anhalt, Urteil v. 22.12.1999, 2 U (Hs) 46/98, Volltext bei juris, Rn. 50 ff.; *Spindler*, in: MünchKomm. AktG, § 93 AktG Rn. 276; *Hopt*, in: Großkomm.

Trennscharf dürfte dies indes kaum möglich sein, wie die verbreitete Formel vom „Vorrang“ der Treuepflichtverletzung gegenüber der Gesellschaft gegenüber zeigt.[998] Eine Handlung kann durchaus zugleich eine Treuepflichtverletzung gegenüber der Gesellschaft und dem Gesellschafter sein und erlangt dann jedenfalls Bedeutung als Grundlage für einen eigenen Schadensersatzanspruch des Gesellschafters zur Geltendmachung seines möglichen unmittelbaren Eigenschaden im Privatvermögen.[999] Dieser Schadensausgleich würde ihm vorenthalten, wäre schon die anspruchsbegründende Treuepflichtverletzung gegenüber dem Gesellschafter „subsidiär“ zur Pflichtverletzung gegenüber der Gesellschaft. Davon zu trennen ist wiederum, ob der Schaden des Gesellschafters bei Überschneidung beider Pflichtenkreise auch zwangsläufig den Reflexschaden mit umfasst, was auf Schadensebene zu klären ist (dazu unten 2.).

Wenn man in den Kategorien eines doppeltem Bezugspunkts der mitgliedschaftlichen Treuepflicht denkt, darf die Pflichtverletzung gegenüber dem Gesellschafter bei Überschneidung bei der Treuesphären nicht jeder Bedeutung beraubt sein.[1000] So ist es in der Tat nicht ohne weiteres von der Hand zu weisen, dass durch eine Schädigung des Gesellschaftsvermögens – beispielsweise durch eine unberechtigte und gegen den Gleichbehandlungsgrundsatz verstoßende Gewinnausschüttung – auch die Individualinteressen der benachteiligten Mitgesellschafter berührt sind. Eine Treuepflichtverletzung kann dann stets Grundlage zumindest des Ersatzes eines nachweislich unmittelbar im Privatvermögen des Gesellschafters entstandenen Schadens sein. Nur wenn und soweit man den Ersatz auch dieser unmittelbaren Eigenschäden ausschließen oder beschränken will, kommt es darauf an, spezifisch gesellschafterbezogene Pflichten zu definieren.

Geht es um Schäden im Gesellschaftsvermögen, muss zwar eine doppelte Inanspruchnahme des Schädigers und ein Wettlauf um das Klagerecht zwischen Gesellschaft und Gesellschaftern vermieden werden. Dem kann jedoch auf

---

AktG, § 93 AktG Rn. 476; *Paefgen*, in: Ulmer/Habersack/M. Winter, § 43 GmbHG Rn. 185; *Haas*, in: Michalski, § 43 GmbHG Rn. 279.

998 Vgl. dazu *Emmerich/Habersack*, Konzernrecht, § 30 Rn. 8; *Casper*, in: Ulmer/Habersack/M. Winter, Anh. § 77 Rn. 76; *Henze/Notz*, in: Großkomm. AktG, Anh § 53a AktG Rn. 96, 145; *Jilg*, Die Treuepflicht des Aktionärs, 1996, S. 83; *Winter*, Mitgliedschaftliche Treuebindungen, 1988, S. 88.

999 *Martens*, ZGR 1972, 254 (280, Fn. 50); *Pentz*, in: Rowedder/Schmidt/Leithoff, § 13 GmbHG Rn. 41; s. auch *Henze/Notz*, in: Großkomm. AktG, Anh § 53a AktG Rn. 145.

1000 Zutreffend insoweit *Lutter*, 162 (1998), 164 (178), dessen weitergehender Schlussfolgerung, dass dann auch ein Anspruch des Gesellschafters auf Leistung in das Gesellschaftsvermögen bestehen müsse, also der mittelbare Schaden vom Gesellschafteranspruch umfasst ist, aber nicht zu folgen ist, s.unten @.

Schadensebene entsprochen werden, ohne bereits eine Pflichtverletzung zu verneinen.

2. Lösung auf Schadensebene

Ist ein Vorrang der Pflichtverletzung gegenüber der Gesellschaft vor der Pflichtverletzung gegenüber Gesellschaftern zu restriktiv im Hinblick auf den Ersatz möglicher über den Anteilsschaden hinaus gehender unmittelbarer Eigenschäden, bleibt nur die Lösung der Konkurrenzfrage auf Schadensebene.

a) Bilanzielle Betrachtungsweise?

Ein Teil der Literatur geht davon aus, das Bestehen eines vollwertigen Ersatzanspruchs der Gesellschaft schließe den Eintritt eines Reflexschadens des Gesellschafters jedenfalls solange aus, als der Gesellschaftsanspruch durch Gesellschaftsorgane oder die Gesellschafter beigetrieben werden kann.[1001] Der Ersatzanspruch der Gesellschaft erhöht danach (unabhängig davon, ob der Anspruch tatsächlich in der Bilanz aktiviert wurde) das Gesellschaftsvermögen, so dass sich nach der Differenzhypothese rechnerisch kein Schaden des Gesellschafters feststellen lasse. Der Anteilswert des Gesellschafters bleibe unberührt, da lediglich ein Aktivtausch, also die Umschichtung zweier Positionen auf der Aktivseite der Bilanz, ohne Änderung der Bilanzsumme erfolgt. Für die Vollwertigkeit des Anspruchs soll genügen, dass der Gesellschafter – beispielsweise im Wege der actio pro socio – auf die Geltendmachung des Gesellschaftsanspruchs hinwirken kann, wenn das zuständige Verwaltungsorgan nicht Willens ist, gegen den Schädiger vorzugehen.[1002]

1001 *Kowalski*, Der Ersatz von Gesellschafts- und Gesellschafterschaden, 1990, S. 62 ff., 188 ff.; zustimmend *Wittkowski*, ZHR 156 (1992), 360 (362 f.); *Müller*, FS Kellermann 1991, 317 (329 f.); *Beckerhoff*, Treupflichten bei der Stimmrechtsausübung und Eigenhaftung des Stimmrechtsvertreters, 1996, S. 105; *Schmolke*, Organwalterhaftung für Eigenschäden von Kapitalgesellschaftern, 2004, S. 41; *Mülbert*, in: Großkomm. AktG, Vor § 118-147 AktG Rn. 230; wohl auch *Baums*, ZGR 1987, 554 (557); S. *H. Schneider*, in: Krieger/U. H. Schneider, Handbuch Managerhaftung, § 8 Rn. 54; dem folgend LG Hamburg, Urteil v. 11.7.1997, 324 O 69/96, AG 1998, 432 (433). Ebenso wohl noch BGH, Urteil v. 23.6.1969, II ZR 272/67, WM 1969, 1081 (1082): Eintritt eines ersatzfähigen Schadens beim Gesellschafter, wenn feststeht, dass die Gesellschaft ihren Ersatzanspruch nicht durchsetzen wird.

1002 *Beckerhoff*, Treupflichten bei der Stimmrechtsausübung und Eigenhaftung des Stimmrechtsvertreters, 1996, S. 106; *Kowalski*, Der Ersatz von Gesellschafts- und Gesellschafterschaden, 1990, S. 57 ff.. Der Ersatzanspruch der Gesellschaft beseitigt dabei selbstverständlich *nicht* den Schaden der Gesellschaft, da der Schaden Anspruchsvoraussetzung ist.

Problematisch an diesem bilanziellen Ansatz ist, dass die Bewertung von Schadensersatzforderungen wegen des Durchsetzungs- und Prozessrisikos (Kausalitätsnachweis, Schadensschätzung (§ 287 ZPO), Liquidität des Schädigers) mit vielerlei Unsicherheiten behaftet ist, die zu einem Risikoabschlag beim Bilanzansatz führen können. Streitige Forderungen dürfen nach dem Vorsichtsprinzip erst mit rechtskräftigem Obsiegen oder Einigung mit dem Schuldner in der Bilanz aktiviert werden.[1003] Die bilanzielle Bewertung muss danach weder mit der tatsächlichen Werthaltigkeit der Forderung übereinstimmen, noch hat sie präjudizielle Bedeutung für den eigenen Anspruch des Gesellschafters.

Dafür, dass trotz Bestehens eines Anspruchs der Gesellschaft ein Schaden im Gesellschaftsvermögen zugleich einen mittelbaren Schaden der Gesellschafter begründet, spricht nicht zuletzt die Regelung der §§ 117 Abs. 1 Satz 2, 317 Abs. 1 Satz 2 AktG, wonach die Aktionäre (nur) Ersatz des Schadens verlangen können, der ihnen „abgesehen von einem Schaden, der ihnen durch die Schädigung der Gesellschaft zugefügt worden ist", entstanden ist.[1004] Obwohl in den dort erfassten Fällen gemäß §§ 117 Abs. 1 Satz 1, 317 Abs. 1 Satz 1 AktG regelmäßig ein Anspruch der Gesellschaft besteht, befand es der Gesetzgeber für nötig, Aktionärsansprüche in Bezug auf den Reflexschaden ausdrücklich auszuschließen.[1005]

Davon abgesehen kann der bilanzielle Ansatz bei der Schadensfeststellung aber den Anforderungen an eine Koordinierung von Gesellschafts- und Gesellschafteransprüchen allein nicht hinreichend gerecht werden. Es geht nicht nur darum zweckgebundenes Vermögen nicht ins Privat-, sondern ins Gesellschaftsvermögen zurückzuführen, sondern vor allem auch darum die gesellschaftsinterne Zuständigkeitsordnung zu bewahren. Weigert sich das Gesellschaftsorgan, den Anspruch der Gesellschaft durchzusetzen, wäre ein Schaden zu bejahen.[1006] Wenn aber die Ablehnung rechtmäßig war, kommt – nicht anders als bei der ac-

1003 *Stephan*, Gesellschafterschaden und Gesellschaftsschaden, 1999, S. 96; allgemein *Merkt*, in: Baumbach/Hop, § 252 HGB Rn. 10.

1004 *Wiedemann*, Organverantwortung und Gesellschafterklagen in der Aktiengesellschaft, 1989, S. 51 f..

1005 Kaum anzunehmen ist, dass hiermit nur ein Fall erfasst werden sollte, in dem die Gesellschaft auf ihren eigenen Anspruch verzichtet und folglich allein ein Anspruch des Gesellschafters besteht. So aber *Kowalski*, Der Ersatz von Gesellschafts- und Gesellschafterschaden, 1990, S. 65.

1006 So *Kowalski*, Der Ersatz von Gesellschafts- und Gesellschafterschaden, 1990, S. 48-50, 189; ebenso LG Hamburg, Urteil v. 11.7.1997, 324 O 69/96, AG 1994, 432 (433); anders *Wittkowski*, ZHR 156 (1992), 360 (362) mangels objektiver Zurechenbarkeit des Schadens zum Schädiger wegen freiverantwortlichen Dazwischentretens eines Dritten (hier: der Gesellschaft) .

tio pro socio – der Gedanke der Subsidiarität ins Spiel und eine Gesellschafterklage auf Ersatz des Reflexschadens müsste unterbleiben.[1007]

In Wahrheit dürfte es dieser Ansicht nicht um die bloße Frage der Schadenszuweisung gehen. Ihr Anliegen liegt vielmehr in der Koordinierung der Anspruchsberechtigungen von Gesellschaft und Gesellschaftern gerade im Hinblick auf drohende Eingriffe in die gesellschaftsinterne Zuständigkeitsordnung und Wertungswidersprüche zur actio pro socio.[1008] Letztlich kommt daher auch sie aber nicht umhin auf zusätzliche Wertungen des Gesellschaftsrechts zur Kompetenzabgrenzung zurückzugreifen.[1009]

b) Normative Korrektur der Differenzhypothese

Der Gesetzgeber hat das Problem der Reflexschäden erkannt und in § 117 Abs. 1 Satz 2, 317 Abs. 1 Satz 2 AktG für die Haftung aus Einfluss auf die Gesellschaft bzw. Ansprüche im faktischen Aktienkonzern geregelt. Den Aktionären ist es danach verwehrt, Reflexschäden durch Klage auf Leistung in ihr Privatvermögen geltend zu machen. Bloße Reflexschäden begründen in diesen Fällen also von vornherein keinen ersatzfähigen Schaden des Aktionärs und insoweit folglich keinen materiell-rechtlichen Anspruch in seiner Person (anders selbstverständlich für einen darüber hinausreichenden unmittelbaren Eigenschaden).[1010] Dies belegt nicht zuletzt das in § 317 Abs. 4 AktG angeordnete Einzelklagerecht bezüglich des Gesellschaftsanspruchs, das überflüssig wäre, wendete man die oben genannten Grundsätze der h. M. zum Reflexschadensersatz an.[1011]

1007 Siehe dazu auch oben bei Fn. 993 und 994.

1008 So vor allem *Mülbert*, in: Großkomm. AktG, Vor §§ 118-147 AktG Rn. 230; *Kowalski*, Der Ersatz von Gesellschafts- und Gesellschafterschaden, 1990, S. 55 ff., 187 ff.

1009 Vgl. *Kowalski*, Das Ersatz von Gesellschafts- und Gesellschafterschaden, 1990, S. 55 ff., 187 ff.; *Beckerhoff*, Treupflichten bei der Stimmrechtsausübung und Eigenhaftung des Stimmrechtsvertreters, 1996, S. 105 f..

1010 Zu § 117 Abs. 1 Satz 2 AktG: BGH, Urteil v. 4.3.1985, II ZR 271/83, NJW 1985, 1777 (1778); *Bayer*, NJW 2000, 2609 (2610); *Voigt*, Haftung aus Einfluss auf die Aktiengesellschaft (§§ 117, 309, 317 AktG), 2004, S. 243; *Kowalski*, Der Ersatz von Gesellschafts- und Gesellschafterschaden, 1990, S. 57; *Mertens*, in: KölnKomm. AktG, § 117 AktG Rn. 20; *Hüffer*, § 117 AktG Rn. 9; *Kort*, in: Großkomm. AktG, § 117 AktG Rn. 175 f.. Zu § 317 Abs. 1 Satz 2 AktG: *Hüffer*, § 317 AktG Rn. 8; *Habersack*, in: Emmerich/Habersack, Aktien- und GmbH-Konzernrecht, § 317 AktG Rn. 14.

1011 Dies verkennt *Banerjea*, Die Gesellschafterklage im Aktien- und GmbH-Recht, 2000, S. 186, der die genannten Vorschriften dahingehend teleologisch reduzieren möchte, dass nur Ansprüche in das persönliche Vermögen der Gesellschafter ausgeschlossen sind, nicht aber solche gerichtet auf Leistung in das Gesellschaftsvermögen; ebenso wohl *Baums*, Der Geschäftsleitervertrag, § 10 III 2 a aa, S. 223.

Für die prozessuale Durchsetzung bedeutet die Regelung des § 117 Abs. 1 Satz 2 AktG, dass Reflexschäden im Rahmen des § 117 Abs. 1 AktG nur mittelbar im Wege der Geltendmachung des Schadensersatzanspruchs der Gesellschaft (Satz 1) ersetzt werden können. Klagebefugt sind insoweit die Gesellschaft[1012], die Gesellschaftsgläubiger (§ 117 Abs. 5 AktG) sowie eine Aktionärsminderheit im Wege der actio pro socio nach Durchlaufen eines Zulassungsverfahrens (s. § 148 Abs. 1 AktG)[1013], nicht aber jeder einzelne Aktionär.[1014] Etwas anders ist die Rechtslage im Fall des § 317 Abs. 1 Satz 2 AktG, wo zusätzlich das Einzelklagerecht des §§ 317 Abs. 4 i. V. m. § 309 Abs. 4 AktG zur Verfügung steht.

Angesichts dieses Regelungsansatzes des Gesetzes überrascht es, wenn Rechtsprechung und Literatur die Entstehung eines eigenen Schadensersatzanspruchs auf Ersatz des Reflexschadens in der Person des Gesellschafters nicht generell verneinen, sondern ihn vielmehr auf Leistung in das Gesellschaftsvermögen gerichtet sehen.[1015] Diese Ansicht entnimmt zwar den §§ 117 Abs. 1 Satz 2, 317 Abs. 1 Satz 2 AktG einen „in dem Sinne verallgemeinerungsfähigen Rechtsgedanken, dass der Ausgleich mittelbarer Schäden in das Privatvermögen des Gesellschafters nicht in Betracht kommt“.[1016] Die weitergehende Folgerung, der Gesellschafter könne statt dessen mittels seines Anspruchs den (gesamten) Schaden der Gesellschaft in deren Vermögen ersetzt verlangen, lässt sich diesen Vorschriften indes nicht entnehmen. Verständlicher wird diese Vorgehensweise aber, berücksichtigt man, dass die Klage auf Ersatz von Reflexschäden zum Teil als Alternative bzw. – so insbesondere vor Einführung des § 148 AktG im Aktienrecht – als Ersatz für die actio pro socio gesehen wurde.[1017]

Normzweck der §§ 117 Abs. 1 Satz 2, 317 Abs. 1 Satz 2 AktG ist einerseits die Vermeidung doppelter Inanspruchnahme des Schädigers, andererseits der Schutz der geschädigten Gesellschaft vor klagewilligen Aktionären im Hinblick

1012 Siehe §§ 78, 112 AktG. Aktionäre können über § 147 Abs. 1 AktG durch Hauptversammlungsbeschluss auf eine Geltendmachung durch die Gesellschaft hinwirken.

1013 *Kort*, in: Großkomm. AktG, § 117 AktG Rn. 170.

1014 OLG Bremen, Beschluss v. 28.5.2001, 4 W 7/01, AG 2002, 620; *Voigt*, Haftung aus Einfluss auf die Aktiengesellschaft (§§ 117, 309, 317 AktG), 2004, S. 254; *Hüffer*, § 117 AktG Rn. 8; *Spindler*, in: MünchKomm. AktG, § 117 AktG Rn. 47; *Kort*, in: Großkomm. AktG, § 117 AktG Rn. 167.

1015 Siehe dazu oben Teil 6A.II.

1016 Vgl. BGH, Urteil v. 10.11.1986, II ZR 140/85, NJW 1987, 1077 (1079); BGH, Urteil v. 11.7.1988, II ZR 243/87, NJW 1988, 2794 (2796); *Pentz*, in: Rowedder/Schmidt-Leithoff, § 13 GmbHG Rn. 84; *Hopt*, in: Großkomm. AktG, § 93 AktG Rn. 487; *Spindler*, in: MünchKomm. AktG, § 93 AktG Rn. 283.

1017 S. insbesondere *Brandes*, FS Fleck 1988, 13; *Baums*, ZGR 1987, 554 (561).

auf einen drohenden Wettlauf der Prozesse sowie die regelmäßig beschränkte Liquidität des Schädigers.[1018] Die Begrenzung des Aktionärsanspruchs auf unmittelbare Eigenschäden findet ihre Rechtfertigung zudem in der bewussten Entscheidung des Aktionärs einem Verband beizutreten und seine eigenen Vermögensinteressen einer innerverbandlichen Organisationsstruktur zumindest insoweit unterzuordnen, als primär zweckgebundenes Verbandsvermögen betroffen ist.[1019] Dies gilt gerade auch für die Geltendmachung von Gesellschaftsschäden, die stets einen Akt der Geschäftsführung für die Gesellschaft darstellt.[1020]

Dieser Rechtsgedanke ist für andere Reflexschadensfälle verallgemeinerungsfähig, so dass es nahe liegt Reflexschäden vom Umfang des auf Grundlage des Gesellschafteranspruchs zu ersetzenden Schadens auszunehmen und seinen Inhalt von vornherein auf in das Privatvermögen des Gesellschafters zu ersetzende, unmittelbare Eigenschäden zu beschränken.[1021] Dem Gesellschafter fehlt mit anderen Worten die Aktivlegitimation zur Geltendmachung für solche Schäden, die mit dem Gesellschaftsschaden identisch sind. Dogmatisch kann der Ausschluss von Reflexschäden vom Anspruch des Aktionärs durch eine normative Korrektur der Differenzhypothese anhand des in §§ 117 Abs. 1 Satz 2, 317 Abs. 1 Satz 2 AktG zum Ausdruck kommenden Rechtsgedankens bewerkstelligt werden.[1022] Bei einem Vergleich von realer Vermögenslage mit und hypotheti-

---

1018 Begründung RegE zu § 117, *Kropff*, Aktiengesetz, S. 163. Dazu auch *Müller*, FS Kellermann 1991, 317 (332 f.).

1019 Vgl. *Martens*, ZGR 1972, 254 (280); *Kowalski*, Der Ersatz von Gesellschafts- und Gesellschafterschaden, 1990, S. 65.

1020 Siehe Teil 2B.I.

1021 Zutreffend *Müller*, FS Kellermann 1991, 317 (335); *Müller*, ZIP 1995, 1415 (1418); *Wiedemann*, Gesellschaftsrecht I, § 4 IV 2 b, S. 241; für das GmbH-Recht *Emmerich*, in: Scholz, § 13 GmbHG Rn. 50; *Michalski/Funke*, in: Michalski, § 13 GmbHG Rn. 180; für Ansprüche aus Verletzung der Treuepflicht durch Aktionäre auch *Ziemons*, in: Nirk/Ziemons/Binnewies, Handbuch der Aktiengesellschaft, Rn. I 7.90; *Henze/Notz*, in: Großkomm. AktG, Anh § 53a AktG Rn. 145; s. auch öOGH, Entscheidung v. 22.12.1994, 2 Ob 591/94, AG 1996, 42. Eine entsprechende Beschränkung des Gesellschafteranspruchs ist in der Literatur beispielsweise für Ansprüche von Gesellschaftern gegen die Mitglieder von Vertretungs- bzw. Aufsichtsorganen nach Umwandlungsrecht anerkannt (s. §§ 25, 125, 205, 176 ff. UmwG), wo ein Gesellschafteranspruch nur für den über den Reflexschaden hinausgehenden unmittelbaren Eigenschadens besteht, *Grunewald*, in: Lutter, § 25 UmwG Rn. 15; *Decher*, in: Lutter, § 205 UmwG Rn. 8; *Kübler*, in: Semler/Stengel, § 25 UmwG Rn. 14.

1022 Zur normativen Korrektur der Differenzhypothese *Lange/Schiemann*, Schadensersatz, 2003, § 1 II 9, S. 35 ff.; zutreffend handelt es sich hierbei bzw. beim „normativen Schaden" nicht um ein in sich geschlossenes Gesamtkonzept, vielmehr wird die Wertungsabhängigkeit des Schadensbegriffs verdeutlicht *Oetker*, in: MünchKomm. BGB, § 249 BGB Rn. 23; *Schiemann*, in: Staudinger, § 249 BGB Rn. 38.

scher Vermögenslage ohne schädigende Handlung ist ein Gesellschafterschaden aufgrund der genannten gesellschaftsrechtlichen Wertungen zu verneinen, und zwar unabhängig davon, ob die Gesellschaft die Absicht hat ihren Anspruch zu verfolgen.[1023]

Für die Lösung spricht nicht zuletzt, dass die mit der Anspruchsverdoppelung bei Gesellschaft und Gesellschafter einhergehenden Probleme vermieden werden. Die Konzentration der Rechtsverfolgung auf den Ersatzanspruch der Gesellschaft verhindert bei entsprechender verfahrensrechtlicher Ausgestaltung eine Zersplitterung der Geltendmachung von Gesellschaftsschäden auf Einzelinteressen der Gesellschafter. Im Falle der Schädigung der Gesellschaft bedeutet dies zunächst, dass der Anteilsschaden des Gesellschafters nur im Wege der Geltendmachung des Anspruchs der Gesellschaft – sei es durch die zuständigen Organe im Namen der Gesellschaft, sei es durch die Gesellschafter im Wege der actio pro socio – durch Ersatzleistung an die Gesellschaft ausgeglichen werden kann.

Im Aktienrecht wird diese Differenzierung durch § 117 AktG veranschaulicht, wo gemäß Abs. 1 Satz 2 ein eigener Anspruch des Aktionärs auf Ersatz des Anteilsschadens ausgeschlossen ist, eine Aktionärsminderheit aber unter den Voraussetzungen des § 148 AktG den Ersatzanspruch der Gesellschaft geltend machen kann. Entsprechendes gilt im faktischen Aktienkonzern, wo hinsichtlich des *Gesellschafts*schadens der Ersatzanspruch der Gesellschaft im Wege der Prozessstandschaft verfolgt werden kann (§§ 309 Abs. 4, 317 Abs. 4 AktG oder § 148 AktG), sich der eigene Anspruch der Aktionäre aber auf den unmittelbaren Eigenschaden beschränkt (§ 317 Abs. 1 Satz 2 AktG).

Entsprechendes gilt im Personengesellschaftsrecht, wo Schadensersatzansprüche aus Verletzung der mitgliedschaftlichen Treuepflicht bei teilrechtsfähigen Gesellschaften sowohl der Gesellschaft als auch den einzelnen Gesellschaftern zustehen können. Eine Klage aus eigenem Anspruch des Gesellschafters auf Leistung an die Gesellschaft wird hier – soweit ersichtlich – nicht erwogen. Bedarf für diese Konstruktion bestand wegen der für die Personengesellschaften sei

---

1023 Vergleichbar ist die normative Beschränkung des Umfangs materiell-rechtlicher Kostenerstattungsansprüche anhand der Wertung des prozessualen Kostenrechts. So vertritt das BAG in ständiger Rechtsprechung, der Schadenersatzanspruch nach § 840 Abs. 2 Satz 2 ZPO umfasse nicht die Kosten für die Zuziehung eines Prozessbevollmächtigten, weil insoweit die arbeitsgerichtsgesetzliche Regelung über den Ausschluss der Kostenerstattung (s. § 12a Abs 1 Satz 1 ArbGG, vormals § 61 Abs. 1 Satz 2 ArbGG) maßgeblich ist, s. BAG, Urteil v. 23.9.1960, 5 AZR 258/59, NJW 1962, 92 (93 f.); BAG, Urteil v. 16.05.1990, 4 AZR 56/90, NJW 1990, 2643 (2644). Ausführlich *Oetker*, in: MünchKomm. BGB, § 249 BGB Rn. 180; *Schiemann*, in: Staudinger, § 251 BGB Rn. 115 jeweils m. w. N..

jeher anerkannten Möglichkeit der actio pro socio ohnehin nicht. Dort, wo ein Schaden im Gesellschaftsvermögen entstanden ist, kommt von vornherein nur der Sozialanspruch der Gesellschaft zum Tragen, den ein Gesellschafter gegebenenfalls als Prozessstandschafter im Wege der actio pro socio durchsetzen kann.[1024] Das GmbH-Recht fügt sich lückenlos in diese Systematik ein, da die actio pro socio als Einzelklagerecht im Grundsatz anerkannt ist.

Einzig in Aktiengesellschaften korrespondiert der Vorenthaltung der Aktivlegitimation in Bezug auf Reflexschäden nicht die Einräumung einer actio pro socio als reines Einzelklagerecht, denn das Klagezulassungsverfahren setzt nach § 148 Abs. 1 AktG die Erreichung eines Quorums voraus. Nach verbreiteter – und zum Teil auch nach Einführung des § 148 AktG aufrechterhaltener[1025] – Ansicht soll Aktionären zwar offenbar eine (ungeschriebene) actio pro socio als Einzelklagerecht zur Geltendmachung eines Schadensersatzanspruchs der Gesellschaft aus Treuepflichtverletzungen zur Verfügung stehen.[1026] Richtigerweise können aber auch diese die Ansprüche nur nach § 148 AktG geltend gemacht werden.[1027]

3. Zwischenergebnis

Gemäß dem Rechtsgedanken der §§ 117 Abs. 1 Satz 1, 317 Abs. 1 Satz 1 AktG umfasst ein im Falle der Schädigung der Gesellschaft bestehender eigener Anspruch des Gesellschafters nicht zugleich den durch die Schädigung des Gesellschaftsvermögens vermittelten Reflexschaden. Der Ausschluss der Reflexschadensersatzklage entbindet, wie § 117 AktG zeigt, nicht von dem schadensrecht-

---

1024 *Schäfer*, in: Großkomm. HGB, § 105 HGB Rn. 212, 246, § 114 HGB Rn. 50; *K. Schmidt*, in: MünchKomm. HGB, § 105 HGB Rn. 193; *K. Schmidt*, in: Schlegelberger, § 105 HGB Rn. 167; *v. Gerkan*, in: Röhricht/v.Westphalen, § 109 HGB Rn. 16.

1025 Siehe *Hüffer*, § 53a AktG Rn. 19, 21;; *Mimberg*, in: Marsch-Barner/Schäfer, Handbuch börsennotierte AG, § 36 Rn. 40.

1026 Deutlich *Kort*, in: Großkomm. AktG, Vor § 76 AktG Rn. 64: „In der Treupflichtverletzung gegenüber der AG liegt nämlich zugleich auch eine Beeinträchtigung des Mitgliedschaftsrechts des Aktionärs, der eine Klage erheben will. Diese Beeinträchtigung seiner Mitgliedschaft führt zwar nicht zu einem einklagbaren subjektiven Recht, wohl aber dient sie als Basis für die entsprechende actio pro societate“; *Mülbert*, in: Großkomm. AktG, Vor §§ 118-147 AktG Rn. 223, 230; wohl auch *Ziemons*, in: Nirk/ Ziemons/Binnewies, Handbuch der Aktiengesellschaft, Rn. I 7.267; unklar *Piepenburg*, Mitgliedschaftliche Treupflichten der Aktionäre, 1996, S. 186 f.; dagegen, jetzt *Wiesner*, in: Münch. Hdb. GesR IV, 3. Aufl. 2007 § 18 Rn. 7 unter Hinweis auf die Entscheidung des Gesetzgebers für die Geltendmachung von Ansprüchen aus der Mitgliedschaft durch den Vorstand.

1027 Siehe dazu auch oben Fn. 649.

lichen Problem, einen durch Schädigung der Gesellschaft vermittelten Schaden von unmittelbaren Schäden des Gesellschafters abzugrenzen.[1028] Letztere können ggf. uneingeschränkt zum Gegenstand einer eigenen Schadensersatzklage des Gesellschafters gemacht werden. Ebenso wenig befreit es auf Tatbestandsebene von dem Problem zu definieren, wann eine anspruchsbegründende Verletzung von Gesellschafterrechten vorliegt, da daran die Ersatzmöglichkeit des Gesellschafters in Bezug auf unmittelbare Eigenschäden anknüpft. Jedoch ergibt sich eine klare Abgrenzung der Klagebefugnisse der Gesellschaft und der Gesellschafter in Bezug auf Schäden der Gesellschaft, was die prozessualen Probleme vermeidet, die mit einer Anspruchsverdoppelung einher gehen. Kompetenzkonflikte in Bezug auf die Geltendmachung von Gesellschaftsschäden werden durch die hier vorgeschlagene normative Korrektur auf Schadensebene vermieden.

III. Der Restanwendungsbereich für die Reflexschadensersatzklage

Wie der Fall *Girmes* zeigt, sind Schädigungen der Gesellschaft durchaus auch in der Weise möglich, dass zwar die Treuepflicht gegenüber den Gesellschaftern verletzt wird, nicht aber die gegenüber der Gesellschaft. Materiell anspruchsberechtigt sind in diesem Fall allein die Gesellschafter.[1029] Da der Gesellschaft selbst kein Anspruch zusteht, ergibt sich weder ein Konflikt mit der gesellschaftsinternen Zuständigkeitsordnung noch mit den Grundsätzen der actio pro socio. Ebenso wenig kommt die hinter §§ 117 Abs. 1 Satz 2, 317 Abs. 1 Satz 2 AktG stehende Wertung zum Tragen, die Schadensabwicklung nicht durch konkurrierende Ansprüche von Gesellschaft und Gesellschaftern zu verkomplizieren.[1030]

D. Zusammenfassung

Soweit das zweckgebundene Vermögen der Gesellschaft geschädigt wurde, kann ein damit korrespondierender Reflexschaden der Aktionäre nur im Wege der Durchsetzung des Anspruchs der Gesellschaft verfolgt werden. Den Gesell-

---

1028 Siehe etwa *Spindler*, in: MünchKomm. AktG, § 117 AktG Rn. 52 ff..

1029 Vgl. BGH, Urteil v. 20.3.1995, II ZR 205/94, NJW 1995, 1739 (1743); *Bungeroth*, in: MünchKomm. AktG, Vor § 53a AktG Rn. 29; siehe auch *Kropff*, in: MünchKomm. AktG, § 117 AktG Rn. 42.

1030 Siehe bereits Teil 2C.I.3.

schaftern und Aktionären steht insoweit das Rechtsinstitut der actio pro socio zur Verfügung.

Ein eigener, den mittelbar durch Schädigung der Gesellschaft erlittenen Anteilsschaden umfassender materiell-rechtlicher Anspruch der Gesellschafter oder Aktionäre besteht nicht. Soweit man den Eintritt eines ersatzfähigen Schadens Gesellschafterschadens nicht schon aufgrund eines vollwertigen Ersatzanspruchs der Gesellschaft verneint, folgt dies aus einer normativen Korrektur der Differenzhypothese anhand der Wertungen der §§ 117 Abs. 1 Satz 2, 317 Abs. 1 Satz 2 AktG, die einen für alle rechtsfähigen Gesellschaftsformen gültigen, allgemeinen Rechtsgedanken enthalten.

Dem Entzug der Aktivlegitimation in Bezug auf die Geltendmachung von Reflexschäden korrespondiert die Gewährung des abgeleiteten Klagerechts der actio pro socio.[1031] Aufgrund der Beschränkung der aktienrechtlichen Klagebefugnisse auf bestimmte Anspruchsgrundlagen[1032] sowie die Voraussetzung einer qualifizierten Pflichtverletzung im aktienrechtlichen Klagezulassungsverfahren[1033], ist im Aktienrecht insoweit aufgrund gesetzgeberischer Entscheidung kein vollständiger Gleichlauf gewährleistet.

Die Rechte der Aktionäre sind in Bezug auf die Wiederherstellung des geschädigten Gesellschaftsvermögens im Aktienrecht abschließend geregelt. Im Einzelfall bestehende Ansprüche der Gesellschafter sind nach der vorrangigen gesetzgeberischen Wertentscheidung der §§ 147, 148 AktG und in Fortbildung des Modells der §§ 117 Abs. 1 Satz 2 und § 317 Abs. 1 Satz 2 AktG unabhängig von der Anspruchsgrundlage auf unmittelbare Eigenschäden unter Ausschluss von Reflexschäden beschränkt.

Steht der Gesellschaft im Einzelfall kein eigener Anspruch zu, beanspruchen weder die Ratio der §§ 117 Abs. 1 Satz 2, 317 Abs. 1 Satz 2 AktG, noch die innerverbandliche Zuständigkeitsordnung Vorrang vor einem auch den Reflexschaden umfassenden Anspruch des Gesellschafters, der dann auf Leistung an die Gesellschaft geltend gemacht werden kann.

1031 Zu diesem Zusammenhang *Wiedemann*, Organverantwortung und Gesellschafterklagen in der Aktiengesellschaft 1989, S. 52; *Müller*, ZIP 1995, 1415 (1418).

1032 S. dazu § 148 Abs. 1 Satz 1 i. V. m. § 147 Abs. 1 AktG und §§ 309, 310, 317, 318, 323 Abs. 1 Satz 2 AktG.

1033 § 148 Abs. 1 Satz 2 Nr. 3 AktG.

Teil 7
Zusammenfassung der wesentlichen Ergebnisse

1. Das Rechtsinstitut der actio pro socio, verstanden als das Gesellschafterklagerecht zur Durchsetzung von Ansprüchen der Gesellschaft, ist infolge der Regelung des aktienrechtlichen Klagezulassungsverfahrens in § 148 AktG rechtsformübergreifend für Personengesellschaften, GmbH und Aktiengesellschaft im Grundsatz gleichermaßen anerkannt.
2. Die gesetzliche Regelung des Klagezulassungsverfahrens bestätigt, dass das Grundkonzept der actio pro socio ein im Wege der Prozessstandschaft wahrzunehmendes Klagerecht ist. Ansätze, die actio pro socio mit der Geltendmachung von eigenen materiell-rechtlichen Ansprüchen des Gesellschafters zu begründen, sind abzulehnen.
3. Die Rechtsgrundlage der actio pro socio kann im Wege einer Gesamtanalogie den Regelungen der § 148 AktG und § 309 Abs. 4 AktG entnommen werden.
4. Die actio pro socio steht im Grundsatz jedem Gesellschafter als Einzelklagerecht zur Verfügung. Grundlegende Voraussetzung der Prozessführungsbefugnis ist die Gesellschaftereigenschaft des Klägers, jedoch zeigen sich insoweit insbesondere bei der actio pro socio im mehrstufigen Konzern Lockerungstendenzen.
5. Die actio pro socio ist eine subsidiäre Gesellschafterklagebefugnis. Die Subsidiarität der actio pro socio äußerst sich in formeller Hinsicht in dem Erfordernis vor Erhebung der Klage zunächst die Gesellschaft zur Erhebung einer eigenen Klage aufzufordern. Die Gesellschafterklage ist unzulässig, wenn das zuständige Gesellschaftsorgan rechtmäßig von der Anspruchsdurchsetzung abgesehen hat.
6. Ausnahmsweise ist die actio pro socio zulässig, auch wenn die Gesellschaft nicht zuvor zur Klageerhebung aufgefordert worden ist. Dies betrifft insbesondere zweigliedrige Gesellschaften, den Fall des drohenden Anspruchsverlusts sowie die ernsthafte und endgültige Verweigerung der Anspruchsdurchsetzung durch das zuständige Gesellschaftsorgan. Für die actio pro socio im Konzernrecht besteht keine Rechtfertigung dafür, von dem Erfordernis einer vorherigen Aufforderung abzusehen.
7. Prozessual lässt sich die actio pro socio in einem einstufigen Verfahren mit Inzidentprüfung der Voraussetzungen der Prozessführungsbefugnis oder in einem an das Klagezulassungsverfahren nach § 148 AktG angelehnten zweitstufigen Verfahren umsetzen. Entscheidend ist jeweils, dass die Gesellschaft als materiell-rechtliche Rechtsträgerin entsprechend dem Vorbild des § 148 Abs. 2 Satz 9 AktG zum Verfahren beigeladen wird, da nur sie (bzw. ihre

vertretungsbefugten Organe) sich sachgemäß zu etwaigen der Klage entgegenstehenden Gründen des Gesellschaftswohls äußern kann.

8. Nur das zweistufige Klagezulassungsverfahren ermöglicht eine Vorabprüfung der Erfolgsaussichten der Klage und schafft damit – im Falle der Zulassung der Klage und damit Bejahung der Prozessführungsbefugnis – die Voraussetzungen für die Gewährung eines Kostenerstattungsanspruchs für die Gesellschafter im Falle des Unterliegens im Prozess gegen den Gesellschaftsschuldner.

9. Für die Prüfung des Bestands der Prozessführungsbefugnis wird bei Personengesellschaften und GmbH im Interesse der Prozessökonomie einer einstufigen Verfahrensstruktur, also der Inzidentprüfung der Ablehnungsgründe unter Beiladung der Gesellschaft im Hauptsacheverfahren, grundsätzlich der Vorzug zu geben sein.

10. Da die Prüfung der Prozessführungbefugnis in einem Zulassungsverfahren auf allgemeinen Strukturprinzipien der subsidiären actio pro socio beruht, *kann* das Konzept des Klagezulassungsverfahrens auf Personengesellschaften und GmbH übertragen werden. Dies sollte insbesondere dann erwogen werden, wenn dem klagenden Gesellschafter im Falle des Unterliegens ein Kostenerstattungsanspruch gegen die Gesellschaft zustehen soll, wofür die Prüfung der Erfolgsaussichten in einem Vorverfahren erforderlich ist.

11. Die prozessualen Einzelregelungen des Klagezulassungsverfahrens über Rechtshängigkeit, Rechtskraft, Nebenintervention und Vergleichsschluss bilden keinen spezifisch aktienrechtlichen Regelungskomplex. Sie kodifizieren einen Prozessrecht der actio pro socio, das auf die actio pro socio im Aktienkonzernrecht und im GmbH- und Personengesellschaftsrecht gleichermaßen übertragbar ist.

12. Der gegenständliche Anwendungsbereich der actio pro socio ist nicht auf Ansprüche gegen Gesellschafter beschränkt, sondern umfasst daneben auch Ansprüche gegen Organmitglieder und gesellschaftsfremde Dritte. Um Unsicherheiten hinsichtlich des Bestandes der Prozessführungsbefugnis des klagenden Gesellschafters zu vermeiden, ist es erforderlich, die Gesellschaft entsprechend dem Vorbild des § 148 Abs. 2 Satz 9 AktG zum Gesellschafterprozess beizuladen.

13. Das Grundmodell der actio pro socio im Aktienrecht ist das subsidiäre Klagezulassungsverfahren gemäß § 148 AktG. Die in § 148 AktG geregelten Erfordernisse eines Mindestanteilsbesitzes und einer Mindestbesitzzeit sind spezifisch aktienrechtliche Ausformungen der Gesellschaftereigenschaft als Voraussetzung der actio pro socio. Sie rechtfertigen sich aus der der erhöhten Missbrauchsanfälligkeit von Gesellschafterklagerechten im Aktienrecht.

14. Die konzernrechtlichen Aktionärsklagebefugnisse der §§ 309 Abs. 4, 310 Abs. 4, 317 Abs. 4, 318 Abs. 4, 323 Abs. 1 Satz 2 AktG sind entsprechend den allgemeinen Strukturprinzipien der actio pro socio streng subsidiäre Klagerechte. Die Aktionärsklage ist grundsätzlich nur dann zulässig, wenn Vorstand bzw. Aufsichtsrat zuvor erfolglos zur Geltendmachung der Ansprüche aufgefordert worden sind.

15. Das in § 148 Abs. 1 Satz 2 Nr. 1 AktG geregelte Erfordernis einer Mindestbesitzzeit ist als spezifisch aktienrechtliche Voraussetzung er actio pro socio auch auf die aktienkonzernrechtliche actio pro socio in Form einer Einzelklagebefugnis anzuwenden.

16. *De lege ferenda* sind die konzernrechtlichen Einzelklagebefugnisse durch einen Verweis auf das Klagezulassungsverfahren nach § 148 AktG zu ersetzen. Der konzernrechtliche Kontext bietet keine Rechtfertigung für die Gewährung eines Einzelklagerechts unabhängig von der Erreichung eines Mindestanteilsbesitzes. Die gegenwärtige Rechtslage ist insoweit wertungswidersprüchlich.

17. Entgegen verbreiteter Ansicht in der Literatur handelt es sich bei § 148 AktG um keine „Alternative" zur actio pro socio, die gegebenenfalls auf andere Gesellschaftsformen übertragen werden kann. Das Klagezulassungsverfahren ist eine speziell aktienrechtliche Ausformung der actio pro socio als einem Institut des allgemeinen Verbandsrechts. Im Personengesellschafts- und GmbH-Recht ist diese Form der Gesellschafterklage bereits seit geraumer Zeit unter gegenüber § 148 AktG erleichterten Voraussetzungen als Einzelklagerecht anerkannt.

18. Wenngleich außerhalb des Aktienrechts ein Mindestanteilsbesitz keine Voraussetzung der actio pro socio ist, kann für die actio pro socio in anderen Gesellschaftsformen ein Beteiligungsquorum gesellschaftsvertraglich vereinbart werden, so insbesondere bei Publikumskommanditgesellschaften mit – vergleichbar einem (Klein-)Aktionär – vornehmlich anlageorientierten Kommanditisten.

19. Soweit das Gesellschaftsvermögen geschädigt wurde, kann ein damit korrespondierender Reflexschaden der Gesellschafter nur im Wege der Geltendmachung des Anspruchs der Gesellschaft, also mit Hilfe der actio pro socio als einer Klage in Prozessstandschaft, verfolgt werden.

20. Ein eigener, den mittelbar infolge der Schädigung der Gesellschaft erlittenen Anteilsschaden umfassender materiell-rechtlicher Anspruch des Gesellschafters auf Leistung an die Gesellschaft besteht nicht. Wegen des Vorrangs der innergesellschaftlichen Zuständigkeitsordnung und der Wertungen der §§ 117 Abs. 1 Satz 2, 317 Abs. 1 Satz 2 AktG ist die Differenzhypothese bei der Bestimmung des Schadens des Gesellschafters entsprechend normativ zu korrigieren.

21. Steht der Gesellschaft im Einzelfall kein eigener Ersatzanspruch zu, beanspruchen weder die innerverbandliche Zuständigkeitsordnung noch der Normzweck der §§ 117 Abs. 1 Satz 2, 317 Abs. 1 Satz 2 AktG Vorrang vor einem auch den Reflexschaden umfassenden Anspruch des Gesellschafters, der dann auf Leistung an die Gesellschaft geltend gemacht werden kann.

Anhang

§ 148 Klagezulassungsverfahren

(1) [1]Aktionäre, deren Anteile im Zeitpunkt der Antragstellung zusammen den einhundertsten Teil des Grundkapitals oder einen anteiligen Betrag von 100 000 Euro erreichen, können die Zulassung beantragen, im eigenen Namen die in § 147 Abs. 1 Satz 1 bezeichneten Ersatzansprüche der Gesellschaft geltend zu machen. [2]Das Gericht lässt die Klage zu, wenn

1. die Aktionäre nachweisen, dass sie die Aktien vor dem Zeitpunkt erworben haben, in dem sie oder im Falle der Gesamtrechtsnachfolge ihre Rechtsvorgänger von den behaupteten Pflichtverstößen oder dem behaupteten Schaden auf Grund einer Veröffentlichung Kenntnis erlangen mussten,
2. die Aktionäre nachweisen, dass sie die Gesellschaft unter Setzung einer angemessenen Frist vergeblich aufgefordert haben, selbst Klage zu erheben,
3. Tatsachen vorliegen, die den Verdacht rechtfertigen, dass der Gesellschaft durch Unredlichkeit oder grobe Verletzung des Gesetzes oder der Satzung ein Schaden entstanden ist, und
4. der Geltendmachung des Ersatzanspruchs keine überwiegenden Gründe des Gesellschaftswohls entgegenstehen.

(2) [1]Über den Antrag auf Klagezulassung entscheidet das Landgericht, in dessen Bezirk die Gesellschaft ihren Sitz hat, durch Beschluss. [2]Ist bei dem Landgericht eine Kammer für Handelssachen gebildet, so entscheidet diese anstelle der Zivilkammer. [3]Die Landesregierung kann die Entscheidung durch Rechtsverordnung für die Bezirke mehrerer Landgerichte einem der Landgerichte übertragen, wenn dies der Sicherung einer einheitlichen Rechtsprechung dient. [4]Die Landesregierung kann die Ermächtigung auf die Landesjustizverwaltung übertragen. [5]Die Antragstellung hemmt die Verjährung des streitgegenständlichen Anspruchs bis zur rechtskräftigen Antragsabweisung oder bis zum Ablauf der Frist für die Klageerhebung. [6]Vor der Entscheidung hat das Gericht dem Antragsgegner Gelegenheit zur Stellungnahme zu geben. [7]Gegen die Entscheidung findet die sofortige Beschwerde statt. [8]Die Rechtsbeschwerde ist ausgeschlossen. [9]Die Gesellschaft ist im Zulassungsverfahren und im Klageverfahren beizuladen.

(3) [1]Die Gesellschaft ist jederzeit berechtigt, ihren Ersatzanspruch selbst gerichtlich geltend zu machen; mit Klageerhebung durch die Gesellschaft wird ein anhängiges Zulassungs- oder Klageverfahren von Aktionären über diesen Ersatzanspruch unzulässig. [2]Die Gesellschaft ist nach ihrer Wahl berechtigt, ein

anhängiges Klageverfahren über ihren Ersatzanspruch in der Lage zu übernehmen, in der sich das Verfahren zur Zeit der Übernahme befindet. [3]Die bisherigen Antragsteller oder Kläger sind in den Fällen der Sätze 1 und 2 beizuladen.

(4) [1]Hat das Gericht dem Antrag stattgegeben, kann die Klage nur binnen drei Monaten nach Eintritt der Rechtskraft der Entscheidung und sofern die Aktionäre die Gesellschaft nochmals unter Setzung einer angemessenen Frist vergeblich aufgefordert haben, selbst Klage zu erheben, vor dem nach Absatz 2 zuständigen Gericht erhoben werden. [2]Sie ist gegen die in § 147 Abs. 1 Satz 1 genannten Personen und auf Leistung an die Gesellschaft zu richten. [3]Eine Nebenintervention durch Aktionäre ist nach Zulassung der Klage nicht mehr möglich. [4]Mehrere Klagen sind zur gleichzeitigen Verhandlung und Entscheidung zu verbinden.

(5) [1]Das Urteil wirkt, auch wenn es auf Klageabweisung lautet, für und gegen die Gesellschaft und die übrigen Aktionäre. [2]Entsprechendes gilt für einen nach § 149 bekannt zu machenden Vergleich; für und gegen die Gesellschaft wirkt dieser aber nur nach Klagezulassung.

(6) [1]Die Kosten des Zulassungsverfahrens hat der Antragsteller zu tragen, soweit sein Antrag abgewiesen wird. [2]Beruht die Abweisung auf entgegenstehenden Gründen des Gesellschaftswohls, die die Gesellschaft vor Antragstellung hätte mitteilen können, aber nicht mitgeteilt hat, so hat sie dem Antragsteller die Kosten zu erstatten. [3]Im Übrigen ist über die Kostentragung im Endurteil zu entscheiden. [4]Erhebt die Gesellschaft selbst Klage oder übernimmt sie ein anhängiges Klageverfahren von Aktionären, so trägt sie etwaige bis zum Zeitpunkt ihrer Klageerhebung oder Übernahme des Verfahrens entstandene Kosten des Antragstellers und kann die Klage nur unter den Voraussetzungen des § 93 Abs. 4 Satz 3 und 4 mit Ausnahme der Sperrfrist zurücknehmen. [5]Wird die Klage ganz oder teilweise abgewiesen, hat die Gesellschaft den Klägern die von diesen zu tragenden Kosten zu erstatten, sofern nicht die Kläger die Zulassung durch vorsätzlich oder grob fahrlässig unrichtigen Vortrag erwirkt haben. [6]Gemeinsam als Antragsteller oder als Streitgenossen handelnde Aktionäre erhalten insgesamt nur die Kosten eines Bevollmächtigten erstattet, soweit nicht ein weiterer Bevollmächtigter zur Rechtsverfolgung unerlässlich war.

Literaturverzeichnis

Abeltshauser, Thomas E.: Leitungshaftung im Kapitalgesellschaftsrecht, Köln Berlin Bonn München 1998

Adolff, Johannes: Zur Reichweite des verbandsrechtlichen Abwehranspruchs des Aktionärs gegen rechtswidriges Verwaltungshandeln, ZHR 169 (2005), 310

Altmeppen, Holger: Zur Rechtsnatur der actio pro socio, in: Heinrich, Christian, Festschrift für Hans-Joachim Musielak 2004, 1
(zit: *Altmeppen*, FS Musielak 2004)

Assmann, Heinz-Dieter: Gläubigerschutz im faktischen GmbH-Konzern durch richterliche Rechtsfortbildung – Teil 2, JZ 1986, 928

Assmann, Heinz-Dieter: Der faktische GmbH-Konzern, in: Lutter, Marcus/Ulmer, Peter/Zöllner, Wolfgang, FS 100 Jahre GmbHG 1992, 657

Austmann, Andreas: Rechtsfragen der Nebenintervention im aktienrechtlichen Anfechtungsprozeß, ZHR 158 (1994), 495

Bachelin, Herwig: Der konzernrechtliche Minderheitenschutz, Köln 1969

Bälz, Ulrich: Verbundene Unternehmen, AG 1992, 277

Bamberger, Heinz Georg/Roth Herbert (Hrsg.): Kommentar zum Bürgerlichen Gesetzbuch, Band 2, §§ 611-1296 ErbbauVO WEG,2. Auflage, München 2007

Banerjea, Nirmal R.: Die Gesellschafterklage im GmbH- und Aktienrecht, 2000

Barnert, Thomas: Die Gesellschafterklage im dualistischen System des Gesellschaftsrechts, Jus Privatum, Band 82, Tübingen 2003

Baumbach, Adolf/Hopt, Klaus (Hrsg.): Handelsgesetzbuch, 34. Auflage, München 2010
(zit: *Bearbeiter*, in: Baumbach/Hopt)

Baumbach, Adolf/Hueck, Alfred (Hrsg.): GmbH-Gesetz, 19. Auflage, München 2010
(zit: *Bearbeiter*, in: Baumbach/Hueck)

Baums, Theodor: Empfiehlt sich eine Neuregelung des aktienrechtlichen Anfechtungs- und Organhaftungsrechts, insbesondere der Klagemöglichkeiten von Aktionären?, Gutachten F zum 63. Deutschen Juristentag Leipzig 2000
(zit: Gutachten F zum 63. Deutschen Juristentag 2000)

Baums, Theodor: Der Geschäftsleitervertrag, Köln 1987

Baums, Theodor: Ersatz von Reflexschäden in der Kapitalgesellschaft, ZGR 1987, 554

Baums, Theodor/Drinhausen, Florian: Weitere Reform des Rechts der Anfechtung von Hauptversammlungsbeschlüssen, ILF Working Paper No. 70, abrufbar unter: http://ilf-frankfurt.de/uploads/media/ILF_WP_070.pdf

Bayer, Walter: Aktionärsklagen de lege lata und de lege ferenda, NJW 2000, 2609

Bayer, Walter: Minderheitenschutz durch Information, ZGR 1995, 613

Bayer, Walter/Habersack, Mathias: Aktienrecht im Wandel, Band II – Grundsatzfragen des Aktienrechts, Tübingen 2007
(zit: *Bearbeiter*, in: Bayer/Habersack, Aktienrecht im Wandel II 2007)

Becker, Michael: Zur Einzelklagebefugnis (actio pro socio) in der unverbundenen Aktiengesellschaft, in: Engel, Christoph/Möschel, Wernhard (Hrsg.), Recht und spontane Ordnung, Festschrift für Ernst-Joachim Mestmäcker zum achtzigsten Geburtstag, Baden-Baden 2006, 25
(zit: *Becker*, FS Mestmäcker 2006)

Becker, Michael: Verwaltungskontrolle durch Gesellschafterrechte, Beiträge zum ausländischen und internationalen Privatrecht, Band 62, Tübingen 1997

Beckerhoff, Tom: Treupflichten bei der Stimmrechtsausübung und Eigenhaftung des Stimmrechtsvertreters, Frankfurt am Main 1996

Bedkowski, Dorothea: Die Geschäftsleiterpflichten, Abhandlungen zum Deutschen und Europäischen Gesellschafts- und Kapitalmarktrecht, Band 8, Berlin 2006

Bereska, Christian: Minderheitenschutz durch Klage in Genossenschaften, Kooperations- und Genossenschaftswissenschaftliche Beiträge, Band 23, Münster 1990

Berger, Christian: Die subjektiven Grenzen der Rechtskraft bei der Prozessstandschaft, Prozeßrechtliche Abhandlungen, Heft 84, Köln Berlin Bonn München 1992

Berger, Christian: Die actio pro socio im GmbH-Recht, ZHR 149 (1985), 599

Bezzenberger, Gerold/Bezzenberger, Tilman: Aktionärskonsortien zur Wahrnehmung von Minderheitsrechten, in: Bitter, Georg/Lutter, Marcus/Priester, Hans-Joachim/Schön, Wolfgang/Ulmer, Peter, Festschrift für Karsten Schmidt, Köln 2009, 105
(zit: *G. Bezzenberger/T. Bezzenberger*, FS K. Schmidt 2009)

Binge, Christoph: Gesellschafterklagen gegen Maßnahmen der Geschäftsführung, 1994

Bischof, Helmut: Praxisprobleme der Streitverkündung, MDR 1999, 787

Bollmann, Christian-Friedrich: Der Schadensersatzanspruchgemäß § 317 AktG bei Schädigung der abhängigen Eine-Person-AG, Konzern, Konzernrecht und Konzernfinanzierung, Band 94, 1995

Bork, Reinhard: Das „Klageerzwingungsverfahren“ nach § 147 Abs. 3 RefE AktG – Auf dem Weg zur „Aktionärsklage“?, in: Hommelhoff, Peter/ Röhricht, Volker (Hrsg.), RWS-Forum 10, Gesellschaftsrecht 1997, 1998, 53

Bork, Reinhard: Prozessrechtliche Notiz zum UMAG, ZIP 2005, 66

Bork, Reinhard: Doppelsitz und Zuständigkeit im aktienrechtlichen Anfechtungsprozeß, ZIP 1995, 609

Bork, Reinhard/Oepen, Klaus: Einzelklagebefugnisse des Personengesellschafters, ZGR 2001, 515

Brandes, Helmut: Ersatz von Gesellschafts- und Gesellschafterschaden, in: Goerdeler, Reinhard/Hommelhoff, Peter/Lutter, Marcus/Odersky, Walter/ Wiedemann, Herbert, Festschrift für Hans-Joachim Fleck, Berlin New York 1988, 13
(zit: *Brandes*, FS Fleck 1988)

Brandes, Helmut: Anmerkung zu BGH, Urteil v. 7.6.1999, II ZR 278/98, NZG 1999, 936

Brandi, Axel: Unerlaubte Erstattung von Eigenkapitalersatz und Rückgewähr kapitalersetzender Gebrauchsüberlassung bei GmbH und GmbH & Co. KG, ZIP 1995, 1395

Brandner, Hans Erich: Minderheitenrechte bei der Geltendmachung von Ersatzansprüchen aus der Geschäftsführung, in: Schneider, Uwe/Hommelhoff, Peter/Schmidt, Karsten/ Timm, Wolfram/Grunewald, Barbara/Drygala, Tim (Hrsg.), Festschrift für Marcus Lutter 2000, 317
(zit: *Brandner*, FS Lutter 2000)

Brondics, Klaus: Die Aktionärsklage, Schriften zur wirtschaftswissenschaftlichen Analyse des Rechts, Band 2, Berlin 1988

Brosius-Gersdorf, Frauke: Zum Schadensersatzanspruch der Aktionäre einer Bank gegen ein Presseunternehmen wegen unwahrer Presseberichte, NZG 1998, 667

Bungert, Hartwin: Die Treuepflicht des Minderheitsaktionärs, DB 1995, 1749

Burbach, Hans-Adolf: Das Recht der konzernabhängigen Personenhandelsgesellschaft, Europäische Hochschulschriften: Reihe 2, Frankfurt am Main u.a. 1989

Burgard, Ulrich: Das Wettbewerbsverbot des herrschenden Aktionärs, in: Schneider, Uwe/Hommelhoff, Peter/Schmidt, Karsten/ Timm, Wolfram/ Grunewald, Barbara/Drygala, Tim (Hrsg.), Festschrift für Marcus Lutter 2000, 1033
(zit: *Burgard*, FS Lutter 2000)

Bürgers, Tobias/Körber, Torsten: Aktiengesetz, Heidelberg 2008

Calavros, Constantin: Urteilswirkungen zu Lasten Dritter, Schriften zum deutschen, europäischen Zivil-, Handels- und Prozessrecht, Band 89, Bielefeld 1978

Centrale für GmbH Dr. Otto Schmidt (Hrsg.): GmbH-Handbuch, Köln, Stand August 2005
(zit: *Bearbeiter*, in: GmbH-Handbuch)

DAV-Handelsrechtsausschuss: Referentenentwurf zur Änderung des Aktiengesetzes („KonTraG") – Stellungnahme des DAV, ZIP 1997, 163

DAV-Handelsrechtsausschuss: Handelsrechtsausschuss des DAV: Stellungnahme zum Referentenentwurf eines Gesetzes zur Unternehmensintegrität und Modernisierung des Anfechtungsrechts (UMAG), NZG 2004, 555

DAV-Handelsrechtsausschuss: Handelsrechtsausschuss des DAV: Stellungnahme zu dem Regierungsentwurf eines Gesetzes zur Unternehmensintegrität und Modernisierung des Anfechtungsrechts (UMAG), NZG 2005, 388

Diekmann, Hans/Leuering, Dieter: Der Referentenentwurf eines Gesetzes zur Unternehmensintegrität und Modernisierung des Anfechtungsrechts (UMAG), NZG 2004, 249

Dimaras, Nikolaos: Anspruch „Dritter" auf Verfahrensbeteiligung, Reihe Rechtswissenschaft, Band 44, Pfaffenweiler 1987

Drinkuth, Henrik: Rechtsschutz beim genehmigten Kapital, AG 2006, 142

Duve, Christian/Basak, Denis: Ungeahnte Unterstützung für aktive Aktionäre - wie das UMAG Finanzinvestoren hilft, BB 2006, 1345

Ebenroth, Carsten Thomas/Boujong, Karlheinz/Joost, Detlev/Strohn, Lutz: Handelsgesetzbuch, Band 1 §§ 1-342e, 2. Auflage, München 2008
(zit: *Bearbeiter*, in: Ebenroth/Boujong/Joost/Strohn)

Ebenroth, Carsten Thomas/Boujong, Karlheinz/Joost, Detlev/Strohn, Lutz: Handelsgesetzbuch, Band 2 §§ 343-475h, 2. Auflage, München 2009
(zit: *Bearbeiter*, in: Ebenroth/Boujong/Joost/Strohn)

Eickhoff, Andreas: Die Gesellschafterklage im GmbH-Recht, Abhandlungen zum deutschen und europäischen Handels- und Wirtschaftsrecht, Band 54, Köln Berlin Bonn München 1988

Emde, Raimond: Der Angriff eines Mitgesellschafters gegen die Beschlussfeststellungsklage, ZIP 1998, 1475

Emmerich, Volker: Das GmbH-Konzernrecht (II), AG 1975, 285

Emmerich, Volker/Habersack, Mathias: Aktien- und GmbH-Konzernrecht, 6. Auflage, München 2010

Emmerich, Volker/Habersack, Mathias: Konzernrecht, 9. Auflage, München 2008

Engelmann, Menso F.: Aktionärsschädigende Pflichtverletzungen, Europäische Hochschulschriften: Reihe 2, Band 4570, Frankfurt am Main 2007

Erman, Walter: Bürgerliches Gesetzbuch, Band I, §§ 1-811, 11. Auflage, Köln 2004
(zit: *Bearbeiter*, in: Erman)

Eschenbruch, Klaus: Konzernhaftung, Düsseldorf 1996

Eyermann, Erich: Verwaltungsgerichtsordnung, 12. Auflage, München 2006
(zit: *Bearbeiter*, in: Eyermann)

Fillmann, Andreas: Treuepflichten der Aktionäre, Frankfurt a. M. Bern New York Paris 1991

Fischer, Robert: Neue Wege im Recht der Personengesellschaften? Eine Besprechung des Buches „Die Personengesellschaft" von Werner Flume, ZGR 1979, 261

Fleischer, Holger (Hrsg.): Handbuch des Vorstandsrechts, 1. Auflage, München 2006

Flume, Werner: Allgemeiner Teil des Bürgerlichen Rechts, Erster Band, Erster Teil – Die Personengesellschaft, Berlin Heidelberg New York 1977
(zit: *Flume*, Allgemeiner Teil des Bürgerlichen Rechts I/1)

Flume, Werner: Allgemeiner Teil des Bürgerlichen Rechts, Erster Band, Zweiter Teil – Die juristische Person, Berlin Heidelberg New York Tokyo 1983
(zit: *Flume*, Allgemeiner Teil des Bürgerlichen Rechts I/2)

Flume, Werner: Grundfragen der Aktienrechtsreform, Schriftenreihe „Handelsblatt", Düsseldorf 1960

Frank, Christiane: Die actio pro socio in der eingetragenen Genossenschaft, Marburger Schriften zum Genossenschaftswesen, Band 82, Göttingen 1996

Friedl, Markus J.: Die Haftung des Vorstands und Aufsichtsrats für eine fehlerhafte Stellungnahme gemäß § 27 I WpÜG, NZG 2004, 448

Früchtl, Christian: Noch einmal: Wird die "actio pro socio" unzulässig, sobald der Gesellschafter aus der BGB-Gesellschaft ausscheidet?, NJW 1996, 1327

Gaul, Felix: Rechtsschutzmöglichkeiten bei fehlerhafter Entlastung in der KG – ein Beitrag zum Beschlussmängelrecht bei Personengesellschaften, DStR 2009, 804

Gebauer, Martin: Zur Bindungswirkung des Musterentscheids nach dem Kapitalanleger-Musterverfahrensgesetz (KapMuG), ZZP 119 (2006), 159

Gehrlein, Markus: Die Gesellschafterklage und § 46 Nr. 8 GmbHG – ein ungelöstes Problem?, ZIP 1993, 1525

Gehrlein, Markus: AG 1994, 103

Gerkan, Hartwin von: Die Gesellschafterklage, ZGR 1988, 441

Geßler, Ernst/Hefermehl, Wolfgang/Eckardt, Ulrich/Kropff, Bruno: Aktiengesetz-Kommentar, Band II §§ 76-147, München 1973
(zit: *Bearbeiter*, in: G/H/E/K)

Goette, Wulf: Anmerkung zu BGH, Beschluss v. 14.6.1993 - II ZR 228/92, DStR 1993, 1111

Goette, Wulf/Habersack, Mathias (Hrsg.): Münchener Kommentar zum Aktiengesetz, Band 1, §§ 1-75 AktG, 3. Auflage, München 2008
(zit: *Bearbeiter*, in: MünchKomm. AktG)

Goette, Wulf/Habersack, Mathias: Münchener Kommentar zum Aktiengesetz, Band 2, §§ 76-117 AktG, 3. Auflage, München 2008
(zit: *Bearbeiter*, in: MünchKomm. AktG)

Kropff, Bruno/Semler, Johannes: Münchener Kommentar zum Aktiengesetz, Band 4, §§ 118-147 AktG, 2. Auflage, München 2004
(zit: *Bearbeiter*, in: MünchKomm. AktG)

Goette, Wulf/Habersack, Mathias (Hrsg.): Münchener Kommentar zum Aktiengesetz, Band 4, §§ 179-277 AktG, 3. Auflage, München 2011
(zit: *Bearbeiter*, in: MünchKomm. AktG)

Goette, Wulf/Habersack, Mathias (Hrsg.): Münchener Kommentar zum Aktiengesetz, Band 5, §§ 278-328 AktG, 3. Auflage, München 2010
(zit: *Bearbeiter*, in: MünchKomm. AktG)

Görling, Helmut: Die Konzernhaftung in mehrstufigen Unternehmensverbindungen, Europäische Hochschulschriften, Reihe II: Rechtswissenschaft, Bd. 2363, Frankfurt am Main 1998

Göz/Holzborn, Timo: UMAG und Hauptversammlung - Der Regierungsentwurf eines Gesetzes zur Unternehmensintegrität und Modernisierung des Anfechtungsrechts (UMAG), WM 2005, 157

Grootherhorst, Johannes: Die ARAG/Garmenbeck-Prozesse – eine Gesamtschau im Rückblick, ZIP 1999, 1117

Grossfeld, Bernhard: Aktiengesellschaft, Unternehmenskonzentration und Kleinaktionäre, Tübinger rechtswissenschaftliche Abhandlungen, Band 21, Tübingen 1968

Grotheer, Marc: Außenhaftung von Aufsichtsratsmitgliedern: Ein Anreiz zur Verbesserung der Überwachungstätigkeit? – Kapitalmarktinformationshaftung de lege ferenda vor dem Hintergrund der Innenhaftung nach dem UMAG –, WM 2005, 2070

Grunewald, Barbara: Die Gesellschafterklage in der Personengesellschaft und der GmbH, JZ-Schriftenreihe, H. 2, Tübingen 1990

Grunewald, Barbara: Anmerkung zu OLG Köln, Urteil v. 13.7.2000 - 18 U 37/00, NZG 2000, 1137

Grunsky, Wolfgang: Grundlagen des Verfahrensrechts, 2. Auflage, Bielefeld 1974

Gummert, Hans/Weigert, Lutz: Münchener Handbuch des Gesellschaftsrechts, Band 1, BGB-Gesellschaft - Offene Handelsgesellschaft - Partnerschaftsgesellschaft – Partenreederei – EWIV, 3. Auflage, München 2003 (zit: *Bearbeiter*, in: Münch. Hdb. GesR I)

Gummert, Hans/Weipert, Lutz: Münchener Handbuch des Gesellschaftsrechts, Band 2, Kommanditgesellschaft - GmbH & Co. KG - Publikums-KG - Stille Gesellschaft, 3. Auflage, München 2003 (zit: *Bearbeiter*, in: Münch. Hdb. GesR II)

Guntz, Peter: Treubindungen von Minderheitsaktionären, Schriften zum Wirtschaftsrecht, Band 101, Berlin 1997

Habersack, Mathias: Die Aktionärsklage – Grundlagen, Grenzen und Anwendungsfälle, DStR 1998, 533

Habersack, Mathias: Die Mitgliedschaft – subjektives und „sonstiges" Recht, Jus Privatum, Band 17, Tübingen 1996

Hadding, Walther: actio pro socio – Die Einzelklagebefugnis des Gesellschafters bei Gesamthandsansprüchen aus dem Gesellschaftsverhältnis, Marburg 1966

Hadding, Walther: Zur Einzelklagebefugnis des Gesellschafters einer Personalgesellschaft, JZ 1975, 159

Happ, Wilhelm: Vom besonderen Vertreter zur actio pro socio : das Klagezulassungsverfahren des § 148 AktG auf dem Prüfstand, in: Aderhold, Lutz/Grunewald, Barbara/Klingberg, Dietgard, Festschrift für Harm Peter Westermann, 2008 (zit: *Happ*, FS H. P. Westermann 2008)

Happ, Wilhelm/Pfeifer, Axel: Der Streitwert gesellschaftsrechtlicher Klagen und Gerichtsverfahren, ZGR 1991, 103

Hasselbach, Kai/Seibel, Markus: Freistellung des Geschäftsführers von der Haftung für Kartellrechtsverstöße, GmbHR 2009, 354

Hassold, Gerhard: Actio pro socio, JuS 1980, 32

Heermann, Peter W.: Wie weit reicht die Pflicht des Aufsichtsrats zur Geltendmachung von Schadensersatzansprüchen gegen Mitglieder des Vorstands?, AG 1998, 201

Heidel, Thomas (Hrsg.): Aktienrecht und Kapitalmarktrecht, 3. Auflage, Baden-Baden 2011

Hennrichs, Joachim: Treupflichten im Aktienrecht, AcP 195 (1995), 221

Henze, Hartwig: Die Berücksichtigung des Börsenkurses bei der Bemessung von Abfindung und variablem Ausgleich im Unternehmensvertragsrecht,

in: Schneider, Uwe/Hommelhoff, Peter/Schmidt, Karsten/ Timm, Wolfram/Grunewald, Barbara/Drygala, Tim (Hrsg.), Festschrift für Marcus Lutter 2000, 1101
(zit: *Henze*, FS Lutter 2000)

Henze, Hartwig: Zur Treupflicht unter Aktionären, in: Goerdeler, Reinhard/Lutter, Marcus/Odersky, Walter/Wiedemann, Herbert, Festschrift für Alfred Kellermann, Berlin New York 1991, 317
(zit: *Henze*, FS Kellermann 1991)

Henze, Hartwig: Die Treupflicht im Aktienrecht, BB 1996, 489

Henze, Hartwig: Gesichtspunkte des Kapitalerhaltungsgebotes und seiner Ergänzung im Kapitalgesellschaftsrecht in der Rechtsprechung des BGH, NZG 2003, 649

Herzog, Roman/Scholz, Rupert/Herdegen, Matthias/Klein, Hans H.: Maunz/Dürig, Grundgesetz-Kommentar, München, Stand: 56. Ergänzungslieferung, Oktober 2009

Hirte, Heribert: Mißbrauch aktienrechtlicher Anfechtungsklagen, BB 1988, 1469

Hirte, Heribert: Die Entwicklung des Unternehmens- und Gesellschaftsrechts in Deutschland in den Jahren 1996 und 1997 - 2. Teil: Gesellschaft mit beschränkter Haftung (GmbH), NJW 1998, 3459

Hirte, Heribert/von Bülow, Christoph: Kölner Kommentar zum WpÜG, 1. Auflage, Köln, Berlin, Bonn, München 2003

Hoffmann-Becking, Michael: Grenzenlose Abwehrklagen für Aktionäre, ZHR 167 (2003), 357

Hoffmann-Becking, Michael (Hrsg.): Münchener Handbuch des Gesellschaftsrechts, Band 4 Aktiengesellschaft, 3. Auflage, München 2007
(zit: *Bearbeiter*, in: Münch. Hdb. GesR IV)

Höfler, Ulrike: Die actio pro socio, JuS 1992, 388

Hölters, Wolfgang: Zur Durchsetzung von Schadensersatzansprüchen durch eine Aktionärsminderheit, in: Wank, Rolf/Hirte, Heribert/Frey, Kaspar/Fleischer, Holger/Thüsing, Gregor, Festschrift für Herbert Wiedemann, München 2002, 975
(zit: *Hölters*, FS Wiedemann 2002)

Hommelhoff, Peter: Die Konzernleitungspflicht, 1982

Hopt, Klaus J.: Die Haftung von Vorstand und Aufsichtsrat, in: Immenga, Ulrich/Möschel, Wernhard/Reuter, Dieter (Hrsg.), Festschrift für Ernst-Joachim Mestmäcker, Baden-Baden 1996
(zit: *Hopt*, FS Mestmäcker 1996)

Hopt, Klaus J./Wiedemann, Herbert (Hrsg.): Aktiengesetz, Großkommentar, Zweiter Band §§ 53a-75, 4. Auflage, Berlin 2008
(zit: *Bearbeiter*, in: Großkomm. AktG)

Hopt, Klaus J./Wiedemann, Herbert (Hrsg.): Aktiengesetz, Großkommentar, 11. Lieferung: §§ 92-94, 4. Auflage, Berlin New York 1999
(zit: *Bearbeiter*, in: Großkomm. AktG)

Hopt, Klaus J./Wiedemann, Herbert (Hrsg.): Aktiengesetz, Großkommentar, Vierter Band §§ 95-117, 4. Auflage, Berlin 2006
(zit: *Bearbeiter*, in: Großkomm. AktG)

Hopt, Klaus J./Wiedemann, Herbert (Hrsg.): Aktiengesetz, Großkommentar, Fünfter Band §§ 118-148, 4. Auflage, Berlin 2008
(zit: *Bearbeiter*, in: Großkomm. AktG)

Hopt, Klaus J./Wiedemann, Herbert (Hrsg.): Aktiengesetz, Großkommentar, 6. Lieferung: §§ 241-255, 4. Auflage, Berlin 1995
(zit: *Bearbeiter*, in: Großkomm. AktG)

Hopt, Klaus J./Wiedemann, Herbert (Hrsg.): Aktiengesetz, Großkommentar, 23. Lieferung: §§ 300-310, 4. Auflage, Berlin 2005
(zit: *Bearbeiter*, in: Großkomm. AktG)

Horn, Norbert: Aktien- und konzernrechtlicher Vermögenschutz der Aktiengesellschaft beim Gang an die Börse, ZIP 1987, 1225

Hueck, Alfred: Das Recht der Offenen Handelsgesellschaft, 4. Auflage, München 1971

Hueck, Götz: Drei Fragen zur Gesamthandsgesellschaft, in: Lieb, Manfred/Noack, Ulrich/Westermann, Harm Peter, FS Zöllner, Köln 1998, 275
(zit: *G. Hueck*, FS Zöllner 1998)

Hüffer, Uwe: Der Aufsichtsrat in der Publikumsgesellschaft, ZGR 1980, 320

Hüffer, Uwe: Aktiengesetz, 9. Auflage, München 2010

Huth, Mark-Alexander: Die Vorstandspflicht zur Risikoüberwachung, Nomos Universitätsschriften Recht, Band 505, Baden-Baden 2007

Ihrig, Hans-Christoph: Organschaftliche Haftung und Haftungsdurchsetzung unter Berücksichtigung der monistisch verfassten SE, in: Bachmann, Gregor/Casper, Matthias/Schäfer, Carsten/Veil, Rüdiger, Steuerungsfunktionen des Haftungsrechts im Gesellschafts- und Kapitalmarktrecht, Schriften zum Gesellschafts-, Bank- und Kapitalmarktrecht, Band 1, Baden-Baden 2007
(zit. *Ihrig*, in: Steuerungsfunktionen des Haftungsrechts im Gesellschafts- und Kapitalmarktrecht 2007, 17

Immenga, Ulrich: Die personalistische Kapitalgesellschaft, Wirtschaftsrecht und Wirtschaftspolitik, Band 15, Bad Homburg v. d. H. 1970

Jäger, Axel: Grundsätze der Ermessensausübung für den Aufsichtsrat der Aktiengesellschaft und die Gesellschafterversammlung der GmbH am Beispiel der „ARAG"-Entscheidungen, WiB 1997, 10

Jahn, Joachim: UMAG: Das Aus für 'räuberische Aktionäre' oder neues Erpressungspotenzial?, BB 2005, 5

Jauernig, Othmar: Subjektive Grenzen der Rechtskraft und Recht auf rechtliches Gehör, ZZP 101 (1988), 361

Jilg, Thomas: Die Treuepflicht des Aktionärs, Frankfurt am Main 1996

Jungkurth, Frank: Konzernleitung bei der GmbH, Konzern, Konzernrecht und Konzernfinanzierung, Band 10, Berlin 2000

Kantzas, Ioannis: Das Weisungsrecht im Vertragskonzern, Europäische Hochschulschriften: Reihe 2, Band 727, Frankfurt am Main 1988

Karrer, Götz G.: Der besondere Vertreter im Recht der Personengesellschaften, NZG 2008, 206

Karrer, Götz G.: Bestellung und Rechtsstellung des besonderen Vertreters im Recht der Personengesellschaften, NZG 2009, 932

Kindler, Peter: Unternehmerisches Ermessen und Pflichtenbindung, ZHR 162 (1998), 101

Kirchhof, Hans-Peter/Lwowski, Hans-Jürgen/Stürner, Rolf: Münchener Kommentar zur Insolvenzordnung, Band 1, §§ 1-102 InsO, 2. Auflage, München 2007

Kling, Michael: Die Innenhaftung des Aufsichtsratsmitglieds in der Aktiengesellschaft , DZWIR 2005, 45

Koch, Jens: Das Gesetz zur Unternehmensintegrität und Modernisierung des Anfechtungsrechts (UMAG), ZGR 2006, 769

Koch, Jens: Die Pflichtenstellung des Aufsichtsrats nach Zulassung der Aktionärsklage, in: Kindler, Peter/Koch, Jens/Ulmer, Peter/Winter, Martin, Festschrift für Uwe Hüffer, München 2010, 447
(zit: *Koch*, FS Hüffer 2010)

Kocher, Dirk: Die Reichweite der Business Judgment Rule CCZ 2009, 215

Koller, Ingo/Roth, Wulf-Henning/Morck, Winfried: Handelsgesetzbuch, 7. Auflage, München 2011

Kopp, Ferdinand O./Schenke, Wolf-Rüdiger: Verwaltungsgerichtsordnung, 14. Auflage, München 2005

Korehnke, Stephan: Treuwidrige Stimmen im Personengesellschafts- und GmbH-Recht, Studien zum Handels-, Arbeits- und Wirtschaftsrecht, Band 50, Baden-Baden 1997

Kort, Michael: Actio pro socio auch bei Klagen gegen Nicht-Gesellschafter, DStR 2001, 2162

Kowalski, André: Der Ersatz von Gesellschafts- und Gesellschafterschaden, Rechtsfragen der Handelsgesellschaften, Heft 62, Köln 1990

Kowalski, André: Die Gesellschafterklage und § 46 Nr. 8 GmbHG – kein ungelöstes Problem, ZIP 1995, 1315

Krämer, Lutz/Kiefner, Alexander: Präventiver Rechtsschutz und Flexibilität beim genehmigten Kapital, ZIP 2006, 301

Kreutz, Peter: Die actio pro socio im Recht der BGB-Gesellschaft, in: Häuser, Franz/Hammen, Horst/Hennrichs, Joachim/Steinbeck, Anja/Siebel, Ulf R./Welter, Reinhard, Festschrift für Walther Hadding, Berlin 2004
(zit: *Kreutz*, FS Hadding 2004)

Krieger, Gerd: Aktionärsklage zur Kontrolle des Vorstands- und Aufsichtsratshandelns, ZHR 163 (1999), 364

Krieger, Gerd: Geltendmachung von Schadensersatzansprüchen gegen GmbH-Gesellschafter, in: Gesellschaftsrechtliche Vereinigung (Hrsg.), Gesellschaftsrecht in der Diskussion 1998, Band 1, Köln 1999

Krieger, Gerd: Henze, Hartwig/Timm, Wolfram/Westermann, Harm Peter, RWS-Forum 8, Gesellschaftsrecht 1995, 1996, 149

Krieger, Gerd/Uwe H. Schneider (Hrsg.): Handbuch Managerhaftung, 1. Auflage, Köln 2007

Kropff, Bruno: Aktiengesetz, Düsseldorf 1965

Kropff, Bruno: Der konzernrechtliche Ersatzanspruch – ein zahnloser Tiger?, in: Westermann, Harm Peter/Mock, Klaus (Hrsg.), Festschrift für Gerold Bezzenberger 2000, 233
(zit. *Kropff*, FS G. Bezzenberger 2000)

Kübler, Friedrich/Assmann, Heinz-Dieter: Gesellschaftsrecht, 6. Auflage, Heidelberg München Landsberg Berlin 2006

Kuhlmann, Jens/Ahnis, Erik: Konzern- und Umwandlungsrecht, 3. Auflage, Heidelberg München Landsberg Berlin 2010

Kuntz, Thilo: Zur Frage der Verantwortlichkeit der Geschäftsleiter der abhängigen Gesellschaft gegenüber dem herrschenden Unternehmen, Der Konzern 2007, 802

Lakner, Yves: Der mehrstufige Konzern, Abhandlungen zum deutschen und europäischen Handels- und Wirtschaftsrecht, Band 150, Köln Berlin München 2005

Lange, Hermann/Schiemann, Gottfried: Handbuch des Schuldrechts - Schadensersatz, 3. Auflage, Tübingen 2003

Langenbucher, Katja: Vorstandshandeln und Kontrolle: Zu einigen Neuerungen durch das UMAG, GesRZ-SH 2005, 3

Larenz, Karl: Lehrbuch des Schuldrechts, Band II, Besonderer Teil, 13. Auflage, München 1986
(zit: *Larenz*, Lehrbuch des Schuldrechts II)

Liebscher, Thomas: GmbH-Konzernrecht, München 2006

Limmer, Peter: Die Haftungsverfassung des faktischen GmbH-Konzerns, Rechtsfragen der Handelsgesellschaften, Heft 70, Köln 1991

Linnerz, Markus: Vom Anfechtungs- und Haftungstourismus? – Stellungnahme zur geplanten Neuregelung aktienrechtlicher Haftungsklagen, NZG 2004, 307

Löffler: Die abhängige Personengesellschaft: beherrschender Einfluss und Konzernherrschaft bei Personengesellschaften, Heidelberg 1988

Lüke, Wolfgang: Der Musterentscheid nach dem neuen Kapitalanleger-Musterverfahrensgesetz, ZZP 119 (2006), 131

Lüke, Wolfgang: Die Beteiligung Dritter im Zivilprozeß, Veröffentlichung zum Verfahrensrecht, Band 8, Tübingen 1993

Lutter, Marcus: Theorie der Mitgliedschaft, AcP 180 (1980), 84

Lutter, Marcus: Defizite für eine effiziente Aufsichtsratstätigkeit und gesetzliche Möglichkeiten der Verbesserung, ZHR 159 (1995), 287

Lutter, Marcus: Die Funktion der Gerichte im Binnenstreit von Kapitalgesellschaften – ein rechtsvergleichender Überblick -, ZGR 1998, 191

Lutter, Marcus: Die Treupflicht des Aktionärs, ZHR 153 (1989), 446

Lutter, Marcus: Treupflichten und ihre Anwendungsprobleme, ZHR 162 (1998), 164

Lutter, Marcus: Aktionärs-Klagerechte, JZ 2000, 837

Lutter, Marcus: Vermögensveräußerungen einer abhängigen Aktiengesellschaft, in: Baur, Jürgen F./Hopt, Klaus J./Mailänder, K. Peter, Festschrift für Ernst Steindorff 1990, 125
(zit: *Lutter*, FS Steindorff 1990)

Lutter, Marcus: Der Streit um die Gültigkeit des Jahresabschlusses der Aktiengesellschaft, in: Letzgus, Klaus/Hill, Hermann/Klein, Hans Hugo/Kleinert, Detlef/Oschatz, Georg-Berndt/With, Hans de, Für Recht und Staat, Festschrift für Herbert Helmrich, München 1994
(zit: *Lutter*, FS Helmrich 1994)

Lutter, Marcus: Zur Durchsetzung von Schadensersatzansprüchen gegen Organmitglieder, in: Burgard, Ulrich/Hadding, Walther/Mülbert, Peter O./ Nietsch, Michael/Welter, Reinhard, Festschrift für Uwe H. Schneider, 2011, 763

Lutter, Marcus (Hrsg.): Umwandlungsgesetz, Band I, §§ 1-137 AktG, 4. Auflage, Köln 2009
(zit: *Bearbeiter*, in: Lutter)

Lutter, Marcus (Hrsg.): Umwandlungsgesetz, Band II, §§ 138-325 AktG, 4. Auflage, Köln 2009
(zit: *Bearbeiter*, in: Lutter)

Lutter, Marcus/Hommelhoff, Peter (Hrsg.): GmbH-Gesetz, 17. Auflage, Köln 2010

Maier-Reimer, Georg/Wilsing, Hans-Ulrich: Das Gesetz über Musterverfahren in kapitalmarktrechtlichen Streitigkeiten, ZGR 2006, 109

Marsch-Barner, Reinhard/Schäfer, Frank (Hrsg.): Handbuch börsennotierte AG, 2. Auflage, Köln 2009

Martens, Klaus-Peter: Die Anzeigepflicht des Verlustes des Garantiekapitals nach dem AktG und dem GmbHG, ZGR 1972, 254

Mertens, Hans-Joachim: Schadensfragen im Kapitalgesellschaftsrecht, in: Medicus, Dieter/Mertens, Hans-Joachim/Nörr, Wolfgang Knut/Zöllner, Wolfgang (Hrsg.), Festschrift für Herrmann Lange, Stuttgart Berlin Köln 1992, 561
(zit: *Mertens*, FS H. Lange 1992)

Mertens, Hans-Joachim: Die Geschäftsführerhaftung in der GmbH und das ITT-Urteil, in: Lutter, Marcus/Stimpel, Walter/Wiedemann, Herbert, Festschrift für Robert Fischer, Berlin New York 1979, 461
(zit: *Mertens*, FS Fischer 1979)

Mertens, Hans-Joachim: Verzicht und Vergleich in der Organhaftung, in: Goerdeler, Reinhard/Hommelhoff, Peter/Lutter, Marcus/Odersky, Walter/Wiedemann, Herbert, Festschrift für Hans-Joachim Fleck, Berlin New York 1988, 13
(zit: *Mertens*, FS Fleck 1988)

Mertens, Hans-Joachim: Schadenserasatzhaftung des Aufsichtrats bei Nichtbeachtung der Regeln des ARAG-Urteils über die Inanspruchnahme von Vorstandsmitgliedern?, in: Bitter, Geord/Lutter, Marcus/Priester, Hans-Joachim/Schön, Wolfgang/Ulmer, Peter, Festschrift für Karsten Schmidt, Köln 2009, 1183
(zit: *Mertens*, FS K. Schmidt 2009)

Meyer-Landruth, Andreas/Pluskat, Sorika: Ende der klägerischen Nebenintervention im Anfechtungsprozess?, BB 2007, 2533

Michalski, Lutz: OHG-Recht, Köln, Berlin, Bonn, München 2000

Michalski, Lutz (Hrsg.): Kommentar zum Gesetz betreffend die Gesellschaften mit beschränkter Haftung (GmbH-Gesetz), Band I §§ 1-34, 2. Auflage, München 2010
(zit: *Bearbeiter*, in: Michalski)

Michalski, Lutz (Hrsg.): Kommentar zum Gesetz betreffend die Gesellschaften mit beschränkter Haftung (GmbH-Gesetz), Band II §§ 35-86, 2. Auflage, München 2010
(zit: *Bearbeiter*, in: Michalski)

Mock, Sebastian: Berichts-, Auskunfts- und Publizitätspflichten des besonderen Vertreters, AG 2008, 839

Mock, Sebastian: Die Entdeckung des besonderen Vertreters, DB 2008, 393

Mock, Sebastian: Die actio pro socio im Internationalen Privat- und Verfahrensrecht, RabelsZ 2008, 264

Möllers, Thomas M. J./Weichert, Tilman: Das Kapitalanleger-Musterverfahrensgesetz, NJW 2005, 2738

Müller, Gerd: Gesellschafts- und Gesellschafterschaden, in: Goerdeler, Reinhard/Lutter, Marcus/Odersky, Walter/Wiedemann, Herbert, Festschrift für Alfred Kellermann, Berlin New York 1991, 317
(zit: *Müller*, FS Kellermann 1991)

Müller, Gerd: Anmerkung zu BGH, Urteil v. 20.3.1995, II ZR 1995, 819, ZIP 1995, 1415

Müller, Hans-Friedrich: Die Durchsetzung konzernrechtlicher Ansprüche nach dem UMAG, Der Konzern 2006, 725

Müller, Susanne: Die Gesellschafterklage als rechtsformübergreifendes Institut, Zivilrechtliche Schriften, Band 33, Frankfurt am Main Berlin Bern Bruxelles New York Oxford Wien 2002

Müller, Welf/Rödder, Thomas: Beck'sches Handbuch der AG, 2. Auflage, München 2009

Musielak, Hans-Joachim: Kommentar zur Zivilprozessordnung, 8. Auflage, München 2011

Mutius, Albert von: Die Beteiligten im Verwaltungsprozeß, Jura 1988, 469

Nehls, Albrecht: Die gesellschaftsrechtliche Treuepflicht im Aktienrecht, Hamburg 1993

Nirk, Rudolf/Ziemons, Hildegard/Binnewies, Burkhard: Handbuch der Aktiengesellschaft, Loseblatt, Köln, Stand Oktober 2006
(zit: *Bearbeiter*, in: Nirk/Ziemons/Binnewies, Handbuch der Aktiengesellschaft)

Nitschke, Manfred: Die Geltendmachung von Gesellschaftsforderungen durch den einzelnen Gesellschafter einer Perosnalgesellschaft (Gesamthänderklage), ZHR 128 (1965), 48

Noack, Ulrich: Fehlerhafte Beschlüsse in Gesellschaften und Vereinen, Abhandlungen zum deutschen und europäischen Handels- und Wirtschaftsrecht, Band 62, Köln Berlin Bonn München 1989

O*rth, Bernhard:* Haftung des herrschenden Gesellschafters im einfachen faktischen GmbH-Konzern, DStR 1994, 250

P*aefgen, Walter G.:* Die Inanspruchnahme pflichtvergessener Vorstandsmitglieder als unternehmerische Ermessensentscheidung des Aufsichtsrats, AG 2008, 761

Paefgen, Walter G.: Unternehmerische Entscheidungen und Rechtsbindung in der AG, Köln 2002

Palandt, Otto: Bürgerliches Gesetzbuch, 69. Auflage , München 2010
(zit: *Bearbeiter*, in: Palandt)

Pammler, Sebastian: Die gesellschaftsfinanzierte D&O-Versicherung im Spannungsfeld des Aktienrechts, Schriften zum Wirtschaftsrecht, Band 196, Berlin 2006

Paschos, Nikolaos/Neumann, Kay-Uwe: Die Neuregelungen des UMAG im Bereich der Durchsetzung von Haftungsansprüchen der Aktiengesellschaft gegen Organmitglieder, DB 2005, 1779

Peltzer, Martin: Das Zulassungsverfahren nach § 148 AktG wird von der Praxis nicht angenommen!, in: Burgard, Ulrich/Hadding, Walther/Mülbert, Peter O./Nietsch, Michael/Welter, Reinhard, Festschrift für Uwe H. Schneider, 2011, 953

Pentz, Andreas: Die Rechtsstellung der Enkel-AG in einer mehrstufigen Unternehmensverbindung, Europäische Hochschulschriften: Reihe 2, Band 1593, Frankfurt am Main 1994

Piepenburg, Manfred: Mitgliedschaftliche Treupflichten der Aktionäre, Hamburg 1996

Priester, Hans-Joachim/Mayer, Dieter: Münchener Handbuch des Gesellschaftsrechts, Band 3, Gesellschaft mit beschränkter Haftung, 3. Auflage, München 2009
(zit: *Bearbeiter*, in: Münch. Hdb. GesR III)

Prütting, Hanns/Wegen, Gerhard/Weinreich, Gerd: BGB-Kommentar, 4. Auflage, Köln 2009

R*aiser, Thomas:* Das Recht der Gesellschafterklagen, ZHR 153 (1989), 1

Raiser, Thomas/Veil, Rüdiger: Recht der Kapitalgesellschaften, 5. Auflage, München 2010

Rauscher, Thomas/Wax, Peter/Wenzel, Joachim (Hrsg.): Münchener Kommentar zur Zivilprozessordnung mit Gerichtsverfassungsgesetz und Nebengesetzen, Band 1 §§ 1-510c ZPO, 3. Aufl. 2008
(zit: *Bearbeiter*, in: MünchKomm. ZPO)

Rauscher, Thomas/Wax, Peter/Wenzel, Joachim (Hrsg.): Münchener Kommentar zur Zivilprozessordnung mit Gerichtsverfassungsgesetz und Nebengesetzen, Band 1 §§ 511-945 ZPO, 3. Aufl. 2008
(zit: *Bearbeiter*, in: MünchKomm. ZPO)

Rebmann, Kurt/Säcker, Franz Jürgen/Rixecker, Roland (Hrsg.): Münchener Kommentar zum Bürgerlichen Gesetzbuch, Band 5, Schuldrecht – Besonderer Teil III, §§ 705-853, Partnerschaftsgesellschaftsgesetz, Produkthaftungsgesetz, 5. Auflage, München 2009
(zit: *Bearbeiter*, in: MünchKomm. BGB)

Rebmann, Kurt/Säcker, Franz Jürgen/Rixecker, Roland (Hrsg.): Münchener Kommentar zum Bürgerlichen Gesetzbuch, Band 3: Schuldrecht – Besonderer Teil, 2. Halbband (§§ 657-853), München 1980
(zit: *Bearbeiter*, in: MünchKomm. BGB, 1. Auflage 1980)

Redeke, Julian: Auswirkungen des UMAG auf die Verfolgung von Organhaftungsansprüchen seitens des Aufsichtsrats?, ZIP 2008, 1549

Rehbinder, Eckard: Gesellschaftsrechtliche Probleme mehrstufiger Unternehmensverbindungen, ZGR 1977, 581

Rehbinder, Eckard: Treupflichten im GmbH-Konzern, ZGR 1976, 386

Reichert, Jochem/Weller, Marc-Philippe: Haftung von Kontrollorganen - Die Reform der aktienrechtlichen und kapitalmarktrechtlichen Haftung, ZRP 2002, 49

Reinhardt, Rudolf/Schultz, Dietrich: Gesellschaftsrecht, 2. Auflage, Tübingen 1981

RGRK: Bürgerliches Gesetzbuch, Kommentar, Band II, 4. Teil §§ 631-811, 12. Auflage, Berlin New York 1978.
(zit: *Bearbeiter*, in: RGRK)

Rhein, Tilman: Der Interessenkonflikt der Manager beim Management Buy-out, Münchener Universitätsschriften: Reihe der Juristischen Fakultät, Band 122, München 1996

Rimmelspacher, Bruno: Die Beteiligten im Musterverfahren des KapMuG, in: Heldrich, Andreas/Prölss, Jürgen/Koller, Ingo u. a., Festschrift für Claus-Wilhelm Canaris, Band II, München 2007
(zit: *Rimmelspacher*, FS Canaris 2007)

Rinze, Jens: Die Haftung von Beiratsmitgliedern einer personalistischen GmbH & Co. KG, NJW 1992, 2790

Röhricht, Volker/Graf v. Westphalen, Friedrich (Hrsg.): Handelsgesetzbuch, Köln 1998
(zit: *Bearbeiter*, in: Röhricht/v. Westphalen)

Roitzsch, Frank: Der Minderheitenschutz im Verbandsrecht, Schriften zum Wirtschafts- und Arbeitsrecht, Band 13, Königstein/Taunus 1981

Rollin, Felix: Die Aktionärsklage in England und Deutschland, Studien zum Handels-, Arbeits- und Wirtschaftsrecht, Band 73, Baden-Baden 2001

Rosenberg, Leo/Schwab, Karl Heinz/Gottwald, Peter: Zivilprozessrecht, 16. Auflage, München 2004

Roth, Günther H./Altmeppen, Holger: Gesetz betreffend die Gesellschaften mit beschränkter Haftung – GmbHG, 6. Auflage, München 2009
(zit: *Bearbeiter*, in: Roth/Altmeppen)

Roth, Markus: Unternehmerisches Ermessen und Haftung des Vorstands, Schriften des Instituts für Arbeits- und Wirtschaftsrecht der Universität zu Köln, Band 87, München 2001

Rowedder, Heinz/Schmitt-Leithoff, Christian: Gesetz betreffend die Gesellschaften mit beschränkter Haftung (GmbHG), 4. Auflage, München 2002

Schack, Haimo: Drittwirkung der Rechtskraft?, NJW 1988, 865

Schäfer, Carsten: Die Binnenhaftung von Vorstand und Aufsichtsrat nach der Renovierung durch das UMAG, ZIP 2005, 1253

Schanbacher, Dietmar: Actio pro socio – zur Dogmatik der Gesellschafterklage, AG 1999, 21

Schellhammer, Kurt: Zivilprozess, 13. Auflage, Heidelberg, München, Landsberg, Frechen, Hamburg 2010

Schindler, Darius Oliver/Witzel, David: Bedarf es einer neuen gesetzlichen Regelung des Anfechtungsrechts zur Bekämpfung räuberischer Aktionäre? - Stellungnahme zu den Empfehlungen der wirtschaftlichen Abteilung des 63. DJT, NZG 2001, 577

Schlegelberger, Franz: Handelsgesetzbuch, Band III/1. Halbband §§ 105-160, 5. Auflage, München 1992
(zit: *Bearbeiter*, in: Schlegelberger)

Schlegelberger, Franz: Handelsgesetzbuch, Band III/2. Halbband §§ 161-177a, 5. Auflage, München 1986
(zit: *Bearbeiter*, in: Schlegelberger)

Schlegelberger, Franz/ Quassowski, Leo: Aktiengesetz, 1. Auflage, Berlin 1937

Schlosser, Peter: Gestaltungsklagen und Gestaltungsurteile, Schriften zum Deutschen und Europäischen Zivil-, Handels- und Prozessrecht, Bielefeld 1966

Schmidt, Karsten: Macrotron oder: weitere Ausdifferenzierungen des Aktionärsschutzes durch den BGH, NZG 2003, 601

Schmidt, Karsten: Verfolgungspflichten, Verfolgungsrechte und Aktionärsklagen: Ist die Quadratur des Zirkels näher gerückt? – Gedanken zur Reform der §§ 147-149 AktG vor dem Hintergrund der Juristentagsdiskussion des Jahres 2000, NZG 2005, 796

Schmidt, Karsten: Die Beschlussanfechtungsklage bei Vereinen und Personengesellschaften, in: Lutter, Marcus/Mertens, Hans-Joachim/Ulmer, Peter, Festschrift für Walter Stimpel 1985, 217

Schmidt, Karsten: Mehrheitsbeschlüsse in Personengesellschaften, ZGR 2008, 1

Schmidt, Karsten: Geltendmachung der Geschäftsführerhaftung in Insolvenz und masseloser Liquidation, KTS 2005, 261

Schmidt, Karsten: Konzernrecht, Minderheitenschutz und GmbH-Innenrecht, GmbHR 1979, 121

Schmidt, Karsten: Gesellschaftsrecht, 4. Auflage, Köln Berlin Bonn München 2002

Schmidt, Karsten (Hrsg.): Münchener Kommentar zum Handelsgesetzbuch, Band 2 §§ 105-160, München 2004

Schmidt, Karsten (Hrsg.): Münchener Kommentar zum Handelsgesetzbuch, Band 3 §§ 161-237, München 2007

Schmidt, Karsten/Lutter, Marcus (Hrsg.): Kommentar zum Aktiengesetz, Band 1 §§ 1-149, 2. Auflage 2010

Schmidt, Karsten/Lutter, Marcus (Hrsg.): Kommentar zum Aktiengesetz, Band 2 §§ 150-410, 2. Auflage 2010

Schmitt-Rolfes, Günther/Bergwitz, Christoph : Beginn der Verjährung nach § 93 VI AktG, § 43 IV GmbHG und § 34 VI GenG, NZG 2006, 535

Schmolke, Klaus Ulrich: Organwalterhaftung für Eigenschäden von Kapitalgesellschaftern, Abhandlungen zum deutschen und europäischen Handels- und Wirtschaftsrecht, Band 144, Köln Berlin München 2004

Schneider, Sven H./Schneider, Uwe H.: Vorstandshaftung im Konzern, AG 2005, 57

Schoch, Friedrich/Schmidt-Aßmann, Eberhard/Pietzner, Rainer: Verwaltungsgerichtsordnung, 18. Auflage, München 2009

Scholz, Franz (Hrsg.): Kommentar zum GmbH-Gesetz, I. Band §§ 1-34, 10. Auflage, Köln 2006
(zit: *Bearbeiter*, in: Scholz)

Scholz, Franz (Hrsg.): Kommentar zum GmbH-Gesetz, II. Band §§ 35-XX, 9. Auflage, Köln 2006
(zit: *Bearbeiter*, in: Scholz)

Schröer, Henning: Geltendmachung von Ersatzansprüchen gegen Organmitglieder nach UMAG, ZIP 2005, 2081

Schultes, Hans-Jörg: Beteiligung Dritter am Zivilprozess, Osnabrücker Rechtswissenschaftliche Abhandlungen, Band 41, Köln Berlin Bonn München 1994

Schulz-Gardyan. Olaf: Die sogenannte Aktionärsklage, Münsterische Beiträge zur Rechtswissenschaft, Band 56, Berlin 1991

Schütz, Olaf: Sachlegitimation und richtige Prozesspartei bei innergesellschaftlichen Streitigkeiten in der Personengesellschaft, Schriften zum Wirtschaftsrecht, Band 80, Berlin 1994

Schwab, Martin: Das Prozessrecht gesellschaftsinterner Streitigkeiten, Jus Privatum, Band 95, Tübingen 2005

Schwerdtfeger, Armin: Kompaktkommentar Gesellschaftsrecht, 1. Auflage, Neuwied 2007
(zit: *Bearbeiter*, in: KpK-GesR)

Segna, Ulrich: Vorstandskontrolle in Großvereinen, Schriften zum Bürgerlichen Recht, Band 271, Berlin 2002

Seibert, Ulrich: UMAG – Zu den Begriffen „Unredlichkeit oder grobe Verletzung des Gesetzes oder der Satzung" in § 148 AktG und zu den Zusammenhängen zwischen § 93 AktG und § 148 AktG, in: Hommelhoff, Peter/Rawert, Peter/Schmidt, Karsten, Festschrift für Joachim Priester, Köln 2007, 763
(zit: *Seibert*, FS Priester 2007)

Seibert, Ulrich: Berufsopponenten – Anfechtungsklage – Freigabeverfahren – Haftungsklage: Das UMAG, eine Rechtsfolgenanalyse, NZG 2007, 841

Seibt, Christoph: Die Reform des Verfolgungsrechts nach § 147 AktG und des Rechts der Sonderprüfung, WM 2004, 2137

Semler, Johannes/Schenck, Kersten von: Arbeitshandbuch für Aufsichtratsmitglieder, 3. Auflage, München 2009

Semler, Johannes/Stengel, Arndt: Umwandlungsgesetz mit Spruchverfahrensgesetz, 2. Auflage, München 2007

Sinaniotis, Lambros: Prozessstandschaft und Rechtskraft, ZZP 79 (1966), 78

Slabschi, Peter: Die sogenannte rechtsmissbräuchliche Anfechtungsklage, Schriften zum Wirtschaftsrecht, Band 104, Berlin 1997

Sodan, Helge/Ziekow, Jan: Verwaltungsgerichtsordnung, Großkommentar, 3. Auflage, Baden-Baden 2010
(zit: *Bearbeiter*, in: Sodan/Ziekow)

Soergel, Hans Theodor/Siebert, Wolfgang: Bürgerliches Gesetzbuch, 11. Auflage, Stuttgart, Berlin, Köln, Mainz 1985
(zit: *Bearbeiter*, in: Soergel/Siebert)

Spindler, Gerald: Haftung und Aktionärsklage nach dem neuen UMAG, NZG 2005, 865

Spindler, Gerald/Stilz, Eberhard: Kommentar zum Aktiengesetz, Band 1 §§ 1-178, 2. Auflage, München 2010

Spindler, Gerald/Stilz, Eberhard: Kommentar zum Aktiengesetz, Band 2 §§ 179-410, 2. Auflage, München 2010

Stahl, Walter E.: Beiladung und Nebenintervention, Berlin 1972

Staub, Hermann: Handelsgesetzbuch, Großkommentar, Dritter Band §§ 105-160, 5. Auflage, Berlin 2009
(zit: *Bearbeiter*, in: Großkomm. HGB)

Staub, Hermann: Handelsgesetzbuch, Großkommentar, Zweiter Band, 1. Halbband §§ 105-144, 3. Auflage, Berlin New York 1973
(zit: *Bearbeiter*, in: Großkomm. HGB, 3. Aufl. 1973)

Staudinger, Julius von: Kommentar zum Bürgerlichen Gesetzbuch mit Einführungsgesetz und Nebengesetzen, Buch 2, Recht der Schuldverhältnisse §§ 705-740 (Gesellschaftsrecht), 13. Beabeitung von *Habermeier, Stefan*, Berlin 2003
(zit: *Habermeier*, in: Staudinger)

Staudinger, Julius von: Kommentar zum Bürgerlichen Gesetzbuch mit Einführungsgesetz und Nebengesetzen, Zweites Buch, Recht der Schuldverhältnisse §§ 823-825, 13. Bearbeitung von *Hager, Johannes*, Berlin 1999
(zit: *Hager*, in: Staudinger)

Staudinger, Julius von: Kommentar zum Bürgerlichen Gesetzbuch mit Einführungsgesetz und Nebengesetzen, Zweites Buch, Recht der Schuldverhältnisse, §§ 652-740, 12. Auflage, Berlin 1991
(zit: *Bearbeiter*, in: Staudinger, 12. Aufl. 1991)

Stein, Friedrich/Jonas, Martin: Zivilprozessordnung, Band 1 §§ 1-40, 22. Auflage, Tübingen 2003

Stein, Friedrich/Jonas, Martin: Zivilprozessordnung, Band 2 §§ 41-127a, 22. Auflage, Tübingen 2005

Stein, Friedrich/Jonas, Martin: Zivilprozessordnung, Band 3 §§ 128-252, 22. Auflage, Tübingen 2008

Stein, Friedrich/Jonas, Martin: Zivilprozessordnung, Band 4 §§ 253-327, 22. Auflage, Tübingen 2008

Stein, Friedrich/Jonas, Martin: Zivilprozessordnung, Band 8 §§ 828-915h, 22. Auflage, Tübingen 2004

Stephan, Viola-Dorothee: Gesellschafterschaden und Gesellschaftsschaden, Rechtswissenschaftliche Forschung und Entwicklung, Band 616, München 1999

Stimpel, Walter: Die Rechtsprechung des Bundesgerichtshofes zur Innenhaftung des herrschenden Unternehmens im GmbH-Konzern, AG 1986, 117

Sünner, Eckart: Aktionärsklage zur Kontrolle des Vorstands- und Aufsichtsratshandelns, ZHR 163 (1999), 343

Szalai, Stephan: Die Treuepflicht als Schranke des aktienrechtlichen Anfechtungsrechts, DStR 2008, 358

Teichmann, Arndt: Die Personengesellschaft als Rechtsträger, AcP 179 (1979), 475

Thümmel, Roderich: Shareholder Derivative suits im deutschen Aktienrecht? – Rechtsvergleichende Anmerkungen zu §§ 148, 149 AktG, in: Gottwald, Peter, Europäisches Insolvenzrecht Kollektiver Rechtsschutz, Band 18, 2008, S. 235

Thümmel, Roderich C.: Persönliche Haftung von Managern und Aufsichtsräten, 4. Auflage, Stuttgart München Hannover Berlin Weimar Dresden 2008

Trescher, Karl: Aufsichtsratshaftung zwischen Norm und Wirklichkeit, DB 1995, 661

Ulmer, Peter: Die Aktionärsklage als Instrument zur Kontrolle des Vorstands- und Aufsichtsratshandelns, ZHR 163 (1999), 290

Ulmer, Peter: Anmerkung zu BGH, Urteil v. 5. 6. 1975, II ZR 23/74 NJW 1976, 192

Ulmer, Peter (Hrsg.): Hachenburg – Gesetz betreffend die Gesellschaften mit beschränkter Haftung (GmbHG), Großkommentar, Zweiter Band §§ 35-52 GmbHG, 8. Auflage, Berlin New York 1997
(zit: *Bearbeiter*, in: Hachenburg)

Ulmer, Peter/Habersack, Mathias/Winter, Martin (Hrsg.): Gesetz betreffend die Gesellschaften mit beschränkter Haftung (GmbHG) - Großkommentar, Band I, §§ 1-28, Tübingen 2005
(zit: *Bearbeiter*, in: Ulmer/Habersack/M. Winter)

Ulmer, Peter/Habersack, Mathias/Winter, Martin (Hrsg.): Gesetz betreffend die Gesellschaften mit beschränkter Haftung (GmbHG) - Großkommentar, Band II, §§ 29-52, Tübingen 2008
(zit: *Bearbeiter*, in: Ulmer/Habersack/M. Winter)

Ulmer, Peter/Habersack, Mathias/Winter, Martin (Hrsg.): Gesetz betreffend die Gesellschaften mit beschränkter Haftung (GmbHG) - Großkommentar, Band III, §§ 53-87, Tübingen 2006
(zit: *Bearbeiter*, in: Ulmer/Habersack/M. Winter)

Ulrich, Carolin/Jäckel, Ulrich: Drittfeststellungsklagen im Gesellschaftsrecht und ihre Überschneidung mit der actio pro socio, NZG 2009, 1132

Van Aubel, Thomas: Vorstandspflichten bei Übernahmeangeboten, Rechtswissenschaftliche Forschung und Entwicklung, Band 503, München 1996

Verse, Dirk A.: Die actio pro socio im Personengesellschafts- und GmbH-Recht nach der Reform der derivativen Aktionärsklage, in: Burgard, Ulrich/ Hadding, Walther/Mülbert, Peter O./Nietsch, Michael/Welter, Reinhard, Festschrift für Uwe H. Schneider, 2011, 1325

Voigt, Hans-Christoph: Haftung aus Einfluss auf die Aktiengesellschaft (§§ 117, 309, 317 AktG), Schriften des Instituts für Arbeits- und Wirtschaftsrecht der Universität zu Köln, Band 96, München 2004

Vollkommer, Max: Streitgenössische Nebenintervention und Beiladungspflicht nach Art. 103 Abs. 1 GG, in: Canaris, Claus-Wilhelm/Heldrich, Andreas/Hopt, Klaus/Roxin, Claus/Widmaier, Gunter, 50 Jahre Bundesgerichtshof. Festgabe aus der Wissenschaft, Band 1, 2000, 127
(zit. *Vollkommer*, FS BGH 2000)

Waclawik, Erich: Zur Fortsetzung der Reform des aktienrechtlichen Anfechtungsprozesses, DStR 2006, 2177

Waclawik, Erich: Die Aktionärskontrolle des Verwaltungshandelns bei der Ausnutzung des genehmigten Kapitals der Aktiengesellschaft, ZIP 2006, 397

Waldner, Wolfram: Der Anspruch auf rechtliches Gehör, 2. Auflage, Köln 2000

Wallenhorst, Marcus: Schranken der Anfechtungsbefugnis von Aktionären, Europäische Hochschulschriften: Reihe 2, Band 1908, Frankfurt am Main Berlin Bern New York Paris Wien 1996

Weber, Sven: Die konzernrechtliche abgeleitete Aktionärsklage, Heidelberger Schriften zum Wirtschaftsrecht und Europarecht, Band 34, Baden-Baden 2006

Weiss/Buchner: Wird das UMAG die Haftung und Inanspruchnahme der Unternehmensleiter verändern?, WM 2005, 162

Wellkamp, Ludger: Die Gesellschafterklage im Spannungsfeld von Unternehmensführung und Mitgliedsrechten, DZWIR 1994, 221

Westermann, Harm Peter: Der besondere Vertreter im Aktienrecht, AG 2009, 237

Westermann, Harm Peter (Hrsg.): Erman, Bürgerliches Gesetzbuch, Band 1, §§ 1-758, 12. Auflage, Münster Köln 2008

Westermann, Harm Peter (Hrsg.): Erman, Bürgerliches Gesetzbuch, Band 2, §§ 759-2385, 12. Auflage, Münster Köln 2008

Wieczorek, Bernhard/Schütze, Rolf A.: Zivilprozessordnung, Großkommentar, Band 1 §§ 1-127a, 3. Auflage, Berlin New York 1994
(zit: *Bearbeiter*, in: Wieczorek/Schütze)

Wieczorek, Bernhard/Schütze, Rolf A.: Zivilprozessordnung, Großkommentar, Band 2 Teilband 1 §§ 128-252, 3. Auflage, Berlin New York 2007
(zit: *Bearbeiter*, in: Wieczorek/Schütze)

Wieczorek, Bernhard/Schütze, Rolf A.: Zivilprozessordnung, Großkommentar, Band 2, Teilband 3/1 §§ 300-354, 3. Auflage, Berlin New York 2007
(zit: *Bearbeiter*, in: Wieczorek/Schütze)

Wiedemann, Herbert: Die Bedeutung der ITT-Entscheidung, JZ 1976, 392

Wiedemann, Herbert: Zu den Treuepflichten im Gesellschaftsrecht, in: Kübler, Friedrich/Mertens, Hans-Joachim/Werner, Winfried, Festschrift für Theodor Hensius, Berlin New York 1991
(zit: *Wiedemann*, FS Hensius 1991)

Wiedemann, Herbert: Gesellschaftsrecht, Band I: Grundlagen, München 1980

Wiedemann, Herbert: Gesellschaftsrecht, Band II: Recht der Personengesellschaften, München 2004

Wiedemann, Herbert: Organverantwortung und Gesellschafterklagen in der Aktiengesellschaft, Opladen 1989

Wieser, Eberhard: Voraussetzungen der streitgenössischen Nebenintervention, ZZP 112 (1999), 439

Wilsing, Hans-Ulrich: Neuerungen des UMAG für die aktienrechtliche Beratungspraxis, ZIP 2004, 1082

Wimmer-Leonhardt, Susanne: Konzernhaftungsrecht, Jus Privatum, Band 90, Tübingen 2004

Winnen, Armin: Die Innenhaftung des Vorstandes nach dem UMAG, , Studien zum Handels-, Arbeits- und Wirtschaftsrecht, Band 133, Baden-Baden 2009

Winter, Martin: Mitgliedschaftliche Treuebindungen im GmbH-Recht, Schriften des Instituts für Arbeits- und Wirtschaftsrecht der Universität zu Köln, Band 55, München 1988

Winter, Martin: Verdeckte Gewinnausschüttungen im GmbH-Recht, ZHR 148 (1984), 579

Wirth, Andreas/Pospiech, Lutz: Der besondere Vertreter gem. § 147 II S. 1 AktG als Organ der Aktiengesellschaft?, DB 2008, 2471

Wittkowski, Lutz: Rezension von *Kowalski, Andre*, Der Ersatz von Gesellschafts- und Gesellschafterschaden, ZHR 156 (1992), 360

***Z**ieglmeier, Christian:* Die Systematik der Haftung von Aufsichtsratsmitgliedern gegenüber der Gesellschaft, ZGR 2007, 144

Ziemons, Hildegard: Die Haftung der Gesellschafter für Einflussnahmen auf die Geschäftsführung der GmbH, Abhandlungen zum deutschen und europäischen Handels- und Wirtschaftsrecht, Band 104, Köln Berlin Bonn München 1996

Ziemons, Hildegard/Jaeger, Carsten: Beck'scher Online-Kommentar GmbHG, Stand 15.1.2010, Edition: 4

Zöller, Richard: Zivilprozessordnung, 28. Auflage, Köln 2010

Zöllner, Wolfgang: Die sogenannten Gesellschafterklagen im Kapitalgesellschaftsrecht, ZGR 1988, 392

Zöllner, Wolfgang: Aktienrechtsreform in Permanenz – Was wird aus den Rechten des Aktionärs?, AG 1994, 336

Zöllner, Wolfgang: Die Schranken mitgliedschaftlicher Stimmrechtsmacht bei den privatrechtlichen Personenverbänden, Schriften des Instituts für Wirtschaftsrecht an der Universität Köln, München 1963

Zöllner, Wolfgang (Hrsg.): Kölner Kommentar zum Aktiengesetz, Band 1 (§§ 1-75 AktG), 2. Auflage, Köln Berlin Bonn München 1988
(zit: *Bearbeiter*, in: KölnKomm. AktG)

Zöllner, Wolfgang (Hrsg.): Kölner Kommentar zum Aktiengesetz, Band 2 (§§ 76-117 AktG und Mitbestimmung im Aufsichtsrat), 2. Auflage, Köln Berlin Bonn München 1988
(zit: *Bearbeiter*, in: KölnKomm. AktG)

Zöllner, Wolfgang/Noack, Ulrich (Hrsg.): Kölner Kommentar zum Aktiengesetz, Band 2 (§§ 76-94 AktG), 3. Auflage, Köln Berlin Bonn München 2010
(zit: *Bearbeiter*, in: KölnKomm. AktG)

Zöllner, Wolfgang/Noack, Ulrich (Hrsg.): Kölner Kommentar zum Aktiengesetz, Band, Band 6 (§§ 15-22 AktG, §§ 291-328 AktG), 3. Auflage, Köln Berlin München 2004
(zit: *Bearbeiter*, in: KölnKomm. AktG, 3. Auflage 2004)

Schriften zum Wirtschafts- und Medienrecht, Steuerrecht und Zivilprozeßrecht

Herausgegeben von Jürgen Costede und Gerald Spindler

Die Buchreihe geht aus Dissertationsschriften hervor, die an der Juristischen Fakultät der Georg-August-Universität zu aktuellen Problemkreisen aus den renommierten Rechtsgebieten des Wirtschafts- sowie Medienrechts, aber auch des Steuer- und Zivilprozessrechts angenommen wurden. Das Wirtschaftsrecht ist breit vertreten mit Schwerpunkten im Gesellschafts- und Kapitalmarktrecht unter Einbeziehung des Kernstücks des Börsenrechts, aber auch der grundlegenden Fragen des Europarechts. Das Medienrecht hingegen umfasst das Urheberrecht, wesentliche Aspekte des gewerblichen Rechtsschutzes sowie das durch den enormen Stellenwert des Internets immer mehr an wirtschaftlicher Bedeutung gewinnende E-Commerce-Recht. Ein besonderer thematischer Schwerpunkt liegt dabei auf den rechtsvergleichenden Ansätzen, die in der heutigen Zeit auf Grund der Harmonisierung des Rechts auf europäischer und internationaler Ebene immer mehr an Bedeutung gewinnen und als *école de vérité* den Vorrat an rechtlichen Lösungsmöglichkeiten erweitern und bereichern. Die Rechtsvergleichung beschränkt sich dabei in der Regel nicht auf das sonst häufig beliebte deutsch-amerikanische Verhältnis, sondern bezieht auch andere europäische Länder mit ein. Die Reihe zeichnet sich durch ein hohes Maß an Aktualität aus, indem häufig hervorstechende Themen der rechtswissenschaftlichen Diskussion aufgegriffen werden. Aber auch grundlegende Arbeiten etwa zur Umsetzung von EU-Richtlinien in das deutsche Recht fehlen nicht in der Schriftenreihe.

Band 1 Reiner Fu: Die stille Gesellschaft im internationalen Steuerrecht aus deutscher Sicht. 1997.

Band 2 Kirsten Forsblad: Restschuldbefreiung und Verbraucherinsolvenz im künftigen deutschen Insolvenzrecht. 1997.

Band 3 Vassilios Tountopoulos: Die Reichweite der registerrechtlichen Gründungsprüfung einer AG. Eine Untersuchung unter rechtsvergleichendem Aspekt. 1998.

Band 4 Franc Pfahl: Die Maßgeblichkeit der Handelsbilanz, ein dem Steuerbilanzrecht vorgegebenes Grundprinzip? Von der Notwendigkeit einer steuerrechtlichen Begründung der durch § 5 Abs. 1 EStG in das Steuerrecht übernommenen handelsrechtlichen Vorschriften der Gewinnermittlung. 1999.

Band 5 Michael Schröder: Die Wertpapierhandelsaufsicht nach dem Zweiten Finanzmarktförderungsgesetz. 1998.

Band 6 Daniela Hasche: Die Sachgründung der GmbH. 1999.

Band 7 Oliver Wendt: Die rechtliche Problematik von Strahlenschäden. Rechtliche und rechtstatsächliche Aspekte der Haftung für Strahlenschäden unter Einbeziehung der Vorfälle in der strahlentherapeutischen Abteilung des Universitäts-Krankenhauses Eppendorf. 2000.

Band 8 Susanne Matussek: Zum Werbungskostenbegriff im Einkommensteuerrecht. 2000.

Band 9 Klaas Ziervogel: Rufausbeutung im Rahmen vergleichender Werbung. Veränderungen im Zuge der gesetzlichen Regelung vergleichender Werbung. 2002.

Band 10 Sven Wortberg: Lösungsklauseln und Insolvenz. 2003.

Band 11 Eva Ullrich: Die Zurechnung von Buchgutschriften. Zufluß und Leistungsfähigkeit im Einkommensteuerrecht. 2004.

Band 12 Carmen Werner: Einkommensteuerrechtliche Zurechnungen bei mittelbaren Beteiligungen an Personengesellschaften. 2003.

Band 13 Ulf Andreas Nissen: Die Online-Videokonferenz im Zivilprozess. 2004.

Band 14 Oliver Wiegmann: Grund, Grenzen und Wirkungsweise des § 105 InsO. 2004.

Band 15 Holger Seidler: Eigene Aktien. Eine Analyse des Aktien-, Handelsbilanz- und Kapitalmarktrechts zur Ermittlung von Deregulierungspotential und Regulierungsbedarf. 2004.

Band 16 Stefan Eck: Providerhaftung von Konzernunternehmen. Rechtliche Zusammenschau von Konzernunternehmen bei der Verbreitung rechtsverletzender Informationen im Internet. 2004.

Band 17 Frauke Fasold: Die einkommensteuerliche Problematik der Buchwertfortführung. Übertragung stiller Reserven und Gewinnrealisierung im Einkommensteuerrecht. 2005.

Band 18 Thomas Linke: Selbstregulierte Streitlösung für deutsche Domains. 2005.

Band 19 Malte Abel: Pfändungsschutz nach § 851 ZPO. Speziell die Pfändung zweckgebundener Forderungen. 2005.

Band 20 Harriet Eidam: Typische Risiken des elektronischen Rechtsgeschäftsverkehrs. 2005.

Band 21 Katharina Schmitz: Haftung für Links. Zur Verantwortlichkeit des Hyperlinksetzers und Suchmaschinenbetreibers unter besonderer Berücksichtigung von Verkehrs- und Garantenpflichten. 2006.

Band 22 Thomas Miserre: Rundfunk-, Multimedia- und Telekommunikationsrecht. Abgrenzung der Anwendungsbereiche von Art. 5 I 2 GG, Rundfunkstaatsvertrag, Teledienstegesetz, Mediendienstestaatsvertrag und Telekommunikationsgesetz. 2006.

Band 23 Mona Bandehzadeh: Jugendschutz im Rundfunk und in den Telemedien. Eine Würdigung des Staatsvertrages über den Schutz der Menschenwürde und den Jugendschutz in Rundfunk und Telemedien unter verfassungsrechtlichen Aspekten. 2007.

Band 24 Judith Volkmann: Mediation im Zivilprozess. Rechtliche Rahmenbedingungen für ein gerichtsinternes Mediationsangebot. 2006.

Band 25 Tino Grattenthaler: Die Vergütung von Vorstandsmitgliedern in Aktiengesellschaften. Eine grundlegende Betrachtung mit ausgesuchten Schwerpunkten aus rechtswissenschaftlicher Sicht. 2007.

Band 26 Till Dunckel: Online-Auktionen und Wettbewerbsrecht. 2007.

Band 27 Lena Katharina Landsmann: Die stille Gesellschaft in der Insolvenz. 2007.

Band 28 Jan Riebeling: Der Einsatz von Informations- und Kommunikationstechnologie im Insolvenzverfahren. 2007.

Band 29 Daniela Stiegel: Aktienoptionen als Vergütungselement aus arbeitsrechtlicher Sicht. Eine Vergütungsform an der Schnittstelle von Arbeits- und Gesellschaftsrecht. 2007.

Band 30 Jia Li: Nutzungen und Nutzungsrechte im Einkommensteuerrecht. 2007.

Band 31 Olaf Koglin: Opensourcerecht. Die urheber- und schuldrechtlichen Beziehungen zwischen Lizenzgeber und Lizenznehmer bei Open Source Software am Beispiel der General Public License (GPL). 2007.

Band 32 Katharina Padberg: Die Bedeutung des Börsenkurses für die Höhe von Barabfindungen. 2008.

Band 33 Karl Friedrich Balz: No-Shop-Vereinbarungen nach amerikanischem und deutschem Recht. 2008.

Band 34 Sascha Teichert: Die Besteuerung in- und ausländischer Investmentfonds nach dem Investmentsteuergesetz. Unter besonderer Beachtung der steuerrechtlichen Behandlung der Veräußerungs- bzw. Rückgabegewinne i.S. des § 8 InvStG sowie des Sondervermögens mit zusätzlichen Risiken (Hedgefonds) i.S. der §§ 112 ff. InvG. 2009.

Band 35 Stefan Zimmermann: E-Commerce, Verbraucherschutz und die Entwicklung Intelligenter Agenten. 2008.

Band 36 Zhe Huang: Zur Lehre von der Geschäftsgrundlage nach altem und neuem Recht. 2009.

Band 37 Torben Speier: Insiderhandel und Ad-hoc-Publizität nach Anlegerschutzverbesserungsgesetz. Rechtliche Grundlagen und ausgewählte Fragen in einem veränderten kapitalmarktrechtlichen Gewand. 2009.

Band 38 Stefan Rieger: Eigenkapitalersatz in mehrstufigen und mehrfachen Beteiligungsverhältnissen. Ein Beitrag zu den Grundlagen und Grenzen des Eigenkapitalersatzgedankens. 2009.

Band 39 Arnaud Lionel Ngassa Djomo: Die Corporate Governance aus Sicht der Rechtsvergleichung zwischen Deutschland und Kamerun. 2009.

Band 40 Matthias Lack: Rechtsfragen des individuellen Auskunftsrechts des Aktionärs nach dem Gesetz zur Unternehmensintegrität und Modernisierung des Anfechtungsrechts. 2009.

Band 41 Kirsa Steinke: Die Übertragbarkeit der *Keck*-Rechtsprechung des EuGH auf die Niederlassungsfreiheit. 2009.

Band 42 Frauke von Lücken: Parteifähigkeit der Gesellschaft bürgerlichen Rechts und Parteibegriff im Zivilprozessrecht. 2009.

Band 43 Katrin Kepper: Die mitbestimmende monistische SE deutschen Rechts. Eine Untersuchung der Kompatibilität der deutschen Mitbestimmung und der monistischen Führungsorganisation am Beispiel der Europäischen Aktiengesellschaft (SE). 2010.

Band 44 Marc Philipp Weber: Die Umsetzung der Enforcement-Richtlinie ins deutsche Recht. Unter besonderer Berücksichtigung der Umsetzung des Art. 7 RL. 2010.

Band 45 Xinmiao Yu: Substitution des Antidumpingrechts durch extraterritoriale Anwendung des EG-Wettbewerbsrechts. 2010.

Band 46 Parastu Bahramsari: Zur persönlichen Zuordnung von Betriebsausgaben und Werbungskosten im Einkommensteuerrecht. Drittaufwand und verwandte Erscheinungen. 2011.

Band 47 Henning Dehnert: Der deliktische Erfolgsort bei reinen Vermögensschäden und Persönlichkeitsrechtsverletzungen. Eine Untersuchung des europäischen und deutschen internationalen Zivilverfahrensrechtes und des internationalen Privatrechtes. 2011.

Band 48 Christian Conreder: Verfassungsrechtlicher Schutz von Aktionärsrechten. 2011.

Band 49 Jörn Heckmann: Die retrospektive Digitalisierung von Printpublikationen. 2011.

Band 50 Andreas Lönner: Die *actio pro socio* im Recht der Kapital- und Personengesellschaften. Eine rechtsformübergreifende Untersuchung unter besonderer Berücksichtigung des aktienrechtlichen Klagezulassungsverfahrens. 2011.

www.peterlang.de

Printed by
CPI books GmbH, Leck

FSC
www.fsc.org
MIX
Papier | Fördert gute Waldnutzung
FSC® C083411

Kolibri 360 GmbH
Ferdinand-Jühlke-Straße 7
99095 Erfurt, Deutschland
produktsicherheit@kolibri360.de